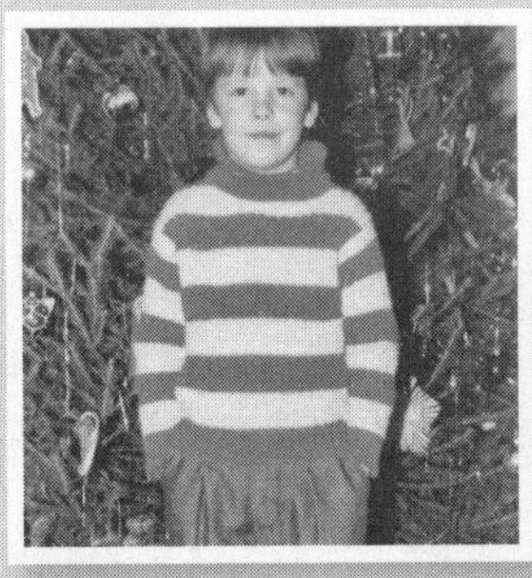

DER STORYTELLER

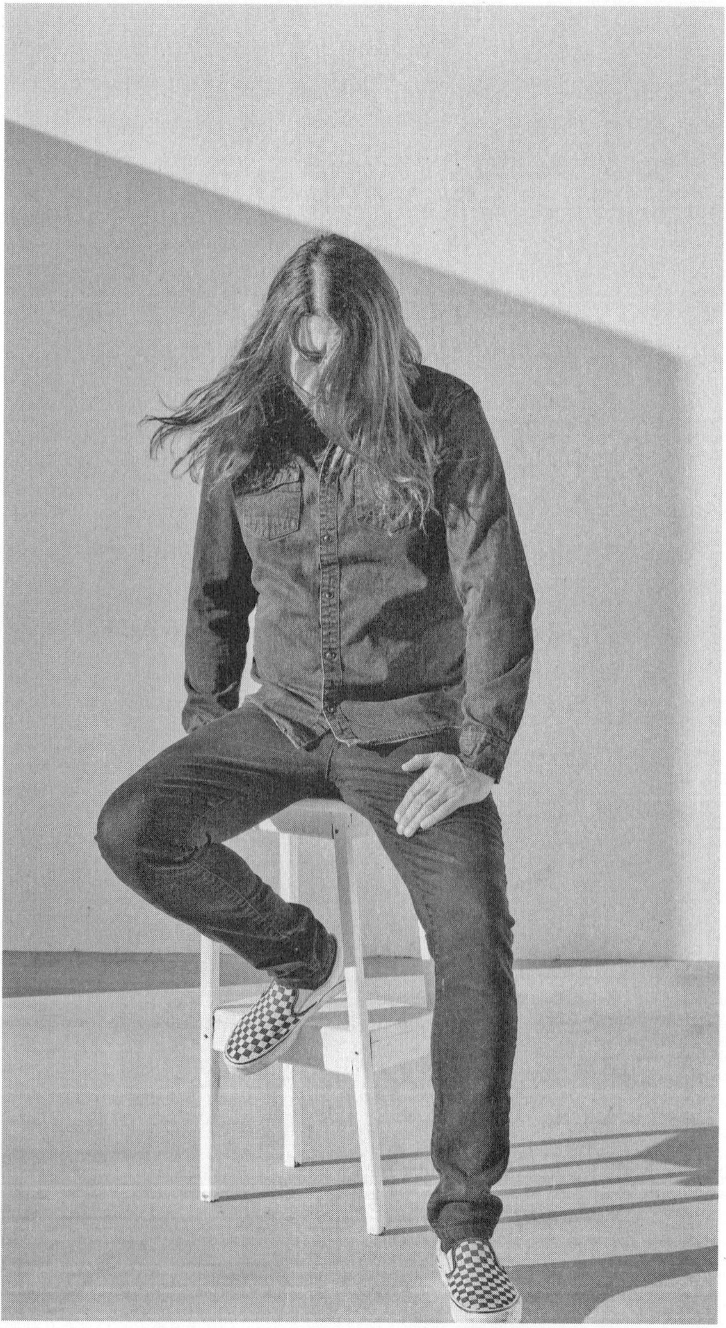

Dave Grohl

# Der Storyteller

GESCHICHTEN AUS DEM LEBEN UND DER MUSIK

Aus dem Amerikanischen von Dieter Fuchs

Ullstein

Besuchen Sie uns im Internet:
www.ullstein.de

**Wir verpflichten uns zu Nachhaltigkeit**
- Papiere aus nachhaltiger Waldwirtschaft und anderen kontrollierten Quellen
- ullstein.de/nachhaltigkeit

Aus Gründen der Lesbarkeit wurde im Text die männliche Form gewählt. Nichtsdestoweniger beziehen sich die Angaben auf Angehörige aller Geschlechter.

FSC
www.fsc.org
MIX
Papier | Fördert gute Waldnutzung
FSC® C021394

Ungekürzte Ausgabe im Ullstein Taschenbuch
1. Auflage April 2023
2. Auflage 2023

Die amerikanische Originalausgabe erschien unter dem Titel *The Storyteller. Tales of Life and Music* bei Dey Street, an imprint of William Morrow.

Umschlaggestaltung: zero-media.net, München, nach einer Vorlage von Jeanne Reina, HarperCollins
Titelabbildung: © Magdalena Wosinska/HarperCollins Publishers
Satz und Repro: LVD GmbH, Berlin, nach einer Vorlage von Renata de Oliveira (Layout) und Angela Boutin (Illustration)
Gesetzt aus der Adobe Garamond
Druck und Bindearbeiten: ScandBook, Litauen
ISBN 978-3-548-06686-8

FÜR VIRGINIA GROHL.

*Ohne sie würden meine Storys erheblich anders aussehen.*

FÜR JORDYN BLUM.

*Du hast meine Geschichte um so viel aufregender und schöner gemacht.*

FÜR VIOLET, HARPER UND OPHELIA.

*Möge jede eurer Storys so einzigartig und erstaunlich sein, wie ihr es seid.*

# INHALT

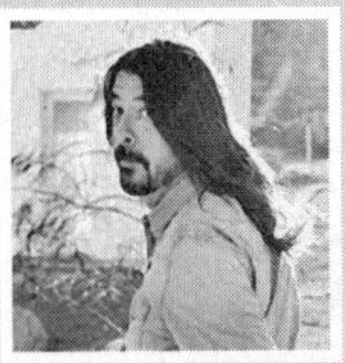

## TEIL VIER: CRUISING



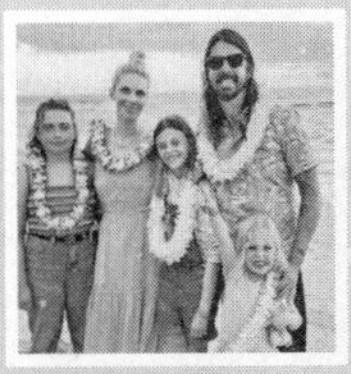

## TEIL FÜNF: LEBEN

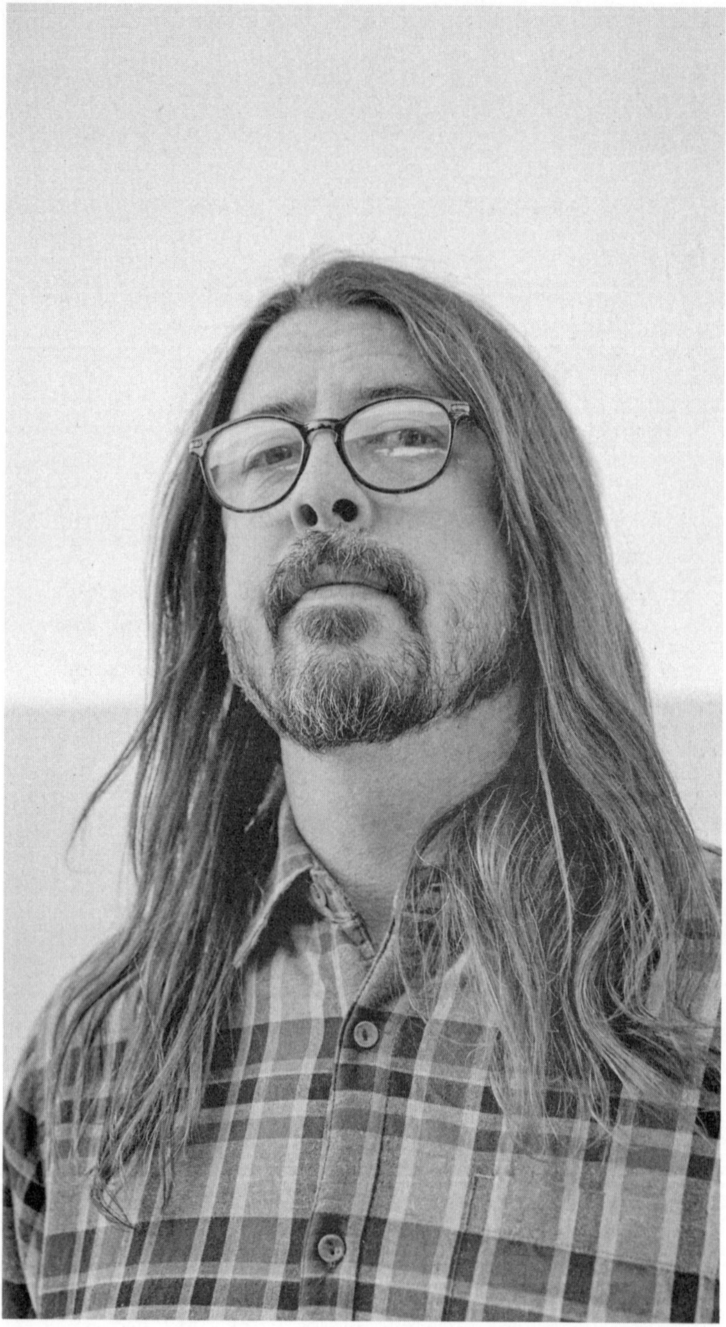

# VORWORT

## REGLER NACH RECHTS

Manchmal vergesse ich, dass ich älter geworden bin.

Mein Kopf und mein Herz scheinen mir einen üblen Streich zu spielen; sie täuschen mir ein Gefühl von Jugend vor, indem sie mich die Welt täglich mit den idealistischen, schelmischen Augen eines rebellierenden Kindes betrachten lassen, das sich an den kleinen, ganz einfachen Dingen erfreut.

Natürlich ist nur ein kurzer Blick in den Spiegel nötig, um mich daran zu erinnern, dass ich nicht mehr der kleine Junge mit Billig-Gitarre und einem Stapel Schallplatten bin, der stundenlang in seinem Zimmer vor sich hin übt und darauf hofft, irgendwann aus den Beschränkungen und Erwartungen seiner vorstädtischen Toastbrot-Existenz in Virginia auszubrechen. Nein, jetzt zeigt mein Gesicht ein verwittertes Lächeln mit ramponierten Zähnen, deren zarter Schmelz durch jahrelange Mikrofon-Einwirkung abgenutzt ist. Ich sehe die Tränensäcke unter meinen halb geöffneten Augen, die Quittung für jahrzehntelangen Jetlag und dafür, dass ich jede Menge Schlaf für wertvolle wache Stunden geopfert habe. Ich sehe die weißen Haare in meinem Bart. Und für all das bin ich dankbar.

Vor ein paar Jahren bat man mich, beim 12-12-12 Benefizkonzert für die Opfer des Hurrikans Sandy in New York City aufzutreten. Das Konzert fand im Madison Square Garden statt und versammelte den Mount Rushmore des Rock 'n' Roll: McCartney, die Rolling Stones, The Who, Roger Waters und zahllose andere Legenden. Irgendwann kam einer der Veranstalter zu mir und fragte, ob ich nicht Lust hätte, mich im Green Room gemeinsam mit diesen Ikonen sowie ein paar Fans, die das Projekt großzügig unterstützt hatten, fotografieren zu lassen. Ich war stolz, dass man dabei auch an mich gedacht hatte, bahnte mir den Weg durch die labyrinthischen Backstage-Gänge und sah im Kopf schon einen Raum voller Rock 'n' Roll-Geschichte vor mir, alle wie zum Klassenfoto aufgestellt, ein Raum voller Lederjacken und britischer Akzente.

Als ich den Raum betrat, waren da aber nur zwei dieser Stars, und die standen auch noch ziemlich weit auseinander. Einer von ihnen glänzte wie ein nagelneuer Luxusschlitten: perfekt gestylte Frisur, Bräunungsspray und ein erst kürzlich aufgefrischtes Lächeln wie aus der Zahnpastawerbung (der offensichtliche Versuch, dem Alterungsprozess entgegenzuwirken; leider erinnerte es eher an eine Wand, die zu oft übermalt worden war). Der andere machte den Eindruck eines klassischen, wenngleich ausgebrannten Hotrod-Rennwagens: wirre graue Haare, ein von tiefen Falten durchzogenes höhnisches Grinsen, Zähne so ramponiert wie die von George Washington und ein schwarzes T-Shirt, das sich so eng an seinen fassförmigen Oberkörper schmiegte, dass man sofort wusste: Dieser Typ scheißt auf alles.

Die Sache mit den Epiphanien ist ja irgendwie abgelutscht, aber trotzdem sah ich hier meine eigene Zukunft aufblitzen. Ich beschloss auf der Stelle, dass ich einmal so wie der zuletzt Genannte werden wollte. Ich würde das Voranschreiten der Zeit dadurch ehren, dass ich auf die Spuren des Alterns stolz wäre. Ich würde versuchen, der verrostete Hotrod-Wagen zu werden, egal wie oft daran geschraubt werden müsste. Am Ende des Tages muss nicht alles in Hochglanz strahlen. Wenn du eine Pelham Blue Gibson Trini Lopez fünfzig Jahre lang im Gitarrenkoffer lässt, sieht sie natürlich so aus, als käme sie direkt vom Hersteller. Aber wenn du sie in die Hand nimmst, der Sonne aussetzt, sie atmen lässt, mit deinem Schweiß überziehst und verdammt noch mal SPIELST, bekommt ihre Lackierung mit der Zeit eine ganz eigene Färbung. Jedes Instrument altert unterschiedlich. Das ist für mich Schönheit. Nicht der Glanz der vorgefertigten Perfektion, sondern das verschrammte, abgenutzte Aussehen der Individualität, der Zeit und der Weisheit.

Wie durch ein Wunder ist mein Gedächtnis immer noch ziemlich intakt. Seit der Kindheit habe ich mein Leben weniger in Monaten oder Jahren bemessen, sondern eher in musikalischen Einheiten. Erinnerungen an bestimmte Ereignisse oder Orte sind bei mir an Songs, Alben oder Bands gekoppelt. Vom Mittelwellenradio der Siebzigerjahre bis zu jedem Mikro, vor dem ich je gestanden habe, kann ich euch das Wer, Was, Wo und Wann verraten, und zwar schon anhand der ersten Töne jedes beliebigen Songs, der je aus einem Lautsprecher in meine Seele gedrungen ist. Oder aus meiner Seele in eure Lautsprecher. Manche Leute knüpfen ihre Erinnerungen an Geschmack, andere an einen bestimmten Anblick oder an Gerüche. Meine werden durch Musik wachgerufen, die wie ein unvollendetes, erst noch abzuschickendes Mixtape läuft.

Ich war nie jemand, der »Sachen« sammelt. Aber ich sammle Momente. Darum sind die verschiedensten Teile meines Lebens immer wieder präsent, blitzen vor meinen Augen auf, schießen mir in die Ohren. In diesem Buch habe ich ein paar solcher Momente eingefangen, so gut ich eben konnte. Diese Erinnerungen aus meinem gesamten bisherigen Leben stecken natürlich voller Musik. Und manchmal sind sie richtig laut.

ALSO REGLER NACH RECHTS, BITTE. HÖRT SIE EUCH MIT MIR AN.

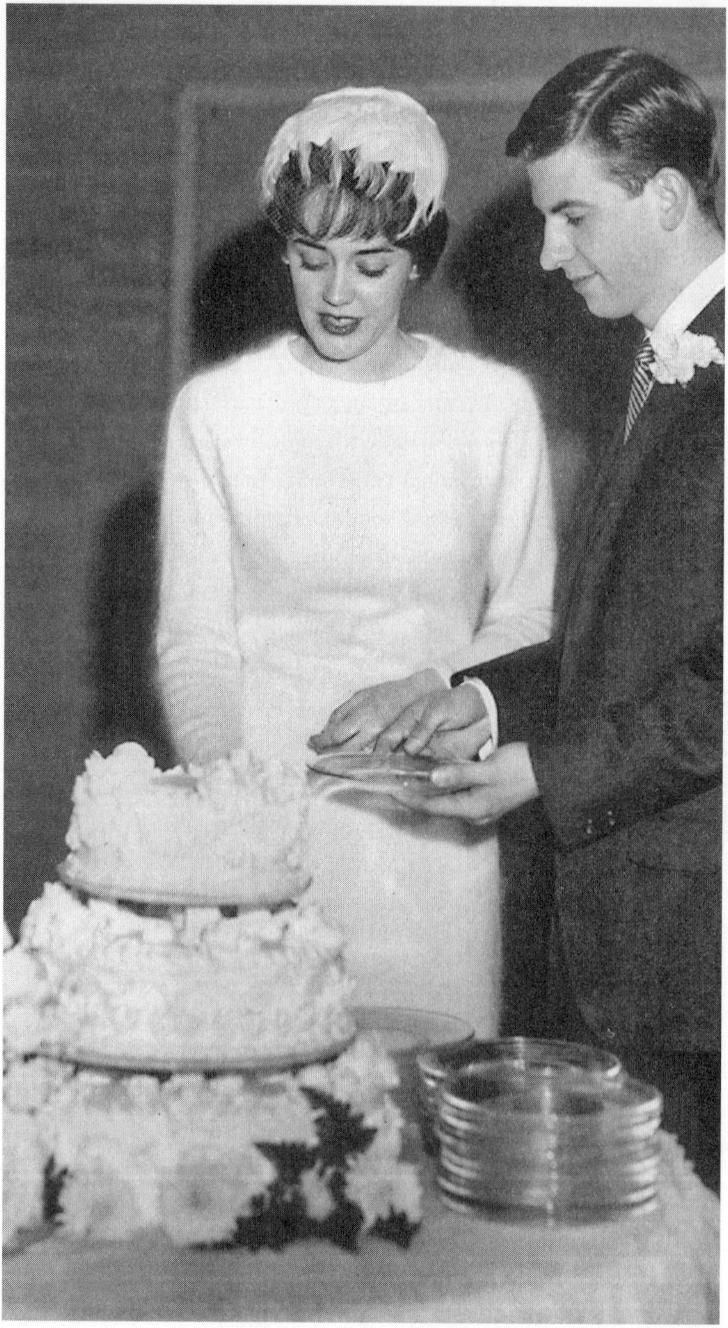

# TEIL EINS

## DAS SETTING

# DIE DNA LÜGT NICHT

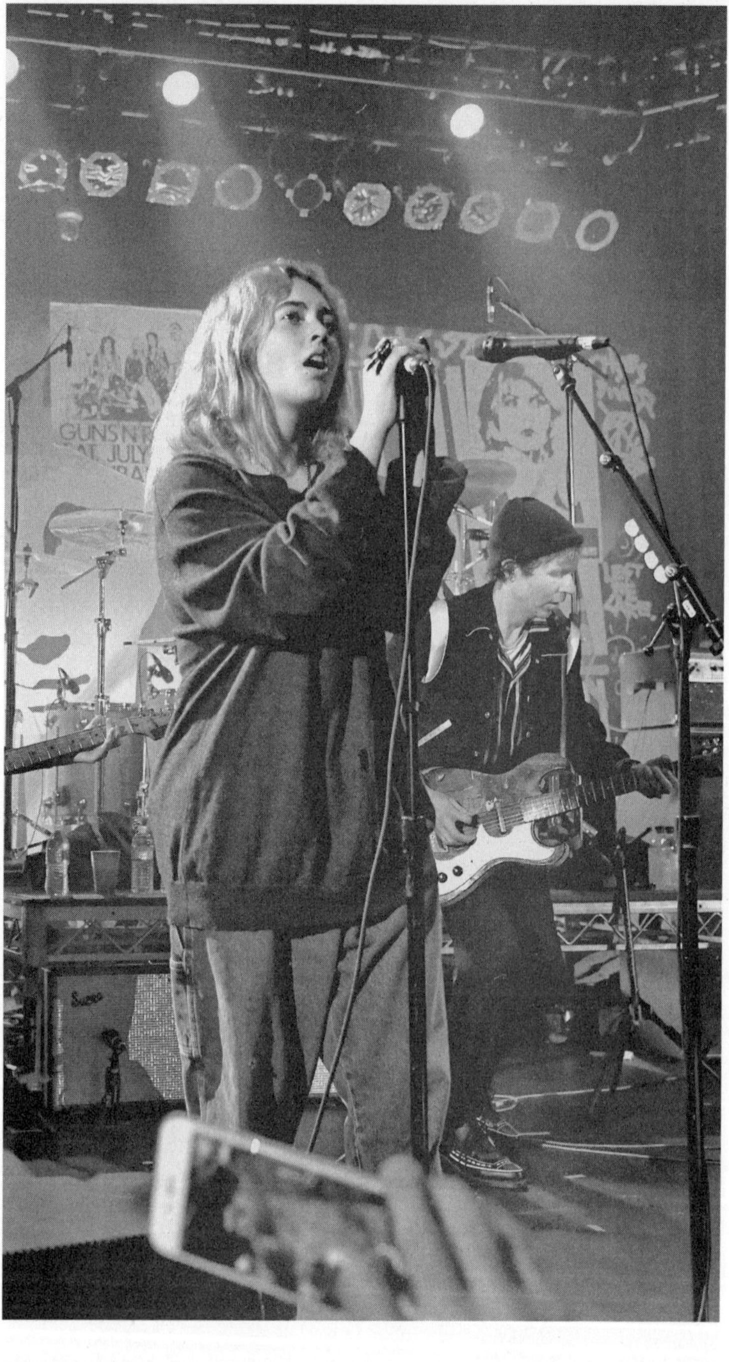

»Dad, ich will lernen, wie man Schlagzeug spielt.«

Mir war klar, dass das irgendwann kommen würde.

Vor mir stand meine achtjährige Tochter Harper und sah mich mit ihren großen, braunen Augen an wie Cindy Lou Who aus *Wie der Grinch Weihnachten gestohlen hat*, während sie nervös zwei meiner abgesplitterten Schlagzeugstöcke in ihren kleinen Händen hielt. Mein mittleres Kind, mein Mini-Ich, meine Tochter, die mir rein äußerlich am ähnlichsten sieht. Es war zu erwarten, dass sie sich eines Tages für Musik interessieren würde, aber … Schlagzeug? Geil! Ein Job ganz unten, auf Einstiegsniveau!

»Schlagzeug?«, wiederholte ich mit hochgezogenen Augenbrauen.

»Yeah!«, quiekte sie grinsend durch ihre Zahnlücken.

Ich dachte einen Moment lang nach, und während sich in meinem Hals ein sentimentaler Frosch bildete, fragte ich: »Okay … Und du willst, dass ich es dir beibringe?«

Sie verlagerte das Gewicht von einem karierten Vans-Sneaker auf den anderen, nickte schüchtern und meinte: »Mh-hm«, woraufhin mich eine Woge des Vaterstolzes erfasste, gepaart mit einem breiten Lächeln. Wir umarmten einander und gingen Hand in Hand nach oben zu dem alten Drumkit in meinem Büro. Das war einer jener rührseligen Momente, wie man sie oft in hyperemotionalen Super-Bowl-Werbespots sieht (und bei denen selbst der abgebrühteste Monstertruck-Enthusiast in seinen Buffalo-Chicken-Dip weint) – ein Moment, der mir auf ewig ins Gedächtnis eingebrannt ist.

Als wir das Büro betraten, fiel mir siedend heiß ein, dass ich selbst nie richtig Unterricht gehabt hatte und deshalb gar nicht wusste, wie man jemandem das Schlagzeugspielen beibringt. Das Einzige, was annähernd als »Musikunterricht« hätte gelten können, war ein kurzes Intermezzo bei einem außergewöhnlichen Jazz-Dummer namens Lenny Robinson, dem ich immer sonntagnachmittags in der Jazzkneipe One Step Down im nahe gelegenen Washington, D. C., zuhörte. Dieser kleine Club in der Pennsylvania Avenue war nicht nur fester Anlaufpunkt für Bands auf Tour, sondern veranstaltete außerdem an jedem Wochenende auch einen Jazz-Workshop, bei dem die Hausband (geleitet von der örtlichen Jazzlegende Lawrence Wheatley) in dem düsteren, vollgepackten Raum ein paar Sets spielte und dann aufstrebende Musiker zum Jammen auf die Bühne einlud. Als ich ein Teenager war, also in den Achtzigern, wurden diese Workshops für meine Mutter und mich zu einem festen Sonntagsritual. Wir setzten uns an einen kleinen Tisch, bestellten Getränke und Snacks und hörten stundenlang diesen Musik-Cracks zu, die sich der wunderbaren improvisatorischen Freiheit des traditionellen Jazz hingaben. Man wusste nie, was einen zwischen diesen kahlen Backsteinwänden erwartete, wo die Luft voller Zigarettenrauch hing und man nichts als Musik hörte (Reden war streng verboten). Damals war ich fünfzehn und komplett meiner Punkrock-Obsession verfallen – ich hörte nur die schnellste und brachialste Musik, die sich irgendwie auftreiben ließ –, aber trotzdem sprachen mich die emotionalen Seiten des Jazz an. Im Gegensatz zur modernen Popmusik (vor der ich damals zurückschreckte wie das besessene Kind aus *Das Omen* in der Kirche) gab es im chaotischen Durcheinander der

Jazzkomposition eine Schönheit und Dynamik, die mich faszinierte. Manchmal gab es Struktur, dann wieder nicht. Am meisten gefiel mir aber Lenny Robinsons Schlagzeugspiel. So etwas hatte ich bei einem Punkkonzert noch nie erlebt: exzessiver Ausdruck mit eleganter Präzision. Bei ihm sah alles ganz leicht aus (ich weiß längst, dass es das überhaupt nicht ist).

Das war für mich eine Art musikalische Erweckung. Da ich mir das Schlagzeugspiel selbst beigebracht hatte, indem ich in meinem Zimmer auf dreckige Kissen eindrosch, stand auch nie jemand neben mir und erklärte, was daran jetzt »richtig« oder »falsch« war. Aus diesem Grund hatte mein Getrommel eine gewisse Inkonsistenz und war geprägt von fragwürdigen Angewohnheiten. IM GRUNDE WAR ICH DAS TIER AUS DER MUPPET SHOW, NUR OHNE DESSEN TECHNIK.

Lenny hingegen hatte ganz offensichtlich eine Ausbildung genossen, und über sein Rhythmusgefühl und die Beherr-

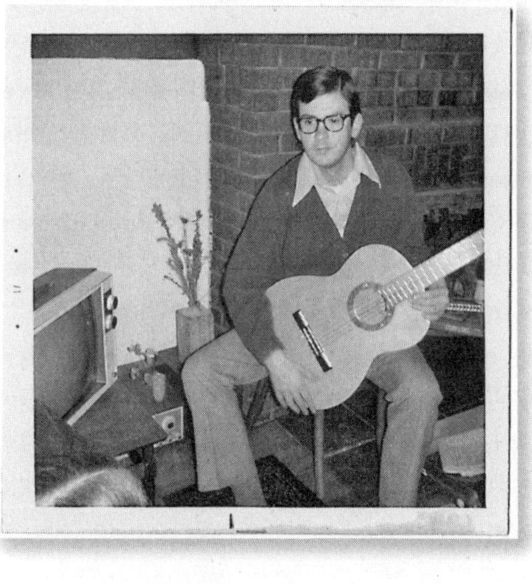

schung seines Instruments konnte ich nur staunen. Meine »Lehrer« waren damals Punkplatten: schnelle, dissonante Brachialstücke auf lärmigem Vinyl, mit Schlagzeugern, die kaum jemand *traditionell* nennen würde, deren ungehobelte Brillanz aber nicht zu leugnen war, weshalb ich auf ewig in der Schuld dieser unbesungenen Helden des Underground-Punkrock stehe. Drummer wie Ivor Hanson, Earl Hudson, Jeff Nelson, Bill Stevenson, Reed Mullin, D. H. Peligro, John Wright ... die Liste ist endlos lang. Bis zum heutigen Tag hört man das, was sie gemacht haben, auch in meinem eigenen Spiel; in Stücken wie »A Song for the Dead« von den Queens of the Stone Age, »Monkey Wrench« von den Foo Fighters und sogar in »Smells Like Teen Spirit« von Nirvana (um nur ein paar zu nennen) haben sie einen unauslöschlichen Eindruck hinterlassen. All diese Musiker waren ganz offenbar Welten von Lennys Szene entfernt, aber was sie dennoch mit ihm verband, war dieses faszinierende, strukturierte Chaos, wie ich es Sonntag für Sonntag im One Step Down bewunderte. Genau das wollte ich ebenfalls hinkriegen.

Eines schwülen Sommernachmittags beschlossen meine Mutter und ich, ihren Geburtstag mit dem Besuch eines weiteren Jazz-Workshops zu feiern. Das war relativ schnell »unser Ding« geworden, und ich denke wahnsinnig gern daran zurück. Keiner meiner Freunde hing mit seinen Eltern ab, schon gar nicht in einem beschissenen Jazzclub in Downtown D. C. Deshalb fand ich meine Mutter im Grunde ganz cool, und unsere Verbindung wurde immer stärker. In der Ära von Generation X, von Scheidungen und dysfunktionalen Familien waren wir tatsächlich miteinander befreundet – und sind es bis heute!

An diesem Tag – nach einem Schälchen Fritten und ein paar

Sets von Lawrence Wheatleys Quartett – sah meine Mutter mich an und fragte: »David, kannst du bitte auf die Bühne gehen und als Geschenk für mich ein bisschen mitspielen?«

Ich weiß nicht mehr genau, was ich darauf geantwortet habe, aber es muss etwas gewesen sein wie: »BIST DU EIGENTLICH TOTAL BESCHEUERT?« Ich meine, ich spielte erst seit wenigen Jahren Schlagzeug (also Kissen), und da ich alles von den alten, verkratzten Punkplatten in meiner Sammlung gelernt hatte, war ich nicht mal ANNÄHERND so weit, da raufzugehen und mit diesen Hammerleuten JAZZ zu spielen. Es war echt eine absurd unerfüllbare Bitte – als würde man mich den Löwen zum Fraß vorwerfen, ein Desaster mit Ansage. Aber … das war eben auch meine coole Mom, und sie war der Grund dafür, dass ich überhaupt hier saß. Also …

Ich stimmte widerwillig zu, erhob mich langsam von unserem Tischchen und ging durch den Raum voller Jazzliebhaber zu dem kaffeebefleckten Anmeldeblatt neben der Bühne. Es hatte zwei Spalten: »Name« und »Instrument«. Ich sah mir diese Liste mit den Namen ganz offenbar fähiger Musiker an und setzte mit zittriger Schrift »David Grohl – Drums« darunter. Mir war, als würde ich mein eigenes Todesurteil unterschreiben. Benommen ging ich zurück an unseren Tisch, wobei ich die Blicke aller Versammelten auf mir spürte und so zu schwitzen begann, dass meine zerrissene Jeans und mein Punkrock-T-Shirt klatschnass wurden. Was hatte ich bloß getan? Das konnte ja nur schiefgehen!

Die Minuten wurden zu Stunden, während ein toller Musiker nach dem anderen aufgerufen wurde, um diese geheiligten Hallen und erfahrenen Ohren zu erfreuen. Jeder von ihnen konnte mit diesen Jazz-Cats ganz gut mithalten. Mein Selbstvertrauen ging mit jeder Sekunde tiefer in den Keller. Mit verknotetem Magen, feuchten Händen und Herzrasen saß ich da, hörte den schwindlig machenden Tempi der Band zu und überlegte krampfhaft, was ich dem Können dieser unglaublichen Musiker entgegensetzen sollte, die hier Woche für Woche die Bühne zierten. *Bitte lass mich nicht der Nächste sein*, dachte ich. *Bitte, lieber Gott …*

Irgendwann dröhnte dann Lawrence Wheatleys satter Bariton aus den Lautsprechern und formulierte die Worte, die mich bis heute im Traum verfolgen: »Ladies and gentlemen, bitte begrüßen Sie … am Schlagzeug … David Grohl!«

Ich erhob mich unter heftigem Beifall, der allerdings sofort verebbte, als die Leute sahen, dass ich keine bekannte Jazz-Legende war, sondern ein dürrer Vorstadt-Punk mit komischer Frisur, dreckigen Chucks und einem T-Shirt, auf dem *KILLING JOKE* stand. Die entsetzten Gesichter der Bandmitglieder wirkten, als würde sich ihnen der Sensenmann persönlich nähern.

Ich betrat die Bühne. Der große Lenny Robinson drückte mir seine Sticks in die Hand, während ich mich auf den Schlagzeughocker setzte. Zum ersten Mal sah ich den Raum aus dieser Perspektive. Ich hatte die Sicherheit von Mutters mit Snacks gefülltem Tisch verlassen und saß nun quasi auf dem elektrischen Stuhl: Wie festgefroren glotzte ich ins grelle Rampenlicht, und sämtliche Zuschauer sahen mich an, als wollten sie sagen: »Okay, Junge, dann zeig mal, was du draufhast.«

Es wurde kurz eingezählt, dann legte die Band mit etwas los, das ich noch nie gespielt hatte (was im Grunde für *jede* Jazznummer galt). Ich gab mir alle Mühe, einfach nur im Tempo zu bleiben, ohne ohnmächtig zu werden und an meiner eigenen Kotze zu ersticken. Kein Solo, keine Kunststückchen, nur Rhythmus halten und nicht rausfallen.

Zum Glück war alles schnell und ohne größere Störung vorbei (und ohne Kotzen). Im Gegensatz zu den anderen Gästen, die an diesem Tag eingestiegen waren, hatte ich einen überraschend kurzen Song erwischt (was sicher kein Versehen war). Der letzte Ton sorgte bei mir für eine Erleichterung, wie man sie am Ende einer Wurzelbehandlung verspürt. Ich stand auf, bedankte mich mit trockenem Mund und nervösem Lächeln bei der Band und machte sogar eine ungelenke Verbeugung. Hätten die Bandmitglieder nur gewusst, was mich angetrieben hatte, wäre ihnen dieser verzweifelte Akt der Dummheit vielleicht verständlicher gewesen. So hatten sie mir mit ihren großen Musikerherzen ermöglicht, meiner Mutter ein Geburtstagsgeschenk zu machen, das sie niemals vergessen würde (sehr zum Missvergnügen der rund fünfundsiebzig zahlenden Zuschauer), was mir mehr bedeutete als jede Standing Ovation. Verschämt ging ich zurück an unseren Tisch mit Horsd'œuvres und dachte darüber nach, dass doch noch einiges vor mir lag, bis ich mich selbst als richtigen Drummer bezeichnen könnte.

Dieser schicksalhafte Nachmittag entfachte bei mir aber ein Feuer. Inspiriert durch mein Versagen, beschloss ich, das Schlagzeugspiel von jemandem zu lernen, der wusste, was er tat, anstatt trotzig zu versuchen, in meinem Zimmer alles allein herauszufinden. Und so, wie ich das sah, gab es nur eine Person, die dafür infrage kam: der große Lenny Robinson.

Ein paar Wochen später gingen meine Mutter und ich erneut ins One Step Down, wo ich meinen ganzen naiven Mut zusammennahm und Lenny auf dem Weg zur Toilette stellte: »Ähm … Verzeihung, Sir. Geben Sie auch Unterricht?«, fragte ich im schönsten *Brady Bunch*-Genuschel.

»Klar, Mann. Dreißig Dollar die Stunde«, kam es zurück.

*Dreißig Dollar die Stunde? Das ist sechsmal Rasenmähen in der sengenden Hitze von Virginia! Das ist ein Wochenendlohn bei Shakey's Pizza! Das sind drei Gramm Gras, die ich diese Woche nicht rauchen kann … DEAL!*

Wir tauschten Telefonnummern aus und vereinbarten einen Termin. Jetzt war ich drauf und dran, der nächste Gene Krupa zu werden. Zumindest hoffte ich das …

Unser Haus in Springfield war viel zu klein für ein richtiges Schlagzeug (deshalb das improvisierte Übungskit aus Kissen in meinem kleinen Zimmer), aber für diesen besonderen Anlass holte ich das fünfteilige Ramsch-Tama aus dem Proberaum meiner Band Dain Bramage, auch wenn es natürlich weit unter Lennys Niveau war. Nervös baute ich die abgewichsten Trommeln vor der Stereoanlage im Wohnzimmer auf, ging mit etwas Fensterreiniger drüber, den ich unter der Küchenspüle gefunden hatte, und wartete darauf, dass er endlich kam und die Nachbarn ihn spielen hörten … im festen Glauben, das sei ich!

»Er ist da, er ist da!«, rief ich schließlich, als sei gerade der Weihnachtsmann persönlich in unsere Einfahrt gebogen. Total aufgeregt machte ich ihm auf und bat ihn ins Wohnzimmer, wo das Schlagzeug vor sich hin glänzte und immer noch nach Glasreiniger stank. Lenny setzte sich auf den Hocker, checkte kurz das Instrument und ließ dann einen dieser Wirbel ab, die ich sonntags schon so oft im Jazzclub gehört hatte – ein einziges Chaos aus Händen und Stöcken, eine kurze, perfekt getimte Maschinengewehrsalve. Ich stand mit offenem Mund da und konnte gar nicht glauben, dass das auf dem gleichen Stück Teppich passierte, auf dem ich mein Leben lang davon geträumt hatte, ein Weltklassetrommler zu werden. Jetzt sollte dieser Traum in Erfüllung gehen. Das hier war meine Bestimmung. Bald würde ich der nächste Lenny Robinson sein – denn bald hätte ich ja auch seine Wirbel drauf.

»Okay«, sagte er dann. »Jetzt lass mal sehen, was du kannst.«

Mit allem, was ich an Mut zusammenkratzen konnte, startete ich meine »Greatest Hits«-Montage aus Wirbeln und Tricks, die ich mir bei meinen Punkrock-Helden abgeschaut hatte. Ich drosch und prügelte auf dieses billige Schlagzeug ein wie ein hyperaktives Kind, das einen seiner Anfälle hat – eine einzige Explosion roher, rhythmusfreier Pracht.

Lenny sah aufmerksam zu und erkannte mit ernstem Blick, wie viel Arbeit da nötig war. Nach ein paar kakofonischen Minuten unterbrach er mich und sagte: »Okay … gleich mal als Erstes … du hältst die Stöcke verkehrt herum.« Lektion Nummer eins. Verlegen brachte ich sie in die richtige Stellung und entschuldigte mich für diesen Anfängerfehler. Ich hatte sie immer andersherum gehalten, weil ich dachte, mit dem dickeren Ende lauter sein zu können, was sich ja bei meinem Neandertaler-Geholze tatsächlich als effektiv erwiesen hatte. Nur merkte ich Idiot nicht, dass dies genau das Gegenteil von korrektem Jazz-Drumming war.

Daraufhin zeigte Lenny mir die traditionelle Haltung der Sticks, also in der linken Hand zwischen Daumen und Mittelfinger, so wie es alle großen Drummer vor ihm gemacht hatten (und definitiv auch vor mir). Diese kleine Korrektur löschte alles aus, was ich bislang an Schlagzeugkenntnis zu besitzen glaubte. Plötzlich saß ich völlig machtlos hinter diesem Drumkit, als müsste ich nach jahrzehntelangem Koma den aufrechten Gang neu erlernen. Während ich mich abmühte, den Stock in dieser neuen, komplett unmöglichen Haltung einzusetzen, zeigte Lenny mir auf seinem Übungspad einfache Single-Stroke-Rolls, rechts, links, rechts, links. Langsam auf das Pad schlagen und dabei eine dauerhafte Gleichmäßigkeit finden, wieder und immer wieder. Rechts, links, rechts, links.

Die Stunde war im Handumdrehen vorbei, und genau da wurde mir klar, dass es bei dreißig Dollar pro Session für mich vermutlich billiger wäre, auf die Johns Hopkins University zu gehen und Hirnchirurg zu werden, als Trommeln wie Lenny Robinson zu lernen. Ich gab ihm das Geld, bedankte mich für seine Zeit, und damit hatte es sich. Meine einzige Schlagzeugstunde.

»Okay … ähm … also das ist die Bassdrum, und hier kommt dein Fuß hin«, sagte ich, während Harpers kleiner Sneaker auf die Fußmaschine trat. »Das ist deine Hi-Hat, da stellst du den anderen Fuß hin.«

Sie richtete sich auf dem Hocker ein, nahm die Stöcke in die Hand und war partybereit. Ohne recht zu wissen, was ich tat, übersprang ich den verwirrenden Rechts-links-rechts-links-Bullshit, den Lenny mir gezeigt hatte (nicht bös gemeint, Lenny!), und brachte ihr gleich mal einen Rhythmus bei. »Ähm … okay … das hier ist ein einfaches Bassdrum-Snare-Muster …« Nach ein paar vergeblichen Versuchen stoppte ich sie, sagte: »Moment, bin gleich wieder da«, und rannte aus dem Zimmer. Ich wusste, was sie brauchte: nicht mich. Sondern *Back in Black* von AC/DC.

Ich ließ das Titelstück laufen und bat sie, genau hinzuhören. »Hörst du?«, fragte ich. »Das ist die Bassdrum. Das hier die Hi-Hat. Und das die Snare.« Sie lauschte aufmerksam und fing an mitzuspielen. Ihr Timing war unglaublich solide, und jeder Drummer weiß, dass das schon mehr als die halbe Miete ist. Sie besaß ein natürliches, eingebautes Metronom, und sobald sie die Bewegungen einigermaßen koordiniert hatte, spielte sie mit erstaunlichem Gefühl. Voller Stolz sprang ich auf und sang headbangend den Text mit, während Harper weiterspielte.

Dann fiel mir etwas auf: ihre merkwürdige Haltung. Ihr Oberkörper war vorgebeugt, die angewinkelten Arme und spitzen Ellbogen zeigten leicht nach außen, das Kinn streckte sich über die Snare … Na klar: SIE SAH GENAUSO AUS WIE ICH, ALS ICH IN IHREM ALTER SCHLAGZEUG GESPIELT HATTE. Ich kam mir vor, als würde ich eine Zeitreise und parallel dazu eine außerkörperliche Erfahrung machen. Ich sah meinem Mini-Ich, meiner grinsenden Zwillingsschwester, dabei zu, wie sie das Schlagzeugspielen lernte, und zwar genau wie ich vor fünfunddreißig Jahren: indem sie mit einem Elternteil Musik hörte. Nicht dass mich das groß überraschte, denn wie gesagt, mir war klar gewesen, dass das irgendwann kommen würde.

Wie ich schon im Vorwort zum Buch meiner Mutter *From Cradle to Stage* schrieb, sind diese musikalischen Impulse vielleicht gar nicht so unergründlich, sondern Teil einer Veranlagung, die tief in der DNA ruht und nur darauf wartet, freigesetzt zu werden. Dort habe ich es so formuliert: »Die DNA ist etwas Merkwürdiges. Jeder von uns trägt tief in der Körperchemie Charakterzüge von Menschen, die er selbst nie getroffen hat. Ich bin jetzt kein Wissenschaftler, aber trotzdem glaube ich, dass meine eigene Musikalität das beweist. Da gibt es keine göttliche Intervention, nur Fleisch und Blut. Das ist etwas, das von innen kommt. Ich wusste an dem Tag, an dem ich zur Gitarre griff und nach Gehör ›Smoke on the Water‹ von Deep Purple spielte, dass ich nichts weiter brauchte als diese DNA und ganz viel Geduld (wovon meine Mutter echt eine Menge besaß). Meine Ohren, mein Herz und mein Verstand stammen von jemandem ab. Von jemandem, der die gleiche Liebe zur

Musik besaß. Ich war mit einer genetischen Symphonie gesegnet, die ihrer Aufführung harrte. Und dafür war nur ein kleiner Funke nötig …«

Harper spürte diesen Funken genau einen Tag vorher, als sie im Roxy am Sunset Boulevard saß und ihrer älteren Schwester Violet dabei zusah, wie sie im reifen Alter von elf Jahren ihr erstes Konzert gab.

Auch das hatte ich natürlich kommen sehen.

Violet war ungemein sprachbegabt. Schon mit drei besaß sie die Artikulation und den Wortschatz eines wesentlich älteren Kindes, und immer wieder beeindruckte sie Kellner in Restaurants von ihrer Sitzerhöhung aus mit wohlformulierten Bestellungen wie: »Verzeihung, Sir, könnte ich für mein Brot bitte noch etwas Butter haben?« (Ich machte mir vor Lachen fast in die Hose, wenn den Leuten die Spucke wegblieb, so als sei das eine abgefahrene Bauchredner-Performance.) Als sie einmal wegen irgendwas bei uns am Esstisch einen Wutanfall bekam, versuchte ich sie mit den Worten zu beruhigen: »Hey, ist völlig okay. Jeder wird mal wütend, sogar ich!« Worauf sie antwortete: »Ich bin nicht wütend! Ich bin einfach nur FRUSTRIERT!« (Im Gegensatz zu ihr ist mir der Unterschied *bis heute* nicht klar.)

Irgendwann merkte ich, dass Violet ein gutes akustisches Gedächtnis hatte und auch sehr gut Muster erkennen konnte, was ihr ermöglichte, Dinge nur durch Anhören perfekt zu imitieren oder zu wiederholen. Das führte rasch dazu, dass sie auf Wunsch Akzente nachmachen konnte und Eins-zu-eins-Imitationen eines Iren, Schotten, Engländers oder Italieners zum Besten gab, noch bevor sie ihren mit Smoothies besudelten Kindersitz im Auto nicht mehr brauchte. Und es dauerte auch nicht lang, da stimmte Violets Musikliebe ihre Ohren auf Tonhöhe, Tonart und Klang ein. Wenn sie von ihrem Kindersitz aus mitsang, konnte ich vorne hören, wie sie sich auf die kleinen Besonderheiten ihrer Lieblingssänger einschoss – auf die Mehrstimmigkeit der Beatles, das Vibrato von Freddie Mercury, den Soul von Amy Winehouse (woran ich mich am besten erinnere, denn es gibt einfach nichts Besseres, als wenn die fünfjährige Tochter im *Yo Gabba Gabba!*-Schlafanzug wortgetreu »Rehab« mitsingt). Begabung schien also da zu sein. Die Frage war nur, *wann* sie den Funken in sich entdeckte.

Als dies geschah, entwickelte sich der Funke rasch zu einem Waldbrand, was dazu führte, dass Violet irgendwann mit Leuten aus ihrer Klasse eine Rockband gründete. Mit jeder Probe wurde sie besser und selbstbewusster, und da sie ein unersättliches, wunderbar offenes Ohr für Musik aller Art hatte, sang sie alles von Aretha Franklin bis zu den Ramones und erweiterte auf ihrem Pfad der Entdeckung und Inspiration auch ihre Bandbreite. Ihre genetische Symphonie kam zur Aufführung, und wir konnten nichts tun, als uns zurückzulehnen und zuzuhören. Denn das ist etwas, das, wie gesagt, von innen kommt.

Bei Violets Konzert im Roxy, ihrem ersten »offiziellen« Auftritt mit der Band, saß ich mit meiner Familie im Publikum – logisch. »Don't Stop Believing‹« von Journey, »Hit Me with Your Best Shot« von Pat Benatar und »Sweet Child O' Mine« von Guns N' Roses gefielen mir am besten, und mitten im Konzert musste ich kurz innehalten und mir die Situation vergegenwärtigen: Links neben mir saß Harper mit dem Traum in den Augen, irgendwann auch Musik zu machen; rechts verfolgte meine Mutter ganz stolz, wie eine weitere Generation ihrer Familie vor einem Raum voller fremder Menschen ihre Seele entblößte. Es war ein tief greifendes Erlebnis, das meine

Mutter an diesem Tag sehr gut in einer Textnachricht zusammenfasste: »Jetzt weißt DU, wie es ist, wenn DEIN Kind zum ersten Mal auf die Bühne geht, um mit komischer Frisur, Jeans und T-Shirt seiner Leidenschaft zu folgen.« Sie hatte recht. Es war keine göttliche Intervention, sondern einfach Fleisch und Blut.

Seither bin ich mit beiden Mädchen in aller Welt vor Tausenden von Menschen aufgetreten, und jedes Mal erfasst mich ein Stolz, wie ihn wohl auch meine Mutter empfunden hat, damals, an jenem schwülen Sommernachmittag, im One Step Down. Es ist für mich das allergrößte Geschenk, zu sehen, mit wie viel Leidenschaft und Mut meine eigenen Kinder diesen Sprung wagen, und ich hoffe, dass eines Tages auch *ihre* Kinder dieses Glück spüren und sich in den abschließenden Worten wiederfinden, die ich vor Jahren für das Buch meiner Mutter formuliert habe: »Aber jenseits aller biologischen Information gibt es Liebe. Etwas, das sich Wissenschaft und Logik komplett entzieht. Und genau das habe ich zum Glück bekommen. Liebe ist vermutlich der bedeutendste Faktor in unser aller Leben. Sie stellt definitiv die wichtigste Muse eines Künstlers dar. Und Mutterliebe ist einfach die beste von allen. Sie ist der schönste Song, den das Leben zu bieten hat. Wir stehen alle tief in der Schuld der Frau, die uns das Leben geschenkt hat. Denn ohne sie gäbe es auch keine Musik.«

# MEIN SANDI-HERZSCHMERZ

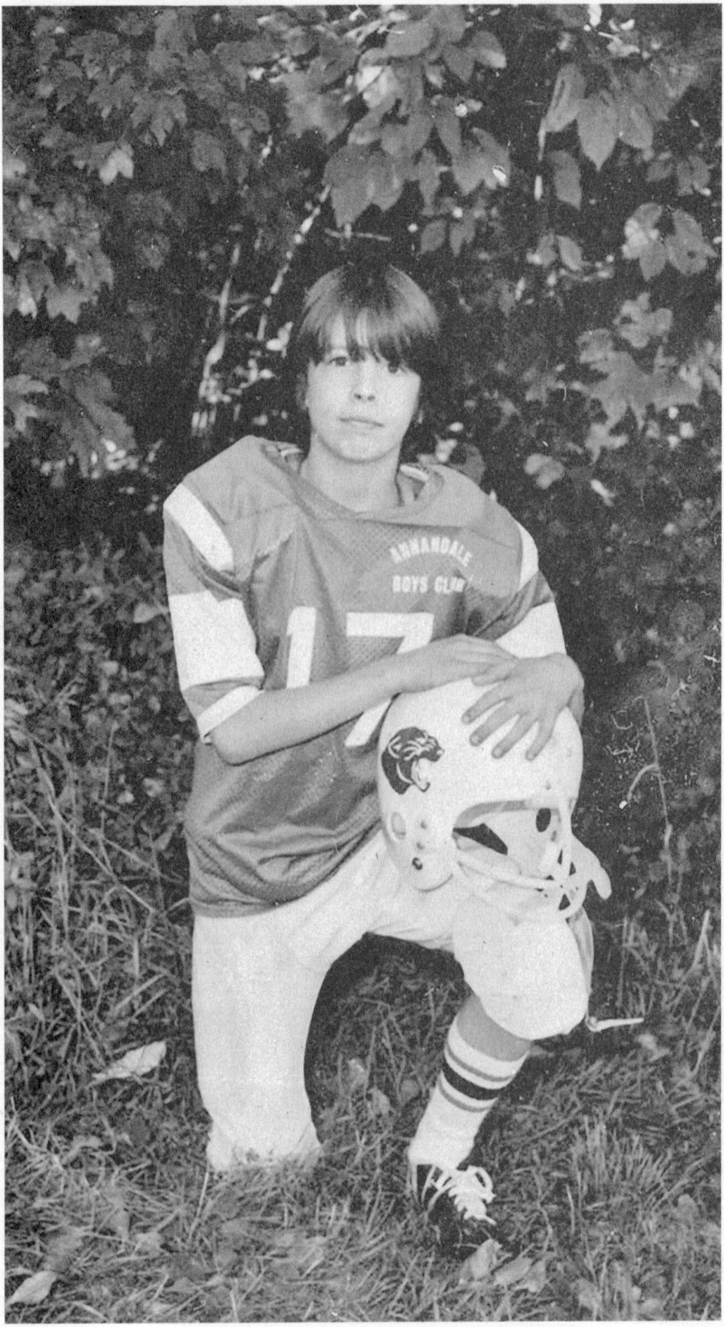

Ihr Name war Sandi.

Und sie war die Erste, die mir das Herz gebrochen hat.

Wir schreiben das Jahr 1982. Als schlaksiger Dreizehnjähriger, der in die Siebte kam, war es wahnsinnig aufregend, die vielen neuen Gesichter an der Holmes Intermediate School zu sehen. Mein Leben hatte sich bislang auf das vertraute North Springfield beschränkt, umgeben von Kids, die ich seit dem Kindergarten kannte und mit denen ich in diesem vorstädtischen Labyrinth aus Hügeln und dicht besiedelten Sackgassen aufgewachsen war. North Springfield liegt nur knapp zwanzig Kilometer südlich von Washington, D. C., und war ursprünglich nicht mehr als eine Straßenkreuzung in der Pampa, die sich dann in den Fünfzigern und frühen Sechzigern zu einem Wohngebiet mit gewundenen Straßen und kleinen Stino-Backsteinhäusern entwickelte. Der amerikanische Traum. Es gab hier nur drei Arten von Häusern: das einstöckige Econo-Modell, das *Brady Bunch*-Modell mit Split-Level und das zweistöckige Chef-Etablissement (alle unter 160 Quadratmeter Gesamtfläche), jedes davon auf einem kleinen Grundstück und in perfekter Reihe ausgerichtet. Ratet mal, in welcher Sorte ich aufgewachsen bin. Richtig, Baby: Econo. Mit drei Schlafzimmern und einem Bad gab es gerade so viel Platz, dass meine Mutter mit ihrem mageren Fairfax-County-Lehrergehalt einigermaßen bequem ihre zwei Kinder großziehen konnte. Wir hatten nie viel, aber immer genug.

North Springfield war eine eng verwobene Gemeinde aus vornehmlich jungen Familien; Fremde gab es hier so gut wie keine. Hier wusste jeder, wie du heißt, wo du wohnst und in welche Kirche du nach deiner schmutzigen Scheidung gehst. Dementsprechend hatte jeder Straßenzug seine eigene Gang aus ungewaschenen Taugenichtsen. Mit denen machte ich alles, was eine normale Kindheit auszeichnet: auf Bäume klettern, Tabak kauen, die Schule schwänzen, Chinakracher abfackeln, im Bach nach Flusskrebsen suchen und Hauswände besprühen. Das echte Siebzigerjahre-Amerika wie aus dem Bilderbuch, als wäre ein verblichener Kodak-Abzug zum Leben erwacht. Bonanzaräder mit Bananensattel und Luftgewehre – ein Leben irgendwo zwischen Rob Reiners *Stand by Me* und Tim Hunters Klassiker *Das Messer am Ufer.*

Eine Schule zu besuchen, in die Kinder aus anderen Stadtteilen gingen, kam mir wie eine Auslandsreise vor. Zu meiner Grundschule musste ich immer nur eine Straße weiter laufen. Auf diesen nächsten Schritt hatte ich mich aber sorgfältig vorbereitet. Mit ein paar Shirts aus den Mode-Outlets am Pennsylvania Turnpike und einem Fläschchen Old Spice ausgestattet, freute ich mich darauf, meinen Horizont zu erweitern und an der neuen Schule meine Nische zu finden. Und im Neonlicht der spindgesäumten Gänge vielleicht sogar meine vorstädtische Seelenverwandte zu treffen. Ich war noch nie verliebt gewesen, wusste aber, dass sie da draußen irgendwo auf mich wartete.

Mit fettem Plastikkamm in der hinteren Cordhosentasche und ungeputzten Nike-Sneakers bestieg ich allmorgendlich den Bus, immer in der Hoffnung, vor dem Läuten der Schulglocke da zu sein und weder Ärger zu bekommen noch vom Unterricht ausgeschlossen zu werden. Ich war definitiv kein

Musterschüler und befand mich zudem in meinem Punkrock-Larvenstadium, nachdem ich bei *Saturday Night Live* die B-52's und Devo entdeckt hatte und mich der subversiven, radikalen Ästhetik ihrer Musik nicht nur verbunden fühlte, sondern in ihrem Schatten auch die ersten Babyschritte machte.

SOSEHR ICH DAZUGEHÖREN UND VON MEINEM FREUNDESKREIS AKZEPTIERT WERDEN WOLLTE, FÜHLTE ICH MICH DOCH IRGENDWIE ANDERS ALS DIE ANDEREN. Erst Jahre später brachte ich den Mut auf, meine Individualität gutzuheißen; damals ließ ich mir nichts anmerken und behielt meine Liebe zur Alternativkultur für mich, um von den cooleren Kids nicht abgelehnt zu werden. Ich habe irgendwie *mitgespielt*, auch wenn ich genau wusste, dass Elite-Schülerverband oder Football-Team einfach nicht meins waren. Ich war ein Außenseiter, der sich danach sehnte, verstanden zu werden, und der auf eine Person wartete, die mein wahres Ich akzeptierte.

Und dann erblickte ich sie.

Sandi war das schönste Mädchen, das ich je gesehen hatte, mit eisblauen Augen, blonder Föhnfrisur und einem Lächeln, das von D. C. bis Dubai jeden Tesla hätte laden können, wäre Tesla 1982 schon auf dem Markt gewesen. Farrah Fawcett war nichts gegen sie. Cheryl Tiegs konnte abstinken. Bo Derek? Christie Brinkley? Nicht mal annähernd ihre Liga.

Meine Knie wurden weich, als sich quer über den vollen Schulkorridor unsere Blicke trafen, und ich fühlte etwas, das nur Liebe auf den ersten Blick genannt werden konnte. Mir war, als hätte mir ein Vorschlaghammer die Luft aus dem Körper getrieben, als sei ich durch ihre Schönheit zum Krüppel geworden. Wie ein Reh im Scheinwerferlicht war ich durch ihren Blick wie paralysiert. Manche Menschen sehen Engel in verbrannten Tortillas. Ich sah einen in Lipgloss und Jordache-Jeans.

Nur war ich leider kein Casanova. Meine großen Pferdezähne und knochigen Knie erleichterten die Suche nach einer Freundin nicht unbedingt, und da ich der Damenwelt immer erschreckend schüchtern begegnete, erntete ich im besten Fall etwas Sympathie oder auch Nächstenliebe, ohne aber je Kandidat für den besten Knutschfleck beim Homecoming-Ball zu sein. Klar hatte es bei den Kellerpartys von North Springfield das eine oder andere Flaschendrehen gegeben, aber George Clooney war ich deshalb noch lange nicht. Eher eine Art Barney Fife* mit Skateboard.

Trotzdem hatte ich jetzt mein Gegenstück gefunden, und ich konnte es kaum erwarten, Sandi mein Eigen zu nennen. Täglich rannte ich nach der Schule heim, schlug die Zimmertür hinter mir zu und schrieb Gedichte oder Songs auf meiner Silvertone-Gitarre von Sears, in denen ich – allein für ihre Ohren bestimmt und mit schauderhaften Melodien – mein Herz ausschüttete. Sie war meine Muse und mein Leuchtfeuer geworden, und jeder wache Moment wurde mit Tagträumen von unserer so perfekten wie unvermeidlichen Vereinigung erfüllt.

Ich war hoffnungslos verliebt. Mein armes kleines Herz konnte unmöglich *noch* einen Tag überleben, ohne von ihr zumindest die Andeutung einer Erwiderung zu erhalten. Ständig probte ich im Kopf meine Liebeserklärung an sie, und nach einer gefühlt ewigen, deshalb umso peinlicheren Phase der Werbung (handgeschriebene Zettel, die durch die Klasse ge-

---

* Figur aus der US-Serie *The Andy Griffith Show* (Anm. d. Ü.).

reicht wurden, Anrufe nach der Schule ... ich hängte mich ganz schön rein) ergriff ich die Gelegenheit und fragte sie mit allem, was ich an Charme (und Old Spice) aufzubieten hatte, ob sie mit mir gehen wolle. Zu meinem Erstaunen sagte sie Ja (ein weiterer Fall von Nächstenliebe), und bald wagten wir den gewaltigen Sprung vom bloßen Nebeneinander-Hergehen in den Pausen zum Hand-in-schwitziger-Hand-Gehen in den Pausen. Ich fühlte mich wie der King. Ein Gott der Nerds. ICH, DAVID ERIC GROHL, BEFAND MICH JETZT IN EINER OFFIZIELLEN VERBINDUNG MIT DEM SCHÖNSTEN MÄDCHEN DER WELT ... ODER ZUMINDEST UNSERER KLASSE. Endlich hatte ich meine vorstädtische Seelenverwandte gefunden, die Liebe meines Lebens, die Person, mit der ich – umringt von einer Schar liebender Enkel – irgendwann alt werden würde. Ich hatte meine bessere Hälfte gefunden. Und sie die ihre.

Zumindest dachte ich das.

Um ehrlich zu sein, weiß ich gar nicht, ob es überhaupt eine Woche gehalten hat. Keine Ahnung, was da passiert ist. So wie ich das sah, lief alles großartig. Wir waren jung, glücklich und frei! Wie Burt Reynolds und Loni Anderson, David Copperfield und Claudia Schiffer oder Siegfried und Roy – ein Powerduo von epischer Größe und mit unendlichen Möglichkeiten! Uns gehörte die (Mittelschul-)Welt, vor uns lag ein Leben gegenseitiger Hingabe. Und dann warf sie ganz überraschend die MAB (Mutter aller Bomben) auf meinen armen Arsch ...

»Weißt du ... ich bin neu hier ... und will mich irgendwie nicht fest binden.«

Dieses verheerende Sakrileg kam völlig überraschend und warf mich komplett aus der Bahn. Die Zeit blieb stehen. Mein Kopf war leer. Mir schnürte sich der Hals zu, ich konnte nicht mehr atmen. Mein Universum wurde mir unter den Füßen weggezogen, und die Worte, die mein Herz wie eine vergiftete Sense durchtrennten, streckten mich nieder und reduzierten mich auf ein Häufchen Elend. Ich nickte natürlich verständnisvoll und tat es mit einem Lächeln ab, aber innerlich war ich offiziell tot. Ausgelöscht.

Verzweifelt kehrte ich nach Hause und zu meinen Sammelbänden voller lähmend romantischer Ergüsse zurück, packte sie zusammen und verbrannte sie auf dem Altar, den ich – klarerweise – für Sandi in der Garage errichtet hatte. Okay, vielleicht habe ich sie auch nur in die verdammte Mülltonne gesteckt – jedenfalls vernichtete ich diese Seiten mit First-Love-Poesie, um das sprichwörtliche Band zu durchtrennen und irgendwie mein langweiliges Prä-Teenagerdasein wiederaufzunehmen. Ich hätte wissen müssen, dass sie mich nicht liebt. Schließlich war ich ein dürrer Sonderling, der komische Musik hörte, zerrissene Toughskin-Jeans trug und eh von niemandem verstanden wurde.

In jener Nacht hatte ich einen Traum. Ich stand auf einer riesigen Bühne und wurde von bunten Lichtern angestrahlt, während ich vor einer ausverkauften Arena mit begeisterten Fans ein triumphales Gitarrensolo spielte, bei dem ich das Griffbrett mit einer Virtuosität bearbeitete, wie noch kein Sterblicher sie je gemeistert hatte. Das Publikum reagierte derart heftig, dass die schwindlig machenden Riffs, die ich diesen Motherfuckern präsentierte, im tosenden Beifall untergingen. Als ich beim Solo den Blick über die vielen Tausend verzückten Gesichter schweifen ließ, entdeckte ich gleich in der ersten Reihe Sandi, die ihre Arme nach mir ausstreckte, wie ein Schlosshund weinte und es offenbar bitter bereute, mir, dem größten Rockstar-Superhelden der Welt, ein paar Stunden zuvor den Laufpass gegeben zu haben (auch in meinem Traum waren wir immer noch süße dreizehn). Ich wachte schlagartig auf und merkte, dass meine Trauer über den Verlust und die Zurückweisung verschwunden war und sich stattdessen ein wohliges Machtgefühl eingestellt hatte. WÄHREND ICH DALAG UND AN DIE DECKE STARRTE, KAM MIR DER GEDANKE, DASS WOMÖGLICH DIE GITARRE DIE LIEBE MEINES LEBENS SEIN KÖNNTE. Vielleicht brauchte ich Sandi ja gar nicht. Vielleicht konnte mir meine Silvertone helfen, mein gebrochenes Herz zu heilen. Vielleicht entkam ich diesem Schlamassel, indem ich Lieder schrieb. Und ich war entschlossener denn je, diesen Rock'n' Roll-Traum wahr werden zu lassen.

Das steckt vermutlich hinter jedem Song, den ich je komponiert habe: nicht um mich an Sandi zu rächen natürlich, sondern um meine verwundbarsten Stellen zu schützen und den Kummer als Treibstoff zu benutzen. Denn was könnte inspirierender sein als die freigelegten Nerven eines gebrochenen Herzens? In gewisser Hinsicht schätze ich die zahllosen Male, an denen ich Liebeskummer hatte, viel mehr als das Glück, das jeweils vorausging, denn ein Herzschmerz hat mir immer gezeigt, dass ich fühlen kann. Glaubt mir, der süße Stachel einer unerwiderten Liebe ist so stark, dass jeder Schreiberling zu Papier und Bleistift greifen und die Trauer darüber, mal wieder geschasst worden zu sein, sofort in Schönheit verwandeln will. Und meist kommt auch was Gutes dabei heraus, denn das Gefühl ist echt und tut auch noch so verdammt weh.

Im Lauf der Jahre haben Sandi und ich uns aus den Augen verloren. Andere Freunde, andere Schulen, andere Lebenswege, dann gar kein Kontakt mehr und irgendwann für uns beide nur noch eine Kindheitserinnerung. Mit Mitte zwanzig bin ich ihr mal in einer Kneipe begegnet, wo wir, umringt von anderen Menschen, über die alten Zeiten gelacht haben, aber damit hatte es sich. Die Magie war verschwunden. Wieder trennten sich unsere Wege, wir kehrten zurück in unser jeweiliges Erwachsenendasein und zu dem, was wir schließlich geworden waren. Also Verflossene.

Bis dann 2011 bei der *Wasting Light*-Tour der Foo Fighters ein gemeinsamer Freund anrief und fragte, ob ich ihn beim Konzert im Verizon Center von Washington, D.C., auf die Gästeliste setzen könnte. Das war der erste ausverkaufte Arena-Gig in meiner Heimatstadt, und meine Gästeliste entsprach quasi der eines Highschool-Klassentreffens, denn mehr als hundert alte Freunde wollten kommen, um zu feiern und einen Abend lang die ferne Vergangenheit aufleben zu lassen.

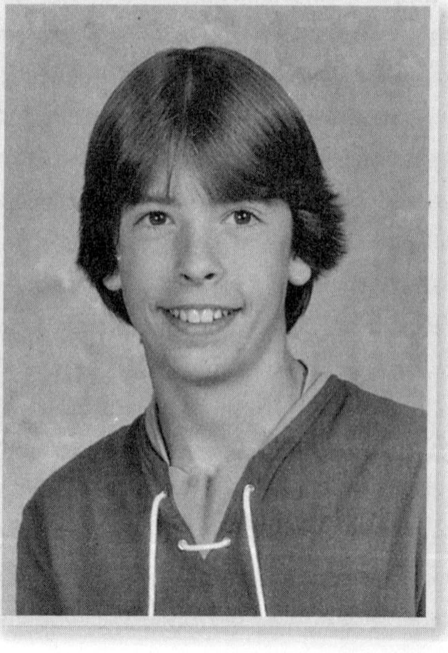

Es war fast, als würde ich jetzt endlich den Homecoming-Ball erleben, zu dem ich früher nie als Begleitung eingeladen wurde!

Mein Freund fragte höflich, ob er vielleicht ein Ticket für zwei haben könnte, und fügte an: »Rat mal, wer mich begleitet? Sandi!«

Ach du Scheiße. Ich konnte es nicht glauben. Es war fast dreißig Jahre her, dass ich sie kennengelernt und ihr mein Herz geschenkt hatte, woraufhin ihr nichts Besseres eingefallen war, als es mir in tausend blutigen Teilen vor die Füße zu pfeffern (bitte lachen). Umso mehr freute ich mich jetzt darauf, sie hier dabeizuhaben und mit ihr und unseren alten Freunden abzuhängen. Das versprach echt ein denkwürdiger Abend zu werden.

Ich muss gestehen, dass ich etwas nervös war. Nicht wegen des Konzerts (das ist leicht), sondern wegen Sandi. Es war so viel Zeit vergangen, dass ich nicht mal wusste, ob wir uns nach all den Wendungen in unser beider Leben überhaupt erkennen würden. Wie sah sie aus? Wie würde sie klingen? Was würde sie anhaben? Was würde *ich* anhaben? Ich hoffte inständig, dass jemand uns freundlicherweise ein zweites Mal vorstellen würde und wir in absurder Nostalgie schwelgen könnten, bis die Saallichter angingen und jeder gezwungen war, sein Sektglas auszutrinken und wieder seiner eigenen Wege zu gehen, zurück zu dem, was wir geworden waren.

Mit kindlicher Vorfreude, die mir fast die Luft nahm, suchte ich alle paar Minuten den vollgestopften Backstagebereich ab, um womöglich *sie* zu sehen, bevor sie *mich* erkannte. Aber sie war nirgendwo zu entdecken. Meine jugendliche Unsicherheit meldete sich nach all den Jahren übelst zu Wort. Was, wenn sie die Einladung ausgeschlagen hatte? Was, wenn sie mich gar nicht treffen wollte? Einen weiteren Korb von Sandi hätte ich nicht ertragen. Wisst ihr, auch die älteste Wunde kann wieder aufbrechen.

Und dann erblickte ich sie.

Sie betrat die Garderobe, und ich schoss hoch wie von der Tarantel gestochen. Es war, als hätte ich ein Gespenst vor mir. Ich schnappte nach Luft. Ich traute meinen Augen nicht: Sie sah exakt so aus wie früher (wenngleich ohne Jordache-Jeans und Föhnfrisur). Unsere Blicke trafen sich, und wir grinsten beide so breit wie der Horizont, bevor wir aufeinander zustürzten und uns in einer längst überfälligen Umarmung wiederfanden. Das hatte jetzt nichts mehr mit dem Herzklopfen zu tun, das ich vor unseren Spinden im grellen Licht des Mittelschulkorridors verspürt hatte, aber trotzdem war da eine Freude, wie man sie nur beim Wiedersehen mit jemandem aus der Vergangenheit erlebt – fast eine Art Vergewisserung, dass das Leben wirklich stattgefunden hat.

Wir setzten uns und erzählten einander aus unserem jeweiligen Leben, sprachen über Partner, Kinder und die Familie, lachten über Probleme, die damals unser Leben geprägt hatten, und gingen durch, wohin es unsere alten Freunde verschlagen hatte. Die Minuten verstrichen wie im Flug, dann musste ich mich auf meinen Auftritt vorbereiten, weshalb ich Sandi bat, nach dem Konzert dazubleiben und sich vielleicht bei einem Bier oder zwei weiter mit mir zu unterhalten. Ich rannte raus, um unsere Setlist zu schreiben und auf das Verlöschen der Saalbeleuchtung zu warten.

Als wir auf die Bühne gingen, war der Jubel eines Heimspiels mehr als würdig. Er überstieg jedes andere Konzert dieser Tour um mehrere donnernde Dezibel und erfüllte mich bis ins Mark mit Rührung und Stolz. Hier hatte ich meine Kindheit verbracht, Bäume erklommen, die Schule geschwänzt,

Chinakracher abgefackelt, nach Flusskrebsen gesucht und Wände besprüht, also kannte ich die Straßen und all diese Leute – und sie kannten mich. An diesem Abend legte ich jedes Gramm meiner Existenz in die Akkorde, um mich für ein Leben der Kodak-Erinnerungen zu bedanken und die Brandung der Liebe zu erwidern, die beim gemeinsamen Singen unserer Stücke auf mich einstürzte. Irgendwann spielte ich am Bühnenrand ein triumphales Gitarrensolo für das Meer aus verzückten Gesichtern, und während ich unter frenetischem Jubel das Griffbrett bearbeitete, sah ich nach unten und entdeckte Sandi … genau dort, wo sie auch in meinem Traum gewesen war, nachdem sie mir das Herz gebrochen hatte. Ich hielt inne und machte mir klar, dass mir dieser Moment in einer Art Vorahnung schon vor dreißig Jahren vorgeschwebt hatte und ich ihn jetzt verdammt noch mal tatsächlich erlebte!

SO VERRÜCKT ES AUCH KLINGEN MAG, ABER DER ROCK 'N' ROLL-TRAUM MEINER JUGEND WAR REALITÄT GEWORDEN.

Mit einem einzigen Unterschied: Sandi heulte nicht wie ein Schlosshund und bedauerte keineswegs, mir den Laufpass gegeben zu haben. Nein. Sie lächelte ihr unglaubliches Lächeln und ließ ihre eisblauen Augen strahlen, während sie den erhobenen Mittelfinger in die Luft streckte und mit dem Mund die unsterblichen Worte formte …

»Fuck you, asshole!«

# MANCHE NARBEN KANN MAN NICHT SEHEN

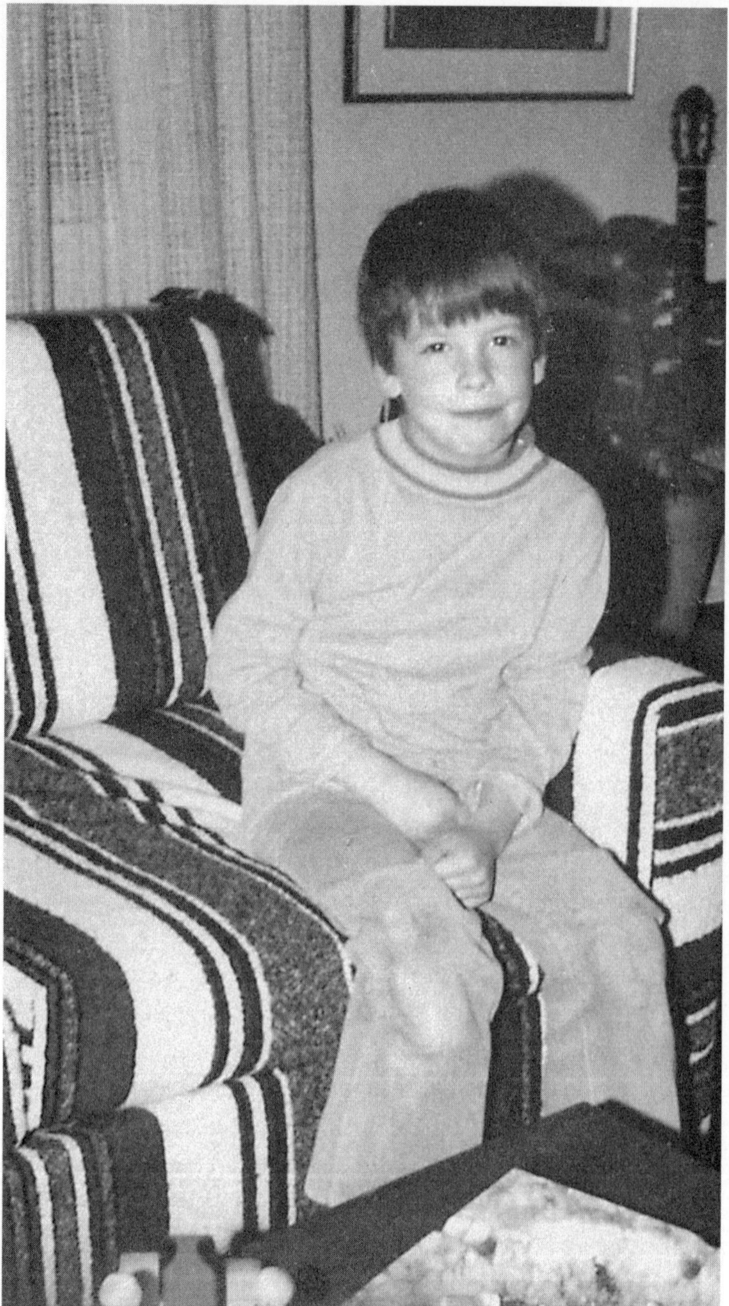

»Tut dir nicht der Kopf weh, David?«

Ich lag zusammengerollt auf dem feuchten, kalten Boden und blickte nach oben in die Gesichter der beiden Nachbarsjungen, die mich entsetzt anstarrten, während der blutverschmierte Golfschläger ins frisch gemähte Gras ihres Gartens plumpste. Halb ohnmächtig antwortete ich: »Ähm … ich denke schon …«, und rieb mir den Hinterkopf, ohne zu merken, dass meine Wuschelfrisur bereits mit Blut aus dem großen Loch verklebt war, das der alte Pitching Wedge ihres Vaters soeben in meinen neunjährigen Schädel geschlagen hatte.

»D-d-d-du solltest vielleicht besser nach Hause gehen …«, stammelten sie gleichzeitig.

Leicht benommen, aber ohne irgendwelche Schmerzen, raffte ich all meine Kräfte zusammen, erhob mich vom Boden und wankte die hundertfünfzig Meter zur Türschwelle meiner Mutter auf der anderen Straßenseite. Es war ein sonniger Samstagnachmittag, und wie an den meisten Wochenenden war unsere idyllische kleine Vorstadtsackgasse von jugendlicher Geschäftigkeit erfüllt. Ob nun Rasenmäher in der Ferne dröhnten, Fahrradklingeln die Fußgänger warnten oder laut und kreischend Ball gespielt wurde, unser Viertel war immer ein Chor aus glücklichen Kindern, die draußen sein und Quatsch machen konnten. Also genau die Art von Americana-Scheiß, der im Fernsehen Schwachsinnsserien wie *The Brady Bunch* und *Happy Days* inspiriert hat. Wobei man sagen muss, dass North Springfield, Virginia, nach dem Zweiten Weltkrieg für genau diese Ästhetik konzipiert worden war: ein Backsteinhaus neben dem anderen, jedes gerade groß genug, dass die Babyboomer mit ihrem mageren Staatsgehalt eine vierköpfige Familie darin versorgen konnten, in der Summe aber ein meilenweites Netz aus gepflegten Rasenflächen, rissigen Gehsteigen und hohen Weiß-Eichen. Da die US-Hauptstadt nur wenige Minuten entfernt war, stand an unserer Bushaltestelle jeden Morgen eine lange Schlange von Männern mit dünner werdendem Haar, beigefarbenen Mänteln und fetten Aktentaschen, die ihre *Washington Post* lasen und darauf warteten, zum Pentagon oder einem anderen gesichtslosen monolithischen Bundesverwaltungsgebäude gekarrt zu werden und dort einen weiteren Tag ihres Daseins am Schreibtisch zu verbringen. Das Leben bestand hier aus einer verlässlichen Nine-to-five-Monotonie. Aus einer *Und täglich grüßt das Murmeltier*-Hetzjagd, an deren Ziellinie höchstens eine goldene Uhr wartete. Für diejenigen, die sich der Gehirnwäsche des »White picket fence«-Syndroms* unterzogen hatten, war das die angenehme Belohnung aus Sicherheit und Stabilität. Für ein hyperaktives, »lebendiges« Kind wie mich war es der ideale Spielplatz.

Der Samstag begann üblicherweise mit Zeichentrickfilmen im Fernsehen und einer Schüssel Cornflakes, bevor ich dann aus dem Wohnzimmerfenster schaute und die Tagesaktivitäten auf der Straße überprüfte. Wenn irgendwas los war, warf ich mich so rasant wie ein Feuerwehrmann, der zum Einsatz muss, in meine Toughskins (unzerstörbare Billigjeans von Sears, die

* Ideal des »American Dream« mit sicherer Nachbarschaft, sicherem Job, guter Schule etc. (Anm. d. Ü.).

es in allen möglichen ekligen Farben gab) und stürmte mit einem gellenden »Bye, Mom! Bis später!« nach draußen.

Ein Stubenhocker war ich definitiv nicht. Ich bevorzugte die zahllosen Abenteuer, die draußen auf mich warteten – etwa durch Entwässerungsrohre kriechen, von Hausdächern springen oder nichts ahnende Autos von den Büschen neben der Straße aus mit Äpfeln bewerfen (kein empfehlenswerter Streich, weil das normalerweise in einer Verfolgungsjagd mündete, bei der ich viele neue Gärten kennenlernte und in olympiareifem Tempo Maschendrahtzäune überwinden musste, um der Rache irgendwelcher Spaßbremsen zu entgehen). Vom frühen Morgen bis zum Einschalten der Straßenbeleuchtung zog ich durch die Gegend und suchte nach Erlebnissen, bis meine Spezial-Sneaker Löcher hatten – speziell deshalb, weil die Sohle des linken Schuhs erhöht war, um meine verkrümmte Wirbelsäule zu korrigieren.

An diesem Tag nun hatte ich gesehen, dass meine besten Freunde Johnny und Tae den Kofferraum ihres Vaters mit Golfschlägern beluden. *Golf?*, dachte ich. *Wir spielen doch nicht Golf. Das ist bürgerlicher Rich-Kid-Scheiß.* Wir hatten doch Stöcke! Und Steine! Und Bäche voller Flusskrebse! Was gingen uns diese komischen Hütchen und karierten Hosen an?

Ich zog mich schnell an und raste rüber in ihre Einfahrt, wo ich feststellen musste, dass sie einen Familienausflug zum örtlichen Golfplatz geplant hatten und ich am Nachmittag leider auf mich allein gestellt war. Während ich ihnen enttäuscht hinterherwinkte, drehte ich mich um und ging zu unserem Haus zurück, wo ich ungeduldig auf ihre Rückkehr wartete und mir die Zeit mit ungeliebten Aufgaben vertrieb: Ich rechte Laub zusammen und räumte mein Zimmer auf (ein im Grunde vergebliches Unterfangen, denn Dinge wie Ordnung oder Sau-

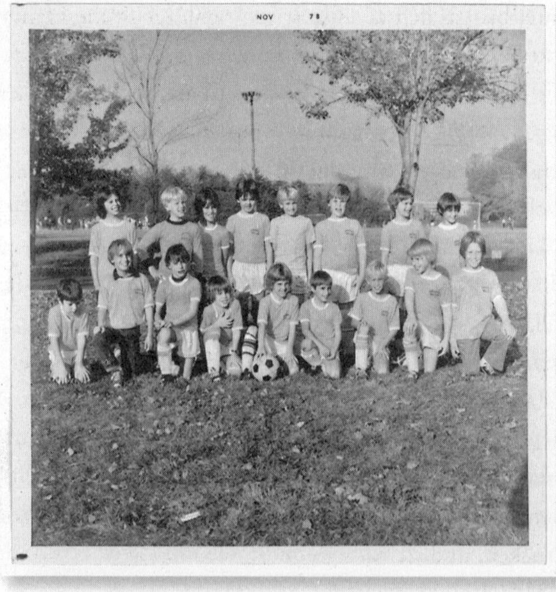

berkeit interessierten mich damals nicht. Ein bisschen habe ich mich da inzwischen gebessert – also ein bisschen …).

Langsam verstrichen die Stunden, bis ich endlich ihren blauen Cadillac herantuckern sah. Ich ließ alles stehen und liegen und rannte wieder hinüber, wo jetzt beide im Garten hinter dem Haus mit Golfschlägern auf einen Übungsball eindroschen, der wie eine Art Mini-Tetherball an einem Stab befestigt war, der im Boden steckte.

Cool! Beim Näherkommen konnte ich nur staunen, wie sie dieses Ding mit holzfällerartiger Wucht bearbeiteten und bei jedem Schlag Dreck- und Erdklumpen über den Rasen schickten. Da ich selbst diese Sportart noch nie ausprobiert hatte, wartete ich geduldig, bis ich an der Reihe war, und sammelte erst mal alles, was mein adoleszenter Körper an Kraft aufbieten konnte, bis ich den alten, rostigen Schläger in die Hand gedrückt bekam. *Gott, ist das Ding schwer …*, dachte ich, als ich meine dünnen Ärmchen hob, um so hart wie möglich zuzuschlagen. *Wiff!* Daneben. *Wiff!* Noch mal daneben. Gewaltige Rasenstücke flogen schrapnellartig in alle Richtungen, bis ich endlich den Ball traf und ihn mit einem perfekten *Ping* auf eine kreisförmige Bahn um seine Verankerung schickte. Das erfüllte mich mit unglaublicher Befriedigung. Ich war stolz wie Harry.

»Jetzt bin ich dran!«, rief Tae, nahm mir den Schläger aus der Hand und holte den Ball ein. *Ich hab die Scheiße aus dem Ding gehauen …*, dachte ich. *Vielleicht check ich mal besser, ob die Halterung nach diesem Brachialschlag noch sitzt …* Ich bückte mich, um die Verankerung fester in den weichen Boden zu drücken, und …

WHACK!

Wer je einen heftigen Schlag auf den Kopf erhalten hat, weiß sicher, wie dieser Klang im Schädel widerhallt. Vergleichbar mit dem Aufprall eines Basketballs oder einer nicht ganz reifen Melone (wie bei mir), ist das ein Geräusch, das man nie vergisst. Die Stille, die darauf folgt und normalerweise von ein paar süßen Sternchen und Elfen begleitet wird, ist ohrenbetäubend. Mir hatte soeben ein Teenager volle Kanne einen Pitching Wedge über die Rübe gezogen, konzipiert für eine »hohe Schlagweite« auf dem Golfplatz. Am Kopf eines neunjährigen Jungen hat das jedoch etwas ganz anderes zur Folge: ein Riesen-fucking-Desaster.

Ich wusste es nicht, aber mein Kopf war gespalten worden wie ein überreifer Kürbis, nachdem die Süßes-oder-Saures-Jäger längst wieder heim sind. Nur: Ich spürte nichts. Null. Nada. Also folgte ich dem Rat von Johnny und Tae und trat den Heimweg an, pfiff dabei nervös vor mich hin und dachte: *Das gibt jetzt aber richtig Ärger* – ohne den wahren Ernst der Situation zu erkennen. Ich trug an diesem Tag mein Lieblings-T-Shirt, ein weißes Ringer-Shirt mit dem Superman-»S« auf der Brust. Als ich beim Überqueren der Straße nach unten auf sein rot-gelbes Logo sah, traf mich fast der Schlag, denn das war jetzt nicht mehr mein schönes Superman-Shirt. Nein, ich war mit einer Masse aus geronnenem Blut, Kopfhaut und Haaren überzogen.

Panisch lief ich schneller zu unserem Haus, immer noch ohne Schmerzen, aber wohl wissend, dass auch nur *ein* Tropfen Blut auf dem Wohnzimmerteppich mich kopfüber (den konnte ich mir hier nicht verkneifen) in Schwierigkeiten stürzen würde. Als ich die paar Stufen zum Haus hinaufging, hörte ich drinnen meine Mutter saugen. Also verzichtete ich auf einen heulend-blutigen Auftritt, blieb stattdessen an der Türschwelle stehen und klopfte vorsichtig, um die bevorstehende Hysterie irgendwie abzumildern.

»Mom? Könntest du mal kurz kommen?«, flötete ich mit meiner sanftesten, süßesten »Kleiner Junge, der's jetzt mal richtig verkackt hat«-Stimme.

»Sekunde, Schatz …«, erwiderte sie, denn sie ahnte ja nicht, welcher Albtraum sie hier erwartete, außerdem wollte sie noch das andere Zimmer saugen.

»Ähm, das ist irgendwie ein Notfall …«, wimmerte ich.

Den Anblick meiner armen Mutter, als sie um die Ecke kam und ihr jüngstes Kind blutüberströmt im Türrahmen stehen sah, werde ich mein Leben lang nicht vergessen. Auch wenn ich selbst keinen Schmerz verspürte, fühlte ich doch ihren.

Ich will aber ehrlich sein: Es war nicht das erste Mal. Bei uns gab es den Running Gag, dass die Ärzte im Fairfax County

Public Hospital auf Du und Du mit mir waren. Wie bei Norm aus der Sitcom *Cheers* schrien sie jedes Mal einstimmig »David!«, wenn ich mit einer neuen Verletzung, die mit drahtigen schwarzen Fäden genäht werden musste, in die Notaufnahme gerollt wurde. Mit der Zeit machte es mir gar nichts mehr aus, die Novocain-Spritze zu bekommen und mir die Haut zusammendrücken zu lassen, damit ein Arzt mit dünnem Nylon die Wunde schließen konnte. Es wurde fast zu einer Art Ritual.

Ich habe mir meinen Kopf noch nie komplett rasiert, aber ich kann mir gut vorstellen, dass unter meiner dunkelbraunen Matte heute etwas ist, das stark an den Streckenplan der Londoner U-Bahn erinnert: zahllose Linien, die sich in einem verworrenen Netz aus Narben überkreuzen. Hände, Knie, Finger, Beine, Lippen, Stirn … sucht euch was aus: Wenn es noch Teil meines Körpers ist, wurde es schon einmal geflickt wie bei einer alten Stoffpuppe. Klingt vielleicht traumatisch, aber lasst euch nicht täuschen, Leute. Ich habe das immer positiv gesehen und eine Verletzung als etwas betrachtet, das mir einen Tag ohne Schule verschafft. Und dafür hätte ich *alles* getan.

Ein Beispiel: Einmal habe ich mir beim Fußballspielen den Knöchel gebrochen, in einem Park am malerischen Lake Accotink, eineinhalb Kilometer von meiner Haustür entfernt. Alle Sechstklässler hatten sich an diesem Nachmittag dort zum Kicken versammelt und lieferten sich ein heißes Match. Die meisten von uns spielten schon seit Jahren in unserem örtlichen Verein. (Fun Fact: Ich war übrigens bei jeder Sportart, die ich ausgeübt habe, Torwart, was irgendeinen psychologischen Hintergrund haben muss. Doch das ist eine andere Geschichte.) Irgendwann in diesem Spiel traf ich den Ball im gleichen Moment wie ein anderer Spieler und verdrehte mir dabei den Fuß in eine Richtung, für die er nicht gemacht war. Schon während ich zu Boden fiel, wusste ich, dass ich mich schwer verletzt hatte. Was tat ich also? Ich lief die eineinhalb Kilometer nach Hause und überlegte mir, wie ich meiner Mutter die Sache so verkaufen konnte, dass ich am nächsten Tag nicht in die Schule musste. Mir war nicht klar, dass ich mir den Knöchel gebrochen hatte. Als ich am nächsten Tag aufwachte und der Fuß komplett lila und dick angeschwollen war, jauchzte ich: »YES!! KEINE SCHULE!«

»David!«, riefen die Ärzte, als ich ins Krankenhaus kam.

Die Liste ist lang. Das gefrorene Schokoladen-Osterei, das ich mit dem schärfsten Messer aus der Geschirrschublade durchschneiden wollte, was mich fast den linken Zeigefinger gekostet hätte. Die Ecke vor dem Zimmer meiner Schwester, in die ich im Verlauf meiner Kindheit nicht nur einmal, sondern sogar *zweimal* mit dem Kopf voran gerast bin, was meiner Stirn ein paar weitere Nähte einbrachte. Die Stürze vom Fahrrad. Die Autounfälle. Dass ich von einem Auto *überfahren* wurde, als ich vier war. (Meine Reaktion? »Ist aber noch alles ganz, Mommy!«) Meine Kindheit war eine einzige Serie viel zu vieler Fahrten in die Notaufnahme, die meist zu einer neuen Narbe, einem schulfreien Tag und einer verdammt guten Story führten.

Rückblickend wird mir klar, dass ich immer ein merkwürdiges Verhältnis zu Konsequenzen hatte. Vor körperlichen hatte ich überhaupt keine Angst, vor emotionalen schon eher. Bei keiner Verletzung mit ernstem Schaden spürte ich irgendeinen körperlichen Schmerz – nichts. Wenn ich mich verletzt habe, bin ich immer allein heimgegangen. Ich setzte dann mein bestes Pokergesicht auf, um meiner Mutter nicht noch mehr Unannehmlichkeiten zu bereiten, als sie vom Leben ohnehin schon erhalten hatte, und versuchte ihr klarzumachen, dass es sich nur um einen Kratzer handelte, auch wenn ganz klar genäht werden musste. Vielleicht war das ein Verteidigungsmechanismus, eine neurologische Blockade oder sonst irgendetwas Schlaues, aber ich kann mir auch vorstellen, dass es den Opfern geschuldet war, die meine Mutter für die Aufzucht zweier glücklicher Kinder bringen musste, egal wie viel Kummer sie selbst vermutlich hatte. DIE SHOW MUSS SCHLIESSLICH WEITERGEHEN.

Es gibt ein Sprichwort: »Du bist nur so glücklich wie dein unglücklichstes Kind.« Das verstand ich allerdings erst, als ich meine Tochter Violet zum Kinderarzt brachte und sie dort ihre erste Spritze erhielt. Bis dahin hatte ihr Weinen einfach signalisiert, dass sie Hunger hatte, müde war oder eine neue Windel brauchte. Sie hatte ihre ersten sechs Lebensmonate weitgehend auf meinem Schoß verbracht, wo sie lachte und quiekte, während ich sie auf und ab schaukelte und mich an dem Wunder, das sie ist, erfreute, in ihren großen blauen Augen versank und bei jedem ihrer Gluckser zu einem Häufchen Brei zerschmolz. Als mich der Arzt an jenem Tag bat, sie für die Spritze auf den Schoß zu nehmen, setzte ich sie also mit dem Gesicht zu mir, wie wir das täglich daheim im Wohnzimmer machten, wenn wir uns nur anlächelten und nicht mit Worten, sondern lediglich durch Blicke miteinander kommunizierten. Nur dass die Situation jetzt eine andere war. Ich bemühte mich redlich, sie zum Quietschen und Lachen zu bringen, aber als sich die lange, spitze Nadel in ihr dünnes Ärmchen bohrte, wechselte ihr Gesichtsausdruck von Glück und Freude zu größtem Schmerz. Ihre Augen, die mich nach wie vor fixierten, wurden groß und füllten sich mit Tränen, als wollte sie sagen: »Daddy, warum dürfen die mir wehtun?« Ich war am Boden zerstört.

Mein Herz zerbrach in eine Million Stücke. In diesem Moment fühlte ich nicht nur Violets Schmerz, sondern auch den meiner Mutter.

Als wir heimkamen (beim Verlassen der Praxis waren die Tränen natürlich längst getrocknet), rief ich meine Mutter an und sagte ihr, dass ich dieses entsetzliche Gefühl nicht abschütteln könne. Ich erklärte ihr, dass ich mein Kind zum ersten Mal aus Schmerz hatte weinen hören und mich das total fertigmachte. Ihr Kommentar war so weise, wie ich es mittlerweile von ihr erwarte:

»Ich bete zu Gott, dass sie nie vor der Tür steht und mit ihrem eigenen Blut überströmt ist, aber richtig verstehen wirst du das erst dann …«

Zum Glück war meine Mutter am 12. Juni 2015 im Göteborger Ullevi-Stadion nicht dabei.

Es war ein herrlicher schwedischer Sommerabend. Kein Wölkchen am Himmel, eine warme Brise und fünfzigtausend Foo-Fighters-Fans, die auf unsere erprobte, zweieinhalb Stunden und fünfundzwanzig Songs umfassende Show warteten. Mittlerweile war unsere kleine Band vom Arena- zum Stadionformat aufgestiegen und zu einer straffen, gut geölten Maschine geworden, die ohne großen Firlefanz Song auf Song rausbretterte, und ich fühlte mich jetzt ziemlich wohl dabei, ein Publikum dieser Größe zu unterhalten und Abend für Abend meine heimlichen Freddie-Mercury-Fantasien auszuleben. Zu hören, wie die Klänge eines aus voller Kehle mitsingenden Fußballstadions zeitlich verzögert aus den hintersten Winkeln zurückhallen, ist ein überirdisches Erlebnis, eines, von dem man mit der Zeit fast abhängig wird – ein Chor der erhabenen Verbundenheit. Dazu die frische Luft, die dich in Böen trifft und dir eine perfekte Beyoncé-Frisur verpasst, während du den Duft von Schweiß und Bier einatmest, der in Schwaden vom Publikum aufsteigt. Und dann noch das Feuerwerk, das bei der letzten Verbeugung über dir explodiert, bevor du in den Backstagebereich hechtest und dich auf deine lauwarme Pepperoni-Pizza stürzt. Glaubt mir, das alles ist genau so, wie von allen bejubelt, nur *noch* besser. Früher war ich eigentlich kein großer Freund des Stadionrock, bis ich ihn dann von der Bühne aus erlebt habe, und auch heute ist kein einziger Moment davon für mich selbstverständlich. Es ist echt ein jenseitiges Erlebnis, das man nur mit zwei Wörtern beschreiben kann: FUCKING AWESOME!

Irgendwann vor dem Konzert streckte ein örtlicher Veranstalter den Kopf in die Garderobe, um mir Glück zu wünschen und mich daran zu erinnern, dass ich es ordentlich krachen lassen müsse, denn auch der *one and only* Bruce Springsteen sei schon hier aufgetreten und habe dabei das Publikum dazu gebracht, das Fundament dieses Riesenbauwerks zu »spalten«. Keinerlei Druck also ... Es war mir noch nie in den Sinn gekommen, dass ich einmal in der gleichen Liga wie der Boss spielen würde, trotzdem fühlte ich mich durch diese kleine Aufmunterung irgendwie angestachelt. *Heut werd ich's ihnen ordentlich besorgen*, dachte ich und machte mit meinem Preshow-Ritual weiter, das normalerweise aus drei Ibuprofen, drei Bierchen und einem Raum voller Lachen bestand. Wie ich zugeben muss, war es mir immer viel zu peinlich, irgendwelche konventionellen Aufwärmübungen für die Stimme zu machen. Speziell vor dem Hintergrund, dass der Großteil meiner Performance nicht aus kunstvollem Operngesang besteht, sondern daraus, mir die Seele aus dem Leib zu brüllen. Ein paar herzhafte Lacher und unsere Version eines »Band-Gebets« (ein komplett unreligiöser Moment, bei dem wir einen Crown

Royal Whisky kippen und einander reihum ansehen) haben bisher immer funktioniert.

Die Sonne stand noch hoch am Himmel, als wir an diesem Abend auf die Bühne gingen. Schon bei den ersten Akkorden von »Everlong« (unserem zweifellos beliebtesten Stück) rastete die Menge komplett aus. Diese Nummer, die wir normalerweise immer zum Abschluss spielen, war der perfekte Opener für das, was unser unvergesslichstes Konzert werden sollte, und wir knallten ihn mit der brachialen Wucht raus, die eine angestochene Rockband nun mal besitzt. Ohne groß zu zögern, zählten wir anschließend den schnellen Rocker »Monkey Wrench« ein, während ich headbangend und solospielend wie ein Kind, das mit dem Tennisschläger vor dem Spiegel seines Zimmers steht, vom einen Bühnenrand zum anderen raste. Stadionbühnen sind nicht nur breit, sondern auch äußerst hoch, damit das Publikum die Band noch aus mehreren Hundert Metern gut sehen kann, und jede Bewegung ist ein Fünfzig-Meter-Sprint, der dir beim Zurückhechten ans Mikro kaum Luft für deine nächste Textzeile lässt.

Mitten im Song schoss ich wieder los, um erneut auf einen Sprung (Wortspiele scheinen echt meine Spezialität zu sein) zum Bühnenrand zu flitzen – da verhedderte sich mein Fuß in einem Kabel, woraufhin ich nur Zentimeter von der Kante entfernt ins Stolpern geriet. Mein Körper krachte nach vorne, als ich das Gleichgewicht verlor und auf die drei Meter Fallhöhe unter mir blickte. *Keine Panik*, dachte ich. *Ich spring einfach*. So wie ich das als Kind schon unzählige Male von Nachbardächern gemacht hatte, konzentrierte ich mich und hoffte, dass alles gutgehen würde. Nur war das eben kein Dach über einem gepflegten Vorstadtgarten. Nein, das hier war harter, unnachgiebiger Beton mit Laufgängen aus Hartplastik, extra zum Schutz des darunterliegenden Fußballfelds konstruiert. Mein Körper knallte mit einem grauenhaften KAWUMM! auf den Boden, und eine panische Sturmflut an Adrenalin erfasste mich. *Wie überaus peinlich!*, dachte ich. Ich stand schnell auf, als sei das nur ein weiterer unerheblicher Kindheitssturz gewesen, keine große Sache, aber ich merkte sofort, dass etwas nicht stimmte. Als ich den rechten Fuß belastete, fühlte sich alles ganz warm und taub an, gepaart mit der ekligen Beschaffenheit einer Socke voller Kartoffelbrei. Und es war tatsächlich … Brei. Ich fiel gleich noch mal hin und hielt mir das Bein, während sich die Stadion-Security um mich versammelte. Komplett ahnungslos bezüglich dessen, was mit mir passiert war, spielte die Band über mir fröhlich weiter, komplett außer Sichtweite dieses Blutbads am Fuß (seht ihr?) der steil abfallenden Bühne.

Irgendwie gelang es mir, Blickkontakt mit unserem eigenen, dreißig Meter entfernten Security-Mann Ray aufzunehmen und mit dem Mund zu signalisieren: »ICH HAB MIR DAS VERDAMMTE BEIN GEBROCHEN!« Ray kam sofort angeschossen und beugte seinen massiven Körper über mich, während die Band zu spielen aufhörte und der Song auf offener Strecke anhielt.

Ich bat um ein Mikrofon und verkündete ganz ruhig vom schmalen Laufgang des Security-Bereichs aus: »Ladies and gentlemen, ich glaube, ich hab mir grad den Fuß gebrochen. Ich glaub, da ist echt was kaputt …«

Im Stadion trat Stille ein, während meine treue Band schockiert über den Bühnenrand linste und mitverfolgte, wie die Sanitäter mich umringten und eine Trage organisierten. Ich überlegte krampfhaft, was ich sagen könnte, um diese lächerliche Schicksalswendung irgendwie schönzureden. Hier war ich nun, im zweiten Song eines auf zweieinhalb Stunden angesetzten Konzerts und im Begriff, vor den Augen von fünfzigtausend Zuschauern wie ein verletzter Sportler vom Platz getragen zu werden. Viele dieser Leute waren von weit her gekommen, und sie alle hatten ihr hart verdientes Geld ausgegeben, um heute Abend etwas zu erleben. Und verdammt noch mal, ich wollte ihnen doch ein Konzert auf Boss-Niveau liefern! All das im Kopf, sagte ich das Erstbeste, was mir einfiel: »Ich verspreche euch hiermit, dass die Foo Fighters … dass wir weitermachen und das Konzert zu Ende spielen …« ICH BLICKTE RÜBER ZU MEINEM DRUMMER TAYLOR, MEINEM BESTEN FREUND UND MITSTREITER, UND RIEF: »MACHT WEITER!!«

Während ich zur Seite der Bühne getragen wurde, bahnten sich die ersten Töne von »Cold Day in the Sun« aus unserem fünften Album ihren Weg durchs Stadion und zu den verblüfften Zuschauern. Ein junger schwedischer Arzt namens Johan Sampson schnitt mir den Hightop-Sneaker auf, und als er ihn vorsichtig abzog, sackte mein Fuß einfach zur Seite. Ich hatte mir den Knöchel ausgekugelt, sämtliche Bänder gerissen, die das Gelenk zusammenhielten, und auch noch das Wadenbein gebrochen. Er sah mich an und sagte mit schwedisch gefärbtem Tonfall: »Vermutlich ist Ihr Bein gebrochen, außerdem ist der Knöchel ausgekugelt, deshalb müssen wir den sofort wieder einrenken.« Erst jetzt kamen meine Frau Jordyn und mein Tourmanager Gus Brandt zu mir, und obwohl ihnen das Entsetzen im Gesicht stand, konnte ich über die absurde Situation nur lachen. Ich bat Gus, mir einen großen Plastikbecher mit Crown Royal zu besorgen, dann drehte ich mich zu meiner Frau, nahm den Ärmel ihrer Lederjacke und steckte ihn mir zwischen die Zähne. »Also los«, sagte ich zu dem Arzt und biss fest auf das salzig schmeckende Material. Ein merkwürdiger Druck war zu spüren, als sie den Knöchel zusammenfummelten, als würde ein alter Schlüssel in ein verrostetes Schlüsselloch gesteckt.

»Stay with me, stay with me, tonight you better stay with me …!!!«, sang Taylor. Weit entfernt dröhnte der Faces-Klassiker, den wir seit Jahren im Programm hatten, während eine Sanitäterin mich in eine dieser Mount-Everest-Wärmedecken einpackte, wohl, weil sie annahm, ich hätte einen Schock. Na ja, ich kann's ihr nicht verdenken. Vermutlich war das auch so. Ich lag lachend mit einem Plastikbecher voll Whisky in der Hand auf dem Rücken und ließ keinerlei Anzeichen erkennen, dass ich mir grad bei einem schweren Sturz das Bein zertrümmert hatte. In diesem Moment spürte ich aber nichts anderes als die Verantwortung, das Konzert für die vielen Tausend Menschen vollenden zu müssen, die gekommen waren, um zu sehen, wie unsere gut geölte Rock-Maschine dieses Stadion in die Luft jagte. Ich stellte mir die Menschen vor, die in endlosen Reihen zum Ausgang gehen würden, enttäuscht die Köpfe hängen lassen, uns verfluchen und sich schwören würden, nie wieder eins unserer Konzerte zu besuchen.

Ich drehte mich zu Johan, der vorsichtig meinen Fuß in der richtigen Position hielt, und fragte: »Hey … Kann ich nicht auf die Bühne und das Konzert im Sitzen fertigspielen?«

»Dafür bräuchten Sie eine Schiene …«, antwortete er.

Ich wollte wissen, ob er denn eine dabeihätte, und er klärte mich auf, dass wir ins Krankenhaus müssten, um eine anlegen zu lassen, und erst dann wieder herkommen könnten.

»Wie weit ist das Krankenhaus von hier?«, fragte ich barsch.

»Dreißig Minuten«, erwiderte er.

*Fuck that!*, dachte ich. Um nichts in der Welt würde ich das

Stadion verlassen, ohne diesen Leuten hier zu geben, wofür sie bezahlt hatten. »Wie wäre es damit ...«, sagte ich. »*Sie* fahren ins Krankenhaus und besorgen eine Schiene, ich setze mich hin und spiele, und wenn Sie zurückkommen, legen wir sie an.«

Er sah mich besorgt an und meinte höflich: »Wenn ich Ihren Fuß loslasse, fällt er wieder aus dem Gelenk!«

Ohne zu zögern, rief ich in einem Anfall reiner, trotziger Willenskraft: »Dann kommen Sie eben mit auf die Bühne, Sie Motherfucker!«

»Pressure ... pushing down on me ...«, sang Taylor jetzt krächzend, aber mit perfekter Intonation den Queen/David-Bowie-Klassiker, während der Arzt meinen Knöchel mit einer elastischen Binde umwickelte, ohne diesen funktionsuntüchtigen Körperteil auch nur ein einziges Mal loszulassen. Dann hoben mich ein paar kräftige Männer hoch und brachten mich zurück auf die Bühne, wo an der Stelle, an der ich zuvor gestanden hatte, bereits ein Stuhl auf mich wartete.

Das Leben hat so seine Art, einem ganz nebenbei glückliche und poetische Momente zu schenken, und als ich meinen Arsch auf diesen Stuhl pflanzte und mir die Gitarre auf den Schoß gelegt wurde, stieg ich wie gewohnt in die Bridge von »Under Pressure« ein und sang im schönsten Falsett: »Chippin' around, kick my brains around the floor! These are the days it never rains but it pours ...« Der ohrenbetäubende Jubel des Publikums bestätigte, dass dieser Song und dieser Text zu *diesem* unvergesslichen Moment gar nicht besser hätten passen können. So etwas *kann* man schlichtweg nicht inszenieren. Es war pures Glück. Es war Triumph. Es war Überleben.

Als Nächstes spielte ich den Anfang unseres Songs »Learn to Fly« und sah hinab zu Johan, der da vor mir kniete und alles gab, um meinen Fuß stabil zu halten, während ich die Gitarre bearbeitete und das Adrenalin durch meine Adern schoss. Ich merkte, dass er nicht mehr so besorgt war wie vorher, sondern im Gegenteil zur Musik mitnickte, also sagte ich augenzwinkernd: »Coole Sache, oder?«

»Yeeeeaaahhhh!!!«, kam es zurück. Damals wusste ich noch nicht, dass er selbst Rockmusiker war und es auch deshalb extrem aufregend fand, auf einer Stadionbühne zu sein.

Es dauerte nicht lange, da kam der Krankenwagen mit meiner Schiene an, besser gesagt: einem Gipsverband, den sie mir mit der Geschwindigkeit einer Formel-1-Boxencrew anlegten, bevor wir das Konzert fortsetzten. Die Stunden und Songs vergingen, und irgendwann humpelte ich sogar auf Krücken in die Mitte der Bühne, um »My Hero« und »Times Like These« anzustimmen; das Ausmaß an Liebe und Unterstützung, das von den Zuschauern beim begeisterten Mitsingen zurückkam, trieb mir die Tränen in die Augen. Als wir schließlich die letzten Töne von »Best of You« spielten, wusste ich, dass wir soeben einen entscheidenden Moment unserer Karriere erlebt hatten. Diese Band, entstanden aus dem Kummer und den Tragödien der Vergangenheit, war eine einzige Jubelfeier der Liebe, des Lebens und der Entschlossenheit, an jedem noch kommenden Tag das Glück zu finden. Und heute stand sie noch mehr als sonst für Heilung und das Überleben.

Schnell wurde ich nach dem Konzert zu einem Auto neben der Bühne gebracht, und wir rasten mit polizeilicher Blaulicht-Eskorte zum Krankenhaus. Unterwegs merkte ich, dass meine damals sechsjährige Tochter Harper, die diese Aneinanderreihung unglücklicher Ereignisse mitbekommen hatte, leise zu weinen begann. Während das Blaulicht über ihr Gesicht huschte, fragte ich sie: »Was ist los, Schatz?«

Sie antwortete nicht.

»Hast du Angst?«, fragte ich weiter.

Unter Tränen nickte sie, und mir wurde ganz schwer ums Herz. Obwohl ich selbst keinen Schmerz verspürte, fühlte ich doch ihren. »Ist alles okay! Wir fahren nur ins Krankenhaus, damit sie Fotos von meinen Knochen machen können … Das ist total cool!«, sagte ich mit bemühter, aufgesetzter Fröhlichkeit.

Tapfer lächelte sie, aber ich konnte die Angst und das Mitgefühl in ihrem kleinen Herz spüren, deshalb wollte ich nur noch, dass es *ihr* besser ging – schließlich bist du selbst nur so glücklich wie dein unglücklichstes Kind. Als wir das Krankenhaus erreichten und ich in einen Rollstuhl gesetzt wurde, nahm ich sie für die Fahrt zum Röntgenraum auf den Schoß und tat alles, um diesen absurden Moment spaßig zu machen.

Zum Glück fing sie wirklich an zu kichern.

Als ich auf dem kalten Röntgentisch lag und die Apparatur um mein Bein herumdrapiert wurde, sagte man mir, ich müsste vollkommen ruhig liegen, um die Aufnahme nicht zu verwackeln. Wie bei einer Entführung durch Aliens war der Raum voll weißem Licht, und ich lag mutterseelenallein da, durch ein einziges Fensterchen in der Tür von meinem Tourmanager und dem Röntgenpersonal getrennt. Absolute Stille. Dann ein paar Brummtöne, woraufhin ich zu dem Türfenster blickte und sah, wie Gus das Gesicht verzog. Das war nicht ganz, was ich mir erhofft hatte. Er sah mir in die Augen und formte mit dem Mund das Wort »Operation«. Fuck aber auch.

Die Schmerzen kamen erst, als ich später wieder in meinem Hotel war, und während ich mit hochgelegtem Gips auf dem Sofa fläzte, musste ich an die Sommertage als hyperaktives Draufgängerkind denken, als ich auf der Suche nach Abenteuern herumzog, bis meine Sneakers Löcher hatten, und mir körperliche Konsequenzen egal waren. Nur eben die emotionalen nicht. Und während ich mir die eingehenden Textnachrichten auf meinem Handy ansah, brachte mich die Liebe und Anteilnahme, die meine Freunde mir aufgrund der Ereignisse schickten, zum Heulen. Ich wusste, was zu tun war.

DU STEHST IRGENDWIE AUF. DU LATSCHST HEIM. DIE SHOW MUSS WEITERGEHEN.

# TRACEY IST EIN PUNK-ROCKER

»Tracey, sie sind da!«

Im extravaganten Jahrhundertwende-Foyer meiner Tante Sherry in Evanston, Illinois, stand ich am Fuß einer geschwungenen Treppe und wartete darauf, meine ultracoole Cousine Tracey mit einer langersehnten Umarmung zu begrüßen. Obwohl gar nicht wirklich verwandt, gehörte sie für mich genauso zur Familie wie meine echten Blutsverwandten. Unsere Mütter kannten sich aus der Highschool, wo sie Freundinnen fürs Leben wurden und sogar eine A-cappella-Gruppe namens The Three Belles gründeten, die Anfang der Fünfziger im heimischen Boardman, Ohio, bei Schulveranstaltungen und in Kiwanis- oder Frauen-Clubs sang (nicht zu vergessen der Auftritt bei einer morgendlichen Fernsehkochshow, wo meine Mutter die Milch des Sponsors trank und fast das Studio vollkotzte). Sie und ihre Freundin Jeralyn Meyer sangen gemeinsam perfekt dreistimmig Sachen wie »Tea for Two«, »Bewitched« oder »Alexander's Ragtime Band«, alles mit Dauerlächeln und identischen Outfits. Sie hatten keine professionellen Ambitionen, aber größte Leidenschaft, und sahen das Ganze mehr als Zeitvertreib und als Chance, ihre Liebe zur Musik mit anderen zu teilen. Nach dem Schulabschluss schlugen meine Mutter und Sherry unterschiedliche Wege ein, schworen sich aber, jeden Sommer ein Treffen zu arrangieren, was wir trotz der Entfernung auch tatsächlich machten.

Unsere Fahrt von Springfield, Virginia, nach Evanston, Illinois, war mit über tausend Kilometern ein größeres Unterfangen. Meine Mutter, meine Schwester und ich packten für die elfstündige Fahrt Gepäck, Kopfkissen, Decken und eine Kühltasche mit Snacks in unseren hellblauen 1981er Ford Fiesta und machten dann regelmäßig auf halbem Weg für ein paar Tage bei meinen Großeltern halt, die in Youngstown, Ohio, lebten, nicht weit von meinem Geburtsort Warren. Es war immer der Höhepunkt des Jahres, wenn wir über den Pennsylvania Turnpike in eine der schönsten Gegenden der USA gondelten, durch rollendes Hügelland und lange Tunnel. Mir hat diese Fahrt immer irre viel Spaß gemacht: Meine Mutter und ich saßen vorne und sangen lauthals Songs aus dem Radio mit, an Raststationen hielten wir an, um Souvenirs zu kaufen, und zwischendurch aßen wir die mitgebrachten Sandwiches. Das war mein erster Vorgeschmack aufs Reisen, und schon damals mochte ich die langsamen Veränderungen in der Landschaft, während wir, eingequetscht wie Kosmonauten, mit unserem

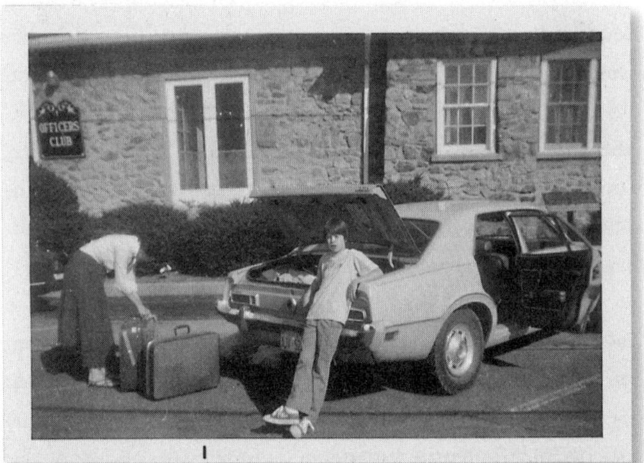

kleinen Auto das Land Richtung Mittlerer Westen durchquerten. Gut möglich, dass die Freude, die ich beim Anblick der langen Straße vor uns verspürte, mich dazu gebracht hat, diesen Highways auch im späteren Leben zu folgen.

Nachdem wir von unserem verschlafenen Vorort in Virginia aus die Hügel von Pennsylvania durchquert und irgendwann auch die flachen Maisfelder von Ohio hinter uns gelassen hatten, war der Anblick des Ballungsraums von Chicago, der sich vor unserer Windschutzscheibe in alle Richtungen ausdehnte, einfach nur gigantisch. Genau wie Emerald City in *Der Zauberer von Oz* erfüllte mich das Auftauchen des Sears Tower am Horizont mit Begeisterung und erwartungsvoller Unruhe – ich war gespannt, welche Abenteuer der diesjährige Ausflug wohl bereithalten würde.

Ich war richtiggehend verliebt in Chicago. Der multikulturelle Irrgarten aus U-Bahnen und Backsteingebäuden wirkte wie ein Spielplatz der Möglichkeiten, viel aufregender als die ruhige, vorstädtische Umgebung meines Heimatorts in Virginia. Außer meiner Cousine Tracey, der unternehmungslustigsten meiner »Verwandten«, gab es noch ihre drei älteren Brüder Trip, Todd und Troy, die mich unter ihre Fittiche nahmen und mir eine Welt außerhalb meiner eigenen zeigten – eine Welt, die ich sonst nie kennengelernt hätte, in der wir die Stadt erkundeten oder stundenlang an den heißen Stränden des Lake Michigan spielten. Das war mein persönliches Fantasy Island, mein Club Med, meine Copacabana.

Hier bekam ich auch meinen ersten Vorgeschmack auf so etwas wie Freiheit, denn irgendwann nahm ich ganz allein, ohne mütterliche Begleitung, die Hochbahn nach Downtown, durchstreifte die Winkel der Stadt auf eigene Faust und entdeckte mich selbst als jemanden, der noch ganz andere Seiten hatte als bislang geglaubt. Ich lebte in einem klassischen Achtzigerjahre-Coming-of-Age-Film à la John Hughes, ohne es überhaupt zu wissen.

Als ich jetzt also dastand und darauf wartete, dass Tracey wie gewohnt in Shorts und Poloshirt heruntergehüpft kam, hörte ich da oben merkwürdige Geräusche: Kettengeklirr und quietschendes Leder, Stiefel, die bei jedem Schritt aufstampften, als würde ein Wikinger langsam auf sein Opfer zuwanken. Ein Einbrecher? Ein Hells Angel? Der Geist der vergangenen Weihnacht? Mein Herz schlug wild, als die Schritte näher kamen und den oberen Treppenrand erreichten. *Bumm. Kloink. Bumm. Kloink. Bumm. Kloink.* Und dann sah ich sie …

TRACEY WAR JETZT EIN PUNK.

Mit glänzenden Doc Martens, schwarzer Bondage-Hose, einem Anti-Pasti-T-Shirt und geschorenem Kopf bot sie einen erschreckenden, aber doch triumphalen Anblick der Rebellion. Verschwunden waren die Tennisshorts und Sneakers des letzten Sommers – Tracey hatte sich in etwas verwandelt, das ich nur aus Primetime-Serien wie *CHiPs* oder *Quincy* kannte. Aber das hier war kein klischierter Stachelfrisur-Bösewicht, der eine alberne Sitcom mit rücksichtsloser Anarchie und einem dröhnenden Soundtrack terrorisierte. Nein, das war verdammt echt.

Ich stand mit offenem Mund da, als hätte ich einen Alien von einem fremden Planeten vor mir, und betrachtete jede Niete, jede Sicherheitsnadel und jeden Lederriemen mit freudiger Bestürzung. Aber der Schock und die Überraschung waren in dem Moment verflogen, als sie uns mit ihrem gewohnt strahlenden Lächeln begrüßte. Das war immer noch Tracey, nur jetzt auf elf hochgedreht wie ein postapokalyptischer Superheld. Zu sagen, dass ich fasziniert war, wäre wohl die größte Untertreibung meines Lebens. Ich stand richtiggehend neben mir. Da war etwas erweckt worden – was genau, wusste ich noch nicht.

Nachdem wir uns wie gewohnt auf den neuesten Stand gebracht hatten, gingen Tracey und ich nach oben in ihr Zimmer, wo sie mir die gewaltige Plattensammlung neben ihrer Stereoanlage zeigte. Reihenweise Singles und LPs, alle schön geordnet und gepflegt, mit Bandnamen, die ich noch nie im Leben gehört hatte: Misfits, Dead Kennedys, Bad Brains, Germs, Naked Raygun, Black Flag, Wire, Minor Threat, GBH, Discharge, The Effigies … zu viele, um alle aufzuzählen. Eine wahre Schatzkiste des Underground- oder Independent-Punk, etwas, von dessen Existenz ich bislang gar nichts gewusst hatte. Wir setzten uns auf den Boden, und sie spielte mir eine Platte nach der anderen vor, mit der Begeisterung eines Professors, der einen wissbegierigen Studenten mit Informationen füttert. »Hör dir das hier mal an!«, sagte sie und legte eine Scheibe auf. »Und jetzt das hier!« Eine nach der anderen, und mit jedem Song jagte mein Gehirn noch weiter ins All hinaus.

Ich hatte Fragen. So viele Fragen. *Wieso weiß ich davon nichts? Kennen die anderen das? Ist das überhaupt legal?* Ich betrachtete mit aufgerissenen Augen die Plattenhüllen, das abstruse Artwork, die Fotos und die Credits, während Tracey die laute, ungestüme Musik mit ihrem aberwitzigen Tempo und Gebrüll rausdonnerte. Es verflog eine Stunde nach der anderen, und alles, was bislang mein Verständnis von Musik ausgemacht hatte, flog gleich mit zum Fenster hinaus.

DAS WAR DER ERSTE TAG VOM REST MEINES LEBENS.

All diese Platten unterschieden sich in einem entscheidenden Punkt von den klassischen Rock-Alben, die ich zu Hause hatte: Keine war bei einer mir bekannten Plattenfirma erschienen. Im Gegenteil, die meisten sahen quasi wie selbst gemacht aus. Sie hatten fotokopierte Hüllen mit matten, grob gepixelten Fotos; handgeschriebene Songtexte und Credits; Siebdruck-Logos und -Grafiken – alles schlampig in Plastikhüllen gestopft und zum Preis von gerade mal drei oder vier Dollar verscheuert. Dieses Underground-Netzwerk schien komplett außerhalb der konventionellen Marktstruktur zu existieren und die normalen Produktions- und Vertriebsmechanismen zu unterlaufen. Diese Leute machten es SELBST, erklärte mir Tracey. Ich war hingerissen, geradezu erweckt und vor allem inspiriert. Musik war plötzlich kein unerreichbarer Akt der Zauberei mehr, der nur begnadeten Leuten mit den gottgleichen Fähigkeiten eines Jimi Hendrix oder Paul McCartney gelang. Mir wurde klar, dass man dazu nichts brauchte als drei Akkorde, Lust auf Neues und ein Mikrofon. Und die Leidenschaft und den Antrieb, selbst etwas auf die Beine zu stellen.

An diesem Abend plante Tracey, die Bahn nach Downtown zu nehmen und sich in einem Schuppen, der unweit des Wrigley Field lag und Cubby Bear hieß, die lokale Punkband Naked Raygun anzuhören. Nachdem sie mir am Nachmittag deren Song »Surf Combat« vorgespielt hatte, wollte ich diesen radikalen Lebensstil unbedingt auch in Fleisch und Blut kennenlernen. Nur war überhaupt nicht daran zu denken, dass Tracey mich mitnehmen würde, denn ich sah einfach aus wie ein dreizehnjähriger Schuljunge, der gerade aus dem Bus gestolpert war. Definitiv mehr Opie Taylor* als Sid Vicious, deshalb wäre es sicherlich peinlich für sie, zusammen mit mir einen Raum voller Irokesenschnitte und nietenbesetzter Leder-

* Figur aus der US-Serie *The Andy Griffith Show* (Anm. d. Ü.).

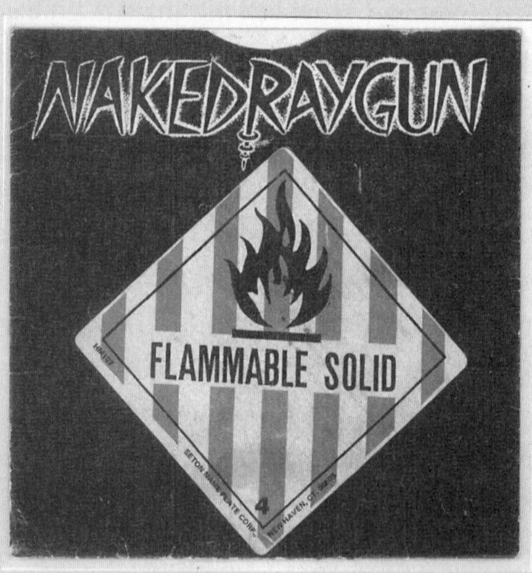
NAKED RAYGUN
FLAMMABLE SOLID
4

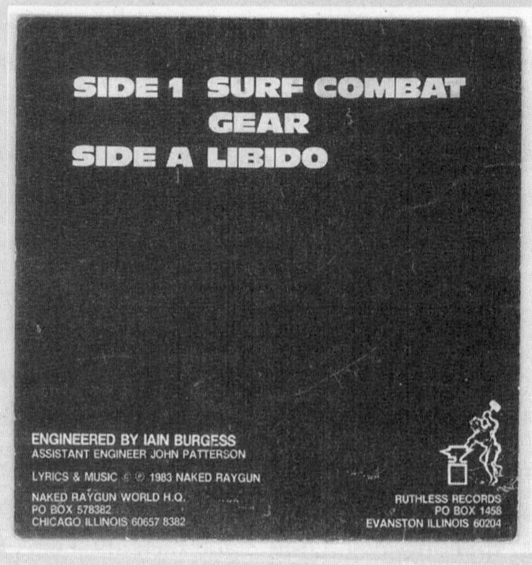
SIDE 1 SURF COMBAT
GEAR
SIDE A LIBIDO
ENGINEERED BY IAIN BURGESS
ASSISTANT ENGINEER JOHN PATTERSON
LYRICS & MUSIC © ℗ 1983 NAKED RAYGUN
NAKED RAYGUN WORLD H.Q.
PO BOX 578382
CHICAGO ILLINOIS 60657 8382
RUTHLESS RECORDS
PO BOX 1458
EVANSTON ILLINOIS 60204

jacken zu durchqueren. Nachdem aber meine Tante Sherry gut auf sie eingeredet hatte, gab Tracey nach und ließ mich mitkommen. Das war unerforschtes Gebiet, eine fremde, komplett unbekannte Gegend. Mein Magen verkrampfte sich vor nervöser Erwartung.

Und außerdem … war ich noch nie bei einem Livekonzert gewesen.

Nach all der Zeit, in der ich MTV geschaut und die Poster von Kiss und Led Zeppelin in meinem Zimmer betrachtet hatte, lebte ich in dem naiven Glauben, dass Bands nur auf gigantischen Bühnen mit Nebelmaschinen, irrer Lasershow und bombastischer Pyrotechnik auftraten. Das war für mich Rock 'n' Roll. Ich hatte ja keine Ahnung, dass man dafür nur vier Wände und einen Song brauchte.

Auf der Fahrt in die Stadt war mein Denken ein einziges Gewitter aus bedrohlichen Vorahnungen, denn so, wie ich das sah, erwarteten mich in dieser Downtown-Kneipe Chaos und Wahnsinn. Nur wenige Stunden vorher war in mir eine Wahrheit freigesetzt worden, die ich jetzt gar nicht schnell genug ausleben konnte. Auf einmal identifizierte ich mich mit etwas – etwas, das es in meinem bisherigen Leben zu Hause nicht gegeben hatte. Diese improvisierten Plattenhüllen und verzerrten Garagen-Aufnahmen, die da aus Traceys Lautsprechern schwappten, hatten in meiner Seele ein Fenster aufgestoßen und dafür gesorgt, dass ich eine Verbindung mit etwas spürte und mich verstanden fühlte. Und weil ich schon immer dachte, irgendwie abseits der Norm zu existieren, konnte ich mich an nichts und niemanden Gleichaltrigen wenden, um Verständnis und Bestätigung zu erhalten. Ich war ein Junge aus kaputtem Elternhaus, ein Muttersöhnchen, ein im besten Fall mittelmäßiger Schüler. Ein orientierungsloses Energiebündel, das nach seiner Nische suchte, nach seinem Stamm. Ich hatte dringend eine existenzielle Runderneuerung nötig – und ich spürte, dass diese jetzt bevorstand.

Als wir uns dem Cubby Bear näherten, sah ich vor der Tür ein paar Punkfans stehen und war überrascht, wie jung sie waren: Teenager, wie ich auch, und überhaupt nicht so bedrohlich wie die Leute auf Traceys Plattenhüllen. Die meisten waren einfach schlaksige Skatertypen in Jeans, T-Shirts und Chucks und von der gleichen adoleszent-hyperaktiven Energie erfüllt wie ich. Ich war total erleichtert, und Tracey stellte mich ihrer Gang aus Außenseitern vor. Ich merkte schnell, dass jeder hier beim Konzert alle anderen Anwesenden kannte – dass es ein verschworener Freundeskreis war, vereint durch die gemeinsame Liebe zu subversiver Musik und das Zelebrieren eines individuellen Ausdrucks. Klar gab es auch etwas Leder, auch ein paar Nieten, gefärbte Haare und Piercings, aber das war alles überhaupt nicht bedrohlich.

Die Atmosphäre im Raum glich einer detonationsbereiten Bombe, voll brodelnder Spannung, als Naked Raygun schließlich auf die Bühne kamen. Erst beim Verlöschen der Deckenbeleuchtung wurde mir die Intimität dieses Gigs bewusst. Im Gegensatz zu dem, was ich von den Postern in meinem Zimmer kannte, stand ich hier mit dem Rest des Publikums Schulter an Schulter nur wenige Meter von der kleinen Bühne entfernt, wo der Sänger nach dem Mikrofon griff und die erste Nummer einzählte. Als es dann losging, explodierte dieser Raum wie ein Pulverfass in ein Gewirr aus Gliedmaßen und wahrhaft ohrenbetäubender Lautstärke. Körper warfen sich auf andere Körper, Pogo, Stagediving, alle sangen die Texte der Songs mit erhobenen Fäusten mit, wie eine Armee loyaler Lärmsoldaten. Leute traten mir auf die Füße, ich wurde geschubst und geschlagen, im Getümmel wurde ich wie eine Stoffpuppe herumgeschleudert – und fand es so was von geil. Die Musik und das wilde Tanzen setzten in mir eine Energie frei, die sich über Jahre angestaut hatte: eine Art Exorzismus meiner sämtlichen Kindheitstraumata. ES WAR EIN GEFÜHL DER FREIHEIT, AUF DAS ICH MEIN GANZES LEBEN GEWARTET HATTE, UND JETZT, DA ICH DURCH SPUCKE, SCHWEISS UND GLASSCHERBEN GETAUFT WORDEN WAR, GAB ES KEIN ZURÜCK MEHR. Einen donnernden Song nach dem anderen erlebte ich dicht bei der Bühne und badete im verzerrten Glanz der Musik.

Naked Raygun gelten heute als eine der wichtigsten Bands in der Geschichte des Chicago-Punk, ihr Sound war eine Art Dick-Dale-mäßiger Surf-Rock im Hardcore-Format. Damals war mir ihre Bedeutung natürlich nicht klar, aber ich wusste, dass diese Musik meinen Kopf und meine Seele mit etwas erfüllte, von dem ich mehr brauchte. Kein Song dauerte länger als dreieinhalb Minuten, jeder heruntergerotzte Lärmstoß wurde begeistert bejubelt, und die Pausen zwischen den Songs dehnten sich zu einer Ewigkeit aus, während ich darauf wartete, dass es mit dem Chaos weiterging. Alles war viel zu schnell vorbei, und als die Saalbeleuchtung wieder angeschaltet wurde, latschte ich rüber zum Merchandise-Tisch und kaufte meine erste Punkscheibe: Naked Rayguns Single »Flammable Solid«. Eine aus einer Auflage von gerade mal tausend Stück.

Nach dem Gig stiegen wir in den Zug und fuhren zurück nach Evanston, mit klingelnden Ohren und runderneuerten Herzen. Innerhalb eines einzigen Sommertages war ich für immer verändert worden und davon überzeugt, dass ich weder Pyrotechnik oder Laser noch das unerreichbare Können eines virtuosen Künstlers brauchte, um Musiker werden zu können. Beim Auftritt von Naked Raygun wurde ich mit dem wichtigsten Element des Rock 'n' Roll vertraut gemacht: dem rohen, keineswegs perfekten Sound von Menschen, die ihr Innerstes für alle hörbar herauskotzen. Das stand mir jetzt zur Verfügung, und ich konnte es kaum erwarten, heim nach Virginia zu kommen und meinen Freunden diese frohe Botschaft zu verkünden, in der Hoffnung, dass auch sie das Licht sahen.

Wie sich herausstellte, war Tracey selbst Sängerin in einer Punkband namens Verboten, die bereits ein paar eigene Songs aufgenommen und in Chicago auch schon Gigs gespielt hatte. Mit einem Durchschnittsalter von dreizehn war dieses Quartett erst mal nur eine Gruppe Jugendlicher, die alles selbst machte, in Traceys Keller komponierte und probte, ihre Auftritte organisierte sowie Band-T-Shirts herstellte und bei den Konzerten verkaufte. Der Gitarrist Jason Narducy war damals kaum älter als elf; mit seiner Gibson SG sah er wie ein Zwerg aus, während er die Powerchords von Songs wie »My Opinion« und »He's a Panther« herausdrosch. Dass ein Bursche, der sogar noch jünger war als ich, auf die Bühne ging und seinen Traum verfolgte, inspirierte mich zusätzlich. Mir war klar, dass ich meine Gitarre nach der Heimkehr ordentlich bearbeiten würde. Scheiße noch mal: Wenn diese Kids das konnten, konnte ich es auch.

Die Ferientage rasten vorbei, während ich mich in Traceys Musikbibliothek vertiefte, jedes Album genauestens studierte und in ihrer Sammlung sogar ein paar Bands aus meiner Heimatstadt entdeckte: Minor Threat, Faith, Void und meinen persönlichen Liebling, eine Gruppe namens Scream, deren Postanschrift Bailey's Crossroads lautete, also nur ein paar Meilen von meiner eigenen Adresse entfernt! Total. Ober. Abgefahren.

Scream unterschieden sich jedoch leicht von den anderen, weniger geschliffenen Bands. Mit eingängigen Melodien und Anflügen von klassischem Rock 'n' Roll wirkten ihre schnellen, aggressiven Songs etwas raffinierter als alles, was ich im Lauf der Reise gehört hatte. Außerdem hatten sie einen anderen Look als die Punks, die in Traceys Zimmer auf Plattenhüllen und in Fanzines abgebildet waren. Mit ihren Jeans, Flanellhemden und Schmuddelfrisuren sahen sie aus, als kämen sie … aus Virginia. Glücklich und mit einem Gefühl von Heimatstolz ließ ich ihr Album in Dauerschleife laufen, wobei ich mir jede Textzeile einprägte – genau wie jeden Drumbeat.

Den Rest der Ferien verbrachten wir damit, Konzerte zu besuchen, im Plattenladen *Wax Trax!* einzukaufen und mit den anderen Punks abzuhängen, während ich parallel dazu die neue Sprache der LPs, Singles und Tapes lernte, die sie untereinander austauschten. Ich merkte, dass diese Underground-Szene ein gewachsenes Netzwerk aus jungen Musikliebhabern wie ich war, allesamt grundzufrieden damit, keinen einzigen Gedanken an eine Musik-»Karriere« im Mainstream zu verschwenden. Genau wie ein paar Jahre zuvor die Three Belles hatte auch hier kaum jemand professionelle Ambitionen, sondern vielmehr den innigen Wunsch, die Liebe zur Musik mit Freunden zu teilen. Und die Belohnung dafür? Meist nicht viel mehr als die Genugtuung, etwas, das man liebt, komplett eigenständig durchzuziehen. Und das war jeden Tropfen Blut, Schweiß und Tränenflüssigkeit wert. Hier gab es keine Rockstars. Nur echte Menschen.

Die lange Heimfahrt nach Virginia war wie eine metaphorische Reise aus meiner Vergangenheit in meine Zukunft. Ich hatte in Chicago etwas hinter mir gelassen. Verschwunden war der kleine Junge, der sich überhaupt nicht vorstellen konnte, dass seine Songs, Texte oder Leidenschaften einmal tief in den Rillen einer speckigen schwarzen Vinylscheibe ruhen könnten. Verschwunden war der Junge, der Angst davor hatte, wegen vermeintlich fehlender Coolness geächtet zu werden. Bewaffnet mit einer Germs-Platte, einem Killing-Joke-T-Shirt und der »Flammable Solid«-Single, die ich beim Gig von Naked Raygun gekauft hatte, war ich fest entschlossen, mein neues Leben als Punkrocker zu beginnen. Ich hatte meine Hülle aus fragiler, adoleszenter Unsicherheit abgestreift und begonnen, mir eine neue Haut wachsen zu lassen, die sich zu meinem wahren Ich formen sollte. Und das wollte ich der Welt so schnell wie möglich zeigen.

*They'll rip your skin off*
*They'll flay you alive*
*You try to keep breathing*
*On this ride of your life*

*I got gear*
*I got gear*
*I got gear*
*I can use it*

# JOHN-
# BONHAM-
# SÉANCE

Der Altar war bereitet. Die Kerzen brannten. Das Ritual konnte beginnen. Ich saß ruhig auf dem Boden und betrachtete den improvisierten Schrein, den ich mir aus Holzresten und Modellbaufarbe gebastelt hatte, befreite mich von allen Gedanken und fing an zu beten. Ich weiß nicht, zu wem, aber ich wusste genau, um was ich betete.

Erfolg.

Ich saß still da und meditierte, während ich versuchte, mich für das Universum zu öffnen und eine Art göttlicher Intervention zu empfangen. Dabei stellte ich mir vor, jede Zelle meines Körpers würde verwandelt und dazu ermächtigt, dass ich die übernatürlichen Kräfte meiner Helden erhielt, durch die sie mit ihrer Musik Zeit und Raum transzendierten. So wie ich es sah, musste dabei ein ungreifbares, mysteriöses Element mitgespielt haben, und weil ich da ebenfalls rankommen wollte, vollzog ich meinen primitiven Ritus mit der Intensität und Überzeugung eines Siebzehnjährigen, der nichts zu verlieren hatte.

Die flackernden Kerzen an den Ecken des Holzbretts warfen ihr gelbes Licht auf den kalten Betonboden meiner Garage. Sie erleuchteten die Symbole, die ich aufgezeichnet hatte, um die Geister zu rufen, die mich zu meiner Bestimmung führen würden: das dreikreisige John-Bonham-Logo und die Zahl 606 – zwei Embleme, die in meinem Leben allergrößte Bedeutung hatten. Mit meiner eigenen Form der Telepathie listete ich meine sehnlichsten Wünsche auf, in der Hoffnung, dass jemand oder etwas irgendwo meinen Ruf vernehmen und meine Gebete irgendwann auch erhören würde. Mit Manifestationen kannte ich mich nicht wirklich aus, aber ich glaubte fest daran, dass etwas erreichbar ist, wenn man es sich nur vorstellen kann. Und genau das hatte ich mithilfe des Universums vor. Oder um mehr in die sakrale Richtung zu gehen:

*Was du denkst, das wirst du.*
*Was du fühlst, das ziehst du an.*
*Was du dir vorstellst, das erschaffst du.*

Manche bezeichnen das als »Gesetz der Anziehung«, nach dem das Universum dir genau das gibt, worauf sich dein Geist richtet. Als Teenager kannte ich dieses Konzept noch nicht, doch

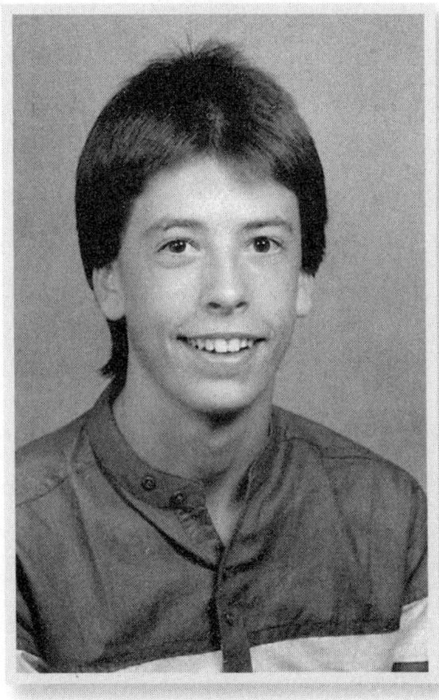

ich war schon früh davon überzeugt, dass ich mit restloser Hingabe alles erreichen konnte.

Dabei waren meine Aussichten damals bestenfalls dürftig. Ohne Highschool-Abschluss und Familienvermögen war ich dazu bestimmt, von Gehaltszettel zu Gehaltszettel zu leben und meinen Antrieb in der Musik zu suchen, was mir glücklicherweise ausreichte, um zuversichtlich zu bleiben. Ich konnte nichts machen außer träumen. Also träumte ich. Aber ich begnügte mich nicht mehr mit Fantasien, es als Musiker irgendwann »zu schaffen«, sondern ich wollte das Unbekannte zwingen, mich tatsächlich an diesen Punkt zu befördern.

Wie kam ich auf die Idee, derartig drastische Maßnahmen zu ergreifen?

Es gibt die Theorie, dass sich die meisten Musiker zwischen elf und dreizehn Jahren für ihren kreativen Lebensweg entscheiden. Das ist das goldene Fenster der Möglichkeiten, in dem sich Unabhängigkeit und Identität kreuzen, eine äußerst verhängnisvolle Phase im Leben jedes Kindes, in der sich die eigene Persönlichkeit entwickelt und man nicht mehr nur Zubehör der Eltern ist. Eine Zeit, in der du entdeckst, wer DU SELBST bist, und wenn man dann irgendwelche musikalischen Neigungen oder gar Ambitionen hat, ist es gar nicht unwahrscheinlich, dass man genau als diese Person durchs Leben gehen will: als Musiker. Ich zumindest glaube an diese Theorie, denn exakt so war es bei mir.

Es gab Zeiten, da war Musik für mich nicht mehr als ein Klang. Einfache Kinderlieder oder Radio-Jingles, die ich aus Spaß mitsang und die links rein- und rechts gleich wieder rausflogen. Songs waren für mich periodisch auftretende Melodien und Rhythmen, die kamen und gingen wie der Wind, nie mein Herz in Besitz nahmen, nur die Luft bewegten, die ich atmete, oder vielleicht noch die Zeit zwischen den wichtigeren Momenten des Lebens ausfüllten. BIS SIE IRGENDWANN SELBST ZU DER LUFT WURDEN, DIE ICH ATMETE.

Dieses Gefühl kann man jemandem, der diesen starken Drang nicht kennt, fast nicht erklären. Das geht wohl in Richtung Besessenheit, wobei ich da bislang nicht aus eigener Erfahrung sprechen kann. Wenn weder dein Herz, dein Verstand noch deine Seele den Drang kontrollieren kann, einen Sound, Text oder Rhythmus zu erschaffen, und du es einfach nicht hinkriegst, diese inneren Dämonen auszutreiben, tust du dein ganzes Leben lang nichts anderes, als dem nächsten Song nachzujagen. Wäre das nicht ein derart erhabener Drang, müsste man eigentlich Fluch dazu sagen.

Als meine Musikbegeisterung geweckt war, beschäftigte ich mich intensiv mit jedem Aspekt ihrer Konstruktion und warf alle anderen Kindheitsinteressen aus dem Fenster. Nichts faszinierte oder stimulierte mich mehr als die Komposition und Struktur eines Songs, jede wache Stunde wurde mit der Entschlüsselung dieses Rätsels verbracht. Da ich gar keine richtige Musikausbildung hatte, waren die Klänge für mich auch keine »Noten« auf Papier. Vielmehr wurden sie zu Gebilden, die ich vor meinem geistigen Auge sehen konnte, während ich den übereinandergeschichteten Instrumenten aufmerksam zuhörte. Mit aufeinandergestapelten bunten Bauklötzen vergleichbar, wurde Musik für mich etwas, das ich »sehen« konnte. Dieses neurologische Phänomen nennt man Synästhesie: Einer unserer Sinne wird aktiviert (das Gehör), parallel dazu schaltet sich noch ein anderer dazu (das Sehen).

Weil ich keine Noten lesen konnte, wurde mein musikalisches Gedächtnis geschärft, denn die einzige Möglichkeit, mir etwas zu merken, bestand darin, in meinem Kopf einen mentalen Schnappschuss zu machen, was wiederum meine Konzentrationsfähigkeit schulte. Mein Handicap, keinen Unterricht oder auch nur ein richtiges Drumkit zum Üben gehabt zu haben, forderte mich also doppelt heraus und sorgte dafür, dass ich noch härter an mir arbeitete, noch härter nach einem Weg suchte, alles zu beherrschen. Das weiß ich heute.

Schon als ich ganz jung war, habe ich begonnen, mit den Zähnen Schlagzeug zu spielen, indem ich den Kiefer vor und zurück oder auf und ab bewegte. Auf die Art simulierte ich mit meinem Mund den Klang eines Schlagzeugs, machte also Beats und Fills, ohne dass ich die Hände benutzte oder jemand anderes das überhaupt merkte. Jeden Morgen summte ich auf dem Schulweg Melodien und trommelte dazu mit den Zähnen, spielte meine Lieblingssongs oder erfand eigene, bis ich die Schule erreichte und meine Tasche in den Spind stellte. Das war mein am besten gehütetes Geheimnis. Den ganzen Tag lang übte ich im Kopf leise Schlagzeug, was mich ganz neue Sachen lehrte, die ich dann ausprobieren konnte, als ich mich erstmals an ein echtes Drumkit setzte.

Als Kind fragte mich einmal ein Zahnarzt, der sich die strahlend weißen Zähne in meinem Mund ansah: »Kaust du eigentlich Eiswürfel?«

Verblüfft erwiderte ich: »Ähm … nicht dass ich wüsste.«

Er meinte, ich hätte ungewöhnliche starke Abnutzungsspuren an den Zähnen, und ich wusste sofort, woran das lag. »Ich kann mit den Zähnen Schlagzeug spielen!«, rief ich stolz.

Er sah mich an, als sei ich nicht ganz dicht, deshalb sagte ich ihm, er solle näher kommen. Er beugte sich herunter und hielt sein Ohr an meinen Mund. Ich spielte ihm »Tom Sawyer« von Rush vor, indem ich meinen Kiefer in Lichtgeschwindigkeit vor und zurück bewegte und durch den Abrieb von Kalzium und Zahnschmelz den Klang eines Steptänzers auf einer brüchigen Bühne erzeugte. Entsetzt machte er einen Schritt zurück und meinte, ich solle mir gut überlegen, ob ich diese gesundheitsschädliche Angewohnheit wirklich beibehalten wolle. Aber es gab kein Zurück. Ich war zu einem Leben der Dental-Percussion verdammt.

Bislang habe ich nur eine einzige Person kennengelernt, die ebenfalls dieser abnormen Praxis gefolgt ist: Kurt Cobain. Am besten sieht man das bei unserem *MTV Unplugged*-Konzert, das wir im November 1993 in New York aufgenommen haben. Kurt presst an bestimmten Stellen den Kiefer zusammen oder bewegt ihn hin und her, weil ihm das beim Gitarrespielen als eine Art Metronom diente. Für mich ergab das total Sinn, denn jeder Musiker muss seinen ganz individuellen »Feel« erzeugen. Es gibt einen inneren Rhythmus, dem man folgt, und der ist eben bei jedem anders.

Wie ich in meinem Vorwort zu Chad Kushins' John-Bonham-Biografie *Beast* geschrieben habe, kann man dieses Konzept nur schwer erklären:

> *Wie allseits bekannt, spielt jeder Musiker anders. Also muss es etwas geben, das die Musik, die auf dem Papier steht, von der unterscheidet, die von verschiedenen Drummern erzeugt wird. Ist es die Art und Weise, auf die jeder Verstand ein Schlagmuster anders interpretiert? Die innere Uhr, die durch physische und emotionale Beschaffenheit der Person definiert ist? Die Art, wie wir die Abstände zwischen den Beats betrachten? Ich habe viele Produzenten erlebt, die versuchten, diesen »Feel« zu erklären oder gar zu erschaffen, doch ich denke, dass uns Theorien da nicht weiterbringen. Er ist etwas Göttliches, das nur das*

*Universum allein erzeugen kann, genau wie einen Herzschlag oder einen Stern. Ein einzigartiger Entwurf in jedem Musiker, der nur ihm ganz allein angehört. Für mich ist »Feel« mit der Kadenz bei Gedichten vergleichbar, mal tröstlich, mal beunruhigend, aber immer ein Geschenk einer Seele an die andere. Eine romantische Beziehung zwischen dem Gebenden und dem Empfangenden, die der Punktation der eigenen Wahrheit dient.*

Es war John Bonhams »Feel«, der zu dem schicksalhaften Abend vor meinem selbst gebastelten Garagenaltar führte.

Seit frühester Kindheit hatte ich Led Zeppelin gehört, denn ihre Songs liefen in den Rock 'n' Roll-Sendern damals rund um die Uhr. Aber erst als ich selbst Drummer wurde, fiel mir das bestürzende Mysterium von Bonhams Spielweise auf – und ich verliebte mich Hals über Kopf in das Gesamtwerk der Band. Wenn ich Bonhams Drumming lauschte, hörte ich tatsächlich Stimmen, die zu mir sprachen, manchmal ganz leise, dann wieder laut. So etwas habe ich bei keinem anderen Schlagzeuger erlebt, und stets aufs Neue hat mir das richtiggehend Angst eingejagt. Die Pausen zwischen seinen Beats hatten etwas, das die elektrischen Impulse in meinem Kopf stocken ließ, und in den Millisekunden vor einem Schlag auf die Snare blieb die Zeit stehen, als würde ich jedes Mal in ein schwarzes Loch gezogen. Die Wucht hinter seinen Schlägen war nicht rein körperlich, sondern darüber hinaus auch spirituell, und sosehr ich mich bemühte, Bonhams Spiel zu imitieren, hatte er doch seine ganz eigene Sprache, seine nicht reproduzierbare, dem Vinyl preisgegebene DNA.

Auch wenn seine Technik atemberaubend war, kümmerte ich mich nicht so sehr darum, *wie* Bonham spielte. Viel mehr interessierte mich, *warum* er etwas so spielte und *wie* er es tat.

Was beabsichtigte er damit? Warum wirkte sein typischer Spezialgroove so viel natürlicher als der von anderen Drummern, vergleichbar mit den Gezeiten des Meeres, die manchmal gegen die Klippen krachen, dann aber wieder nur sanft das Ufer streicheln? Was an seinem »Feel« sprach mich so sehr an? Und besaß ich selbst auch einen? Irgendwann kam ich zu dem Schluss, dass hier das Universum wirkte und ich dieser Frage nur dadurch auf den Grund gehen konnte, indem ich mich selbst ihm darbot.

An diesem Punkt meines Lebens beschäftigte ich mich sehr mit Mystik und der Vorstellung, dass der Mensch mit Gott oder dem Absoluten eins werden könne, und ich wollte erforschen, wie man das hinkriegt (mein anderes Forschungsgebiet waren damals Halluzinogene). Allerdings folgte ich bei diesem egoistischen Projekt keiner bestimmten Glaubenslehre. Und obwohl ich das Grundkonzept der organisierten Religion kannte, bin ich selbst in keinem religiösen Umfeld aufgewachsen; nur einmal im Jahr bin ich mit meinem episkopalkirchlichen Vater in die Weihnachtsmesse gegangen, die in der historischen St. John's Church in Washington, D. C., stattfand. Ich war dem spirituellen Aspekt durchaus zugetan und fand auch den Gottesdienst schön und echt erbaulich, nur waren mir diese Glaubenssätze einfach nicht früh genug eingepflanzt worden, deshalb blieb mir das alles ein Mysterium.

Erst als ich auf eine katholische Highschool geschickt wurde (nicht aus religiösen, sondern aus pädagogischen Gründen), beschäftigte ich mich wirklich mit dem Konzept des Glaubens und verstand mit der Zeit, was es tatsächlich damit auf sich hatte. Von den vielen Kursen in katholischer Religion wie »Altes Testament«, »Neues Testament« und »Christliche Schriften« gefiel mir der zum Thema »Verständnis deines Glaubens«

am besten. Er bestand nicht nur aus Auflistungen von Psalmen oder Versen, die man auswendig lernen musste, sondern beschäftigte sich mit ebendiesem Konzept des Glaubens, der bedingungslosen Annahme von etwas, das sich jeder Logik widersetzt und trotzdem dein Leben leitet. *Das* war jetzt etwas, das mich brennend interessierte – wenngleich in einem ganz anderen Zusammenhang. ES GAB DINGE IN MEINEM LEBEN, AUF DIE ICH MICH BEDINGUNGSLOS VERLIESS UND IN DIE ICH EINEN UNERSCHÜTTERLICHEN GLAUBEN SETZTE: DIE LIEBE MEINER MUTTER, MEINE LIEBE ZU IHR UND DIE LIEBE, DIE MEIN HERZ BEIM MUSIKMACHEN ERFÜLLTE. Und ohne die konventionellen Strukturen und Vorschriften, die mit so etwas normalerweise einhergehen, wurden die Musik meine Religion, der Plattenladen meine Kirche, die Rockstars meine Heiligen und ihre Songs meine Kirchenlieder.

Über diesen bedingungslosen Glauben meditierte ich, als ich vor den flackernden Kerzen meines Punkrock-Tabernakels saß.

War da Hexerei im Spiel? Ich habe einmal einer Wicca-Zeremonie beigewohnt, und irgendwie erinnerte sie mich an jenes unschuldige, lange zurückliegende Teenager-Experiment. Doch ich kann meine eigene Zeremonie nur als das bezeichnen, was sie damals für mich war, nämlich die Bitte an die Kräfte des Universums, mir meinen größten Wunsch zu erfüllen. Klar kann man sagen, das war alles reiner Zufall, aber jetzt, wo ich das hier schreibe und sowohl das dreikreisige Logo als auch die »606« als Tattoos unter meiner Haut stecken, denke ich doch, dass ich an jenem Abend mein Schicksal manifestiert habe – ob durch das Gesetz der Anziehung, die Anrufung des

Universums, das Anzapfen höherer Mächte oder sonst irgendwas. Jedenfalls weiß ich, dass mir der Erfolg, für den ich an jenem Abend in meiner Garage gebetet habe, zuteilgeworden ist.

Oder habe ich für den Rock 'n' Roll vielleicht meine Seele verkauft?

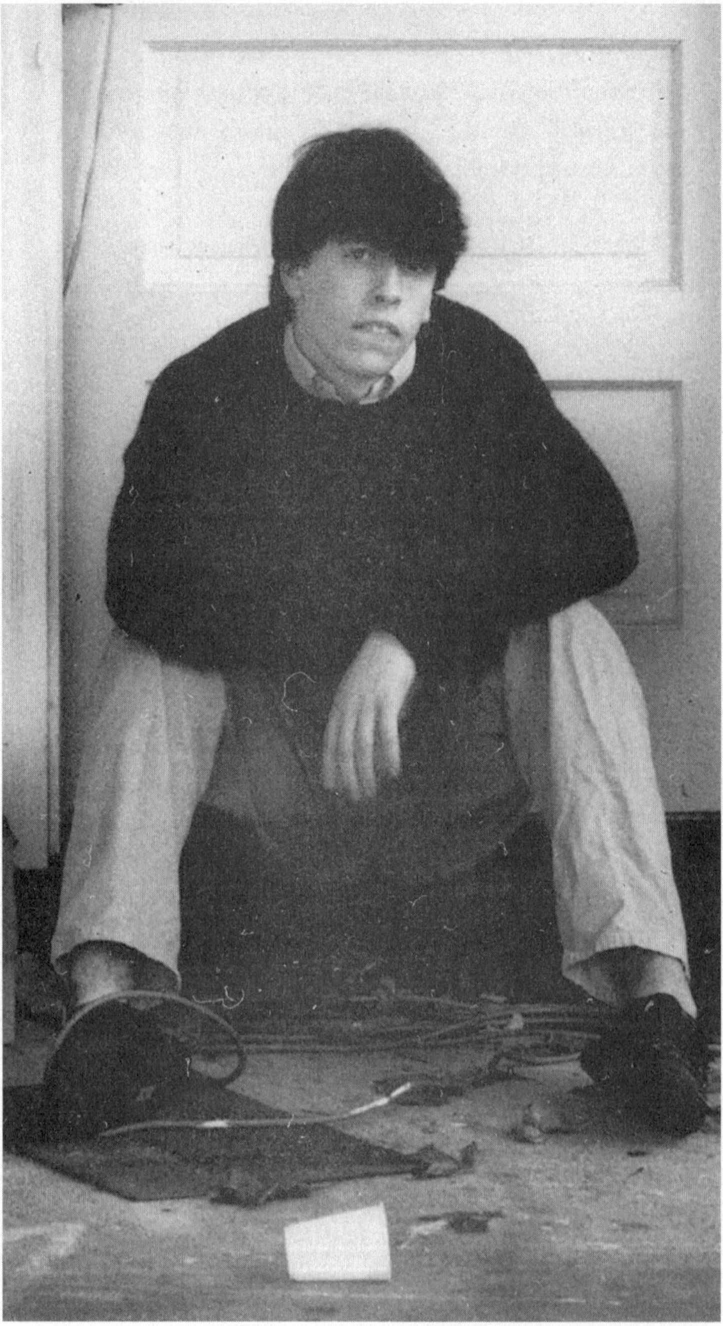

# TEIL ZWEI

# DIE DRAMATISCHE STEIGERUNG

# DANN MUSST DU ABER GUT SEIN

»Okay, also … Willst du vielleicht etwas von Zeppelin oder AC/DC spielen?«

Auf dem Stuhl vor meinem Schlagzeug saß kein Geringerer als der *one and only* Franz Stahl, legendärer Gitarrist von Scream, der coolsten Hardcore-Punkband aus Washington, D. C. Als siebzehnjähriger Megafan konnte ich meine Begeisterung kaum zügeln: Ich saß zitternd auf dem Schlagzeughocker und umklammerte mit weißen Fingerknöcheln meine ramponierten Drumsticks, um endlich mit meinem persönlichen Helden zu jammen. Doch es war leider offensichtlich, dass dieses außerirdische Gefühl nicht auf Gegenseitigkeit beruhte. Franz fand das Vorspiel ungefähr so aufregend wie eine Wurzelbehandlung beim Zahnarzt.

»Nein, Mann … Lass uns was von Scream spielen!«, brüllte ich schon fast.

Leicht schockiert sah er mit seinen großen blauen Augen von seiner Gitarre auf und meinte: »Ach ja? Welche Songs kennst du denn?«

Das war der Moment, auf den ich gewartet hatte. Ich sah Franz direkt in die Augen und sagte in bester Clint-Eastwood-Manier: »Ich kenne sie alle …«

Bald war der schmierige, schlecht beleuchtete Keller in Arlington vom ohrenbetäubenden Lärm einer jaulenden Gitarre und astronomischer Beats-pro-Minute erfüllt. Franz und ich prügelten uns durch das gesamte Scream-Repertoire, Album für Album, und spielten sogar Nummern, die gar nicht offiziell erschienen waren (gut möglich, dass ich das eine oder andere Bootleg besaß). Mit jedem Song hob sich seine Stimmung, denn ich benötigte kaum Anleitungen zu den Strophen, Refrains oder Schlüssen. Wie konnte er auch wissen, dass mir seine Songs fest ins Gedächtnis eingebrannt waren? Denn abgesehen von der einen Unterrichtsstunde bei einem einheimischen Jazzdrummer (»Du hältst die Stöcke verkehrt herum, David«) hatte ich Schlagzeug spielen gelernt, indem ich mir Scream anhörte.

Meine Punkrock-Taufe lag erst ein paar Jahre zurück, seitdem hatte ich mit dem rasenden Eifer eines läufigen Crackheads Platten gesammelt. Mein schwer verdientes Geld ging komplett für die Alben drauf, die ich in der Hardcore-Abteilung von Olsson's Books and Records im Stadtteil Georgetown fand, einem der wenigen Läden von ganz Washington, die überhaupt Undergroundmusik führten. Noch der letzte Penny, den ich bei Shakey's Pizza oder der Landschaftsgärtnerei verdiente, wanderte in meine wachsende Sammlung lauter, schneller und wunderbar primitiver Platten, die ich aufgeregt mit zerknüllten Scheinen und sorgfältig abgezählten Münzen erstand, daheim auf den Plattenteller warf und in Konzertlautstärke laufen ließ, während ich Covergestaltung und Credits studierte. Meine Mutter war sehr tolerant und ließ mich alles hören, was ich wollte (sogar das satanische Death-Metal-Zeug).

Scream waren aber anders. Musikalisch und dynamisch tiefgründiger und breiter angelegt als die meisten anderen Hardcore-Bands, bedienten sie sich problemlos an Classic Rock, Metal, Ska und sogar Reggae. Vor allem hatten ihre Songs aber unglaublich eingängige Melodien und sprachen in mir ganz offenbar den Beatles-Fan an, während andere Punkbands ihre fehlende Songwriting-Kompetenz durch atonalen Lärm wettmachten. Dazu kam noch, dass ihr Drummer Kent Stax eine wahre Naturgewalt war. Er verfügte ganz klar über eine tiefergehende Schlagzeugkenntnis als die meisten der ungeschulten Punkrocktrommler, denn in Sachen Geschwindigkeit und Präzision war er unerreicht. Als sei er eine Art Buddy Rich in Doc Martens und Lederjacke, sah man sofort, dass dieser Bursche seine Paradiddles trainiert hatte.

Mit meinen Kissen und zwei überdimensionierten Marching-Band-Stöcken saß ich in meinem Zimmer und spielte zu Scream-Platten, bis sogar die Fenster schweißbedeckt waren, denn ich gab mir alle Mühe, Kents Lichtgeschwindigkeitsdrumming noch zu überbieten, was definitiv keine leichte Auf-

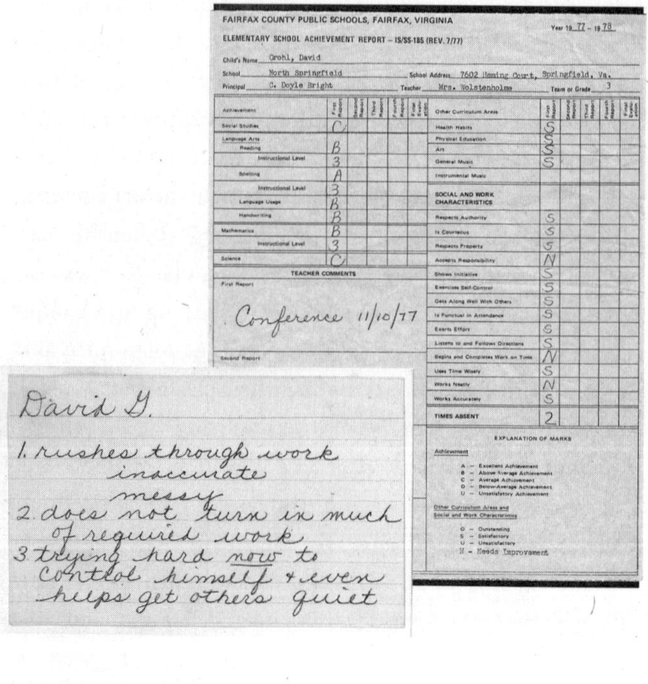

FAIRFAX COUNTY PUBLIC SCHOOLS, FAIRFAX, VIRGINIA

Year 19 77 – 19 78

ELEMENTARY SCHOOL ACHIEVEMENT REPORT – IS/SS-185 (REV. 7/77)

Child's Name Grohl, David

School North Springfield School Address 7602 Heming Court, Springfield, Va.

Principal C. Doyle Bright Teacher Mrs. Wolstenholme Team or Grade 3

| Achievement | First Report | Second Report | Third Report | Fourth Report | Final Evaluation |
|---|---|---|---|---|---|
| Social Studies | C | | | | |
| Language Arts | | | | | |
| Reading | B | | | | |
| Instructional Level | 3 | | | | |
| Spelling | A | | | | |
| Instructional Level | 3 | | | | |
| Language Usage | B | | | | |
| Handwriting | B | | | | |
| Mathematics | B | | | | |
| Instructional Level | 3 | | | | |
| Science | C | | | | |

| Other Curriculum Areas | First Report | Second Report | Third Report | Fourth Report | Final Evaluation |
|---|---|---|---|---|---|
| Health Habits | S | | | | |
| Physical Education | S | | | | |
| Art | S | | | | |
| General Music | S | | | | |
| Instrumental Music | | | | | |
| SOCIAL AND WORK CHARACTERISTICS | | | | | |
| Respects Authority | S | | | | |
| Is Courteous | S | | | | |
| Respects Property | S | | | | |
| Accepts Responsibility | N | | | | |
| Shows Initiative | S | | | | |
| Exercises Self-Control | S | | | | |
| Gets Along Well With Others | S | | | | |
| Is Punctual in Attendance | S | | | | |
| Exerts Effort | S | | | | |
| Listens to and Follows Directions | S | | | | |
| Begins and Completes Work on Time | N | | | | |
| Uses Time Wisely | S | | | | |
| Works Neatly | N | | | | |
| Works Accurately | S | | | | |
| TIMES ABSENT | 2 | | | | |

TEACHER COMMENTS

First Report

Conference 11/10/77

Second Report

EXPLANATION OF MARKS

Achievement

A – Excellent Achievement
B – Above Average Achievement
C – Average Achievement
D – Below-Average Achievement
U – Unsatisfactory Achievement

Other Curriculum Areas and Social and Work Characteristics

O – Outstanding
S – Satisfactory
U – Unsatisfactory
N – Needs Improvement

David G.

1. rushes through work
inaccurate
messy
2. does not turn in much
of required work
3. trying hard now to
control himself + even
helps get others quiet

gabe war. Ich hatte damals weder eine eigene Band noch ein eigenes Schlagzeug, doch das spielte keine Rolle, ich konnte die Augen schließen und mir vorstellen, in diesem Moment sei *ich* der Drummer von Scream, weshalb ich zu meinen Lieblingssongs trommelte, als hätte ich sie selbst komponiert.

Scream hatten sich 1979 in unmittelbarer Reaktion auf ein Konzert der legendären Bad Brains im kleinen Downtown-Schuppen Madam's Organ gegründet und waren eine Gruppe langjähriger Freunde, die sich aus der Highschool kannten und zur einflussreichsten Punkband Amerikas werden sollten. Deutlich älter als ich, waren sie im Lauf der Jahre zu Lokalhelden geworden, die jeder in der Szene respektierte, und wann immer es mir möglich war, besuchte ich ihre Gigs. Ihr Sänger Pete Stahl vagabundierte wie von Jim Morrison besessen über die Bühne, der Bassist Skeeter Thompson hielt mit Beton-Time die Grooves zusammen, und die Gitarristen Franz Stahl und Harley Davidson (jawohl, richtig gelesen) waren ein blind machendes Duo aus knackigen Rhythmus- und Soloparts.

Haltet mich ruhig für bescheuert, aber ich habe mir immer wieder vorgestellt, dass ich bei einem Scream-Gig im Publikum stehe und über die PA eine Ansage kommt – »Wir bitten die Unannehmlichkeit zu entschuldigen, aber Scream können wegen des Ausfalls ihres Drummers heute nicht auftreten. Außer … jemand im Publikum kann für ihn einspringen …« –, worauf ich mich ans Schlagzeug setze und die Situation rette. Kindisch, klar, aber hey … als Kind darf man doch träumen, oder?

Irgendwann überstieg meine Virtuosität als Kissen-Drummer die Grenzen meines Neun-Quadratmeter-Zimmers, und ich fing an, mit richtigem Schlagzeug und richtigen Bands zu spielen, die Freak Baby, Mission Impossible und Dain Bramage hießen. Das klappte ziemlich schnell ziemlich gut, denn ich baute sämtliche Tricks ein, die ich mir beim Mittrommeln meiner Lieblingsstücke angeeignet hatte, und gab die verschiedenen Spielweisen meiner Lieblingsdrummer in bastardisierten Eigenversionen wieder. Aufgrund meines Kissentrainings hatte ich am echten Schlagzeug einen unglaublichen Wumms drauf, vergleichbar mit einem Läufer, der zuvor im Sand trainiert hat. Meine Felle und Becken gingen in einer derartigen Geschwindigkeit zu Bruch, dass ich im örtlichen Musikgeschäft Stammgast wurde und sehr zur Freude der Betreiber fast wöchentlich irgendwas nachkaufen musste.

Als ich dort wieder mal am Schwarzen Brett neben der Eingangstür vorbeiging, sah ich einen kopierten Zettel, der die Aufschrift trug:

SCREAM SUCHEN DRUMMER. RUF FRANZ AN

*Unmöglich*, dachte ich. Erstens: Warum sollten Scream, eine international bekannte Band, in einem abgefuckten Musikgeschäft in Falls Church, Virginia, einen Drummer suchen? Und zweitens: Wie könnten sie überhaupt einen Drummer finden, der auch nur annähernd das schaffte, was Kent Stax auf ihren spektakulären Platten gemacht hatte?

Eher skeptisch riss ich die Nummer ab, und sei es auch nur, um meinen Kumpels sagen zu können, ich hätte mit Franz Stahl PERSÖNLICH telefoniert. Damals war ich siebzehn, noch in der Highschool und spielte in einer Band namens Dain Bramage, die ich mit zwei engen Freunden betrieb. Ich war also weder qualifiziert noch überhaupt willens, mich einer etablierten Band wie Scream anzuschließen, nur wollte ich mir

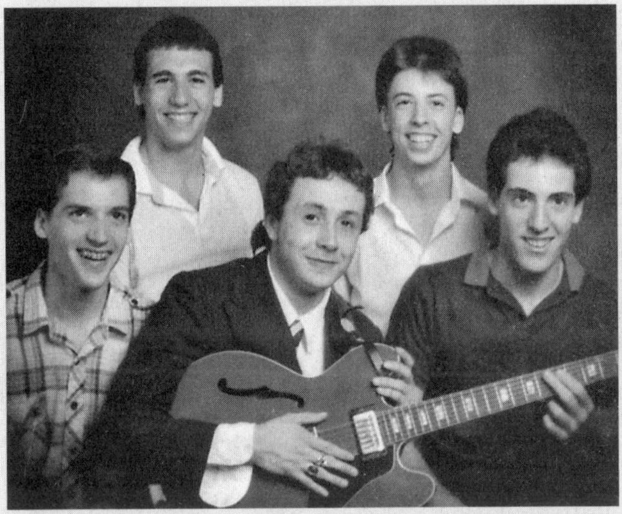

die Gelegenheit nicht entgehen lassen, zumindest mit ihnen zu jammen und dann schön damit anzugeben. Und vielleicht hatte ja meine lächerlich kindliche Fantasie, ihr Konzert zu retten, diese unerwartete Schicksalswendung manifestiert. Tief im Inneren war mir, als müsste ich dem Universum seinen Lauf lassen.

Ich raste heim, befreite das Telefon auf Mutters Schreibtisch von unkorrigierten Klassenarbeiten und wählte nervös die Nummer. Zu meinem großen Erstaunen hob Franz ab, und nach einer gestammelten Präsentation meiner imaginierten Lebensereignisse (Lügen) sagte er mir, die Band habe derzeit keinen Proberaum, er werde aber meine Nummer behalten und mich anrufen, sobald sie wieder spielen könnten. Ich deutete das als gutes Zeichen und wartete darauf, dass er sich meldete. Wobei ich in diesem Erstgespräch ein paar wichtige Details unterschlagen hatte. Die eklatanteste Auslassung? Mein Alter. Ich konnte mir nicht vorstellen, dass er einen siebzehnjährigen Highschool-Junior, der kein Auto hatte und noch daheim bei Mama wohnte, zum Vorspiel einladen würde, deshalb tat ich, was jeder ehrgeizige Jungrocker getan hätte: Ich log ihn verdammt noch mal an und sagte, ich sei einundzwanzig.

Wochen vergingen, ohne dass Franz sich meldete, deshalb dachte ich, ich probier's noch mal, und rief für den Fall, dass er meine Nummer verlegt hatte, selbst noch einmal an. Diesmal war seine Freundin am Apparat, und nach einem längeren Gespräch versprach sie mir, ihn zum Rückruf zu bewegen. (Mit ausreichend Altersweisheit weiß ich heute: Um von einem Musiker was zu kriegen, musst du mit seiner Freundin reden.) Und das klappte auch: Nur wenige Stunden später meldete er sich tatsächlich. Wir legten Datum und Uhrzeit fest, außerdem bekam ich die Adresse dieses Schmuddelkellers in Arlington.

Meiner Schwester leierte ich für diesen Abend ihren weißen 1971er Käfer heraus. Wundersamerweise gelang es mir, mein komplettes Schlagzeug dort hineinzupacken, so als würden dreißig Clowns im Expertenmodus Tetris spielen. Es gab kaum noch Platz zum Atmen geschweige denn zum Schalten, aber nichts konnte mich von diesem Vorspiel abhalten. Als ich den Highway entlangbretterte, wurde ich fast verrückt bei der Vorstellung, mit Pete, Skeeter, Harley und Franz gleich IN EINEM RAUM zu sein, sie mit meinem Next-Level-Können zu beeindrucken und meine Rock 'n' Roll-Fantasie auszuleben.

Als ich ankam, begrüßte mich Franz – und zwar ausschließlich Franz. Aufgrund meiner nerdigen Stimme, die ganz klar nicht zu einem Einundzwanzigjährigen gehörte, hatte er wohl nur wenig oder auch gar nichts erwartet und seinen Bandkollegen deshalb gesagt, diese gemeinsame Probe sei reine Zeitverschwendung, wenn nicht gar Folter. Der Traum vom One-Night-Stand mit den allmächtigen Scream war also geplatzt, doch das hinderte mich nicht daran, zu spielen, als hinge mein Leben davon ab.

Denn das tat es.

Hinterher war Franz ziemlich beeindruckt und fragte, ob ich vielleicht irgendwann wiederkommen und noch mal ein bisschen jammen wolle. Ich traute meinen Ohren nicht. Zumindest die erste Runde hatte ich demnach geschafft. Mit einem Gefühl, als hätte ich soeben im Lotto gewonnen, stimmte ich glücklich zu, stopfte mein Schlagzeug wieder in den Käfer und gondelte voller Stolz heim.

Beim nächsten Vorspiel war dann das komplette Line-up anwesend. Offenbar hatte Franz der Band erzählt, es könne sich lohnen, mich anzuhören, also waren die anderen neugierig auf diesen dürren Nobody aus Springfield, der jeden ihrer Songs kannte und sein billiges Tama malträtierte, als hätte er ein volles Stadion vor sich. Jetzt bellte ich tatsächlich mit den großen Hunden, denn ich war hier von Gesichtern umgeben, die ich bislang nur auf Plattenhüllen oder auf der Bühne gesehen hatte, während ich unten wie ein Irrer tanzte und dabei aus voller Kehle mitsang. Der Sound von Scream brachte diesen verwanzten Keller zum Beben, nur dass Kents Elementardrumming jetzt durch mein brutales Neandertalgedresche ersetzt worden war, das ich bei langjährigem Laufen im Sand entwickelt hatte.

Nach einer weiteren grandiosen Probe merkte ich, dass meine ursprüngliche Absicht, nur zum Angeben mit Scream

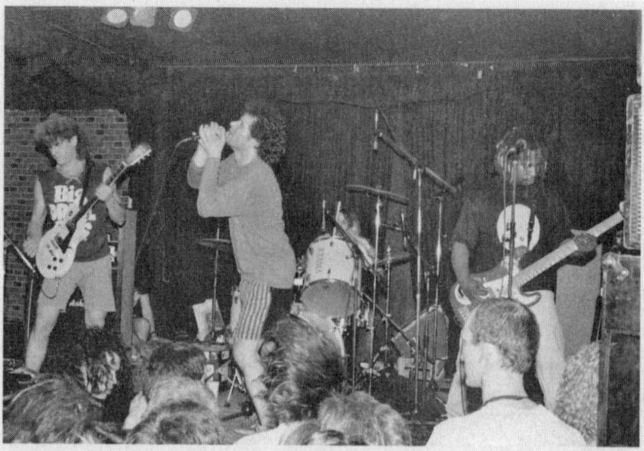

zu jammen, sich in etwas Ernsthafteres verwandelte. Sie hielten mich einstimmig für den Drummer, den sie gesucht hatten. Das war meine Chance, bei einer etablierten Band einzusteigen, die sich mit einem Hammerrepertoire einen Namen gemacht hatte, eine treue Anhängerschaft besaß und nicht nur in ganz Amerika, sondern auch international auftrat. Mein Traum schien wahr zu werden.

ICH STAND VOR EINEM SCHEIDEWEG. In der Highschool lief es nicht so besonders, und mit jedem weiteren schlechten Zeugnis schien meine Zukunft immer mehr aus körperlicher Arbeit und vorstädtischer Monotonie zu bestehen. Mein Herz gehörte einzig und allein der Musik, meiner großen Leidenschaft, deshalb hatten meine Noten (und meine Anwesenheit im Unterricht) den *Point of no return* überschritten. Eine bittere Pille, wenn man bedenkt, dass meine Mutter eine beliebte Lehrerin in der örtlichen Highschool war, während ich mich in einer Sackgasse und auf Kollisionskurs mit

– im besten Fall – dem Vertrauenslehrer befand, im schlechtesten Fall mit dem Schulausschluss. Außerdem gab es noch meinen Vater und seinen Traum von mir als tüchtigem, republikanischem Geschäftsmann, was allerdings noch unvorstellbarer war als alles andere. Auch wenn er damals wohl nicht mehr davon ausging, dass ich irgendwann auf dem Capitol Hill mitmischen würde, war er immer noch mein Vater, und von Anfang an hatte er mir die Angst eingepflanzt, ich könnte ihn enttäuschen.

Dann gab es noch meine guten Freunde aus der Band Dain Bramage. Ich kannte Dave Smith und Reuben Radding seit Jahren, und unser kleines Trio konnte richtig schön Krach machen. Okay, wir hatten noch nicht viele Auftritte gehabt und auch keine richtige Fangemeinde, aber wir waren eine junge Band, die es versuchen wollte. Rückblickend würde ich sagen, wir waren »unserer Zeit voraus«, denn unser Sound hätte super zur Underground-Explosion der frühen Neunziger gepasst, weil er die Energie des Punk mit Melodien à la REM, Mission of Burma oder Hüsker Dü kombinierte. Damals schwebten wir aber einfach so vor uns hin.

Komplett mein Leben zu verändern und bei Scream einzusteigen hätte bedeutet, sehr zum Ärger meiner Lehrerin-Mutter die Schule hinschmeißen zu müssen, die ohnehin schon belastete Beziehung zu meinem ablehnenden Vater in den Wind zu schießen und außerdem noch die Band zu verlassen, die ich mit zwei guten Freunden gegründet hatte. Das wäre zumindest ein gigantischer Sprung ins Ungewisse gewesen, denn so etwas wie ein Sicherheitsnetz gab es nicht – eher handelte es sich um einen Fall von verbrannter Erde.

Nachdem ich endlos nachgedacht und in mich hineingehört hatte, brachte ich einfach nicht den Mut dazu auf. Vielleicht, weil ich nicht genügend an mich glaubte. Also lehnte ich dankend ab, woraufhin mein Leben weiterging und ich noch schneller in meine Sackgasse raste.

Ein paar Monate später sah ich, dass Scream im 9:30 Club spielen sollten, einer Underground-Institution in Washington, D. C. In diesem dunklen, abgefuckten Veranstaltungsraum waren nur 199 Zuschauer erlaubt, aber trotzdem war er unser Tempel, wo ich im Lauf der Jahre dutzendweise Konzerte gesehen und sogar selbst schon gespielt hatte. Ich beschloss hinzugehen, schließlich betrachtete ich die Jungs jetzt als meine Freunde. Aber tief in meinem Inneren wusste ich, dass es herzzerreißend sein würde, eine Band zu sehen, bei der ich hätte einsteigen können. Aus purer Angst hatte ich es nicht getan. Angst vor Veränderung. Angst vor dem Unbekannten. Angst vor dem Erwachsenwerden.

Die Saalbeleuchtung ging aus, die Band kam auf die Bühne, und Kent Stax hämmerte das Snare-Intro zu »Walking by Myself«, einem jüngeren Song, der mit einer Wand aus Gitarren und Brutalo-Groove das Feuer der Stooges und von MC5 heraufbeschwor. Die Energie in diesem überfüllten Club war wie ein zusammengepresstes Knäuel, das sich jeden Moment öffnen würde, und als die Band dann einsetzte, explodierte der Laden in eine Million Teile …

*Hey you!*
*Well take a look at me*
*Have you forgotten what's real or what started our scene*
*I'll tell you what I mean*
*Am I screaming*
*For something to be?*
*Have all my friends*

*Turned their backs on me?*
*I'm out here walking by myself*
*I'm out here talking to myself...*

Ich schrie den Text mit, so laut ich konnte, und plötzlich fiel es mir wie Schuppen von den Augen. Nicht zu fassen, dass ich an so etwas Kathartischem nicht teilhaben sollte. Als hätte man mich aus einer Kanone abgefeuert, rutschte mir mein Herz in die Kehle, und ich wusste: Das ist meine Bestimmung. Das ist meine Band. Das ist meine Zukunft. Das ist mein Leben. Der Scheideweg, an dem ich mit meinem vorstädtischen Sackgassenleben stand, löste sich in Luft auf, und ich war nun mehr als bereit, den Sprung zu wagen und alles zurückzulassen. Für das Gefühl, das mir durch die Adern schoss, als in diesem Raum zweihundert Leute in einer Woge aus Chaos und Lebensfreude abgingen.

Nach dem Konzert sagte ich der Band, ich hätte einen blöden Fehler gemacht und würde jetzt doch gern einsteigen. Ich musste etwas auf sie einreden und sie davon überzeugen, dass ich mir diesmal hundertprozentig sicher war, aber dann empfingen sie mich mit offenen Armen. Kent war vor Kurzem Vater geworden und wollte sich ganz seiner Familie widmen. Seine Entscheidung, einen neuen Weg einzuschlagen, machte auch für mich einen frei.

Jetzt musste ich nur noch mein Leben auf den Kopf stellen.

Meine größte Sorge war natürlich meine Mutter. Die Frau, die so viele Opfer für mich gebracht, jede Sekunde ihres Lebens meinem persönlichen Wohlbefinden gewidmet und mir seit dem Tag meiner Geburt nichts als Liebe gezeigt hatte. Ich wollte sie auf keinen Fall enttäuschen, denn sie war nicht nur meine Mutter, sondern auch meine beste Freundin. Unmöglich, sie hängen zu lassen. Heute weiß ich, dass sie mich durch Freiheit diszipliniert hat, indem sie mir ermöglichte, herumzustreifen und meinen Weg zu finden – und damit auch mich selbst. Nie wollte ich ihr Vertrauen verlieren, deshalb respektierte ich sie und schlug nicht allzu sehr über die Stränge. Jetzt wusste ich, dass es ihr das Herz brechen würde, wenn ich vorzeitig die Schule verließ. Aber gleichzeitig wusste ich auch, dass es *mir* das Herz brechen würde, wenn ich es *nicht* tat.

Wir saßen an ihrem Schreibtisch, und mit schamvoll gesenktem Kopf erklärte ich ihr, dass ich die Highschool hinschmeißen und um die Welt tingeln wollte. Ihre Antwort?

»DANN MUSST DU ABER GUT SEIN.«

Ich denke mal, nach fünfundzwanzigjährigem Unterrichten von Versagern wie mir wusste meine Mutter ganz gut, dass ich nicht so der College-Typ war. Trotzdem glaubte sie an mich. Sie sah das Licht in mir und verstand, dass mein Herz, meine Seele und mein Antrieb nichts waren, was man mir an der Tafel unter hypnotisch summender Klassenzimmerbeleuchtung oder mit Büchern beibringen konnte. Sie sagte oft: »Es liegt nicht immer am Kind, dass es mit der Schule nicht klarkommt. Manchmal kommt auch die Schule mit dem Kind nicht klar.« Also gab sie mir, wie gewohnt, die Freiheit, herumzustreifen, meinen Weg zu finden, mich selbst zu entdecken.

Mein Vater war eine andere Geschichte. Im Rektorat redeten mir mein Dad und der Vertrauenslehrer ordentlich ins Gewissen und prophezeihten mir in düstersten Farben ein künftiges Leben in Armut und Verzweiflung. In ihren Augen war ich ein armseliger Punk, sprich: ein Nichtsnutz, so wie die vielen anderen, die ihnen am Wochenende den Benzintank füllten oder am Flughafen die Schuhe putzten. Doch ich saß nur da und ließ es über mich ergehen wie Rocky Balboa, während ich dachte: *Fickt euch. Ihr werdet schon sehen.* Mein Lieblingsspruch? »Du wirst all das tun, was ein Junge deines Alters nicht tun sollte, zum Beispiel Zigaretten rauchen und Kaffee trinken.« Kaffee? Seit wann war Kaffee eine harte Droge? Stolz bekannte ich mich zu beidem.

Als wir dann jeder wieder zu unseren Autos gingen, versetzte mir mein Vater den letzten Stich vor der offiziellen Enterbung und schrie quer über den Parkplatz: »UND LASS JA DIE FINGER VON DEN DROGEN!!!« Das war die zittrigste, Bob-Dole*-mäßigste Zurschaustellung einer spießigrepublikanischen Wut, die ich bis heute gesehen habe. Ich konnte nur lachen. Seine Erniedrigungen taten mir nicht mehr weh. Ich war jetzt unabhängig, genau wie er selbst (kurz nachdem ich von der Schule weg bin, habe ich ihn in einem nagelneuen Plymouth Volare gesehen und kann nur vermuten, dass er die paar Kröten, die er für mein Studium angespart hatte, sofort abhob und in diesen Angeberschlitten steckte). Das Band war offiziell durchschnitten, ich war frei und konnte losstürmen.

ICH MUSS ABER RICHTIG GUT SEIN, DACHTE ICH.

Was meine Freunde von Dain Bramage betraf – na ja … Die waren schon ziemlich sauer. Sie hatten die Arschkarte, und vielleicht gab es auf Jahre hinaus Voodoopuppen mit meinem Gesicht, die an Pfählen über Stapeln aus brennenden Scream-Platten hingen, aber zum Glück sind wir immer noch befreundet und treffen uns, wann immer möglich. Unsere ein-

---

* Republikanischer Politiker und 1996 Präsidentschaftskandidat, der gegen Bill Clinton verlor (Anm. d. Ü.).

zige LP *I Scream Not Coming Down* entstand im Juli 1986 während eines biblischen Unwetters in Crofton, Maryland, und ist ein einziger Tobsuchtsanfall aus spasmodischem Rhythmus und herrlichen Melodien. Auf diese Platte werde ich immer stolz sein, nicht nur, weil es meine erste war, sondern auch, weil sie einzigartige Qualitäten hat. Wir waren echt was Besonderes.

Mein neues Leben sah so aus, dass ich anfing, in einem örtlichen Möbelhaus protzige Hi-Fi-Schränke oder Lehnsessel in Lastwagen zu verladen, und parallel dazu regelmäßig mit Scream probte. Wir verbrachten Monate damit, an unserem Sound zu feilen und neue Songs zu schreiben, bevor wir in dieser neuen Besetzung erstmals auftraten, nämlich am 25. Juli 1987 bei einer Benefizveranstaltung von Amnesty International an der Johns Hopkins University, an die sich ein Schweigemarsch an mehreren Botschaften vorbei anschließen sollte, um auf Menschenrechtsverletzungen in aller Welt hinzuweisen. So nervös war ich noch nie vor einem Auftritt gewesen, und zwar nicht nur wegen der Größe des Publikums (alles über zwölf Zuschauer war für mich bereits Stadionrock), sondern weil sich im Saal auch meine ganzen Lokalhelden befanden. Die Mitglieder von Minor Threat, Fugazi und Rites of Spring konnten hier überprüfen, ob ich wirklich das Zeug hatte, die gigantischen Schuhe des großen Kent Stax zu füllen, deshalb hielt ich es für meine heilige Pflicht, der Band Ehre zu machen. Schließlich waren Scream auch ihre Helden.

Für den Herbst war eine Tournee durch Amerika geplant, die im Oktober starten sollte. Scream hatten diese Sechstausend-Meilen-Runde durchs ganze Land schon öfter gemacht, aber für mich war es nicht nur die erste Reise dieser Art, sondern auch etwas, von dem ich träumte, seit ich zum ersten Mal ein Instrument in die Hand genommen hatte. Die Vorstellung, von Stadt zu Stadt zu reisen und nichts anderes zu tun, als Abend für Abend zu rocken, war fast zu schön, um wahr zu sein.

Die Tourdaten lasen sich wie die Rückseite eines Konzert-T-Shirts von Grand Funk Railroad: dreiundzwanzig Gigs in nur wenig mehr als einem Monat, erst die Ostküste rauf und durch den Mittleren Westen, dann über die Rockies an die Westküste und danach über die Südstaaten zurück nach Hause. Die größte Entfernung, die ich bis dahin zurückgelegt hatte, waren die epischen Familien-Roadtrips nach Chicago gewesen, deshalb riss mich der Tourplan mit Städten wie Kansas City, Des Moines, San Francisco, Austin, Tacoma und Los Angeles komplett vom Hocker. Ich schwebte nicht nur auf Wolke Sieben, sondern fühlte mich, als sei ich genau dorthin im Dodge-Van unterwegs.

Der Van.

Das bevorzugte und ökonomischste Reisemittel, um junge, unabhängige Bands mit wenig oder gar keiner Kohle von A nach B zu befördern, war schon immer der Van. Ob die Beatles oder die Bad Brains – so fängt jede Band an (oder sollte das zumindest tun). Der Van befördert nicht nur dein Equipment (sorgfältig beladen, damit jeder Verstärker, jede Gitarre und außerdem das Schlagzeug reinpasst), sondern wird dir auch zur Heimat fernab der Heimat. Ein Ort zum Schlafen, wenn es keine Hotelzimmer gibt (es gibt nie welche), ein Ort zum Aufwärmen, wenn keine Garderobe vorhanden ist, und ein Ort, um auf diesen epischen, klaustrophobischen Reisen quer durchs Land lebenslange Bindungen mit deinen Bandkollegen zu knüpfen. Nicht jedermanns Sache, das kann ich euch sagen. Man muss ein bestimmter Typ mit einer bestimmten Verfassung sein, um monatelang in einer Art Mini-U-Boot auf Rädern zu überleben, aber wenn man es aushält, ist das ein prägendes Erlebnis, von dem man sein Leben lang zehrt.

Mit fünf Bandmitgliedern (plus einem Roadie, meinem lebenslangen Freund Jimmy Swanson) mussten wir den Platz in unserem Van methodisch nutzen, und zwar bis auf den letzten Quadratzentimeter. Scream waren in dieser Do-it-yourself-Wissenschaft erfahrene Profis, deshalb war ein Innendesign, das Platz für alle *und* unser Equipment bot, kein Ding der Unmöglichkeit, nur mussten wir halt extrem basteln (vor allem unser Sänger Pete Stahl) und immer wieder zum Baumarkt fahren. Die Konstruktion bestand aus Balken und Sperrholzbrettern, auf denen wir schlafen konnten, während im Raum darunter der ganze Krempel verstaut wurde. Das hatte definitiv nichts Glamouröses, war aber effizient und funktionierte. Sobald die perfekte Anordnung von Geräten und Gepäck gefunden war, blieb sie unverändert, sonst hätten wir nie mehr alles reingekriegt. Auch wenn das über dreißig Jahre her ist, weiß ich noch ganz genau, wie man diese alte Rostlaube mit der Geschwindigkeit und Effizienz eines alarmierten Feuerwehrtrupps belädt.

An dem Tag, an dem wir zu unserer Reise quer durchs Land aufbrechen wollten, stand der Van vor dem Haus in Bailey's Crossroads, in dem wir die letzten Monate geprobt hatten. Einer nach dem anderen kam mit Reisetasche und Schlafsack an, um in See zu stechen. Ich war mit knapp zehn Jahren Abstand der Jüngste in der Band und dazu noch das erste Mal auf Tour – mich als grün hinter den Ohren zu bezeichnen hatte also fast schon etwas Schmeichelhaftes. »Hey!«, kläffte mich Harley vom Vordersitz aus an, als wir uns der Reihe nach in den Van quetschten. »Frag aber nicht alle zehn Sekunden, ob du was aus dem Kofferraum haben kannst, klar?« Blitzartig verwandelte sich Ken Keseys *Furthur** in das Patrouillenboot aus *Apocalypse Now*, dabei hatten wir noch nicht mal die Einfahrt verlassen. Fuck.

Ein paar Monate vorher war mir bei einem Interview rausgerutscht, dass ich erst achtzehn Jahre alt war und nicht einundzwanzig, wie ich Franz bei unserem ersten Telefonat vorgeflunkert hatte. Die anderen hatten mich schockiert angesehen, aber zu diesem Zeitpunkt waren wir durch die vielen verschwitzten Proben in unserem Kellerloch bereits eine derart gut geölte Rock 'n' Roll-Maschine, dass mein Fauxpas folgenlos blieb. Es gab kein Zurück mehr. Problematisch war nur, dass ich in manche der Läden, in denen wir auftreten sollten, vom Alter her gar nicht reindurfte. Deshalb hielten wir alle die Klappe und nahmen uns vor, dass ich im Fall der Fälle geduldig im Van warten, fürs Konzert dann auf die Bühne jumpen, kurz das Haus zum Einstürzen bringen und daraufhin schweißbedeckt wieder in den Van verschwinden sollte.

Wie übel riechende Sardinen in der Dose lagen wir bei den endlosen Fahrten im Schlafsack auf dieser quietschenden Plattform und lasen, hörten Musik, lachten, furzten und vertrieben uns die Zeit. Wenn man so lange mit so vielen Leuten auf allerengstem Raum zusammen ist, kommt das der kurzen Zeit auf der Bühne sehr zugute, denn sobald man dann aufbaut und die Verstärker anwirft, will man nur noch explodieren. Was immer sich an Angst, Frustration, Heimweh oder Depression angesammelt hat, lässt man in dieser kurzen Stunde des Auftritts in einem barbarischen Wutausbruch an seinem Instru-

* So hieß der Bus, mit dem US-Autor und Hippie-Legende Ken Kesey und seine »Merry Pranksters« ab 1964 durch Amerika fuhren, um ihre Acid-Tests zu veranstalten (Anm. d. Ü.).

ment aus – was im Fall von lautem Rock 'n' Roll garantiert nicht schadet.

Eine der ersten Stationen unserer Tour war das CBGB's in New York City. In dieser Stadt war ich erst einmal gewesen, nämlich bei einem Familienausflug, den meine Mutter mit ihrem Zusatzjob als Trainerin der Schulfußballerinnen finanzierte (vierhundert Dollar für sie, und für uns Kids ein Füllhorn aus Gutscheinen und All-you-can-eat-Buffets), deshalb freute ich mich wahnsinnig auf diesen zweiten Besuch, und dann auch noch im legendären CBGB's! Es war der Ground Zero des Punkrock, Epizentrum des Soundtracks meiner Jugend; bald würde auch ich auf dieser Bühne stehen und für die Geister derer spielen, die Punkjüngern wie mir den Weg geebnet hatten. Die Ramones, Cramps, Talking Heads, Television, Patti Smith, Bad Brains – das war heiliger Boden und für mich selbst der bislang größte Erfolg meines Lebens.

Als wir ankamen und ich die ikonische Markise über dem Eingang sah, lief es mir kalt den Rücken hinunter. Ich war völlig überwältigt von ihrer Schönheit mit all der Verwitterung und Verschmutzung durch jahrelangen Bowery-Dreck, die ich von den vielen berühmten Schwarz-Weiß-Fotos kannte. Auf der Straße standen bereits ein paar Punks herum, und so glücklicher- wie unglaublicherweise fanden wir einen Parkplatz direkt vor der Tür, wo wir wie Jeff Spicoli* nach stundenlangem Kiffen und Eingesperrtsein aus dem Van purzelten.

Wir wurden von Harley Flanagan begrüßt, damals Bassist der berüchtigsten Band von New York, den Cro-Mags. Ich erstarrte vor Ehrfurcht. Ihr Album *The Age of Quarrel* gehörte

---

* Legendäre dauerbekiffte Filmfigur aus dem Film *Fast Times at Ridgemont High*, gespielt von Sean Penn (Anm. d. Ü.).

für mich zu den zehn besten Punkplatten aller Zeiten, und jetzt hatte ich diesen furchterregendsten Punkrocker *ever* leibhaftig vor mir. Man musste nur einen Blick auf diesen Burschen werfen, um zu wissen, dass mit ihm nicht zu spaßen war. Und zwar nie. Außerdem hatte er einen Pitbull an der Leine, der noch gefährlicher aussah als er selbst, deshalb hielt ich schön Abstand, bis er dann Skeeter und Pete erkannte und die Sache zu einem Wiedersehen alter Freunde wurde, mit Grinsen, Handshakes und gegenseitigem Respekt. Ich wurde vorgestellt und verhielt mich vermutlich wie ein Schulmädchen bei einem Beatles-Konzert, schließlich lernte ich hier jemanden kennen, der für mich ein »Rockstar« war.

Wir luden Harley ein, unser Konzert anzuhören, was er ablehnte, weil er ja den Hund dabeihatte, also boten wir ihm an, den Köter so lange im Van zu lassen. Problem gelöst. Wir machten uns ans Aufbauen für den geplanten Nachmittagsslot im Programm.

Als ich dann vor vollem Haus, das schon ungeduldig auf unseren Auftritt wartete, nervös das Schlagzeug aufbauen wollte, konnte ich ums Verrecken meinen Drumschlüssel nicht finden (ein extrem wichtiges Werkzeug zum Stimmen, Befestigen oder Positionieren der Schlagzeugteile). Hmmm, den hatte ich wohl im Van vergessen. Ich brüllte Richtung Pete: »Dude! Ich brauch sofort den Wagenschlüssel!« Er warf ihn mir quer über die Bühne zu und schrie zurück, dass es in fünf Minuten losgehen würde. Also bahnte ich mir blitzartig den Weg durch die Menge und hinaus zu unserem Van. Ich fummelte mit dem Autoschlüssel herum, als müsste ich eine Zeitbombe entschärfen, aber schließlich brachte ich ihn ins Schloss, drehte ihn um, griff nach dem Türgriff – und »RARRHARRHARRHAH!!!!!!« Die Fratze dieses dämonischen, blutrünstigen Pitbulls füllte das Fenster mit einem mörderischen Wutausbruch, der fast dafür sorgte, dass ich mir in die Hose machte. *Fuck!*, dachte ich. Da war ein Club voller Leute, die uns in wenigen Minuten sehen wollten, und zwischen mir und diesem verfickten Drumschlüssel tobten furchterregende fünfundzwanzig Kilo Muskelmasse mit Zähnen. Ich musste Harley finden, und zwar gleich. Also raste ich wieder rein und suchte den dunklen Zuschauerraum ab, bis ich ihn entdeckte und um Hilfe bitten konnte. Als ich dann aber zusammen mit Harley die Tür des Vans öffnete, wurde ich nicht von Satans Höllenhund begrüßt, sondern von einem süßen Schoßhündchen, das begeistert mit dem Schwanz wedelte, winselte und seinem besten Freund das Gesicht ableckte, bis ich den Drumschlüssel gefunden hatte. Ich schloss den Wagen ab und war gerade noch rechtzeitig auf der Bühne, um dem CBGB's ein neues Arschloch zu verpassen. Ohne Harley Flanagan hätte es nicht nur kein Konzert gegeben, sondern vermutlich auch eine Nase oder Lippe weniger in meinem Gesicht.

Im Anschluss fuhren wir Richtung Mittlerer Westen, um in Chicago und Detroit aufzutreten. Chicago kannte ich ja, aber Detroit war für mich fremdes, unerforschtes Gebiet. Okay, jeder weiß um die reichhaltige Musikgeschichte der Motor City, aber nur die wenigsten wissen, dass Detroit in den beiden Jahren vor meinem ersten Besuch auch Mordhauptstadt der USA gewesen war (mit Washington, D. C., als einzigem ernsthaften Konkurrenten). Jedenfalls musste man nicht groß über Sightseeing nachdenken, es sei denn vom sicheren Van aus. Dies war nicht nur eines der härtesten Pflaster Amerikas, von hier kamen auch einige der härtesten Bands – nicht ohne Zufall stammen MC5 und die Stooges aus Detroit.

Unser Gig mit den Lokalhelden Laughing Hyenas sollte im

Paycheck's in Hamtramck stattfinden, einem vornehmlich polnischen Viertel fünf Meilen außerhalb des Zentrums. Nach den Hyenas aufzutreten war nicht einfach, denn sie klangen so ätzend und gnadenlos, wie ihre Heimatstadt das nahelegt. Privat besaßen sie die Freundlichkeit, uns nach dem Gig bei sich pennen zu lassen. Sie wohnten alle zusammen in Ann Arbor, also eine Stunde westlich von Detroit, und weil das auf unserem Weg lag, nahmen wir ihr großzügiges Angebot doppelt gern an.

Als wir beim Verlassen der Stadt an einer abgeranzten, von Kugeln durchsiebten Tankstelle halten mussten, um vor der Fahrt westwärts den Tank zu füllen, schwebte ich im siebten Himmel, denn ich hatte an diesem Abend einen weiteren meiner Helden kennengelernt: John Brannon, den Sänger der Laughing Hyenas, vorher Mitglied bei Negative Approach, meiner absoluten Lieblingsband aus Detroit. Ich lebte hier definitiv meinen Punkrock-Traum und lernte die Typen aus meiner Plattensammlung nicht nur kennen, sondern durfte sogar auf ihrem verdammten Fußboden schlafen.

Die Party begann im Moment unserer Ankunft, und bald waren alle heftig am Trinken (unter anderem), während auf einer kleinen Leinwand im Wohnzimmer Super-8-Filme liefen. Erschöpft vom Konzert, beschloss ich, früh schlafen zu gehen, und zwar draußen in unserem Van, um tatsächlich Ruhe zu finden und mich nicht in diesem Horrorhaus von einer Seite auf die andere zu wälzen. Im Van zu pennen war für uns gar nicht so ungewöhnlich, selbst wenn wir das Glück hatten, für die Nacht ein Haus gefunden zu haben. Denn es bestand ja auch immer die Chance, dass jemand das Auto knacken und unser ganzes Equipment stehlen würde, was fern der Heimat das Ende bedeutet hätte. Deshalb meldete ich mich freiwillig, unsere Existenz mit meinem Leben zu schützen, ging raus in den Van und sank in der Behaglichkeit meines Kmart-Schlafsacks schnell ins Reich der Träume.

Ein paar Stunden später wachte ich auf und hatte das Gefühl, dass der Wagen sich bewegte. Verwirrt setzte ich mich auf und ließ den Blick schweifen, aber da war nur Pete, der schweigend am Steuer saß und bei jeder Straßenlaterne hell erleuchtet wurde.

»Dude, wo sind die anderen? Wo fahren wir hin?«, krächzte ich, während ich mir den Schlaf aus den müden Augen rieb.

Pete sah mich an und fragte mit seinem klassischen Südstaaten-Akzent: »Glaubst du an Wunder?« Vor ein paar Stunden, als wir für die Fahrt nach Westen an dieser fertigen Tankstelle anhalten mussten, hatte Pete unsere »float bag« (eine kleine Tasche mit allem, was wir an Geld besaßen: 900 $) in einem der übelsten Stadtteile von Detroit auf der Tanksäule vergessen. Als er merkte, dass sie fehlte, war er in den Van gesprungen und mit Vollgas losgefahren, um sie vielleicht doch irgendwie wiederzufinden.

Und wie durch ein Wunder lag sie tatsächlich noch dort. Langsam wurde mir klar, dass diese Nummer in jeder Sekunde scheitern könnte. Das Gefühl der vorstädtischen Geborgenheit, das mir als erstrebenswert eingetrichtert wurde, war inzwischen nur noch im Rückspiegel zu erkennen, während mir der Kitzel und die Verheißung dieser neuen Freiheit wie angegossen passten.

Nach wenigen Konzerten hatten wir den Mississippi überquert. Damit war ich weiter weg von zu Hause als je zuvor, und ich gewöhnte mich nur zu gern an dieses neue Leben aus Lkw-Parkplätzen und Mautstellen. Um Amerika wirklich kennenzulernen, muss man es Meile für Meile durchfahren, denn so begreift man nicht nur das immense Ausmaß dieses wunderschönen Landes, sondern kriegt auch mit, wie sich mit jeder Staatsgrenze das Klima und die Landschaft verändern. DAS SIND IN DER TAT DINGE, DIE EINEM ALTE SCHULBÜCHER IN KALTEM NEONLICHT EINFACH NICHT BEIBRINGEN – MAN MUSS SIE SEHEN, HÖREN UND PERSÖNLICH ERLEBEN, UM SIE AUCH WIRKLICH SCHÄTZEN ZU KÖNNEN. Die Bildung, die ich mir hier draußen aneignen konnte, war für mich viel wertvoller als jede versemmelte Mathe- oder Biologieprüfung, einfach weil ich das Leben aus erster Hand erfahren konnte und sowohl Sozial- als auch Überlebensstrategien lernte, von denen ich bis heute profitiere (zum Beispiel wann man sprechen oder einfach die Klappe halten muss).

Auch wenn ich endlich die Freiheit besaß, meinen lebenslangen Traum zu verfolgen, rief ich immer wieder meine Mutter an, um ihr zu sagen, dass die Entscheidung, mich ziehen zu lassen, goldrichtig gewesen war. Selbst Tausende Kilometer entfernt war sie mir näher als jeder andere Mensch, und ich wollte sie wissen lassen, dass sich das Glücksspiel, welches sie mich mit meinem Leben veranstalten ließ, schon jetzt rentierte.

Kansas City, Boulder, Salt Lake City – die Städte flogen nur so vorbei, als wir uns den Weg Richtung West Coast bahnten und dabei eine Spur aus leeren Bierdosen und verwüsteten Bühnen nach uns zogen. Binnen Wochen fuhren wir durch den kalten Sprühregen und die aufragenden Nadelwälder des Pazifischen Nordwestens, um das Community World Theater in Tacoma, Washington, zu erreichen, wo wir gemeinsam mit einer jungen Band namens Diddly Squat auftreten sollten. Toller Name, aber ein noch tollerer Bassist, den ich dann Jahre später wiedertraf, um mit ihm gemeinsam eine Band zu gründen. Jawohl, der Foo-Fighters-Bassist Nate Mendel war genauso ein Teenage-Punk wie ich, und bevor wir einander offiziell vorgestellt wurden, liefen wir uns tatsächlich mehrmals über den Weg. Aber so passieren die Dinge eben – man muss einfach das Universum ans Steuer lassen. Gott sei Dank habe ich das getan.

Ich muss sagen, dass ich den Pazifischen Nordwesten nicht sehr ansprechend fand, und das ist noch höflich formuliert. Die bedrückende Decke aus grauen, tief hängenden Wolken, die um diese Jahreszeit permanent die Sonne fernhielten, schien nicht nur meine Energie trockenzulegen, sondern auch meine Stimmung. Dazu kam dann noch das »Aroma von Tacoma«, ein Geruch, den die industriellen Papiermühlen vor Ort erzeugten (mit zarten Noten von Gekochter-Brokkoli-Pupsern und Hundescheiße) und der je nach Windrichtung durch die Stadt zog. Mmmhhh, köstlich. Wie man an so einem deprimierenden Ort dauerhaft leben konnte, war mir vollkommen schleierhaft, wobei ich ja über diese Ecke des Landes auch gar nichts wusste … noch nicht. Eins war aber schon jetzt klar: Mit jeder Meile, die wir nach Westen kamen, wurde auch das Dope besser.

Meine Karriere als Von-abends-bis-morgens-Kiffer war mittlerweile ganz gut in Schwung; will heißen, ich rauchte, wenn ich was hatte, und suchte danach, wenn nicht. Das stellte *on the road* die wohl größte Problematik dar. Nicht nur musstest du die Kosten in deinem Tagesbudget von sieben Dollar fünfzig unterbringen (Kippen, Taco Bell, Gras), es bedurfte auch eines dauerhaft geschärften Party-Radars, um herauszufinden, wer was hatte und wer nicht. Jimmy und ich hielten bei den Gigs ständig Ausschau nach irgendeinem schlaksigen

Metalhead mit Slayer-Patch auf seiner Lederjacke oder einem verschorften Hippie-Punk mit Dreadlocks unter der Strickmütze. Bei einem der seltenen Erfolge rannten wir schnell zum Van, wo wir unseren Dope-Einkauf begutachteten, in Lobeshymnen über seine viel bessere Qualität gegenüber dem schmutzbraunen Zeug daheim ausbrachen und dann alles dafür taten, um vor dem Konzert so high wie zwei Sumpfkiefern zu werden.

Schließlich war es Zeit, nach Kalifornien aufzubrechen. In meinen kühnsten Träumen hätte ich mir nie ausgemalt, jemals hierherzukommen. Viertausenddreihundert Kilometer von meinem kleinen, idyllischen Viertel entfernt vor den großen Hollywood-Buchstaben zu stehen war für mich in etwa so vorstellbar gewesen, wie auf dem Pluto eine verdammte Flagge zu hissen – unmöglich. Ich kannte diesen glamourösesten Bundesstaat der USA nur aus dem Fernsehen und aus Filmen, deshalb dachte ich, die Polizisten dort würden wie die Village People aussehen, die Kids wie aus *Die Bären sind los* und die Frauen wie die drei Engel für Charlie. (Was dann auch stimmte.)

Da unser nächstes Konzert erst in fünf Tagen stattfinden sollte, hatten wir Zeit, gemütlich nach Santa Cruz zu gondeln, einem Zwischenstopp. Es war eine weitere Stadt, über die ich nichts wusste, außer dass hier Corey Haims Vampir-Meisterwerk *The Lost Boys* gedreht worden war. Scream hatten sich vor Jahren mit der örtlichen Band Bl'ast angefreundet, deren Mitglieder wie die meisten in diesem Underground-Netzwerk so freundlich waren, uns bei sich wohnen zu lassen – bis zu unserem Konzert im nahen San Francisco. Die mehr als tausend Kilometer nach Santa Cruz waren eine Tortur, wobei uns die Landschaft für unsere Klaustrophobie entschädigte. Wir fuhren über die gewundenen Bergpässe der urzeitlichen Coast

Range, bis wir schließlich den Küsten-Highway erreichten, der uns durch gewaltige Redwoods führte, während unten der Pazifik an die Klippen donnerte. Ich war komplett von den Socken. Nachdem ich mitverfolgen konnte, wie sich die Landschaft über lange, anstrengende Wochen und viele Tausend Kilometer zu dieser Naturschönheit gemausert hatte, war das für mich eine Art Höhepunkt. Ich fühlte mich so glücklich, so lebendig, so frei.

Unweit von Santa Cruz hielten wir an einer Telefonzelle, von wo aus Pete unseren Gastgeber, den Bl'ast-Kumpel Steve Isles, anrief und durchgab, wann wir ungefähr da sein würden. Dann kam er zurück zum Van und brachte tolle Neuigkeiten mit: Steves Mutter Sherri bereitete ein großes Pasta-Essen für uns vor, und die nächsten vier Tage würden wir in ihrem geilen A-Frame-Haus in Strandnähe wohnen. Das war jetzt nicht mehr Indie-Tour, sondern Club Med. Wir kauften für Sherri Blumen und eine Pulle Wein und rasten dann so schnell wie möglich zu unserer neuen Unterkunft, um endlich aus dem engen Van zu kommen und königlich zu feiern.

Sie begrüßten uns wie Familienmitglieder, dann wurden Berge an Pasta verzehrt und fette Joints mit dem besten Marihuana meines Lebens herumgereicht, während wir tranken, Tour-Erlebnisse erzählten und genüsslich die Bude einräucherten. Zu meinem großen Erstaunen war auch Sherri voll dabei! Okay – DAS war jetzt Kalifornien. Und ich dachte schon, MEINE Mom sei cool. Dass Sherri diesen Vagabundentrupp an verlausten Punkrockern aufnahm, abfütterte, mit Dope versorgte und an einem warmen Ort schlafen ließ, grenzte an Wohltätigkeit auf Heiligenniveau. Das war die selbstloseste Freigiebigkeit, die ich je erlebt hatte. Mit vernebeltem Grinsen und vollem Bauch schlief ich ein.

Sherri musste am nächsten Tag weg, ließ uns aber wissen, dass wir die Pasta-Reste im Kühlschrank und das Gras im Vorratsregal finden würden. Jimmy und ich sahen uns an, gingen schnurstracks hin und entdeckten ein großes Einmachglas voller Cannabis, wie man es sonst nur auf einem Ausfaltblatt der *High Times* sah. Wir angelten uns einen behaarten, fluoreszierend grünen Stängel, bretterten auf zwei Vespa-Rollern, die wir in der Garage entdeckt hatten, runter zum Strand, und da war er … der Pazifische Ozean. Ich ging über den Sand bis zum Wasser und ließ mir die Füße von den eiskalten Wellen umspülen, während ich zusah, wie am Horizont die Sonne unterging. Ich hatte es geschafft. ICH HATTE DAS LAND VON EINEM OZEAN BIS ZUM ANDEREN DURCHQUERT – MIT NICHTS ALS DER LIEBE ZUR MUSIK UND DEM WILLEN ZUM ÜBERLEBEN.

Noch besser konnte es einfach nicht werden.

# KLAR WILL ICH DEIN HUND SEIN!

SCREAM

SCREAM

Spring Tour, 1989

March 31...Richmond, VA
April 4....Columbia, S.C.
5....Orlando, Fla.
6....Tallahassee
7....Miami
8....Gainesville
9....Atlanta, GA
10
11
12...Hattiesburg, Miss
13...Memphis, Tenn.
14...Fayetteville, Ark.
15...Little Rock
16...New Orleans, LA
17.
18.
19...Austin, TX
20...Houston
21...Dallas
22...Tulsa, OK
23...Oklahoma City
24...
25...Albuquerque, N.M.
26...Las Crusas
27...Tuscon, Ariz.
28...Phoenix
29...Los Angeles, Calif.
30...SanFrancisco
May 2....L.A.
3....L.A.
4...LasVegas, NE
5...Salt Lake City
6...Berkley, CA
7...
8
9...Chico
10...Arcadia
11...University of Oregon
12...Portland
13. .Seattle, WA
14...Vancouver

Toronto, Kanada, 22. Juni 1990. Ein sonniger Nachmittag in »The 6«. Scream waren gerade in unserem zuverlässigen (wenngleich müffelnden) Dodge-Van zu einer weiteren Nordamerika-Tour aufgebrochen, die mit einem Sprung über die Grenze und Konzerten in zwei meiner Lieblingsstädte begann, Montreal und Toronto. Über die Jahre hatte sich die Band im Großen Weißen Norden eine treue Fangemeinde erspielt und dabei viele Freunde gewonnen, die uns in ihren diversen Fabriklofts oder WGs übernachten ließen (also weit bequemeren Unterkünften, als wir damals gewohnt waren). Seit meiner ersten Tour mit achtzehn habe ich es immer geliebt, nach Kanada zu reisen – guter Stoff, süße Mädchen und herrlich wilde Konzerte, meist auch mit genügend zahlenden Besuchern, um unsere Weiterfahrt zum nächsten Auftrittsort zu sichern. Aber es waren die konkurrenzlos witzigen After-Show-Partys mit unseren kanadischen Kumpels, die diesen Reisen ihren wahren Wert verliehen. Denn seien wir ehrlich: Kanadier sind einfach der Hammer. Entspannt, authentisch und zum Brüllen komisch. Probier doch mal, in Kanada auch nur zum nächsten Block zu gehen und dabei keinen Freund zu gewinnen. Unsere erweiterte Familie aus Freaks und Geeks empfing uns dort immer mit offenen Armen und tat alles, damit wir eine gute Zeit hatten; sie wanderten mit uns betrunken durch die Straßen von Montreal, um weit nach Mitternacht noch Rauchfleisch-Sandwiches und Poutine aufzutreiben, oder kifften mit uns bis in die Morgenstunden, während wir gemeinsam *Night Ride* ansahen. (*Night Ride* ist bis heute eine meiner Lieblingssendungen und besteht im Grunde nur aus einer Kamera auf dem Armaturenbrett eines Autos, das zu jazzigem Flügelhornsoundtrack eine Stunde lang durch die Stadt fährt. Sie gehört zu einem Genre, das die geile Bezeichnung »Langsames Fernsehen« trägt, und wird in Kombination mit einem kleinen Joint und/oder Drink zu einer surrealen, absurdistischen Meditation. Sehr beliebt auch bei Gefängnisinsassen … sagt man zumindest.)

Von allen coolen Clubs in Toronto war das Rivoli in der Queen Street West vermutlich der allercoolste. Hier machten die angesagtesten Underground-Bands Station. Mit den zweihundertfünfzig Leuten, die hier reinpassten, entsprach es sicher nicht der Royal Albert Hall, für eine Band wie uns aber war es genau richtig, denn wir würden diesen verdammten Schuppen vermutlich in Sekundenbruchteilen zum Einstürzen bringen.

Als wir unser Zeug reintrugen und mit dem Aufbau anfingen, um auf der Minibühne einen frühen Soundcheck zu machen, sah ich, wie der Barkeeper Werbeplakate für Iggy Pops neues Album *Brick by Brick* an die fett- und nikotinverschmierten Wände klebte. *Komisch*, dachte ich, aber weil das nichts mit unserem Gig zu tun hatte, schlossen wir alles an und bretterten testhalber unseren hochoktanigen Punk-Rock 'n' Roll raus, um die PA- und Monitorlautstärke für den Abend einzustellen. Unsere Roadcrew bestand damals nur aus *einem* Roadie namens Barry Thomas (very kanadisch), deshalb lag das Einrichten der Backline weitgehend in den Händen der Band – kein extra Soundmischer, kein Lichttechniker, nur wir vier und Barry.

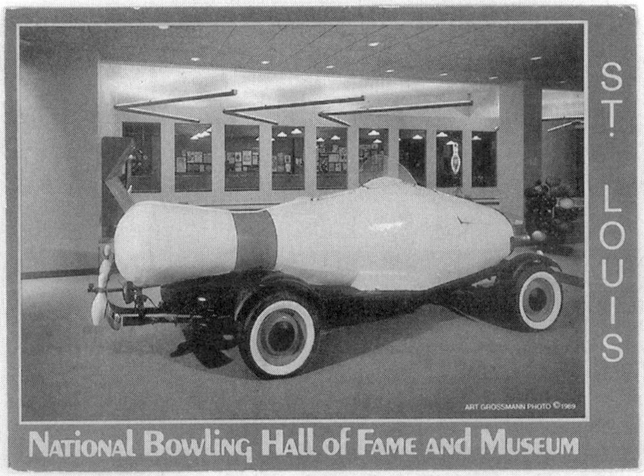

This 1936 Studebaker bowling pin car was created by a Cleveland, OH, proprietor. National Bowling Hall of Fame & Museum, St. Louis, MO

HOWDY MOM – JUST HANGIN OUT AT THE BOWLING HALL OF FAME, EATING HOT DOGS AND BUYING T-SHIRTS. WE PULLED INTO ST. LOUIS AROUND 11:00 LAST NIGHT AFTER DRIVING FOR ALMOST 12 HOURS. THIS IS WHERE JENNIFER AND I SORT OF BECAME AN ITEM, SO ITS OUR LITTLE WALK DOWN MEMORY LANE. TODAY WE DRIVE TO OKLAHOMA CITY, PROBABLY ANOTHER 10-12 HOUR DRIVE. I'LL CALL YOU THIS WEEKEND.

XXXX00000
XXXX00000

LOVE
DAVID

#3041 Art Grossmann Photo © 1989

ART GROSSMANN PHOTO MARKETING

USA 29
I pledge allegiance...

POST CARD

HOUSE OF MOM

0 277315 5

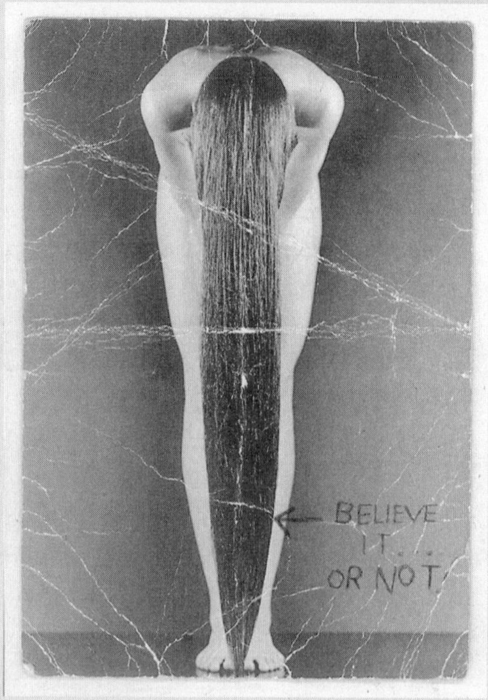


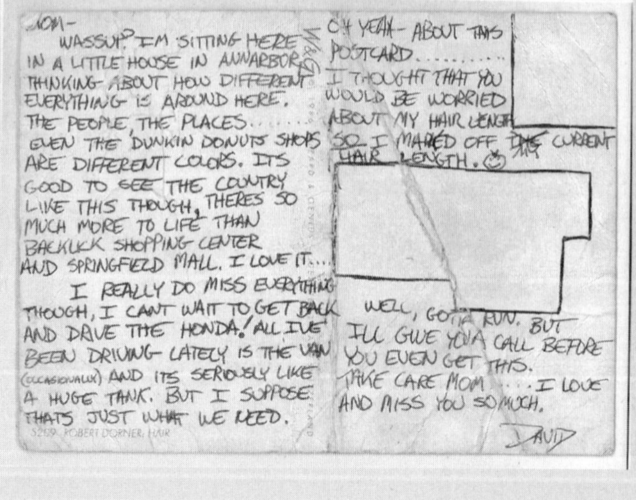

MOM–
WASSUP? I'M SITTING HERE IN A LITTLE HOUSE IN ANNARBOR, THINKING ABOUT HOW DIFFERENT EVERYTHING IS AROUND HERE. THE PEOPLE, THE PLACES........ EVEN THE DUNKIN DONUTS SHOPS ARE DIFFERENT COLORS. ITS GOOD TO SEE THE COUNTRY LIKE THIS THOUGH, THERES SO MUCH MORE TO LIFE THAN BAILEYS CROSSROADS SHOPPING CENTER AND SPRINGFIELD MALL. I LOVE IT....

I REALLY DO MISS EVERYTHING THOUGH, I CANT WAIT TO GET BACK AND DRIVE THE HONDA! ALL I'VE BEEN DRIVING LATELY IS THE VAN (OCCASIONALLY) AND ITS SERIOUSLY LIKE A HUGE TANK. BUT I SUPPOSE THATS JUST WHAT WE NEED.

OH YEAH – ABOUT THIS POSTCARD.......... I THOUGHT THAT YOU WOULD BE WORRIED ABOUT MY HAIR LENGTH SO I MARKED OFF MY CURRENT HAIR LENGTH. ☺

WELL, GOTTA RUN. BUT I'LL GIVE YOU A CALL BEFORE YOU EVEN GET THIS. TAKE CARE MOM.... I LOVE AND MISS YOU SO MUCH.

DAVID

5259 ROBERT DORNER, HAIR

Normalerweise machte man in diesen Läden den Soundcheck am Spätnachmittag, kurz bevor sie die Türen öffneten; das Konzert begann dann erst später am Abend, wenn der Laden voll war. Aber aus irgendeinem Grund hatte man uns hier gebeten, viel früher zu kommen und den Soundcheck für unseren Neun-Uhr-Gig bereits mittags zu machen. Irgendwie seltsam. Trotzdem taten wir, wie uns geheißen. Als ich jetzt mein Schlagzeug stimmte und immer mehr Iggy-Poster an die Wand gehängt wurden, kam mir der Verdacht, dass hier irgendwas nicht stimmte. Also unterbrach ich meine Tätigkeit und fragte den Barkeeper: »Hey, Mann! Was sollen diese Poster?«

»Iggy macht hier vor eurem Konzert eine Release-Party«, meinte er trocken. »Und er spielt auch.«

Mir explodierte fast der Schädel. Das war ein gesegnetes Wunder der musikalischen Vorsehung! Echt ein Fall von »zur richtigen Zeit am richtigen Ort«! Ich würde bald im selben Raum sein wie der Pate des Punk, IGGY FUCKING POP! Dieser Künstler, der früher James Newell Osterberg Jr. hieß, war sowohl Adam ALS AUCH Eva für das, was wir heute Punkrock nennen, und er würde dieses Loch hier bald in einen klanglichen Garten Eden verwandeln! Der Begriff »lebende Legende« beschreibt nicht mal ansatzweise seine Wichtigkeit und Bedeutung. Ich meine, dieser Typ gilt als der Erfinder des verdammten Stagedivings. Das muss man erst mal toppen!

»Aber ihr müsst nach dem Soundcheck raus, das ist nur für die Plattenfirma.«

Aus war's mit meinem Traum, dieses musikalische Enigma persönlich kennenzulernen. Ich bettelte. Ich jammerte. Ich hielt die Tränen von eintausend Cure-Fans zurück und zerbrach mir den Kopf, mit welchem Argument ich den Typ dazu bringen konnte, uns hierbleiben zu lassen. »Aber, aber … was ist mit unserer Anlage? Wir müssen hier sein und aufpassen, dass keiner was klaut!«, platzte ich in der Hoffnung heraus, er würde den Köder schlucken und uns Karten für den Event geben.

»Den Sachen passiert nichts«, sagte er. »Das sind nur Leute von der Plattenfirma.«

Völlig niedergeschmettert brachten wir unseren Soundcheck zu Ende und verkrochen uns nach draußen in unsere Rostlaube, um unsere Wunden zu lecken und Release-Partys von Major-Labels in die tiefste Hölle zu verfluchen. Von diesem einmaligen Erlebnis ausgeschlossen zu sein löste bei jedem von uns ein solches Gefühl von Liebeskummer und Zurückweisung aus, wie ich selbst es nur einmal erlebt habe, als bei einem Homecoming-Ball des Abschlussjahrgangs mit mir Schluss gemacht wurde (und zwar auf einem Schiff, weshalb ich dieses Teenage-Fegefeuer ertragen musste, bis wir Stunden später wieder anlegten). Hätte es den Begriff »FOMO« (Fear of missing out) im Jahr 1990 schon gegeben, wäre er hier definitiv angebracht gewesen. So blieb uns nur übrig, irgendwo was trinken zu gehen oder neun beschissene Stunden lang im Van zu sitzen und Radio zu hören. Da ich noch vom vorigen Abend verkatert war, entschied ich mich für die zweite Option.

Kurze Zeit später relaxten wir gerade im Van, da tauchte eine schwarze Stretch-Limo auf. Als sei dies eine Rock 'n' Roll-Geheimoperation, schwenkte sie zur Rückseite, hielt an und ließ den Kofferraum aufploppen, während gleichzeitig die Hintertür des Clubs geöffnet wurde und ein Security-Typ den wertvollen Fahrgast des Limo-Chauffeurs mit einer choreografierten Präzision empfing, die eines amtierenden Präsiden-

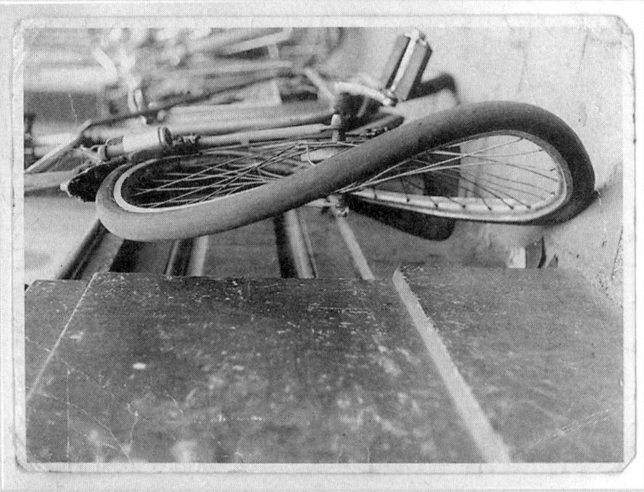

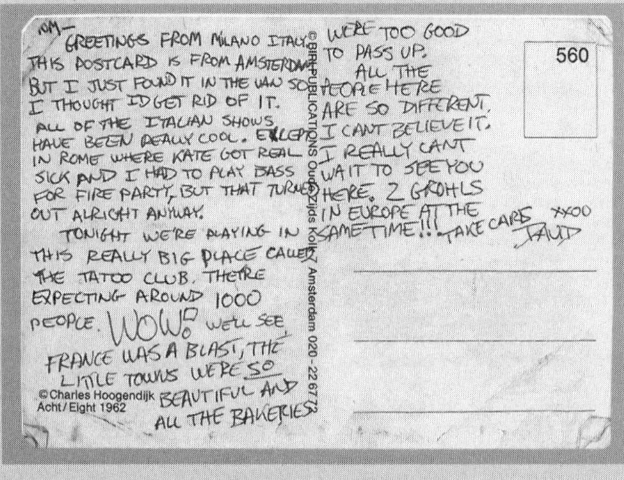

MOM—

GREETINGS FROM MILANO ITALY. THIS POSTCARD IS FROM AMSTERDAM BUT I JUST FOUND IT IN THE VAN SO I THOUGHT I'D GET RID OF IT.

ALL OF THE ITALIAN SHOWS HAVE BEEN REALLY COOL. EXCEPT IN ROME WHERE KATE GOT REAL SICK AND I HAD TO PLAY BASS FOR FIRE PARTY, BUT THAT TURNED OUT ALRIGHT ANYWAY.

TONIGHT WE'RE PLAYING IN THIS REALLY BIG PLACE CALLED THE TATOO CLUB. THEYRE EXPECTING AROUND 1000 PEOPLE. WOW! WE'LL SEE.

FRANCE WAS A BLAST, THE LITTLE TOWNS WERE SO BEAUTIFUL AND ALL THE BAKERIES WERE TOO GOOD TO PASS UP.

ALL THE PEOPLE HERE ARE SO DIFFERENT, I CANT BELIEVE IT. I REALLY CANT WAIT TO SEE YOU HERE. 2 GROHLS IN EUROPE AT THE SAME TIME!!! TAKE CARE

xxoo
DAVID

© BIM PUBLICATIONS Oude Zijds Kolk 7 Amsterdam 020 - 22 67 73

560

© Charles Hoogendijk
Acht/Eight 1962

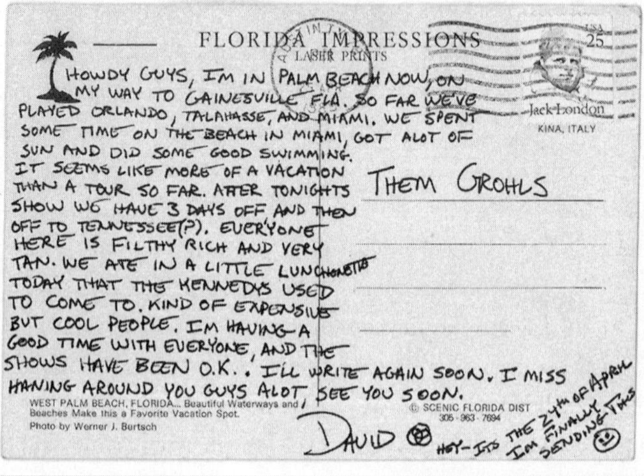

FLORIDA IMPRESSIONS
LASER PRINTS

USA 25
Jack London
KINA, ITALY

HOWDY GUYS, IM IN PALM BEACH NOW, ON MY WAY TO GAINESVILLE FLA. SO FAR WE'VE PLAYED ORLANDO, TALAHASSE, AND MIAMI. WE SPENT SOME TIME ON THE BEACH IN MIAMI, GOT ALOT OF SUN AND DID SOME GOOD SWIMMING. IT SEEMS LIKE MORE OF A VACATION THAN A TOUR SO FAR. AFTER TONIGHTS SHOW WE HAVE 3 DAYS OFF AND THEN OFF TO TENNESSEE(?). EVERYONE HERE IS FILTHY RICH AND VERY TAN. WE ATE IN A LITTLE LUNCHONETTE TODAY THAT THE KENNEDYS USED TO COME TO. KIND OF EXPENSIVE BUT COOL PEOPLE. IM HAVING A GOOD TIME WITH EVERYONE, AND THE SHOWS HAVE BEEN O.K.. I'LL WRITE AGAIN SOON. I MISS HANING AROUND YOU GUYS ALOT, SEE YOU SOON.

DAVID

HEY- ITS THE 24th OF APRIL IM FINALLY SENDING THIS

THEM GROHLS

WEST PALM BEACH, FLORIDA... Beautiful Waterways and Beaches Make this a Favorite Vacation Spot.
Photo by Werner J. Bertsch

© SCENIC FLORIDA DIST
305 · 963 · 7694

ten würdig gewesen wäre. In der Behaglichkeit unseres vierrädrigen Obdachlosenheims verrenkten wir erwartungsvoll die Hälse, um unseren Helden vielleicht in Fleisch und Blut zu sehen.

Und wie bei Daniels Vision des Engels … tauchte er tatsächlich auf. Nur wenige Meter von unserem Parkplatz entfernt stieg er aus dem Auto, seine gesamten eins siebzig an Rock-Adel in alte Jeans und ein T-Shirt gegossen. Er ging zum Kofferraum, schnappte sich die Gitarre und trug sie eilig Richtung Club. NÄHER WAR ICH EINEM WASCHECHTEN ROCKSTAR NOCH NIE GEWESEN. Seine schöne, verlebte Gestalt war mir durch jahrelanges Studium seiner Werke tief ins Gedächtnis eingebrannt, aber das hier war kein zweidimensionales Plattencover oder Poster, nein, dies war die lebende, atmende Verkörperung von Coolness, direkt vor meinen Augen. Und zack, war die Hintertür schon wieder zu.

Ich predige immer wieder gern über die Besonderheit menschlicher Interaktion, speziell im Fall von Livemusik, denn sie befördert uns von der zweidimensionalen virtuellen zur dreidimensional erlebten Wahrnehmung und bestätigt uns letzten Endes, dass dieses Leben wirklich echt ist und wir nicht allein sind. Selbst eine Zufallsbegegnung mit jemandem, mit dessen Musik du aufgewachsen bist, dessen Plattenhüllen du stundenlang angeschaut hast und dessen rotzige, urtümliche Grooves dir Vorbild für dein eigenes Spiel wurden, kann dir die Matrix zum Kollabieren bringen. Mehr brauchte ich an diesem Abend nicht. Mein Glaube an die Musik war schon allein dadurch belohnt worden, dass ich sah, wie Iggy den kurzen Weg zu genau der Tür ging, aus der *ich* eben rausgekommen war. Meine Welt war ein bisschen heller geworden. Und damit erledigt.

Etwas später klopfte jemand an die Scheibe des Vans. »Wer von euch ist der Drummer?«

Wenn ich in meinen dreiunddreißig Jahren als professioneller Tourmusiker eines gelernt habe, dann das: Mit dieser Frage verbindet sich nie etwas Gutes. Sie zieht entweder Handschellen, eine Vorladung oder eingeschlagene Zähne nach sich. Das ist also nichts, was man in einer vermüllten Seitenstraße hören will, tausenddreihundert Kilometer von zu Hause entfernt und in einem anderen Land. Ich schreckte aus dem muffigen Schlafsack hoch, riss ängstlich die Augen auf und erwartete meine Strafe für das Verbrechen, das zu dieser intensiven Ermittlung geführt hatte. Erstarrt und ohne klar denken zu können, ging ich im Kopf die Möglichkeiten durch, die mich in diese Situation gebracht haben könnten. Hatte ich beim Soundcheck eine brennende Kippe auf dem Schlagzeugpodest liegen lassen und damit ein flammendes Inferno ausgelöst, das den Laden mitsamt Iggy Pop darin abfackeln ließ? Oder im Interview mit einem Fanzine etwas Blödes über eine einheimische Band gesagt und damit einen aufstrebenden Musikerkollegen erbost? Wollte sich vielleicht irgendein Exfreund dafür rächen, dass ihn seine Freundin verlassen hatte, um mit mir zusammen zu sein? (Letzteres war am unwahrscheinlichsten, denn ich wohnte verdammt noch mal in einem Van!)

Verlegen hob ich die Hand und sagte fast schon weinerlich: »Ähm … das bin ich.«

»WILLST DU FÜR IGGY POP SCHLAGZEUG SPIELEN?«

Das war jetzt noch mal ein ganz anderes Level von »zur richtigen Zeit am richtigen Ort«.

Verwirrt durch dieses unvorstellbare Angebot, hielt ich kurz

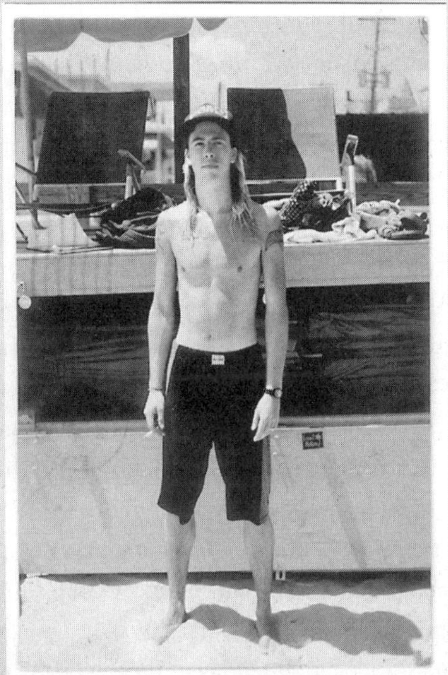

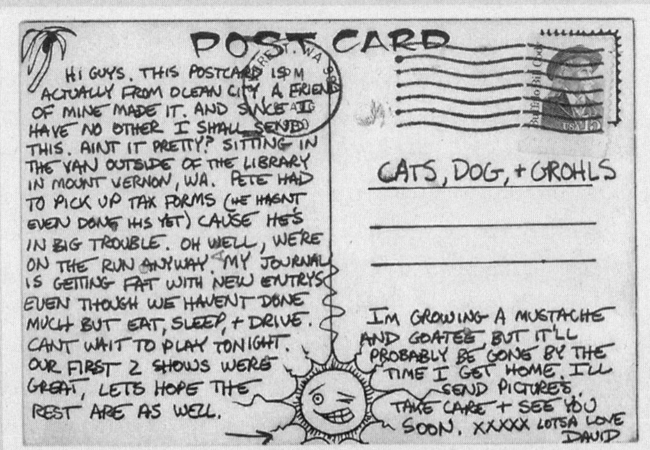

POST CARD

HI GUYS. THIS POSTCARD IS ACTUALLY FROM OCEAN CITY. A FRIEND OF MINE MADE IT. AND SINCE I HAVE NO OTHER I SHALL SEND THIS. AINT IT PRETTY? SITTING IN THE VAN OUTSIDE OF THE LIBRARY IN MOUNT VERNON, WA. PETE HAD TO PICK UP TAX FORMS (HE HASNT EVEN DONE HIS YET) CAUSE HE'S IN BIG TROUBLE. OH WELL, WE'RE ON THE RUN ANYWAY. MY JOURNAL IS GETTING FAT WITH NEW ENTRYS EVEN THOUGH WE HAVENT DONE MUCH BUT EAT, SLEEP, + DRIVE. CANT WAIT TO PLAY TONIGHT. OUR FIRST 2 SHOWS WERE GREAT, LETS HOPE THE REST ARE AS WELL.

CATS, DOG, + GROHLS

IM GROWING A MUSTACHE AND GOATEE, BUT IT'LL PROBABLY BE GONE BY THE TIME I GET HOME. I'LL SEND PICTURES. TAKE CARE + SEE YOU SOON. XXXXX LOTSA LOVE
DAVID

inne. Wie die meisten Musiker hatte ich schon oft davon geträumt, von meiner Lieblingsband auf die Bühne gerufen zu werden, um für ihren Drummer einzuspringen, der aus irgendeinem Grund nicht selbst auftreten konnte. Diesen Traum hatte es auch bei Scream gegeben, bevor ich dort festes Bandmitglied wurde. Und jetzt passierte es tatsächlich wieder. Seit ich Schlagzeug gelernt hatte, indem ich mir die Platten meiner Lieblingsbands anhörte, konnte ich jedes ihrer Alben Ton für Ton mitspielen – Iggy and the Stooges inklusive. Das hier war jetzt nichts Geringeres als ein wahr gewordener Traum.

Mein Herz rutschte aus dem Magen an seinen normalen Platz zurück, und mit einem erleichterten »FUCK YEAH!« sprang ich aus meinem improvisierten Bett. Hastig brachte ich mich halbwegs in Ordnung, während meine Bandkollegen mit offenem Mund zusahen, und rannte wie ein geölter Blitz zu dieser Hintertür.

Drinnen war eine laute, verzerrte E-Gitarre zu hören, die den Raum mit dröhnenden Rückkopplungen erfüllte. Als ich um die Ecke bog, stand da Iggy mit Gitarre vor einem Marshall-Turm, der ihn wie ein Monolith aus *2001: Odyssee im Weltraum* überragte, schlug dissonante Akkorde an und fummelte an den Reglern, um den richtigen Sound zu finden. Der erste Eindruck? Er hatte eine Brille auf. Aber keine coole Rockstarbrille, nein: Ich bin mir ziemlich sicher, dass es eine Lesebrille war. *Gott sei Dank*, dachte ich, denn das nahm zumindest ansatzweise etwas von der lähmenden Anspannung, die mich beim zögerlichen Gang zur Bühne erfasst hatte. Bevor ich mich selbst vorstellen konnte, dröhnte der Mann, der mich aus meinem warmen Schlafsack aufgescheucht hatte: »Das ist der Drummer von dieser Band nachher.«

Iggy drehte sich mit ausgestreckter Hand zu mir und sagte: »Hi, ich bin Jim.«

Nervös schüttelte ich seine Hand – die Hand, mit der Texte von Klassikern wie »Lust for Life«, »No Fun«, »Search and Destroy« und »I Wanna Be Your Dog« geschrieben worden waren. »Hi, ich bin Dave«, sagte ich wie ein Kind, das sich am ersten Schultag der Lehrerin vorstellt.

»Kennst du meine Sachen?«, fragte er mit seinem bekannten Midwest-Akzent.

Okay, seit frühester Kindheit hatte man mir eingebläut, dass es so etwas wie eine dumme Frage nicht gibt, aber keine noch so große Bescheidenheit konnte Iggy mein verblüfftes Gesicht ersparen, das dieser Hammerspruch bewirkte. »Ja, die kenne ich«, erwiderte ich grinsend.

»Hast du Bock zu jammen?«, kam als Nächstes. Der zweite Schlag.

»JA«, sagte ich – was auch sonst? Ich kroch auf meinen Schlagzeughocker, und mit Iggy fucking Pop gerade mal zwanzig Zentimeter neben dem gelben Tama, das ich mir mit Häuseranmalen und Rasenmähen verdient hatte, fing ich an zu jammen. Los ging es mit dem wabernden Riff von »1969«, in das ich mit seinem bekannten Tom-Tom-Pattern einstieg, Beat für Beat wie auf der Platte. Mit nichts als Gitarre und Drums war diese abgespeckte Version des Songs noch derber als die Studioaufnahme (Obacht, White Stripes!). Als Nächstes kam das teuflische »I Wanna Be Your Dog«, wohl mein Lieblingsstück vom 1969er-Debüt der Stooges. Dann ein Curveball: Er stellte mir einen Song von seinem neuen Album vor, den ich noch nicht kannte, nämlich »I Won't Crap Out«. Mit der Leidenschaft eines Mannes, der vor ausverkauftem Stadion auftritt, sang er:

*I'm standin' in a shadow, hating the world*
*I keep a wall around me, block out the herd*
*It's a nerve-wreck place to be, it kills real quick*
*You gotta scrape the concrete off your dick …*

Da ich den Song nicht kannte, folgte ich ihm, so gut es ging, wobei ich mich schon fragen musste, warum er mir etwas zeigte, das nie jemand in dieser Form hören würde. War er vielleicht nur einsam und hatte Lust zu dudeln? Oder wollte er den Traum eines No-Name-Burschen wahr werden lassen und mich zum Jammen einladen, damit ich mein Leben lang etwas zu erzählen hätte? So merkwürdig das klingen mag, konzentrierte ich mich auf Iggys Schlaghand und die Songstruktur, als würden wir hier WIRKLICH ein ausverkauftes Stadion beschallen. Unisono beendeten wir die Nummer mit einem triumphalen Final-Abschlag.

»Great«, sagte er. »Um sechs sind wir dran.«

Moment mal! Wir? Damit? Heute? Das kam jetzt unerwartet. Nie im Leben hätte ich mir träumen lassen, dass er die Songs mit mir VOR PUBLIKUM spielen wollte. Ich dachte, das sei nur eine Spontansession, irgendetwas, um die verdammte Zeit rumzukriegen, wie ich das schon tausendmal mit Freunden in Kellern oder verstaubten Garagen zwischen Ölkanistern und Gartengeräten getan hatte. Mir war nicht klar gewesen, dass es sich um ein Vorspiel handelte!

Halb ohnmächtig fragte ich ungläubig: »Du willst das heute Abend spielen?«

Iggy stand da und grinste von einem Ohr zum anderen: »Yeah, man!«

Ich fragte: »Ähmmm … Sollten wir nicht auch einen Bassisten haben?«

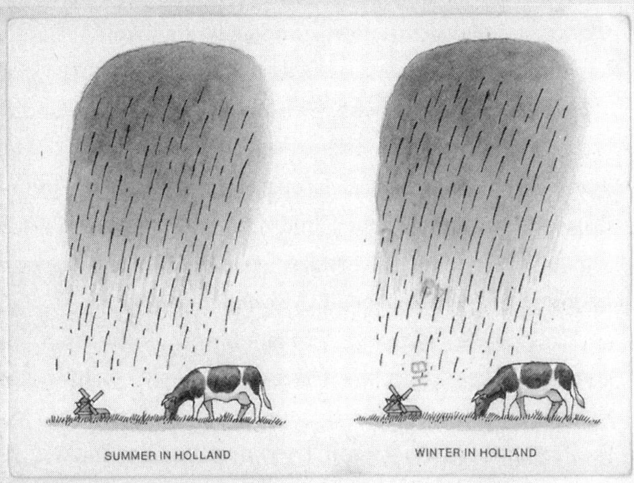


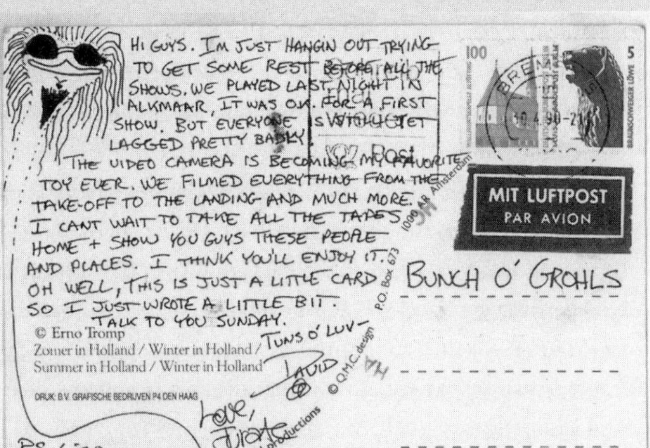
HI GUYS. IM JUST HANGIN OUT TRYING TO GET SOME REST BEFORE ALL THE SHOWS. WE PLAYED LAST NIGHT IN ALKMAAR, IT WAS O.K. FOR A FIRST SHOW. BUT EVERYONE IS STILL JET LAGGED PRETTY BADLY.

THE VIDEO CAMERA IS BECOMING MY FAVORITE TOY EVER. WE FILMED EVERYTHING FROM THE TAKE-OFF TO THE LANDING AND MUCH MORE. I CANT WAIT TO TAKE ALL THE TAPES HOME + SHOW YOU GUYS THESE PEOPLE AND PLACES. I THINK YOU'LL ENJOY IT. OH WELL, THIS IS JUST A LITTLE CARD SO I JUST WROTE A LITTLE BIT. TALK TO YOU SUNDAY.

TUNS O' LUV–
DAVID

Love,
Jurate

P.S. LISA,
WILL YOU WRITE?
YOURS TRULY

BUNCH O' GROHLS

© Erno Tromp
Zomer in Holland / Winter in Holland /
Summer in Holland / Winter in Holland

DRUK: B.V. GRAFISCHE BEDRIJVEN P4 DEN HAAG

© EMU productions
© Q.M.C. design
P.O. Box 673
1000 AR Amsterdam

MIT LUFTPOST
PAR AVION

Leicht überrascht fragte er zurück: »Hast du einen?«

Wie der Blitz war ich draußen beim Van, um Skeeter, unseren Bassisten, zu holen. Ich konnte es kaum erwarten, diese lebensverändernde Erfahrung mit einem Bandkollegen zu teilen, zumal ich wusste, dass er das genauso geil finden würde wie ich. Skeeter war ebenfalls ein Riesenfan von Iggy and the Stooges (und dazu ein phänomenaler Bassist mit perfektem Timing und solidem »Feel«), sodass wir die Songs nur kurz zu dritt durchspielen mussten und damit auftrittsbereit waren. Jetzt war es offiziell: Wir waren Iggy Pops Rhythmusgruppe, zumindest für diesen Abend in Toronto.

Als dann die Leute von der Plattenfirma eintrudelten, hingen wir mit Iggy in der winzigen Garderobe ab, rauchten Zigaretten und hörten uns Geschichten aus seiner grandiosen Karriere an. DIESER KOMPLETT DURCHGEKNALLTE, BERÜHMT FÜR SEINE AUFTRITTE, BEI DENEN ER SICH MIT ERDNUSSBUTTER BESCHMIERT, MIT GLASSCHERBEN DIE HAUT AUFGERITZT UND AUCH MAL DIE HOSE RUNTERGELASSEN HATTE, WAR PRIVAT EIN FREUNDLICHER, SYMPATHISCHER UND TOTAL BODENSTÄNDIGER GENTLEMAN. Als ob die ganze Sache nicht noch verrückter werden könnte! Er sorgte dafür, dass wir uns willkommen fühlten, deshalb verwandelte sich unsere Nervosität in gespannte Erwartung. Ab und zu klopfte es an der Garderobentür, dann fragte jemand von der Plattenfirma: »Braucht ihr was?« Skeeter und ich merkten schnell, dass diese Leute uns für Iggys ECHTE Begleitband hielten! Deshalb zögerten wir keine Sekunde, diese ohnehin schon unvorstellbare Situation auch gleich richtig auszunutzen. »Eine Schachtel Kippen?« Hier, bitte. »Ein Kasten Bier?« Kein Problem. »Eine *Stange* Kippen?« Kommt sofort.

Und dann dämmerte es mir: So fühlt es sich an, wenn man's geschafft hat. Keine Schlafsack-Übernachtungen im eiskalten Van, während vier andere Typen wie Ölsardinen neben dir liegen. Kein Aufteilen der Tagespauschale von sieben Dollar fünfzig für Taco Bell und schlechtes Gras. Kein Heimkommen nach Ende der Tour, kein Betteln um deinen Job oder geduldiges Warten auf einen, der dich aus deiner Realität als Highschool-Abbrecher holt. Kein Zeittotschlagen in Seitenstraßen und Hoffen, dass deine Chance, berühmt zu werden, irgendwann auch kommt. Ich wusste genau, dass dieses Gefühl des Erfolgs nur vorübergehend war, also nahm ich nicht nur einen Bissen, sondern gleich einen ganzen Mund voll.

Als wir dann auf die Bühne gingen, gab es einen Applaus, wie ich noch nie einen erlebt hatte: einen Applaus in Iggy-Pop-Größe. »FUUUUCK YOOOOU!!!«, brüllte er ins Mikro, während ich den ersten Song »1969« einzählte, und das Publikum drehte total durch. Jetzt war er nicht mehr der sympathische, bodenständige Gentleman, mit dem ich backstage so nett zusammengesessen hatte, sondern genau der Iggy, den die Punkfans rund um den Globus kannten und liebten.

Da jetzt ein Song auf den anderen folgte, gab es keine Zeit, über diese unglaubliche Fügung groß nachzudenken, also ergab ich mich dem Moment und drosch auf das gelbe Schlagzeug ein, als sei es mein letzter Abend auf Erden. Ab und zu blickte ich auf und sah Iggy durch meine fettigen Haare hindurch so ausgemergelt und verkrümmt über die Bühne hampeln, wie ich das von tausendfach betrachteten Fotos und Videos kannte. Jetzt war er aber dreidimensional und bestätigte mir damit, dass dieses Leben echt ist und ich nicht allein bin.

Nach wenigen Minuten war es vorbei, eigentlich viel zu schnell. Mit unseren kostenlosen Zigaretten und einem Bier in der Hand bedankten wir uns bei Iggy und gingen auseinander. ICH HATTE ES TATSÄCHLICH »GESCHAFFT«, WENN AUCH NUR FÜR EINEN ABEND, UND ES WAR GENAUSO GEWESEN, WIE ICH ES MIR IMMER ERTRÄUMT HATTE. Zu schön, um wahr zu sein. Deshalb konnte ich es auch ohne jede Enttäuschung als das schöne Erlebnis annehmen, das es war. Zu erwarten, dass ich noch einmal zur richtigen Zeit am richtigen Ort sein könnte, wäre Wahnsinn gewesen. Komplett unwahrscheinlich, oder?

Unsere Scream-Tour ging weiter, aber nicht ohne Komplikationen. Die Konzerte, die wir im Mittleren Westen auf dem Weg zur Westküste spielen sollten, wurden abgesagt, was bedeutete, dass wir den Viertausend-Meilen-Trip nach Olympia, Washington, mit nichts als unseren Frei-Zigaretten und dem Bargeld in unseren Taschen machen müssten. Es gab nichts zu verlieren, also beschlossen wir, es trotzdem zu tun. Wenn wir es schon so weit geschafft hatten, was war dann eine weitere Reise quer durch Amerika?

Was wir nicht wussten: Es sollte unsere letzte sein.

JEDER TAG
IST EIN
LEERES
BLATT PAPIER

**ras**
REAL AUTHENTIC SOUND

**RAS RECORDS**
P.O. Box 42517
Washington, D.C. 20015
(301) 564-1295

**SCREAM**
P.O. Box 4965
Falls Church, Virginia 22044-0965
U.S.A.

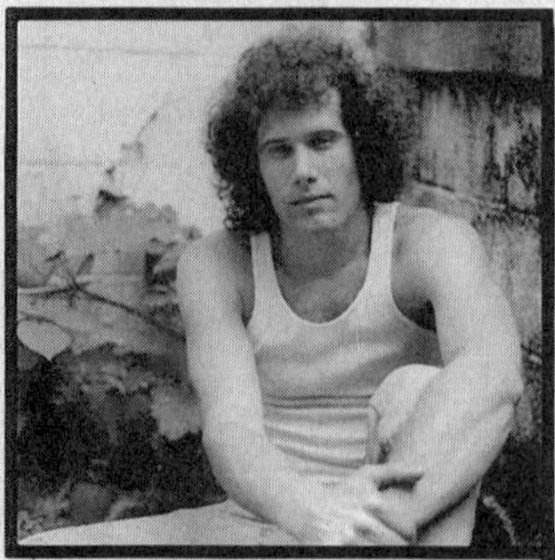

PETER MARC STAHL – *VOCALS*

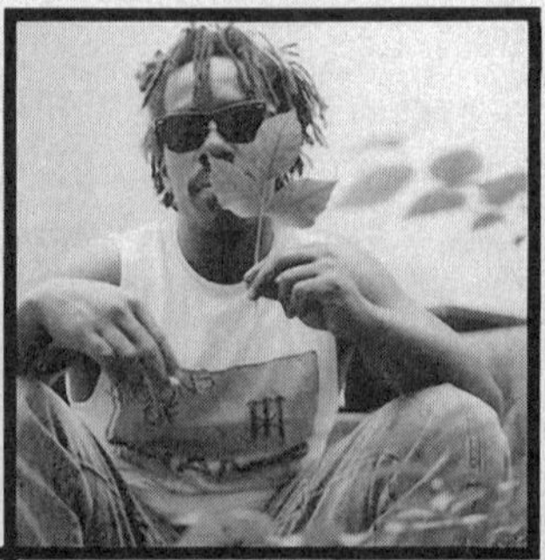

SKEETER – *BASS*

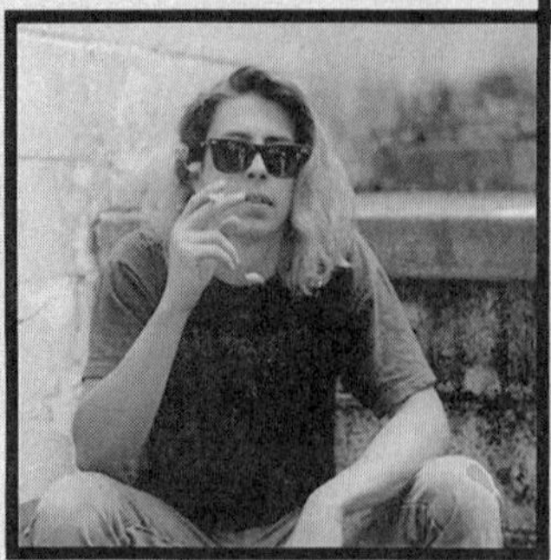

DAVE GROHL – *DRUMS*

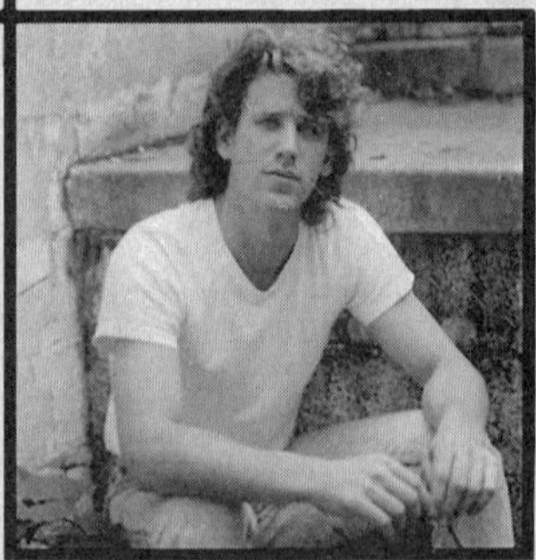

FRANZ STAHL – *GUITARS*

PHOTOS BY: TOMAS

*For Bookings in the United States:*
Doug Carin, Tripple XXX Entertainment
6715 Hollywood Blvd., Suite 287
Hollowood, California 90028
(213) 466-8730

# SCREAM

*For Bookings in Europe:*
Tos Niewenhausen
P.O. Box 14570, 1001 LB
Amsterdam, Holland
Tel. 31-20-882-152

»Hat jemand Skeeter gesehen?«

Nach einer wilden Nacht im Laurel Canyon leicht verkatert, erhoben wir uns alle vom überfüllten Wohnzimmerboden des ramponierten Bungalows, den wir uns mit ein paar Schlammcatcherinnen aus dem Hollywood Tropicana geteilt hatten, und zählten durch. Pete? Da. Franz? Da. Nur Skeeter war nirgends zu finden.

*Ist ja noch Zeit*, dachte ich, denn der Soundcheck für den heutigen Gig stand erst später an. Also kroch ich wieder in meinen bequemen Kokon, schloss die Augen und drückte die Daumen, dass es Skeeter erstens gut ging und er uns zweitens nicht Tausende Kilometer von daheim entfernt sitzen gelassen hatte, so ganz ohne Geld und damit ohne Rückreisemöglichkeit. Eine berechtigte Sorge, denn es wäre nicht das erste Mal gewesen, dass er sich aus dem Staub machte.

Im Jahr 1990 hatten mich meine Reisen mit Scream von Louisiana bis nach Ljubljana, von Memphis bis nach Mailand und von San Francisco bis nach Stockholm geführt. Ich war also inzwischen ein abgebrühter Tour-Veteran, der allerlei Krisen und Konflikte erlebt hatte und es fast schon unter Tour-Alltag verbuchte, wenn ein Bandmitglied fehlte. Was als Crashkurs im Überleben begann (mit weniger als zehn Dollar täglich und einem Van als Wohnsitz), war bald vertraute und bequeme Routine geworden, denn ich hatte mich überraschend schnell an das Leben als fahrender Vagabund gewöhnt.

Besonders aufregend waren die Europa-Tourneen. Wir besuchten Länder, die ich nur aus den Nachrichten kannte oder über die ich in meinen schmählich vernachlässigten Schulbüchern gelesen hatte. Aber statt die Touristenattraktionen zu besuchen, die Amerikaner üblicherweise ansteuern, lernte ich die Alte Welt von den grindigen Niederungen der Underground-Punkszene aus kennen. Da Scream schon vor meinem Einstieg in Europa gespielt hatten, verfügten sie über ein Netzwerk, das uns wie Familienmitglieder aufnahm und mit Schlafplätzen, Essen sowie, nicht zuletzt, dem nötigen Equipment versorgte, denn es wäre viel zu teuer gewesen, unsere eigene Anlage mitzubringen. Die meisten dieser Freunde waren Musiker wie wir und wohnten zum Großteil in besetzten Häusern voller Punks und Anarchisten, wo zum Überleben oft das öffentliche Stromnetz angezapft wurde. Ich war jung und leicht zu beeindrucken, also fand ich diese Versammlungen von Radikalen so faszinierend wie inspirierend, denn das Leben in diesen improvisierten Kommunen war auf die elementaren menschlichen Elemente reduziert: Unter Verzicht auf den konventionellen Schnickschnack (Materialismus, Besitzgier, sozialer Status) ging es eher um Widerstand, Freiheit und die Haltung, dass wir fürs Überleben aufeinander angewiesen sind. Das war wirklich toll – und Welten entfernt von dem vorstädtischen White-picket-fence-Syndrom, das ich daheim zurückgelassen hatte. Das simple Tauschgeschäft Song gegen warmes Bett bildete die Grundlage dafür, dass ich wahnsinnig gern Musiker war – eine Grundlage, die ich mir bis heute in Erinnerung rufe, wenn ich mich im Tsunami meines jetzt viel komplexeren Lebens zu verlieren drohe.

Amsterdam war aus diversen Gründen zu unserer Homebase geworden, manche davon offensichtlicher (Dope), andere rein logistischer Natur (Nähe zu Nordeuropa). Wir sparten was von dem Geld, das wir zu Hause mit irgendwelchen Idiotenjobs verdient hatten, und flogen per Standby mit einer niederländischen Fluglinie namens Martinair für neunundneunzig Dollar pro Nase zum Schiphol Airport. Am ersten Abend klauten wir uns ein Fahrrad und organisierten ein, zwei Wochen lang die Tour, indem wir mit einer manipulierten Telefonkarte Anrufe machten, unser Equipment zusammenstellten und einen Van mieteten, der für die nächsten paar Monate unser Zuhause sein sollte. Um unsere Reisekasse ein wenig aufzufüllen, sammelten wir Pfandflaschen, versuchten in Kneipen unser Glück an den Spielautomaten und nahmen sogar den einen oder anderen Job an. (Einmal habe ich bei einer Mailorder-Plattenfirma namens Kokurrent gearbeitet und die bestellten Alben für den weltweiten Versand verpackt, um meinen Drogenkonsum vor der Tour zu finanzieren.) Das war alles nah am Existenzminimum, aber die Gastfreundlichkeit und Kameradschaft unserer barmherzigen Freunde gaben uns das Gefühl, im größten Luxus zu leben. Ich verliebte mich so sehr in diese Stadt, dass ich sogar anfing, Niederländisch zu lernen, obwohl das meiner Meinung nach eine Sprache ist, die man nur beherrschen kann, wenn man dort auch geboren ist.

VOR ALLEM WAR ICH HIER ABER FREI, UND HINTER JEDER ECKE LAUERTEN ABENTEUER.

Als wir in Amsterdam eines Abends vor unserer Lieblings-Punkkneipe De Muur abhingen, hörten wir auf einmal heftigen Lärm. Er ging von einem der berühmtesten besetzten Häuser der Niederlande aus, das direkt gegenüber lag und Vrankrijk hieß. Eine ganze Armee aus Skinheads und Rechtsradikalen attackierte das Gebäude, und während sie anmarschierten, rüsteten sich die Bewohner des Vrankrijk zur

Schlacht. Auf den Balkonen gingen blendende Scheinwerfer an, Maschendraht wurde über die Fenster gerollt, und Punks mit selbst gebastelten Schlagwaffen und Schutzschildern strömten aus dem Haus. Ein ausgewachsener Kampf brach aus, und wir machten voll mit, schleuderten unsere Biergläser durch die Luft und ließen einen Hagel aus kaputtem Glas auf die wütenden Faschisten niedergehen, als würden Katapulte warme Malzgranaten abfeuern. Binnen Minuten gaben die Angreifer auf und ergriffen die Flucht, während wir unseren entspannten Abend fortsetzten und unseren Erfolg wie Wikinger feierten, die aus dem Krieg heimkamen. Nur war das natürlich kein Rock 'n' Roll, sondern tiefstes Mittelalter.

Und dabei hatten wir erst Dienstag.

Unsere Reisen durch Europas herrliche Landschaften fand ich viel schöner als die Trips über die langen, monotonen Super-Highways in Amerika. Doch sie brachten ganz spezielle Herausforderungen mit sich. Bei unseren Sprüngen von Land zu Land waren wir alle paar Tage mit einer anderen Sprache konfrontiert, was die Kommunikation oft auf eine primitive Zeichensprache reduzierte, die fast schon an Pantomime grenzte. Dennoch erfuhr ich hier mehr über Sprachen und andere Völker, als ich je in der Schule gelernt hätte, und meine körperliche Anwesenheit in diesen Ländern vertiefte mein Verständnis der Welt als einer Gemeinschaft, die viel kleiner ist, als die meisten denken.

Höchst interessant waren vor allem die Grenzübertritte. Man stelle sich das Entzücken eines Grenzbeamten vor, wenn eine Gruppe junger Punks in einem Van mit niederländischem Kennzeichen anrollt (großes Alarmsignal), der voller Gitarren und Verstärker ist (noch größeres Alarmsignal). Sie stellten uns wie Häftlinge auf dem Gehsteig auf, bevor sie den Van auf der

Suche nach Schmuggelware aller Art in seine Einzelteile zerlegten. (Zugegebenermaßen musste ich mich im Lauf der Jahre mehreren Leibesvisitationen unterziehen.) Aber weil wir den Film *12 Uhr nachts – Midnight Express* von 1978 schon recht häufig gesehen hatten, waren wir so schlau, vor jedem Grenzübertritt das gesamte Haschisch aufzurauchen, um nicht in einer dunklen, feuchten Zelle verrotten zu müssen. Wobei es natürlich Mittel und Wege gab, denen »da oben« ein Schnippchen zu schlagen. Ob wir jetzt die Scream-T-Shirts, die wir bei den Konzerten verkauften (unser täglich Brot auf Tour) in die Lautsprecherboxen stopften, um den Zoll zu umgehen, oder kleine Haschbröckchen in Skeeters Dreadlocks versteckten, damit wir auf den langen Fahrten von Gig zu Gig noch einen durchziehen konnten (es gab nichts Besseres, als unseren Bassisten an der Grenze mit dem Drogenhund spielen zu sehen und zu wissen, dass unter seiner verfilzten Matte aromatische Pieces Schwarzer Afghane steckten), taten wir alles, um irgendwie über die Runden zu kommen. Auch wenn es manchmal eng wurde.

Einmal war ich in Amsterdam mit meinem alten Freund Marco Pisa unterwegs – einem italienischen Tattoo-Künstler, den ich in Bologna kennengelernt hatte, wo ich im Tausch gegen ein schönes Brandzeichen auf der linken Schulter sein Studio ausmalte –, als wir zwei Junkies begegneten, die uns Heroin verkaufen wollten. Keiner von uns war Fan von Heroin (geschweige denn Junkie), deshalb lehnte Marco dankend mit einem klaren »Fuck off!« ab, und wir gingen weiter. Sie ließen aber nicht locker und liefen uns nach, und als sie uns auch noch auf die Schulter tippten, zückte Marco mit Ninja-Geschwindigkeit ein Klappmesser und wiederholte: »FUCK OFF!« Ich wollte schon weitergehen, da sah ich aus dem Augenwinkel, wie einer der Junkies von einer Baustelle ein

Metallrohr aufhob und es mir über den Kopf ziehen wollte. Marco und ich rannten los, ein Rudel schreiender Zombies hinter uns – wir entkamen ihnen nur knapp. Zur Belohnung gab es ein feines Thai-Mittagessen an einer der schönen Grachten.

Mancher hätte da seine Koffer gepackt und den nächsten Flieger heim ins warme Bett genommen, aber für mich war dieses Element der Gefahr genau der Grund, dies nicht zu tun. VON FRAGWÜRDIGEN MIETWAGEN, MIT DENEN WIR NACHTS IN SKANDINAVIEN DURCH APOKALYPTISCHE SCHNEESTÜRME FAHREN MUSSTEN, ÜBER REISEPÄSSE, DIE AUS UNSEREN ZIMMERN GESTOHLEN WURDEN, WÄHREND WIR SCHLIEFEN, BIS ZU FAUSTKÄMPFEN MIT BESOFFENEN ARSCHLÖCHERN, DIE UNSERE AUSRÜSTUNG AUS DEM VAN STEHLEN WOLLTEN – JEDER TAG WAR EIN LEERES BLATT PAPIER, DAS NUR DARAUF WARTETE, SICH SELBST VOLLZUSCHREIBEN.

Selbst bei größtem Frust oder auch Hunger dachte ich keine Sekunde ans Aufgeben. Wohin sollte ich auch zurückkehren? Vielleicht zu dem Job im Möbelhaus, um wieder zehn Stunden pro Tag hässliche Schlafsofas mit giftigen 3M-Chemikalien einzusprühen? Zu lebenslangem lähmendem Berufsverkehr, bei dem man die Einkaufszentren und Fast-Food-Restaurants zählte? Da lag ich lieber halb tot in einem spanischen Mini-Apartment und zitterte im Schweiß einer üblen Grippe vor mich hin, während unten auf den Ramblas das Leben durch Barcelona tobte. Lieber schlief ich nach dem Gig auf einer zugigen Nightclub-Bühne im schwedischen Linköping, während die Sanitäter reinstürmten und verhinderten, dass jemand an einer Überdosis krepierte. Lieber spielte ich in einem besetzten Haus in Italien, vor dem sie die von Krätze befallene Bettwäsche verbrannten, oder ließ mich vor der Pasta warnen, die ein Veranstalter vergiftet hatte, um sich für eine kaputte Kloschüssel zu rächen.

Nur die Härtesten kommen durch, sagt man.

Vielleicht war beim ersten Mal, als Skeeter sich aus dem Staub machte, genau dieses unsichere Leben der Grund dafür. Während meiner (wie sich herausstellte) letzten Europa-Tour mit Scream im Frühjahr 1990 meinte er, das sei ihm grad alles zu viel; er flog nach Hause und ließ uns sitzen, auf einem anderen Kontinent, mehrere Tausend Kilometer von daheim entfernt. Zum Glück sprang unser guter Freund Guy Pinhas für ein paar Konzerte ein, damit wir die Tour zu Ende bringen und so genug Geld sammeln konnten, um mit Standby-Flügen von El Al den Heimweg anzutreten. Langsam bekam ich das Gefühl, Skeeters Hingabe an die Band sei nicht so groß wie die von Pete, Franz und mir. Wir drei hätten alles getan, um die Räder am Rollen zu halten.

Auch wenn keiner von uns unersetzlich war, gab es eine nicht zu leugnende Chemie zwischen uns vieren. Gerade Skeeter und ich groovten irrsinnig gut zusammen, was sich schon Jahre zuvor bei der allerersten Probe gezeigt hatte und schmerzlich vermisst wurde, wenn wir mit einem Ersatzbassisten spielten. Als ich bei Scream einstieg, glich ich einem wilden Pony: Ich spielte so schnell und hart wie irgend möglich und machte bei jedem Übergang sinnlose Drum-Fills, damit jeder in Hörweite beeindruckt war. Eines Tages setzte sich Skeeter zu mir, drehte aus der Tampon-Papierhülle, die er im Bad gefunden hatte, einen prächtigen Joint und machte mich so high, dass ich kaum noch geradeaus sehen konnte. Dann sagte er: »Okay, wir spielen jetzt ein Riff, und zwar nur dieses, eine halbe Stunde lang, ohne dass du einen einzigen Wirbel machst.« *Kein Problem*, dachte ich. Ich setzte mich ans Schlagzeug, woraufhin er mit dieser seidenweichen Basslinie anfing, halb Reggae, halb Motown, und ich zuversichtlich mitspielte. Es dauerte keine fünfundvierzig Sekunden, da verspürte ich den Drang, einen Fill zu machen, aber er schüttelte den Kopf und warnte mich davor, es zu tun, also spielte ich weiter einfach nur den Rhythmus. Eine Minute später war da schon wieder dieses unstillbare Verlangen, einen abgefahrenen Wirbel anzubringen, fast wie eine Art musikalisches Tourette-Syndrom oder als müsse man einen Niesreiz unterdrücken, aber Skeeter schüttelte erneut den Kopf. Er war dabei, das wilde Pony zu zähmen und mich zu lehren, die Einfachheit und Kraft eines Grooves zu respektieren und meine grundlose Angeberei zu unterlassen. Nach dreißig Minuten war ich ein komplett neuer Drummer. Das

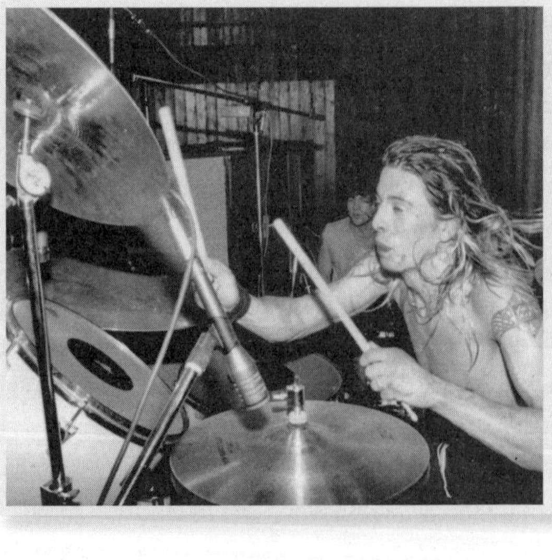

war vermutlich die wertvollste Musikstunde meines Lebens, und ich bin ihm dafür auf ewig dankbar.

Die Bassisten, die bei den nachfolgenden Tourneen seine Rolle einnahmen, waren großartige Musiker, aber als Skeeter anbot, doch wieder einzusteigen, konnten wir das nicht ablehnen – auch auf die Gefahr hin, dass er sich wieder absetzte. Damals sah es für die Band ganz gut aus – wir hatten ein paar neue Songs aufgenommen, die das Interesse eines Punkrock-Kollegen mit gutem Draht zur Musikindustrie weckten und seiner Meinung nach ein viel größeres Label verdienten. Er war der Freund eines Freundes, wurde innerhalb der Punk-Szene respektiert, galt als Mann von hoher Integrität und wollte mit uns einen Vertrag abschließen, auf dessen Grundlage er dann mit dem Tape hausieren gehen und einen Plattenvertrag aushandeln konnte. Unsere Chance, dachten wir. Vielleicht war das unser Ticket raus aus den Seitenstraßen mit ihren Junkies und Krätze-Bruchbuden, an die wir uns im Lauf der Jahre gewöhnt hatten. So groß die Versuchung war, den Wisch auf der Stelle zu unterschreiben, wollten wir aber doch noch einmal drüber nachdenken, bevor wir diesem Fremden unser Leben anvertrauten.

Erst Monate später, als wir nach mehreren abgesagten Gigs quer durchs Land bei brütender Hitze auf einem Denny's-Parkplatz in Spokane standen, zogen wir hinten im Van den Vertrag heraus und dachten, wir hätten im Grunde nichts zu verlieren. Denn damals hatten wir das wirklich nicht. Wir traten auf der Stelle, und egal was wir auch machten, es war einfach nie genug. Ohne jeden rechtlichen Beistand und aus schierer Verzweiflung unterschrieben wir den Vertrag. Dieser unbesonnene Akt der Naivität holte mich ein Jahr später ein, als besagter »Punkrock-Kollege von hoher Integrität« mich, einen einundzwanzigjährigen Jungen, dafür verklagte, dass ich bei Nirvana einstieg, und quasi Besitzansprüche stellte. Das, Ladys und Gentlemen, war meine Einführung in die Musikindustrie.

Doch jetzt konnten wir uns immerhin auf Los Angeles freuen.

Los Angeles war das Highlight jeder Tour, und zwar nicht nur wegen der Vergnügungen, die ein paar Tage im Haarspray-Himmel so mit sich brachten, sondern weil wir dort Familie hatten: Sabrina, die Schwester von Pete und Franz. Sabrina war die lustigste, aufgedrehteste und schönste Frau, die man sich nur vorstellen konnte, und hatte Ende der Achtzigerjahre die verschlafenen Vororte Virginias gegen den Glamour von L. A. eingetauscht. Immer wenn wir in der Stadt waren, konnten wir bei ihr übernachten, außerdem machte sie als eine Art Video-Model mit uns Führungen, ob zu den strahlenden Lichtern des Sunset Strip oder zu ihrem Arbeitsplatz: dem Hollywood Tropicana.

Sabrina war eine Schlammcatcherin.

Für diejenigen, die diese Randsportart nicht kennen: Hier ringen zwei Menschen in einer Wanne voller »Schlamm«, der vermutlich gar kein richtiger Schlamm ist, sondern mehr an eine Mischung aus Luftschlangenspray und Speiseöl erinnert (keine Ahnung, ich hatte noch nie das Vergnügen). Vom olympischen Komitee nicht offiziell anerkannt (noch nicht), ist das eine recht lockere Angelegenheit, bei der meist eine Frau im Bikini einem betrunkenen Geschäftsmann gegenübersteht, der den Großteil seiner Verpflegungspauschale rausgeblasen hat, um sich von einem eins achtzig großen Supermodel im neonfarbenen Badeanzug den Arsch versohlen zu lassen. Ich meine, diese Frauen prügeln echt die Scheiße aus den armen Dudes, bis sie rausgetragen werden und sich weinend die demolierten Eier halten, während die Menge grölt und tobt wie die Römer im Kolosseum. So schwer es für Pete und Franz gewesen sein muss, ihre jüngere Schwester mit wildfremden Männern in diese Schlammgrube steigen zu sehen, gingen wir trotzdem hin, damit wir umsonst bechern und uns totlachen konnten, wenn wieder mal ein Opfer rausgeschleppt wurde. Nach diesem gnadenlosen Gemetzel fuhren wir dann zurück in den Laurel Canyon, wo sich Sabrina einen Bungalow mit ein paar anderen Schlammcatcherinnen teilte, und feierten die ganze Nacht. »Elendstourismus« wäre sicher das falsche Wort dafür.

Los Angeles faszinierte mich ungemein, fast so sehr wie das geschichtsträchtige Europa, aber aus ganz anderen Gründen. Alles wirkte so … unfassbar. Vergleichbar mit Washington, D. C., das ja eine Art Durchgangsstadt ist, weil jede neue Regierung für eine neue Bevölkerungsstruktur sorgt, veränderte sich auch L. A. von Minute zu Minute. Als wäre es der größte Greyhound-Busbahnhof der Welt, wurden die Menschen von den unbegrenzten Möglichkeiten angelockt, wobei viele von ihnen scheiterten und ihren Müll zurückließen, durch den dann eine weitere Welle von Besuchern watete, die fest daran glaubten, *sie* seien das nächste große Ding. Eine merkwürdige Traurigkeit verbarg sich hier hinter einer Maske aus Exzess und übermäßigem Genuss, was das Wegtrinken des Katers am nächsten Tag ein kleines bisschen schwerer machte als anderswo. Wobei nichts ernüchternder ist, als auf dem Fußboden einer Schlammcatcherin aufzuwachen und zu beten, dass einer deiner Bandkollegen nicht die Düse gemacht hat. Wieder mal.

Um 18 Uhr war Skeeter immer noch verschwunden, deshalb mussten wir reumütig den Gig absagen, der an diesem Abend eigentlich anstand. Langsam wurde uns die Realität bewusst.

Kein Skeeter hieß kein Auftritt. Kein Auftritt hieß keine Kohle. Keine Kohle hieß nichts zu fressen. Und keine Tour hieß keine Heimreise, was bei mir das Albtraumszenario wachrief, vielleicht den Rest meines Lebens in Armut und Elend in Amerikas glamourösester Stadt zubringen zu müssen und als ihr jüngstes Opfer im Müll herumzuwaten. Im Lauf der Jahre hatten wir uns aus diversen Löchern befreit, aber dieses hier schien besonders tief.

Die Tage vergingen, und dank der Wohltätigkeit unserer schlammcatchenden Mitbewohnerinnen, die jeden Abend heimkamen und ihre Taschen voller Dollarscheine auf den Teppich ausleerten, konnten wir wie streunende Katzen überleben. Unser Roadie, Barry der Kanadier, ließ sich seine Sozialhilfeschecks schicken, damit wir nicht verhungerten, aber ewig reichten die auch nicht. Seit damals verzichte ich auf den amerikanischen Ausdruck »Das ist keine Büchse Bohnen wert«, denn ich erinnere mich noch gut daran, wie ich damals in der Küche des Bungalows eine fand, die mir tatsächlich das Leben rettete. Es war eine harte Zeit, aber da ich durch die Jahre auf Tour Entbehrungen gewohnt war, versuchte ich, auch jetzt nicht den Mut zu verlieren. War gar nicht so leicht.

Um wenigstens ein bisschen Kohle zu haben, übernahm ich schließlich den Job, in Costa Mesa ein Café zu fliesen, aber zugleich wurde immer klarer, dass wir nicht so bald nach Hause kommen würden. Barry merkte als Erster, in was für einer Sackgasse wir steckten, und ging vernünftigerweise zurück nach Kanada. Ich verlor langsam die Hoffnung und wäre über jedes noch so kleine Anzeichen dafür, dass es eine Rettung von unserem sinkenden Schiff gab, froh gewesen. Unsere Anlage setzte in Sabrinas Garage Staub an; nach ungefähr einer Woche entdeckte ich noch etwas anderes, das dort Staub ansetzte: eine schwarze 1985er Honda Rebel 250. Im Grunde die Fisher-Price-Version einer Harley Davidson – ein grandioses kleines Gerät, nur eine Stufe über einem Moped und ideal zum Herumpesen. Da ich schon immer von einem Motorrad geträumt hatte (ernsthaft: ein echter Wiederholungstraum von mir), rannte ich hoch und fragte, wem dieses Hammerbike gehört. Wie sich herausstellte, einer von Sabrinas Schlammcatcherkolleginnen, die meinte: »Nimm's dir! Kann sein, dass du tanken musst, ansonsten viel Spaß!«

MEIN RETTUNGSBOOT WURDE ZU WASSER GELASSEN.

Ohne Führerschein und Helm (Letzteres brauchte man damals nicht) wartete ich, bis die Sonne unterging, füllte den Tank und fuhr in den Hügeln herum. Hauptstraßen vermied ich, weil ich keinen Ärger mit den Bullen wollte und, na ja, nicht mal wusste, wie man das verdammte Ding richtig fährt. Ich ließ all meine Sorgen auf dem unaufgeräumten Wohnzimmerboden zurück, streifte erst ziellos durch Sabrinas Laurel-Canyon-Nachbarschaft und fuhr dann noch stundenlang durch das gewundene Labyrinth der wohlhabenden Hollywood Hills, unter mir die schimmernden Lichter der Stadt, oben zwischen Bäumen versteckt die zahllosen Villen, von denen ich eines Tages auch gern eine haben wollte. In jeder davon wohnte garantiert ein Rockstar, Filmstar, Produzent oder Regisseur; sie alle waren ihrem Traum gefolgt und auf Gold gestoßen, und ich fragte mich, wie es sich wohl anfühlte, so erfolgreich zu sein, in einem derartigen Luxus zu leben und immer zu wissen, woher die nächste Mahlzeit kommt.

Die Kluft zwischen dieser Fantasie und meiner Realität war so breit, so unüberbrückbar, dass es sich nicht wirklich lohnte, überhaupt darüber nachzudenken. Also fuhr ich einfach weiter. Das war meine Flucht. Das war meine temporäre Befreiung. Das war mein Rettungsboot von dem Schiff, das in der Ferne langsam versank. Und während ich so durch die Nacht fuhr, ging ich im Kopf nacheinander durch, was mich an diesen Ort gebracht hatte, und versuchte, über die Zurückverfolgung der Schritte einen neuen Plan zu entwickeln. Das machte ich von nun an jeden Abend, und an den folgenden Morgen erwachte ich dann in meinem Schlafsack auf dem Wohnzimmerboden, mit geschwollenen Augen vom Staub und Dreck dieser Canyon-Straßen, zurück in der Wirklichkeit als zugelaufenes Haustier einer Schlammcatcherin.

DANN HÖRTE ICH DIE VIER WORTE, DIE MEIN LEBEN FÜR IMMER VERÄNDERN SOLLTEN: »KENNST DU EIGENTLICH NIRVANA?«

Beim Telefonat mit einem alten Freund, der mit den Jungs von Nirvana in der Kleinstadt Aberdeen, Washington, aufgewachsen war, erfuhr ich, dass die Band gerade ohne Drummer dastand und Scream vor ein paar Wochen bei unserer unseligen Tour gehört hatte. So, wie es aussah, waren sie recht angetan von mir, weshalb mir der Freund ihre Telefonnummern durchgab.

Klar kannte ich Nirvana. Ihr Debütalbum *Bleach* war ein Meilenstein des Underground, hier formte sich die Mischung aus Metal, Punk und Beatles-mäßigen Melodien zu einem Meisterwerk aus elf Songs, das die Landschaft der »Alternative Music« für immer verändern sollte (während es verrückterweise nur sechshundertsechs Dollar gekostet hatte, das Album zu machen). *Bleach* war schnell ein Lieblingsalbum von mir geworden und hob sich von dem lärmigen Brutalo-Punk in meiner Sammlung dadurch ab, dass es SONGS enthielt. Und dann noch diese Stimme … Niemand sang so wie dieser Typ.

Nach ein paar weiteren Tagen voller Frustration und Hunger beschloss ich, die Würfel rollen zu lassen und Krist, den Bassisten von Nirvana, anzurufen, um mich nach dem freien Drummerposten zu erkundigen. Da wir uns nicht persönlich kannten, stellte ich mich vor und erklärte, ein gemeinsamer Freund hätte mir seine Nummer gegeben. Wir quatschten ein bisschen, doch irgendwann meinte Krist bedauernd, ihr guter Freund Dan Peters von Mudhoney hätte die Stelle bereits übernommen. War den Versuch wert, dachte ich, und die Welt ging damit auch nicht unter. Ich gab Krist meine Telefonnummer in Los Angeles und sagte, wir könnten ja in Kontakt bleiben und sie sollten sich auf jeden Fall melden, wenn für sie mal L. A. auf dem Programm stand, denn bei mir sah es ja leider so aus, als würde die Stadt der Engel mein Dauerwohnsitz werden.

Noch am selben Abend klingelte das Telefon. Es war Krist. Offenbar hatte er noch einmal über die Sache nachgedacht, denn er sagte: »Vielleicht solltest du mal mit Kurt reden.« Danny Peters sei ein irrer Drummer, führte er aus, nur würde er völlig anders spielen als ich, nämlich mit einem reduzierten Sixties-Ansatz, und mein Neandertaler-Discostampf könnte irgendwie besser zu Nirvana passen. Außerdem hätten Krist und Kurt ein schlechtes Gewissen, Dan von Mudhoney abzuwerben, für sie eine der besten Bands aller Zeiten.

Ich rief also gleich Kurt an, und wir redeten eine Weile über Musik. Von NWA und Neil Young über Black Flag und die Beatles zu den Cramps und Creedence Clearwater Revival – wir stellten fest, dass wir musikalisch viel gemein hatten und eine gemeinsame Probe sich lohnen könnte. »Meld dich einfach, wenn du mal in der Gegend bist«, meinte er nonchalant mit seinem Singsang, den die Welt ja mittlerweile nur allzu gut kennt. Wir verabschiedeten uns, und ich stand vor einer der schwersten Entscheidungen meines Lebens.

Seit dem Tag, an dem ich bei Scream eingestiegen war, hatte ich mich als Teil einer Familie gefühlt. Auch wenn ich viel jünger als Pete, Franz und Skeeter war, behandelten sie mich stets wie ihresgleichen. Wir wurden beste Freunde und waren fast täglich zusammen, ob auf Tour oder nicht. Ich hatte die wichtigsten, prägenden Jahre meines Lebens mit ihnen verbracht, gemeinsam mit ihnen die Musik, die Welt und nicht zuletzt auch mich selbst kennengelernt. Der Gedanke, jetzt wegzugehen und sie auf dem sinkenden Schiff zurückzulassen, tat mir so weh, wie ich das noch nie zuvor erlebt hatte, nicht einmal beim Abschied von meinem Vater, als er mich nach meinem Abgang von der Highschool enterbte. Das hier war immer unser Gemeinschaftsprojekt gewesen, einer für alle und alle für einen, wir hatten gemeinsam eine Menge Scheiße erlebt und überstanden. Aber diese neue Krise hatte etwas so Endgültiges an sich, dass ich über meine Zukunft nachdachte. Und wie immer, wenn ich über meine Zukunft nachdachte und eine Stimme der Vernunft oder ein paar Worte der Weisheit benötigte, rief ich die eine Person an, die mich noch nie in die falsche Richtung gelenkt hatte … meine Mutter.

Bei einem R-Gespräch vom Parkplatz eines Plattenladens in Orange County aus erläuterte ich ihr unter Tränen mein Dilemma. Sie hatte volles Verständnis, denn im Grunde empfand sie für Pete und Franz das Gleiche wie ich. Über die Jahre waren wir ALLE zu einer Familie geworden, und für sie waren die beiden viel mehr als nur meine Bandkollegen: Sie waren meine Brüder. Ich werde nie den Klang ihrer Stimme vergessen, als sie mir den Rat gab, der mein Leben in seine endgültige Richtung lenkte.

»David … Ich weiß, wie sehr du deine Freunde liebst, aber manchmal musst du *deine* Bedürfnisse vor die der anderen stellen. Du musst dich auch um *dich* kümmern.«

Diese Worte von einer Frau zu hören, die ihr Leben lang exakt das Gegenteil praktiziert hatte, schockierte mich, aber da sie nun mal der klügste Mensch war, den ich kannte, legte ich auf und beschloss, ihrem Rat ohne Rücksicht auf Konsequenzen zu folgen.

Ich packte meine Tasche, meinen Schlafsack und mein Schlagzeug in Umzugskartons und machte mich auf den Weg nach Seattle, eine Stadt, in der ich erst einmal gewesen war und wo ich praktisch niemanden kannte, um ein Leben zurückzulassen und ein neues zu beginnen. Dieser Verlust wog für mich schwerer als jeder andere zuvor. Ich vermisste mein Zuhause. Ich vermisste meine Freunde. Ich vermisste meine Familie. Jetzt war ich völlig auf mich gestellt und fing wieder ganz von vorne an. Aber ich war nach wie vor hungrig. Und da Stillstand noch nie mein Ding war, musste ich Gas geben. Schließlich war ich frei, und hinter jeder Ecke lauerten Abenteuer.

Heute fahre ich fast täglich an diesem Bungalow vorbei, an dem sinkenden Schiff im Laurel Canyon, das durch sein Eigengewicht langsam zerfallen und unter der Erdoberfläche versunken ist, auch wenn die Erinnerungen und damaligen Lektionen immer noch da sind. Jetzt nehme ich jedes Mal mein eigenes Rettungsboot, wenn ich abends herumfahre, um eine Bestandsaufnahme zu machen, bei der ich ein paar Schritte zurückgehe, um neue zu planen.

DENN IMMER NOCH IST JEDER TAG EIN LEERES BLATT PAPIER, DAS NUR DARAUF WARTET, SICH SELBST VOLLZUSCHREIBEN.

# ETWAS FÜR DIE EWIGKEIT

»Können wir kurz Pause machen? Das hier ist mein erstes Tribal-Tattoo.«

Glaubt mir: Das ist nicht das, was du von jemandem hören willst, der dir tausendmal pro Minute eine mit Tinte gefüllte Nadel in die Haut jagt, während du verzweifelt versuchst, den brennenden Schmerz dieser permanenten Brandmarkung zu ertragen, ohne wie ein neugeborenes Baby loszubrüllen. Der gute Mann hatte Schweißperlen auf der Stirn und musste dauernd seine geröteten Augen zusammenkneifen, also erhob ich mich nach einer so schnellen wie schmerzhaften Wischbewegung mit einem Papiertuch aus dem Stuhl und ging kurz raus eine rauchen. Das ausgefeilte Motiv, das ich selbst gezeichnet hatte (nach John Bonhams klassischem »Drei Kreise«-Symbol), sollte mit seinen gleichmäßigen Linien und perfekt ineinander verschlungenen Kreisen ein Tattoo ergeben, das mein rechtes Handgelenk umschloss wie ein bedrohliches keltisches Armband. Keine leichte Aufgabe, nicht mal für einen Profi, nur war seine erschöpfte Frustration eher kein so tolles Zeichen. Das Ding musste gut werden, auch wenn es an diesem Punkt kein Zurück mehr gab.

IST SCHLIESSLICH WAS FÜR DIE EWIGKEIT.

Es war der Herbst 1990 in Olympia, Washington. Ich hatte soeben meinen ersten Gehaltsscheck als Mitglied von Nirvana erhalten. Mit spektakulären vierhundert Dollar war das bei Weitem der ergiebigste Zahltag meines bisherigen Berufslebens. Dieser dringend benötigte Vorschuss von unserem neuen Management Gold Mountain kam zu einem Zeitpunkt, an dem Nirvana von allen der Menschheit bekannten Major-Labels in einem gnadenlosen Bieterkrieg hofiert wurden, während Kurt und ich gerade wortwörtlich verhungerten und in Elend lebten. Unsere Wohnung in der 114 NE Pear Street lag im hinteren Teil eines baufälligen Hauses aus dem Jahr 1914 und bestand aus einem Schlafzimmer, einem Bad, einem kleinem Wohnzimmer und einer Küche, die so groß wie eine Besenkammer war (ironischerweise lag das Haus in unmittelbarer Nähe der Lotterie-Verwaltung des Bundesstaates Washington). Definitiv kein zweites Versailles. »Unaufgeräumt« würde den Zustand unserer Bude nicht mal ansatzweise beschreiben. Im Vergleich zum Schlachtfeld hier drin war das Chelsea Hotel das reinste Four Seasons. Whitney Houstons Badezimmer auf den Kopf gestellt. Aschenbecher und Zeitschriften wie nach einem Trailerpark-Tornado.

Die meisten Menschen würden es nicht wagen, ihren Fuß in so ein Loch zu setzen, aber es war unser trautes Heim, unser Zuhause. Kurt bewohnte das Schlafzimmer, während ich in meinem Schlafsack auf einer braunen Couch pennte, die mit Brandlöchern übersät war. Neben der Couch stand ein alter Tisch mit einem vergammelten Terrarium, in dem Kurt eine Schildkröte hielt. Er liebte Tiere und hatte eine fast schon metaphorische Vorliebe für Schildkröten, weil ihr Panzer, also genau das, was sie mehr als alles andere schützen soll, in Wahrheit sehr empfindlich ist. »Als hätte man sein Rückgrat *außen* am Körper«, sagte er einmal. Aber so schön und anatomisch-poetisch diese Sentenz auch war, änderte sie nichts daran, dass mich dieses verdammte Reptil die ganze Nacht wach hielt, weil es ständig mit dem Kopf gegen die

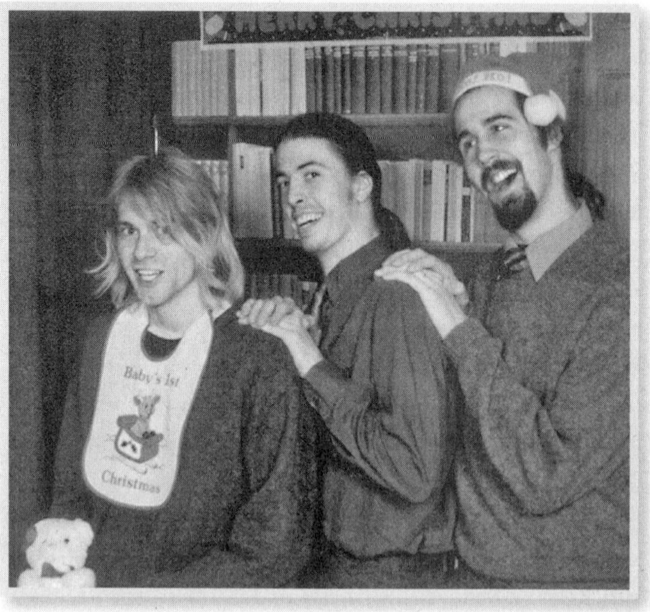


Scheibe klopfte und wohl versuchte, dieser Müllhalde zu entfliehen. Ich konnte ihm keinen Vorwurf machen, schließlich ging es mir auch immer wieder so.

Damals hatte ich eine Methode entwickelt, wie ich mit einem Corn-Dog-Sonderangebot (»Drei für neunzig Cents!«) von der Tanke nebenan überleben konnte. Der Trick bestand darin, einen davon zum Frühstück zu essen (gegen Mittag) und die beiden anderen für einen späten Abendsnack nach der Probe aufzubewahren, was mich einigermaßen satt hielt, bis dann der Hunger wiederkam und ich reumütig gezwungen war, mich mit einem zerknüllten Dollarschein erneut in das fluoreszierende Licht des Convenience-Stores zu begeben. (Noch heute wird mir ganz anders, wenn ich ein welkendes

Würstchen am Holzspieß sehe.) Mit dieser Mindestversorgung konnte ich meinen einundzwanzigjährigen Stoffwechsel halbwegs am Laufen halten, nur war in puncto Nährstoffen natürlich nicht viel los. Diese schlechte Ernährung hatte mich im Verbund mit meiner Neigung, fünf Abende die Woche mit jeder Faser meiner klapprigen Existenz Schlagzeug zu spielen, auf die Maße einer ausgemusterten Marionette reduziert, die kaum die dreckigen Klamotten ausfüllte, welche in meiner Tasche auf dem Boden unseres Wohnzimmers vor sich hin gammelten. Mancher wäre wohl liebend gern mit eingezogenem Schwanz wieder heim zu Mamas leckerem Essen gefahren, nur lagen zwischen mir und Springfield, Virginia, satte 4483 Kilometer. Außerdem war ich ja frei.

»I wish that I knew what I know now when I was younger«, sang Ronnie Wood 1973 in dem Faces-Klassiker »Ooh La La«. Ach Ronnie, wenn du nur wüsstest. Wahrere Worte sind nie geäußert worden. Dieser Vierhundert-Dollar-Vorschuss war bei Weitem die größte Summe, die ich je im Leben vor mir gehabt hatte. Ich kam mir vor wie Warren Buffett! Ich bin als Sohn einer staatlich besoldeten Lehrerin aufgewachsen, deshalb war meine Kindheit alles andere als luxuriös. Ich wusste mich auf meine Mittel zu beschränken und ging arbeiten, um über die Runden zu kommen, während ich mich an den einfachen Dingen des Lebens erfreute: Musik, Freunde und Familie. So viel hatte ich niemals verdient, wenn ich Rasen mähte, Wände strich, Möbel transportfertig machte oder bei Tower Records in Washington, D. C., an der Kasse stand. Für mich war das hier *Big Time*. Ich hatte den Jackpot geknackt.

Aber statt dieses Geld zu sparen und damit mein weiteres Überleben zu sichern (stellt euch die Berge an Corn Dogs vor!), machte ich genau das, was wohl jeder junge Musiker mit seinem ersten Scheck macht: Ich haute ihn für irgendwelchen Unsinn auf den Kopf.

Heute weiß ich, warum ich damals direkt ins Fred-Meyer-Kaufhaus ging und mir eine Luftpistole sowie eine Nintendo-Konsole kaufte. Ich gönnte mir das Luxusspielzeug, das ich als Kind gern gehabt hätte, aber eben nie bekommen hatte. Ich war keineswegs ein unglückliches Kind, aber alles, was bei uns an Geld übrig war, wurde in praktische Dinge wie neue Schuhe oder Winterjacken gesteckt (okay, einmal gab's ein Fahrrad für fünfzig Dollar, aber das ist eine andere Geschichte). Meine unermüdliche Mutter hatte mehrere Jobs, um alles am Laufen zu halten: Tagsüber war sie Lehrerin, abends jobbte sie als Verkäuferin im Kaufhaus, und an den Wochenenden schrieb sie Gutachten für die Teppichreinigungsfirma Servpro. Als alleinerziehende Mutter, die zwei hungrige Mäuler zu stopfen hatte, gab sie alles, damit wir glücklich und gesund blieben. Und das waren wir.

Meine Mutter war eine Altruistin, wie sie im Buch steht, und lehrte mich, wenig zu brauchen und viel zu geben. Ihre Arbeitsmoral ist auf mich übergegangen, und ich schulde ihr zweifellos Dank für die Situation, in der ich mich heute befinde. Dieses nagende Gefühl, produktiv sein zu müssen, das mich abends vom Schlafengehen abhält und morgens aus dem Bett treibt, lässt sich direkt zu den langen Abenden zurückverfolgen, an denen meine Mutter am Wohnzimmertisch unter einer alten Lampe Klassenarbeiten korrigierte, um dann noch vor Sonnenaufgang wieder aufzustehen und dafür zu sorgen, dass meine Schwester und ich gewaschen, ordentlich gekleidet und mit etwas im Magen das Haus verließen. Im Vergleich mit ihrer Lehrtätigkeit ist mein Job natürlich nichts, nur verstehe ich sehr wohl die Bedeutung harter Arbeit, was ganz allein an ihr liegt. Vierhundert Dollar für lauten, dissonanten Rock 'n' Roll waren demnach nur eins: Geld zum Verjucken!

Bald verbrachten wir unsere Nachmittage in Olympia damit, hinter dem Haus auf Eierkartons zu ballern (gut möglich, dass im Namen der Revolution auch die Lotterie-Zentrale gegenüber was abbekam), bevor wir dann bis zum Sonnenaufgang *Super Mario World* daddelten. Unsere Müllhalde des Grauens hatte sich in eine adoleszente Spielhölle verwandelt. Für mich *war* das jetzt Versailles. Da mir aber jedes Gefühl für einen praxisorientierten Umgang mit Geld fehlte, schwand es auch schnell dahin und reichte nur noch für einen letzten idiotischen Luxus: ein Tattoo. Nicht mein erstes, keine Sorge, nein, *das* war ein selbst gemachtes Meisterwerk gewesen, das ich mir im zarten Alter von vierzehn mit einer Nähnadel, etwas Bindfaden und schwarzer Tinte selbst verpasst hatte. Nachdem ich die Do-it-yourself-Tattoo-Szene in Uli Edels grandiosem Film *Wir Kinder vom Bahnhof Zoo* gesehen hatte, beschloss ich, meinen linken Unterarm auf die gleiche Weise mit dem Logo meiner damaligen Lieblingsband Black Flag zu schmücken. Ich suchte aus diversen Schubladen voller Krimskrams die nötigen Utensilien zusammen, wartete, bis alle im Bett waren, baute dann in meinem Zimmer ein improvisiertes Tattoo-Studio auf und startete mein ruchloses Unterfangen. Genau wie im Film sterilisierte ich die Nadel über einer Kerze, fummelte den Bindfaden um die Spitze und tauchte diese in mein Tintenfass, damit sich die Fasern mit dicker schwarzer Farbe vollsaugten. Dann begann ich mit sicherer Hand: Rein damit! Und noch mal! Und noch mal noch mal! Jedes Durchbohren der Haut jagte mir Schauer über den Rücken, und gelegentlich hielt ich inne, um überschüssige Tinte abzuwischen und den Schaden zu besichtigen. Ich war definitiv nicht Kat Von D, aber ich machte weiter und bohrte die Nadel so weit rein, wie meine Schmerzgrenze es mir erlaubte, um dieses wichtige Bild dauerhaft zu machen.

Wer das ikonische Black-Flag-Logo kennt, weiß, dass es aus vier senkrechten, gegeneinander versetzten Balken besteht. Nicht ganz leicht für einen verpeilten Teenager, der erstmals mit dem Nähzeug seiner Mutter hantiert. Irgendwie gelang es mir, drei der vier Balken auszuhalten, bevor ich dann »Scheiß drauf!« sagte und es dabei beließ. Leider nicht ganz das erhoffte Kabinettstück, dennoch war mein Herz von einem Gefühl der Endgültigkeit erfüllt, das mir irgendwie Macht verlieh. Das war etwas für die Ewigkeit.

Im Lauf der Jahre stellte ich auf meinem Körper eine respektable Sammlung dieser kleinen, leicht verschwommenen Erinnerungsstücke zusammen. Ein kleines Mal hier, ein kleines Mal da, bis ich schließlich Gelegenheit hatte, von einem italienischen Tattoo-Künstler namens Andrea Ganora erstmals *amtlich* tätowiert zu werden. Er wohnte in einem legendären besetzten Haus in Amsterdam, das den Namen »Van Hall« trug und in dem sich Ende 1987 ein paar Punks niedergelassen hatten. Niederländer, Deutsche, Italiener – eine eng verwobene Gemeinschaft aus Freunden, die das kalte, höhlenartige Gebäude zu ihrem Zuhause gemacht und im Untergeschoss einen Veranstaltungsort für Konzerte eingerichtet hatten (wo 1988 dann zufälligerweise meine erste Liveplatte entstand, nämlich *SCREAM Live! at Van Hall*). Als ich achtzehn war, wurde dieses Haus eine Art Homebase für Scream. Andrea war der Tätowierer vor Ort, die meisten hier trugen stolz seine Werke zur Schau. Er war ein echter Künstler, wobei sein Studio nicht so labormäßig steril eingerichtet war wie die meisten, die man so kennt, sondern sich in seinem Schlafzimmer befand, wo ihm eine umfunktionierte Türglockenmechanik als Tätowiermaschine diente. Wir rauchten einen Joint nach dem anderen und hörten Punk- oder Metalplatten, während das elektrische Surren seiner Tattoo-Gun den Raum erfüllte. Bis heute erinnere ich mich an das tolle Gefühl, jetzt endlich ein »richtiges« Tattoo zu haben, und jedes Mal, wenn ich im Spiegel das Geschenk betrachte, das er mir an jenem Abend gemacht hat, muss ich an seinen starken italienischen Akzent und den süßen Haschischgeruch denken. Auch dreißig Jahre später ist die Farbe noch nicht verblasst.

Na ja, meine *Lifestyles of the Rich and Famous**-Flitterwochen in der Pear Street gingen jedenfalls schnell vorüber, und ich war wieder bei meinen rationierten Corn Dogs, verfluchte das elende Geklopfe im Schildkrötenterrarium und vergrub meinen Kopf unter den Kissen dieser dreckigen Couch. Lektion gelernt.

Der Winter stand vor der Tür, und ich bekam Heimweh. Ich hatte meine Freunde, meine Familie, mein Sweet Virginia verlassen … für das hier? Das üble Winterwetter des Pazifischen Nordwestens und der Mangel an Sonne verstärkten die Depression, die im Schatten lauerte, aber zum Glück hatte ich etwas, das mich vor der Heimkehr bewahrte: meine Musik. So dysfunktional Nirvana immer wieder sein konnten, gab es doch einen unausgesprochenen Fokus, sobald wir an die Instrumente gingen und die Amps warm wurden. WIR WOLLTEN GROSS RAUSKOMMEN. Oder, wie Kurt es einmal gegenüber dem Columbia-Labelchef und Musiktitan Donnie

* US-Doku-Serie, bei der reiche Leute »daheim« gezeigt wurden (Anm. d. Ü.).

Ienner in dessen New Yorker Wolkenkratzerbüro formulierte: »Wir wollen die größte Band der Welt sein.« (Ich dachte, er macht Witze.) Unser Proberaum war eine scheunenartige Konstruktion, die zu einem Demostudio ausgebaut worden war, und befand sich dreißig Autominuten nördlich von Olympia in einem Vorort von Tacoma. Er lag nur eine Stufe über einem feuchten alten Keller, hatte aber eine Heizung und eine kleine PA (nicht zu vergessen ein paar fragwürdige Teppichbahnen), weshalb er unsere Bedürfnisse erfüllte. Kurt und ich machten diese Reise fünfmal die Woche in einem Datsun B210, den ihm eine ältere Dame geschenkt hatte und der die Fahrt über die Interstate 5 kaum schaffte, ohne dass die Räder abfielen (was einmal wirklich passiert ist und auf der Fahrbahn die Schrauben in die Dunkelheit schickte).

Unsere Musik war das, was mich von den Entbehrungen dieses neuen Lebens ablenkte – sie machte das alles wett. Jede Probe begann mit einem »Noise Jam«, der eine Art Improvisationsübung in Sachen Dynamik wurde und unsere gemeinsamen Instinkte dahingehend schulte, dass eine Songstruktur nicht unbedingt mündlich festgelegt werden musste, sondern sich einfach ergab, fast wie ein Vogelschwarm, der in harmonischer Bewegung über einem winterlichen Feld hin und her gleitet. Diese Methode war Grundlage der Leise/Laut-Dynamik, die typisch für uns wurde, obwohl wir sie natürlich nicht erfunden haben. Diese Ehre gebührt unseren Helden Pixies, die zu unseren wichtigsten Einflüssen zählten. Für etliche unserer neuen Songs hatten wir ihr Markenzeichen einfach übernommen: kompakte, einfache Strophen, die dann zu einem gewaltigen, ohrenbetäubenden Refrain explodierten. Eine Gegenüberstellung klanglicher Extreme mit überwältigendem Effekt, wie ja insbesondere »Smells Like Teen Spirit« zeigt.

Während draußen der lange Winter ins Frühjahr überging, saßen wir Stunde um Stunde in diesem provisorischen Studio und arbeiteten an den Songs, die dann zu *Nevermind* werden sollten. Im Gegensatz zu den anderen Bands, die ich kannte, gaben Nirvana nur selten Konzerte, denn wir befürchteten, dadurch das Publikum abzunutzen. Stattdessen konzentrierten wir uns darauf, aufnahmebereit zu sein, sobald wir uns für eine Plattenfirma und einen Produzenten entschieden hatten. Kurt war unglaublich fleißig und kam fast jede Woche mit einer neuen Songidee an, weshalb wir uns ständig vorwärtsbewegten und nie das Gefühl hatten, festzustecken oder kreativ auf der Stelle zu treten. Wenn er abends seine Tür zumachte, hörte ich ihn drinnen leise Gitarre spielen, bis ich dann von meiner Couch aus sah, wie das Licht ausging. Jeden Tag konnte ich es kaum erwarten, im Proberaum die Geräte anzuschließen und vielleicht etwas Neues präsentiert zu bekommen. Ob er jetzt Songs oder seine mittlerweile berühmten Tagebücher schrieb: Sein Schaffensdrang war echt erstaunlich, auch wenn er nie groß darüber redete. Die Songs kamen irgendwie angeschlichen und überraschten einen komplett. Und nie gab es eine Vorankündigung à la: »Hey, ich hab mir da was Geiles ausgedacht!« Sie waren einfach da.

Als ich im September 1990 bei Nirvana einstieg, hatte die Band mit ihrem vorigen Drummer Chad Channing schon ein paar neue Stücke eingespielt, die auf ihre nächste Platte bei Sub Pop kommen sollten. Songs wie »In Bloom«, »Imodium« (das dann zu »Breed« wurde), »Lithium« und »Polly« waren ein paar Monate vorher in Madison, Wisconsin, von einem jungen, aufstrebenden Produzenten namens Butch Vig aufgenommen worden. Diese Songs zeigten, dass Kurt als Songwriter immer besser wurde, und stellten ein neues, reiferes Gespür für Melodie und Text zur Schau. Sie unterschieden sich deutlich von den bisherigen Sachen und ließen Großes erwarten. Hier wurden Nirvana quasi zu Nirvana. Gepaart mit Butch Vigs Hammer-Rocksound waren es diese Aufnahmen, die den Branchenwirbel um die Band auslösten und sie immer mehr in den Fokus der Plattenindustrie rückten.

Die meisten Bands hätten wohl nur zu gern auf dieses überreiche Angebot zurückgegriffen, aber Kurt schrieb unermüdlich weiter und lieferte einen Song nach dem anderen. »Come As You Are«, »Drain You«, »On a Plain«, »Territorial Pissings« und natürlich »Smells Like Teen Spirit«. Meist gab er dabei irgendein Riff vor, worauf Krist Novoselic und ich ihm mit geschulter Intuition einfach folgten und den Maschinenraum boten, in dem sich seine kreischende Vision entfalten konnte.

Und mein Job war so was von easy! Ich wusste immer, wann der Refrain kam, denn ich musste nur darauf achten, ob sich Kurts verdreckter Converse-Sneaker Richtung Verzerrer-Pedal bewegte. Kurz bevor er dann auf den Schalter stieg, machte ich mit aller Kraft einen Single-Stroke-Roll auf der Snare, als würde die kurze Zündschnur einer Bombe abbrennen, um die Veränderung in der Dynamik anzukündigen. Der anschließende Vulkanausbruch jagte mir immer wieder Schauer über den Rücken, denn die unverkennbare Wucht unseres gemeinsamen Sounds war fast schon zu groß für den kleinen Proberaum. DIESE SONGS KONNTEN NICHT LANGE UNSER GEHEIMNIS BLEIBEN. Sie würden sich bald auch an andere heranschleichen und die Welt komplett überraschen.

Die Entscheidung, bei der David Geffen Company zu unterschreiben, fiel uns nicht schwer. Auf den Spuren der legendären New Yorker Noise-Helden Sonic Youth engagierten wir ihren Manager John Silva und vertrauten darauf, dass ein Major-Label, das die Eier hatte, auf Sonic Youths experimentellen No-Wave-Lärm zu setzen, auch für uns ein guter Ort war. Das letzte Stück des Puzzles bestand jetzt darin, einen Produzenten zu finden, der diesen Songs auch gerecht wurde. Jemanden, der sie auf eine andere Stufe bringen und dabei gleichzeitig die rohe Energie erhalten konnte, die Abend für Abend unseren Proberaum erfüllte. Der Neil-Young-Produzent David Briggs war im Gespräch, denn wir waren schon immer Fans von Neil gewesen und hatten den Eindruck, Davids Gespür für die ungeleckte, unvollkommene Essenz des menschlichen Vortrags könnte gut zu unserem ungehobelten Sound passen. Auch über Don Dixon dachten wir nach: Er hatte ein paar unserer Lieblingsplatten von REM und den Smithereens produziert und ließ bei seinen vielen songorientierten Arbeiten erkennen, dass ihm Songwriting, Handwerk und Arrangement wichtig waren. Wie gemacht für Kurt und seine immer packenderen Melodien und Texte. Letztendlich wurde es aber doch Butch Vig. Erstens gibt es keine entspanntere Gesellschaft als die von Butch. Das Wort »gechillt« beschreibt nicht mal ansatzweise seine Midwest-Zen-Haltung. Einfach. Nur. Cool. Wie er es hinkriegt, jedes musikalische Element zehnmal zu verstärken, ohne dass es nach Arbeit klingt, ist mir schleierhaft, aber wenn die Magie, die er bei den ersten Nirvana-Aufnahmen in den Smart Studios erzeugt hatte, irgendwelche Schlüsse zuließ, würde mit ihm etwas entstehen, das sämtliche Erwartungen übertraf, auch unsere.

Mit Unterstützung von John Silva und den wunderbaren Leuten bei der DGC machten wir uns daran, einen Aufnahmetermin zu finden. Butch arbeitete damals am Album einer jungen Band aus Chicago, die sich Smashing Pumpkins nannte, und während wir darauf warteten, dass er Zeit hatte, gingen wir tagtäglich in unsere Scheune und feilten an den Songs, um so gut wie möglich vorbereitet zu sein, wenn es irgendwann so weit war. Wir hatten wenig Zeit (und Geld), um im Studio groß herumzuprobieren, vielleicht zwölf Tage, deshalb war es wichtig, alles schnell einspielen zu können – wir machten hier schließlich kein Genesis-Album. Um die Energie der Band in einem Take einzufangen, mussten wir das Zeug einfach draufhaben. Und das hatten wir. Sosehr uns die Warterei frustrierte – noch ein Corn Dog, noch eine Nacht auf der Couch neben dieser beschissenen Schildkröte –, sahen wir doch Licht am Ende des Tunnels.

Irgendwann kam das Gespräch auf die Wahl des Studios – wenn nicht das wichtigste Element, dann doch zumindest ein entscheidender Faktor für den Klang einer Platte. Aufnahmestudios sind wie Geliebte. Keines davon gleicht dem anderen, und keines ist absolut perfekt. Der Trick besteht darin, eins zu finden, in dem du über dich hinauswächst. Seattle hatte durchaus ein paar fantastische Studios zu bieten, aber es sollte da eines in Van Nuys (Los Angeles) geben, das nicht nur über einen exzellenten Schlagzeugraum und ein klassisches Mischpult verfügte, sondern dazu auch noch spottbillig war: Sound City. Im Laufe der Jahrzehnte waren dort legendäre Alben entstanden, und aufgrund der vorsätzlich bodenständigen Analog-Ästhetik schien es die perfekte Wahl zu sein. Außerdem lag es näher am Geffen-Hauptquartier in Hollywood, und ich bin mir ziemlich sicher, sie wollten uns im Auge behalten, damit wir nicht einen weiteren Great Rock 'n' Roll Swindle à la Sex Pistols durchzogen (was wir uns ganz kurz wirklich überlegt hatten). Kann man ihnen kaum verdenken, der Risikofaktor war für sie ja doch etwas höher als bei unseren Labelkollegen

Edie Brickell & New Bohemians. Nur merkten sie gar nicht, *wie* ernst wir es meinten.

Als der Zeitraum dann festgelegt war (2. bis 19. Mai), trafen wir die letzten Vorbereitungen für unseren Tausend-Meilen-Trek nach Los Angeles. Noch ein paar Proben, noch ein paar Kassettenaufnahmen neuer Songideen, und schon konnte es losgehen. Na ja, fast. Geld für Benzin fehlte noch. In letzter Minute vereinbarten wir einen Gig in Seattle, in einem Mini-Club namens OK Hotel, um hoffentlich die Kohle zusammenzukriegen, die uns den Tank füllen und damit ohne unfreiwilligen Halt am Straßenrand ins Sound City bringen würde. Das Konzert fand am 17. April 1991 statt, und zum Glück war der kleine Veranstaltungsraum tatsächlich voll verschwitzter Kids, die ihre liebsten Nirvana-Songs hören wollten. »School«, »Negative Creep«, »About a Girl« und »Floyd the Barber« – diese Titel kannten eingefleischte Fans des ersten Albums *Bleach* schon, also spielten wir sie gewohnt hemmungslos und malträtierten unsere Instrumente nur wenige Zentimeter von den Zuschauern entfernt, die Wort für Wort mitsangen.

Wie jedes Nirvana-Konzert, bei dem ich mitspielte, war auch dieses geradezu überweltlich. Aber statt uns auf den bewährten Backkatalog zu verlassen, entschieden wir uns dafür, auch einen neuen Song zu testen, den niemand hier je zuvor gehört hatte. Er war im Verlauf des Winters in unserer Scheune in Tacoma entstanden. Kurt trat ans Mikro und sagte: »Dieser Song heißt ›Smells Like Teen Spirit‹.« Schweigen. Dann fing er mit dem Riff an, und als Krist und ich einstiegen, explodierte der Raum in tausend Stücke. Körper überschlugen sich, jeder warf sich auf jeden, vor uns ein einziges Meer aus Jeans und verschwitztem Flanell. Irgendwie beruhigend, wenngleich nicht die Reaktion, die wir erwartet hatten (erhofft natürlich schon). Das war nicht einfach nur ein neuer Song, nein, das war etwas ganz Besonderes. Und vielleicht – nur vielleicht – waren die langen Monate, in denen ich gehungert, gefroren und mich nach meinen Leuten in Virginia gesehnt hatte, während ich in unserer Bruchbude den bedrückenden Winter des Pazifischen Nordwestens ertragen musste, ein Test meiner Kraft und meines Durchhaltevermögens gewesen, bei dem ich als einzigen Trost und gleichzeitig einzige Belohnung die Musik hatte. Vielleicht reichte das ja auch. Vielleicht war dieses Meer aus Jeans und Flanell am Bühnenrand alles, was ich zum Überleben brauchte. Wenn dort alles geendet hätte, wäre ich vielleicht trotzdem glücklich und verwandelt nach Virginia heimgekehrt.

Als Kurt und ich dann den alten Datsun für die Fahrt nach L.A. beluden, wusste ich irgendwie, dass ich nicht hierher zurückkehren würde. Mit meiner Tasche über der Schulter betrachtete ich ein letztes Mal das kleine Zimmer, in dem ich die letzten sieben Monate gelebt hatte, und versuchte, mir jedes noch so kleine Detail einzuprägen, um weder diesen Ort noch seine Bedeutung für mein Leben zu vergessen. Um immer zu wissen, dass alles, was jetzt auch kommen sollte, hier seinen Anfang genommen hatte. Und als ich die Tür zumachte, war mein Herz erneut von diesem Gefühl der Endgültigkeit erfüllt, als würde sich eine Nadel in meine Haut bohren und verschwommene Erinnerungen hinterlassen, die niemals ausbleichen. Ein kleines Mal hier, ein kleines Mal da, allesamt Erinnerungsstücke an vergangene Momente.

IST SCHLIESSLICH WAS FÜR DIE EWIGKEIT.

# WIR WAREN UMZINGELT, UND ES GAB KEINEN AUSWEG

WIR WAREN UMZINGELT, UND ES GAB KEINEN AUSWEG.

Mit Angst in den Augen steckte unser Tourmanager/Soundmischer Monty Lee Wilkes den verschwitzten Kopf in unsere Garderobe und rief aufgeregt: »Da sind ein paar Typen, die euch umlegen wollen. Schließt die Tür ab und bleibt hier, bis ich zurückkomme, okay? Wenn ich klopfe, macht ihr auf, und ich bringe euch zum Taxi am Hintereingang.«

Willkommen im Herbst 1991.

Der Nightclub Trees im Deep-Ellum-Viertel von Dallas, Texas, war nur eine weitere Station der *Nevermind*-Tour durch Nordamerika, die aus dreißig anstrengenden Gigs in gerade mal vierzig Tagen bestand. Mit einer Höchstkapazität von sechshundert Zuschauern glich dieser relativ neue Club den meisten Veranstaltungsorten, in denen wir auf der Tour spielten: ziemlich eng, eine niedrige Bühne mit überschaubarer PA und Lichtanlage sowie dahinter eine kleine Garderobe, wo wir uns auf einen weiteren kathartischen Auftritt vorbereiten (und später davon erholen) konnten. Aber so intim das Trees im Rückblick wirken mag, war es doch einer der größeren Säle auf dieser Tour. Ansonsten spielten wir in kleineren Schuppen wie dem Moon in New Haven, Connecticut, wo sich wenige Wochen zuvor hundert Gäste in dem kleinen Raum mit niedriger Decke gedrängelt hatten, oder dem J. C. Dobbs in Philadelphia, das nur ein paar Tage danach mit hundertfünfundzwanzig Zuschauern ausverkauft war, oder dem 9:30 in D.C., wo wieder ein paar Tage später die offizielle Höchstkapazität von hundertneunundneunzig deutlich überschritten wurde. Wir kannten uns mit Samstagabend-Schwitzhütten aus; diese Läden in Sardinenbüchsengröße waren der Normalzustand für Nirvana, weshalb sich der plötzliche Sprung zu viel größeren Sälen mit sechshundert oder auch tausend Zuschauern (wie das Masquerade in Atlanta, die St. Andrews Hall in Detroit oder jetzt das Trees in Dallas) anfühlte, als würde man in die Unterhose von André the Giant schlüpfen: ein bisschen zu weit an den empfindlichen Teilen.

Mit unserer dreiköpfigen Crew teilten wir uns einen gemieteten Passagier-Van, der hinten einen Anhänger fürs Equipment hatte, und verbrachten die Tage weitgehend mit Fahren, Lesen, Musikhören und womöglich Schlafen, denn auch wenn wir dicht auf dicht hockten, waren wir ja trotzdem ständig müde vom Abend davor. Diesmal gab's aber Hotelzimmer für uns, wofür Gott gedankt sei – ein luxuriöses Upgrade gegenüber meiner Zeit bei Scream, wo entweder im Van oder bei irgendwelchen Fremden gepennt wurde, die wir beim Gig kennengelernt hatten, wenn wir nicht sogar auf der biergetränkten Bühne, die wir erst kurz davor gerockt hatten, die Schlafsäcke ausbreiteten, um eine halbwegs erholsame Nacht zu haben (o ja, ich musste mich immer wieder an mein Schlagzeug kuscheln). Außerdem gab es eine beträchtliche Gehaltserhöhung – es war sogar das Doppelte! Der Sprung von den sieben Dollar fünfzig, die bei Scream pro Tag anstanden, zu den fünfzehn Dollar bei Nirvana sorgte dafür, dass ich mich reicher fühlte als jemals erträumt. Nicht, dass ich gleich ein Haus auf Long Island hätte anzahlen können, aber ich hatte mich von irgendwelchen No-Name-Kippen zu echten Marlboros vorgearbeitet und fühlte mich wie Prince Charles persönlich. Mit zarten zweiundzwanzig hatte ich bereits den langersehnten Meilenstein erreicht, die Welt mit einer Band bereisen zu dürfen, die Saal um Saal füllte, begeisterte Kritiken erhielt und schnell immer populärer wurde. Vielleicht sogar etwas zu schnell.

Nirvanas *Nevermind* kam am 24. September 1991 in die Plattenläden, nur wenige Tage nach Tourstart, und bereits eine Woche später stellte ich eine Veränderung fest. Nicht nur bezüglich der Größe des Publikums, das unsere Konzerte besuchte, sondern auch hinsichtlich seiner ART. Das waren jetzt nicht mehr nur die Sub-Pop-Fans und College-Radio-Junkies, die kamen, um ihre Lieblingssongs von *Bleach* zu hören, sondern auch sehr viele andere, die etwas ... mainstreamiger wirkten. Zu den bisherigen Uniformen aus Heilsarmee-Flanellhemd und Doc Martens gesellten sich jetzt Designerjeans und Trainingsjacken, wie ich sie von den Vorstadt-Kids in Spring-

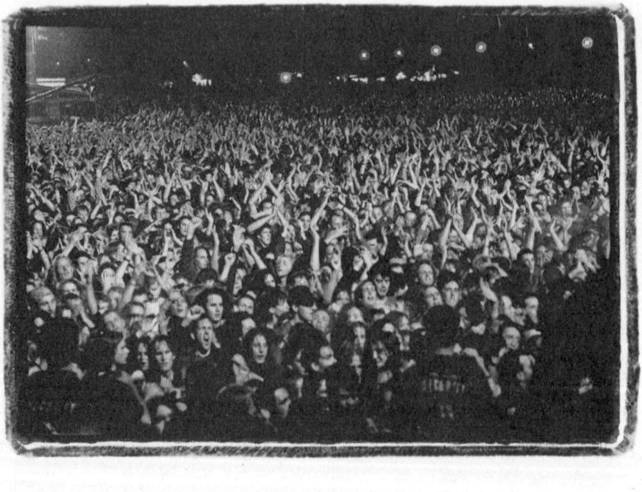

field kannte, mit denen ich aufgewachsen war. »Smells Like Teen Spirit«, als Single bereits zwei Wochen vor dem Album veröffentlicht, hatte sich schnell den Weg von unserem gewohnten Territorium zu einem viel breiteren Publikum gebahnt, was immer mehr Leute dazu bewegte, zu unseren Konzerten zu kommen und die Band zu sehen, die so viel Wirbel machte. Die Zuschauermenge nahm mit rasanter Geschwindigkeit zu. Immer öfter standen *vor* dem Veranstaltungsort mehr Leute als drinnen. Das Geheimnis war gelüftet.

Als ich 2013 bei der South by Southwest Music Conference die Keynote-Rede hielt, thematisierte ich diesen moralischen Scheideweg:

> *Wohin bewegt man sich jetzt? In welche Richtung geht man als Künstler, der im streng moralischen Punk-Underground aufgewachsen und darauf getrimmt ist, sich jeder Konformität und einer Vereinnahmung durch Establishment und Musikindustrie zu widersetzen? Wie geht man mit dieser Art von Erfolg um? Wie DEFINIERT man jetzt Erfolg? Ist es noch die Genugtuung, einen Song fehlerfrei von vorne bis hinten durchspielen zu können? Ist es noch die Entdeckung des einen Akkords oder der ganz bestimmten Tonleiter, die dafür sorgen, dass du alle deine Sorgen vergisst? Wie packt man das, nicht mehr einer »von uns«, sondern plötzlich »einer von denen« zu sein?*

Ich war hin- und hergerissen. Als kleiner Junge hatte ich im Autoradio meiner Mutter den Rock 'n' Roll entdeckt und die Top-40-Hits der 70er begeistert mitgesungen, doch jetzt machte es mir schwer zu schaffen, plötzlich selbst einen Top-40-Hit zu haben. All die Jahre als »Punkrocker«, in denen ich jegliche Mainstream-Musik ablehnte und jeder Band mit dem kleinsten Mainstream-Erfolg »Ausverkauf« vorwarf, hatten mein musikliebendes Herz zu einem verworrenen, schwieligen Knoten in meiner zynischen Brust gemacht. Ich war abgestumpft und voreingenommen geworden und wusste oft genug nicht mehr, was gerade laut Cool-Kultur-Reglement der Punkszene »okay« oder »nicht okay« war (so lächerlich es klingen mag: In einer Szene, die sich der Freiheit des Ausdrucks verschrieb, gab es da klare Regeln). Gleichzeitig war ich überglücklich, dass immer mehr Leute aufkreuzten und genau die Musik hören wollten, die ich liebte und voller Stolz auch selbst machte. Es war ein moralisches Dilemma, das sich für die Band als inspirierend und gleichermaßen zerstörerisch erwies.

Kurt hatte damit noch viel größere Probleme als ich. Der Mann, der in einem New Yorker Hochhausbüro einem Labelchef gegenüber geprahlt hatte: »Wir wollen die größte Band der Welt sein«, sah sich jetzt mit der Aussicht konfrontiert, dass dies tatsächlich wahr werden könnte. Wir waren nie davon ausgegangen, dass sich die Welt wegen uns verändern würde (denn wir wollten uns definitiv nicht für *sie* verändern), aber mit jedem Tag sah es mehr danach aus, als würde sie genau dies tun. Und das war einfach zu viel. Unter so einem Druck kann selbst der stabilste Mensch zusammenbrechen.

Ein Problem bestand darin, dass wir jetzt genau die Leute anzogen, die uns in der Highschool herumgeschubst hatten, weil wir anders waren. Die uns wegen unserer Klamotten und der Musik, die wir mochten, als »Tunte« oder »Schwulette« bezeichnet hatten. Zu unserer Fangemeinde gehörten jetzt auch homophobe Monstertruck-Machos und Normalo-Dumpfbacken, deren Welt aus Bier und Football bestand. Wir waren immer Außenseiter gewesen. Wir waren immer Sonderlinge gewesen. Wir gehörten nicht zu ihnen. Wie konnten die also plötzlich zu uns gehören?

Und dann kam das Video raus.

Am 29. September, nur wenige Tage nach der Veröffentlichung unseres Albums, lief der Videoclip zu »Smells Like Teen Spirit« erstmals in der MTV-Sendung *120 Minutes*, die immer spätabends kam und »alternative« Musik brachte. Sie galt als Sprungbrett für Undergroundbands und hatte schon etlichen unserer Helden eine Bühne geboten, etwa den Pixies, Sonic Youth, Dinosaur Jr. und Hüsker Dü. Dass eine Band wie wir jetzt in diesen erlauchten Kreis aufgenommen wurde, war mehr als nur der Hammer. Das war ein Wendepunkt, in persönlicher, vor allem aber in professioneller Hinsicht, und zu sagen, dass wir uns nicht darüber freuten, wäre glatt gelogen.

Zwischen Auftritten in New York City und Pittsburgh hatten wir an diesem Abend spielfrei und saßen in unseren Hotelzimmern, um die Erstausstrahlung des Videos zu sehen. Kurt und ich teilten uns bei dieser Tour ein Zimmer, und ich weiß noch, wie wir nebeneinander auf unseren Einzelbetten fläzten und erwartungsvoll auf die Glotze starrten, wo Videos von Morrissey, The Wonder Stuff oder Transvision Vamp liefen. Das nahm kein Ende, und mit jeder Sekunde wurde die Vorfreude schmerzhafter. The Damned, die Red Hot Chili Peppers, Nine Inch Nails, ein Video nach dem anderen, bis … DAS SIND WIR! Erst kam ein kurzer Promofilm, der einen Monat vorher beim Reading Festival in England entstanden war und an dessen Ende wir im Cateringzelt verlegen in die Kamera sagen: »You're watching *120 Minutes*!«, mit Kurts Arm in einer Schlinge, nachdem er beim Gig einen Kopfsprung in meine Drums gemacht hatte. Ich stieß auf meiner harten Best-Western-Matratze einen Schrei aus und wusste gar nicht, was mich da erfasste: pures Glück oder das Gefühl, zu viel LSD eingeworfen zu haben (vielleicht war's auch eine Mischung aus beidem). *Holy shit!*, dachte ich. *So sehen wir also aus?*

Und dann kam aus den kleinen Lautsprechern des Magnavox-Geräts auf der Kommode das vertraute Riff, das einst unseren versifften Proberaum in Tacoma, Washington, erfüllt hatte. Es passierte tatsächlich. Ich sah MICH SELBST bei MTV. Nicht Michael Jackson oder die Cars. Nicht Madonna oder Bruce Springsteen. Nein. Das waren Krist, Kurt und ich mit einem Song, den wir in einer beschissenen Scheune komponiert hatten. Gegen diesen surrealen Moment konnten Dalís schmelzende Uhren echt abstinken.

Wir griffen zum Telefon auf dem Nachttisch, riefen ein Zimmer nach dem anderen an und kreischten wie die Kinder bei einer Übernachtungsparty »Es läuft! Es läuft!!«, während die Vermittlungszentrale des Hotels uns von rechts nach links durchstellte. In seiner Mischung aus Ungläubigkeit, Jubel und Schock war das ein Moment, den ich nie vergessen werde. Vom kastanienbraunen Teppich bis hin zu den abgenutzten Holzmöbeln sehe ich mit geschlossenen Augen noch jedes Detail vor mir, denn hier veränderte sich nicht nur mein Leben, sondern auch die damalige Welt der Musik.

Es war wohl dieses Video, das den Tsunami auslöste, der jetzt folgte. Inspiriert von Jonathan Kaplans 1979er-Film *Over the Edge* mit Matt Dillon, war das Video zu »Teen Spirit« ein düsteres Porträt jugendlicher Rebellion, gedreht mit den echten Besuchern eines Konzerts, das wir am Abend davor im Roxy in Hollywood gegeben hatten. Im Verbund mit Regisseur Samuel Bayer hatte Kurt eine Highschool-Versammlung entworfen, die in Krawall übergeht und bei der sich die Turnhalle zu einem glückseligen Moshpit aus unzufriedenen Teenagern, tätowierten Cheerleadern und jungen Punks entwickelt, die ihre Ängste und Frustrationen in einen qualmenden Haufen aus Trümmern und Asche verwandeln. DAS WAR EIN GEFÜHL, DAS UNS IRGENDWIE VERTRAUT WAR – NUR KONNTEN WIR JA NICHT WISSEN, DASS SICH DA EINE GANZE GENERATION ANGESPROCHEN FÜHLTE.

Anfangs lief das Video nur spätabends, denn für die Hauptsendezeit hielt es MTV für zu anstößig, doch bald wurde es dann auch normal eingesetzt. Von da an breitete es sich wie ein Buschfeuer aus und setzte unsere ganze Welt in Brand.

Nirvana waren auf dem besten Weg, ein feststehender Begriff zu werden. Innerhalb weniger Wochen hatte sich der Wirbel um die Band zu einem wahren Rausch ausgeweitet, und alle Blicke waren auf dieses rätselhafte Phänomen gerichtet, das aus drei ungepflegten Freaks Anfang zwanzig und ein paar Songs bestand, die auch dein Onkel und deine Tante cool fanden. Überraschenderweise hatte sich die behütete Welt in unserem muffigen kleinen Van kaum verändert: Reisetaschen und Musikkassetten, Fast-Food-Tüten und Zigarettenschachteln – typisch für eine Band wie unsere. Doch die Welt außerhalb unserer kleinen Blase veränderte sich rasend schnell: Autogramme und Radio-Interviews, Veranstaltungsorte, die aus allen Nähten platzten, und regelmäßig Beinah-Krawalle. Nur wenige Tage vor dem Konzert im Trees mussten wir bei unserem Auftritt im Mississippi Nights von St. Louis die Bühne verlassen, weil das Publikum sie stürmte. Vorausgegangen war Kurts Beschwerde, die örtliche Security würde mit den Fans zu grob umgehen, was an Orten, die Pogo und Stagediving nicht kannten, öfter vorkam. Es war das reinste Chaos. Damals spielte ich auf dem Schlagzeug unserer Vorgruppe Urge Overkill, weil Kurt und ich meins in Chicago zu Kleinholz gemacht hatten. Als die Kids in Wellen auf die kleine Bühne kamen, nach unseren Instrumenten griffen und in die Mikros brüllten, zog ich mich in die Garderobe von Urge Overkill zurück und verkündete glücklich: »Da draußen gibt's Randale!«, was ihrem Drummer Blackie den Kommentar entlockte: »Shit! Mein Schlagzeug!«

In Dallas war jetzt überhaupt nicht einzuschätzen, was als Nächstes passieren würde. Aber an diesem Abend hing eine gewisse Elektrizität im Raum, während eine ungewöhnlich hohe Luftfeuchtigkeit die Spannung auf die Art verstärkte, wie das bei einer selbst gebastelten Bombe eine superkurze Zündschnur tut. Als wir die Bühne betraten, wogte die Menge bereits über die Monitorboxen und die Effektgeräte von Kurt und Krist, ohne dass wir auch nur einen Ton gespielt hätten. Stell dir vor, du stehst mit dem Rücken zur Wand und hast einen Mob aus sechshundert alkoholisierten Adrenalinjunkies vor dir, die sowohl dich als auch das ganze Gebäude in Stücke reißen wollen. Das multiplizierst du mit zehn, dann weißt du in etwa, wie man sich an diesem Abend als Nirvana-Mitglied gefühlt hat. Um alles noch schlimmer zu machen, hatten wir gleich zu Anfang massive technische Probleme. Wir standen also blöd rum und gaben eine schlechte Version von »L'amour est un oiseau rebelle« zum Besten, während unser Gitarrentechniker Nic Close von einer Bühnenseite zur anderen raste, um die vermeintlich aussichtslose Lage doch irgendwie zu beheben. Schließlich merkten wir, dass etwas geschehen musste, und warfen uns in den ersten Song »Jesus Don't Want Me for a Sunbeam«, eine Nummer von einer unserer Lieblingsbands, den Valentines aus Schottland.

Das Publikum ging völlig ab, und seine psychotische, rohe

Energie nahm von Minute zu Minute zu. Als wir bei »School« angelangt waren, dem sechsten Song des Sets, schwappten die Zuschauerwellen so gefährlich auf die Bühne, dass Kurt gar nicht mehr singen konnte, ohne das Mikro ins Gesicht zu kriegen und potenziell alle Zähne zu verlieren. Ich spürte, wie sauer er war, und wusste gleichzeitig nur zu gut, was passierte, wenn Kurt sauer wurde: IRGENDETWAS WÜRDE ZU BRUCH GEHEN. Ob das jetzt seine Gitarre, sein Amp oder mein Schlagzeug war – ich wusste, dass das kam. Der Countdown lief …

Vier Songs später, nach einer krachigen, von Technikproblemen gebeutelten Version unserer grundsätzlich eher sanften Gitarrennummer »Polly«, riss Kurt der Geduldsfaden. Er drehte sich nach links, nahm die Gitarre ab und drosch sie aufs Monitormischpult, wieder und immer wieder, während Schieberegler, Drehknöpfe und andere Einzelteile quer über die Bühne flogen. Kurt hatte die Schnauze gestrichen voll. Nicht nur von diesem Konzert, sondern von allem, was uns hierhergeführt hatte. Nach wochenlangem, intensivem Chaos lief das Fass jetzt über, und Kurts Frustration entlud sich in einem verheerenden Wutausbruch. Die Menge johlte begeistert, als würde das mit zum Programm gehören. Wenn die gewusst hätten. Das war keine Show, sondern echt.

Okay, jetzt gab's hier keine Regeln mehr. Ich saß hinter meinem Schlagzeug, sah vor mir diese Abfolge anarchischer Ereignisse und dachte nur: *Wo ist der verdammte Notausgang?* Klar ist das nicht das, was man normalerweise als Bühnenkünstler denkt, aber hey, wir waren ja auch keine normalen Bühnenkünstler. Für das, was wir erlebten, gab es keine Textvorlage. Das hier war der Wilde Westen, und die einzige Möglichkeit zu überleben bestand darin, dem Licht am Ende jedes langen, dunklen Tunnels zu folgen. So chaotisch meine Tage bei Scream auch gewesen waren – als ich in besetzten Häusern pennte, von Skinheads und Junkies durch dunkle Gassen gejagt wurde und nie wusste, wo die nächste Mahlzeit herkommen würde – war das hier dann doch deutlich größer und härter. Das hier war richtiggehend gefährlich.

Trotzdem machten wir tapfer weiter, mit einem Mischpult, das der Tontechniker lustigerweise mit einer Holzpalette abgedeckt hatte, um weiterer Zerstörung vorzubeugen. Aber nichts konnte ihn retten. Der dahinrasende Zug war bereits entgleist und auf Kollisionskurs mit allem und jedem, der ihm in die Quere kam. Wir spielten ein weiteres Cover, nämlich »Love Buzz« von Shocking Blue (die erste Nirvana-Single), und das Chaos ging direkt weiter. Körper um Körper landete auf der Bühne, während jeder verzerrte Akkord den Saal noch mehr erhitzte und jeder Quadratzentimeter Haut vom Kondenswasser sechshundert fremder Menschen völlig nass war. Nach dem zweiten Refrain des Songs machte Kurt mitsamt Gitarre einen Stagedive und spielte ein Solo, während er auf einer wogenden Masse aus fettigen Haaren und tätowierten Armen surfte. Als er in einem wild zuckenden Tanz zurück auf die Bühne geworfen wurde, fiel er auf einen Security-Mann, der dort platziert war, um die Kids unten zu halten. Der Typ versuchte, Kurt abzuschütteln und ging mit seiner zarten Gestalt recht brutal um, also verteidigte sich Kurt instinktiv, indem er dem Security-Mann die Gitarre über den Schädel zog. Als der bullige Mann zu seinem Entsetzen feststellte, dass er stark blutete, ging er auf Kurt los, der gerade aufstand, und schickte ihn mit einem Faustschlag erneut zu Boden.

Ohne eine Sekunde zu zögern, ließen Krist und ich die Instrumente fallen und eilten unserem Freund zu Hilfe, was den

Song natürlich etwas abrupt enden ließ. Krist versuchte, mit dem Mann zu reden, und zog sogar sein Shirt aus, um die Blutung zu stoppen, während die Menge im Chor »BULLSHIT! BULLSHIT!« rief. Kurt wankte benommen auf die andere Bühnenseite, während ich zum Ausgang ging und dachte, die Sache sei erledigt.

War sie aber nicht.

Ein Mitarbeiter des Clubs flehte uns an, doch bitte unser Set zu Ende zu spielen und damit einen gewalttätigen Aufstand im Saal zu verhindern. Also gingen wir zurück auf die blutverschmierte Bühne. Kurts Gitarre war nach dem Schlag aufs Cranium dieses Burschen total verstimmt, aber scheiß drauf, so was hatte uns noch nie aufgehalten – und der dissonante, komplett schräge Sound unterstrich den angespannten Vibe im Saal noch.

Nachdem wir das Set mit unserem schnellsten und punkigsten Stück »Territorial Pissings« beendet hatten, stellten wir die Instrumente ab und gingen – leicht traumatisiert durch den absurden Verlauf dieses Abends – in die Garderobe. Wir waren durchaus an Chaos und Aufruhr gewöhnt, aber das hier war noch mal was anderes: definitiv kein Spaß mehr, sondern eine düstere Angelegenheit. Zumindest hatten wir es hinter uns.

Was wir nicht wussten: Draußen wartete der Security-Typ mit ein paar anderen Pennern, um uns fertigzumachen und damit das Blutbad zu rächen, das wir arglos über seine Stadt gebracht hatten. Sie wollten ebenfalls Blut sehen. Als die Fans den Club verließen, kriegte irgendjemand Wind davon und erzählte es unseren Leuten, die es dann schnell an uns weitergaben, während wir schweißgebadet im oberen Stockwerk saßen und uns erholten. Monty begriff, dass wir in der Falle saßen, und betrachtete es als seine Aufgabe, einen Fluchtplan auszuarbeiten. Ein Taxi wurde zum Hinterausgang gerufen, und wir rannten von der Garberobe zur Hintertür wie Ratten durch die Küche, Kurt voran, Krist und ich hinterher. Wir warteten auf das Zeichen, und als die Tür aufgerissen wurde, sah ich erst, wie Kurt sich bückte und auf die Rückbank rutschte, und danach Krist.

Plötzlich schrie jemand: »Da sind sie! Schnappen wir uns diese Motherfucker!« Das waren der Security-Mann und seine Freunde, die mit Feuer in den Augen und Mord im Sinn die Gasse entlanggerannt kamen. Noch bevor ich einsteigen konnte, wurde die Wagentür zugeschlagen, und das Taxi raste los in die Nacht, verfolgt von diesem Haufen blutrünstiger Halunken, die es im Samstagabend-Stoßverkehr in der Elm Street offenbar einholten und mit einem kurzen Hieb das Seitenfenster einschlugen. Nicht dass ich das mitbekam, denn ich stand ja nun allein in dem Club und wusste nicht, wie ich ins Hotel kommen sollte (könnte sein, dass mir ein hübsches

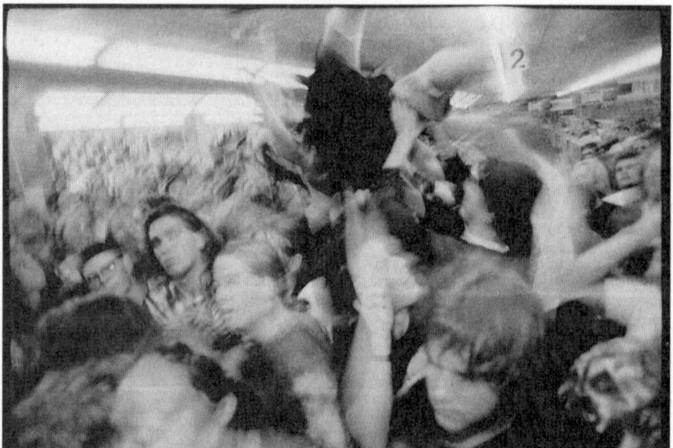

Mädchen aus der Patsche half und es dann auch noch einen Autounfall gab).

Irgendwie hatten wir es geschafft, einen weiteren Tag zu überleben, und unser Wanderzirkus fuhr weiter zur nächsten Stadt. Mit nur mehr zwölf Tagen vor uns konnte immer noch das eine oder andere Rad abfallen, aber zumindest bewegten wir uns in die richtige Richtung: heimwärts.

Als wir nach Seattle zurückkehrten, um dort an Halloween zum Abschluss der Tour ein Heimspiel zu geben, waren wir vollkommen erschöpft, körperlich *und* mental. Wir hatten ein Zeichen gesetzt und konnten bei der Rückkehr auch die entsprechenden Narben vorweisen. In nur vierzig Tagen waren aus drei ungepflegten jungen Männern, die nichts zu verlieren hatten, drei ungepflegte junge Männer mit einer Goldenen Schallplatte geworden. Unsere Welt hatte sich für immer verändert, genau wie eure. Und das war erst der Anfang.

WIR WAREN UMZINGELT, UND ES GAB KEINEN AUSWEG.

# DIE KLUFT

»Rat mal, wo wir heute schwimmen gehen?«, meinte mein guter Freund Bryan Brown ganz aufgeregt.

Ich saß im brütend heißen Dachzimmer von Pete Stahls unklimatisiertem Haus im San Fernando Valley und antwortete: »Keine Ahnung … wo denn?«

»In der Villa, wo die Manson-Family Sharon Tate ermordet hat.«

Während ich schweigend den Telefonhörer umklammerte, ließ ich diese morbide Einladung einen Moment lang wirken, bevor ich entgegnete: »Cielo Drive? Meinst du das ernst?«

Ich wusste genau, wovon er sprach, denn da ich mich schon als Teenager mit der Welt des Makabren beschäftigt hatte, war mir Amerikas infamste und schauderhafteste Mordserie nur allzu gut bekannt. Ich sah alles klar vor mir: die gewundene Straße den Hügel hinauf bis zum Tor; die Auffahrt neben der Villa hoch über Los Angeles; den Fußweg zur Eingangstür, die einst durch die mit Blut geschriebenen Buchstaben »PIG« entweiht worden war; das Wohnzimmer, in dem neben dem Kamin unter der kleinen Empore drei unschuldige Menschen ihr Leben verloren; und den nierenförmigen Swimmingpool zwischen der Villa und dem Gästehaus, wo sich Abigail Folger aufhielt, bevor sie dann auf dem Rasen abgeschlachtet wurde. Ich hätte aus dem Gedächtnis einen exakten Lageplan dieses Tatorts zeichnen können, seit ich *Helter Skelter* gelesen und all die grobkörnigen Dokumentationen über Charles Mansons »Familie« aus obdachlosen Hippies auf der Spahn Ranch gesehen hatte. Der Vorschlag war viel zu düster, um ihn anzunehmen.

»Okay, let's go.«

Das Jahr 1992 hatte mit einem üblen, aber wohlverdienten Kater in einem schäbigen Hotelzimmer in San Francisco begonnen, nachdem ich im Cow Palace mit den Red Hot Chili Peppers, Nirvana, Pearl Jam und sechzehntausend Zuschauern Silvester gefeiert hatte. Nirvanas turbulentes Durchbruchsjahr war mit ein paar Konzerten in Sporthallen an der Westküste zu Ende gegangen, allesamt bis unters Dach mit Tausenden von jungen Punks gefüllt, die gekommen waren, um diese drei bahnbrechenden Bands zu sehen und Teil der entstehenden Musikrevolution zu sein. Wir spielten vor zunehmend größerem Publikum, und beim Blick von der Bühne auf die Fans, die eine ganz bestimmte Energie und Ästhetik zur Schau stellten und jedes Wort in ohrenbetäubender Lautstärke mitsan-

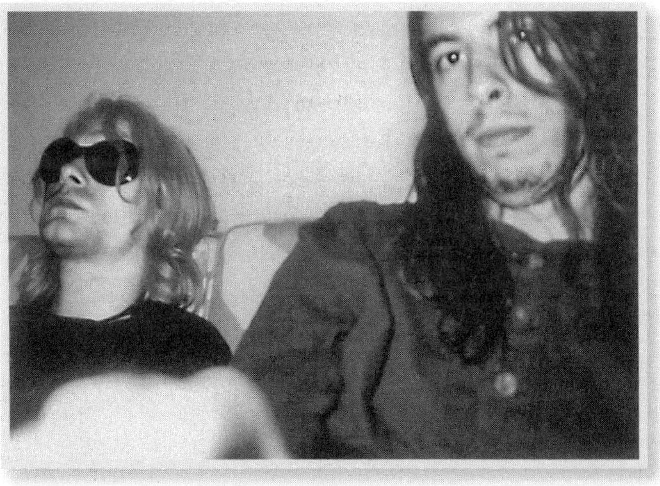

gen, war klar, dass sich hier ein kultureller Wandel ereignete. Das war nicht mehr der Sound des Undergrounds und der College-Radio-Nachtprogramme, sondern eine verdammte Attacke auf die Tore der Mainstream-Popkultur, bei der unsere drei Bands die Speerspitze bildeten.

Aber nicht nur die Musiklandschaft veränderte sich, auch das Leben in meinem kleinen Zimmer in West Seattle war in Bewegung, denn jeder neue Tag brachte neue, gewaltige Fortschritte in die kleine, chaotische Welt von Nirvana. Mit aller Kraft klammerte ich mich an das wackelige Rummelplatz-Karussell, das einmal unsere kleine Band gewesen war und sich jetzt immer schneller drehte, je größer unser unabsichtliches Gebot zur Weltveränderung wurde.

Aber es war komplett zwecklos. Inzwischen hatten wir das Geschehen nicht mehr in der Hand, und so gern wir da irgendwie gebremst hätten, war die Sache nicht mehr aufzuhalten. Das Album, das wir in nur zwölf Tagen in diesem alten L.A.-Studio namens Sound City aufgenommen hatten, verkaufte sich mittlerweile dreihunderttausendmal pro Woche. Und die Meldung, dass wir in den *Billboard*-Charts Michael Jackson von der Spitzenposition verdrängt hatten, kam genau an dem Tag, an dem wir das erste Mal bei *Saturday Night Live* auftreten sollten: am 11. Januar 1992.

Das war vermutlich der Moment, in dem ich verstand, dass mein Leben nie mehr so sein würde wie früher. Seit meiner Kindheit war *Saturday Night Live* meine absolute Lieblingssendung gewesen; ich blieb jedes Wochenende wach, um im Schlafanzug meine Helden des Spätprogramms zu sehen. Wobei mich nicht nur die Comedy-Genies Dan Aykroyd, Gilda Radner, John Belushi, Laraine Newman, Bill Murray, Steve Martin und Andy Kaufman interessierten, sondern fast noch mehr die musikalischen Gäste, die Woche für Woche dort auftraten. Als Jungmusiker war das Teil meiner Ausbildung gewesen, eine Masterclass in Live-Performance mit den angesagtesten Künstlern der Welt. Und wenn es einen Auftritt gab, der besonders herausstach und mein Leben in eine komplett neue Richtung lenkte, dann waren das 1980 die B-52's mit ihrem Hit »Rock Lobster«.

FÜR MICH STELLTEN DIESE DREI MINUTEN NICHT NUR DIE PERFORMANCE EINER BAND DAR, SONDERN EINEN EINZIGEN SCHLACHTRUF FÜR ALLE, DIE IN KONVENTIONEN ERSTICKTEN, SICH JEDOCH FÜRCHTETEN, IHRE PIRATENFLAGGE ZU HISSEN, UND DIE WUNDERBAREN ÜBERSPANNTHEITEN DES LEBENS FEIERN WOLLTEN.

Mit zehn war mein Gedankengang natürlich längst nicht so komplex – all das weiß ich erst jetzt. Aber schon damals überwältigte mich ihr Stolz auf ihre Andersartigkeit. Als ich sah, wie sie ihre *mess around* tanzten, in diesem fahrigen, hyperaktiven Durcheinander, wusste ich, dass ich ebenfalls ausbrechen wollte. Ich wollte nicht mehr der Norm folgen. Ich wollte mich genau wie die B-52's von der Masse absondern und ein Leben fernab der Herde führen. Im Leben jedes Kindes gibt es diesen goldenen Moment, in dem sich Unabhängigkeit und Identität überschneiden und du in deine endgültige Richtung gelenkt wirst, und das hier war meiner. Ich würde ein Ausgestoßener mit Gitarre sein, der auf Musik und Comedy steht. Merkt ihr was?

Die Gelegenheit, bei *SNL* aufzutreten, kam für Nirvana allerdings zu einem ungünstigen Zeitpunkt. Wir drei hatten uns seit der West-Coast-Tour mit den Red Hot Chili Peppers und Pearl Jam nicht mehr gesehen und waren zwischendurch getrennte Wege gegangen, denn jeder war nach den fünfundsiebzig Konzerten, die damals hinter uns lagen, komplett im Eimer. Ich saß zu Hause in Virginia, Krist in Seattle, und Kurt hatte sich runter nach Los Angeles begeben, wo er jetzt wohnte. Als wir uns dann für den Auftritt in New York City trafen, war eine gewisse Lustlosigkeit zu spüren, vor allem bei Kurt, und was ich mir eigentlich als triumphale Wiedervereinigung der Band gewünscht hatte, die bei einer für mich lebensverändernden Fernsehshow auftrat, wirkte leicht … daneben. Es zeigten sich erste Risse in unserem ohnehin schon wackligen Fundament, und ein wackliges Fundament ist definitiv nicht das, was man braucht, wenn man im Fernsehen vor Millionen von Leuten auftritt, die zum ersten Mal diese Band sehen wollen, die aus dem Nichts kam und den »King of Pop« vom Thron gestoßen hatte.

»Ladies and gentlemen … Nirvana.«

Kurt fing an, das Intro zu »Smells Like Teen Spirit« zu schrammeln, und obwohl ich die Nummer quasi tagtäglich in vollen Häusern rund um die Welt gespielt hatte, lief jetzt vor meinen Augen mein ganzes Leben noch einmal ab. Hier hatten die B-52's gestanden. Hier hatten Devo gestanden. Hier hatte Bowie gestanden. Hier hatten alle lebenden Legenden von Bob Dylan bis zu Mick Jagger gestanden, um ihre Songs Millionen junger Musikfans wie mir vorzuspielen, die lange nach der normalen Schlafenszeit noch wach waren und die Songs hören wollten, die ihr Leben formten. Ich wollte in Ohnmacht fallen. Ich wollte mich übergeben. Ich wollte mich verstecken. Aber ich drosch mit aller Kraft auf dieses Schlagzeug ein und … zerbrach dabei einen Stock.

Fuck.

Jetzt trieb ich den Song mit einem geplatzten Reifen an, flog mit nur drei Motoren, hatte fürs Picknick ein Sandwich zu wenig dabei. Ich sah zu meinem lebenslangen Freund Jimmy, der bei diesem Auftritt als mein Drum-Techniker dabei war, und unsere Blicke verhakten sich voller Horror. Es war eine Sache, wenn so etwas bei einem Scream-Gig vor fünfundsiebzig Zuschauern passierte, aber eine völlig andere, wenn quasi die ganze Welt zusah. *Einfach weiterspielen*, sagte ich zu mir selbst und bearbeitete die Trommeln entschlossener denn je. In einer kurzen Pause zwischen zwei Drum-Fills schnappte ich mir mit Lichtgeschwindigkeit einen Ersatzstock und beendete den Song mit genügend Adrenalin, um ein Pferd umzubringen, aber gleichzeitig auch genügend Stolz, um mein Leben lang davon zu zehren; denn ich stellte mir vor, dass unser Auftritt vielleicht der Schlachtruf für eine ganz neue Generation von Kids sein könnte, die in Konventionen erstickten, sich fürchteten, ihre Piratenflagge zu hissen, und jetzt endlich die wunderbaren Überspanntheiten des Lebens feiern konnten.

Ach ja, und Weird Al Yankovic rief an dem Abend in der Garderobe an, um persönlich zu fragen, ob er eine Version von »Smells Like Teen Spirit« machen könnte. Wir waren offiziell angekommen.

Nachdem wir uns durch *Saturday Night Live* gekämpft hatten, gingen wir wieder auseinander, um uns erst zwei Wochen später in L. A. für den Dreh des »Come As You Are«-Videos zu treffen und danach zu einer dreieinhalbwöchigen Tour durch Australien und Japan aufzubrechen, was wieder mal etwas war, das ich mir nie hätte vorstellen können.

Am ersten Tag des Video-Drehs merkte ich, dass es Kurt nicht gut ging. Er wirkte zerbrechlich und irgendwie energielos. Sein Gesichtsausdruck ließ erkennen, dass er in der Zeit fernab der Band auf Droge gewesen war.

Als ich im Januar 1991 einen Freund in Los Angeles besuchte, bekam ich erstmals mit, dass Kurt Heroin konsumierte. Ich hatte noch nie jemanden gekannt, der das tat, und wusste sehr wenig darüber, deshalb schockierte es mich ziemlich. Ich war erst vier Monate davor in die Band eingestiegen und wohnte mit Kurt in einem kleinen Apartment zusammen, also war ich so naiv, zu glauben, dass er so etwas nie tun würde. Heroin war für mich eine dreckige Straßendroge, die Prostituierte oder Junkies in dunklen Seitengassen nahmen, nicht jedoch sanfte, freundliche, allseits beliebte Künstler, denen die Welt zu Füßen lag. Klar kannte ich die Rockstar-Biografien mit ihren mythologischen Erzählungen über Drogenabhängigkeit, die dieses Verhalten fast schon zu einer Art Ruhmplakette glorifizierten, nur hätte ich nie gedacht, damit jemals in Berührung zu kommen. Washington, D. C., war nicht unbedingt ein Heroin-Ort, Seattle hingegen fast schon eine Hauptstadt dieser Art.

Kurt versicherte mir, er würde es nicht ständig nehmen, sondern nur ausnahmsweise. »Ich hasse Spritzen«, sagte er beim Versuch, meine Angst zu zerstreuen, ich hätte mein bisheriges Leben aufgegeben und sei in den hintersten Winkel der USA übersiedelt, um dort mit einem wildfremden Typen zusammenzuwohnen, der sich als Junkie entpuppte. Und weil ich rein gar nichts über diese Droge wusste, glaubte ich ihm. So ein Geheimnis würde er ja gar nicht vor mir bewahren können. Dachte ich zumindest.

Als wir in Olympia einmal mit Freunden nachts unterwegs waren, hatte jemand Tabletten dabei, irgendwelche Schmerzmittel, die es nur auf Rezept gab. »Nimm eine und trink ein paar Bier dazu, dann kommst du absolut gut drauf«, sagte man mir. Allein das machte mich schon nervös, deshalb hielt ich mich an meine Getränke, aber ich sah, dass Kurt gleich zwei oder drei davon einwarf. Das machte mir Angst. Ich war Drogen gegenüber immer äußerst zurückhaltend, vor allem aus Furcht vor einer Überdosis, gleichzeitig kannte ich in Virginia durchaus Leute, die das lockerer sahen und gern mal ausprobierten, wie weit sie die Sache treiben konnten. Langsam merkte ich, dass Kurt auch so war, und zwar in jeder Hinsicht.

IRGENDWANN SPÜRTE ICH DIESE TRENNUNG. Es gab die, die es nahmen, und diejenigen, die das nicht taten. Und je mehr sich unsere Welt ausdehnte, desto breiter wurde die Kluft. Nirvana bestand aus drei Einzelpersonen, jede mit ihren Eigentümlichkeiten und Besonderheiten, aus denen heraus dann beim Anfassen der Instrumente eben diese Musik entstand. Aber außerhalb der Musik führte jeder sein eigenes Leben, das sich von dem der anderen stark unterschied.

Beim Video-Dreh war ich richtiggehend schockiert über Kurts fragilen Zustand, wobei ich mich nicht nur um seine Gesundheit sorgte, sondern auch um die bevorstehende Tour, die uns auf die andere Seite des Planeten führen sollte, weit weg von den Menschen, die wir am meisten liebten und auch brauchten. Ich konnte mir überhaupt nicht vorstellen, wie wir – speziell bei seinem Zustand – erneut einen zermürbenden Tourplan voller Konzerte, Flughäfen und Hotels überstehen sollten, aber trotzdem machten wir weiter. Bis heute kann ich mir »Come As You Are« kaum ansehen, denn ich weiß einfach, wie es Kurt damals ging. Obwohl unsere Gesichter durch Kameraeffekte und Super-8-Projektionen fast unkenntlich sind, sehe ich hier drei Leute am Beginn einer turbulenten Phase, die jahrelange Auswirkungen zeigen sollte.

Die heiße Sonne des australischen Sommers und das noch sonnigere Verhalten unserer Aussie-Gastgeber waren eine willkommene und bitter nötige Abwechslung von dem – in mancherlei Hinsicht – dunklen Winter, den wir daheim zurückgelassen hatten. Das war für uns der richtige Ort zum richtigen Zeitpunkt, und für einen Moment schien es, als seien unsere Räder wieder zurück auf dem Gleis. Ich kannte jede Ecke Nordamerikas und tendenziell auch Europas, hatte aber keinerlei Vorstellung von diesem Winkel der Erde, deshalb stürzte ich mich darauf wie eine Fliege aufs Grillgut. Wir ließen nichts aus: Wir surften am Bondi Beach, kuschelten mit Koalas, campten mit Kängurus, fuhren Jetski, machten Bungee-Jumping und teilten uns sogar die Bühne mit den Violent Femmes, was vermutlich den Höhepunkt der Reise darstellte. Kurt war immer noch etwas fragil, kam aber immer mehr aus seinem Nebel heraus, als wir acht wilde Konzerte an Veranstaltungsorten herunterrissen, die für die explodierende Popularität der Band viel zu klein waren. Daran gewöhnten wir uns aber schnell, und ich schöpfte Hoffnung, dass wir alles gut überstehen würden. Dass Kurt es überstehen würde. Als wir Richtung Japan weiterzogen, sah es aus, als hätten wir die Kurve gekratzt.

War Australien nur eine andere Hemisphäre, wirkte Japan wie ein fremder Planet: jeder einzelne Lebensaspekt ein gewaltiger Kulturschock. Ich fühlte mich, als sei ich eine Million Meilen von daheim entfernt. Und fand es großartig. So etwas wie Japan hatten wir noch nie gesehen, wobei Japan so etwas wie uns ebenfalls nicht kannte. Bei unserem ersten Konzert in Osaka spielten wir in einer Halle, die eher wie das Kennedy

Center wirkte als wie die bierversifften, mit Bleichmittel geschrubbten Kaschemmen, in denen wir unsere Sporen verdient hatten. Über den wohlgeordneten Sitzreihen aus schönstem Samt hingen riesige Kronleuchter, und die Bühne war blitzblank und ohne den geringsten Kratzer, was mir äußerst seltsam vorkam. Die Zuschauer durften sich von ihren Sitzen zwar erheben, mussten aber dort stehen bleiben, und die Gänge waren von einer Art Militärpolizei mit weißen Handschuhen gesäumt, die nur darauf wartete, sich auf jeden zu stürzen, der einen Schritt von seinem Platz wegmachte. Das veranlasste uns, an diesem Abend noch härter zu spielen als sonst, um durch diese extreme Brachialität womöglich einen Tumult zu provozieren.

Und tatsächlich konnte ich von meinem Schlagzeug aus sehen, dass die Zuschauer ausbrechen, schreien, explodieren, ihre Piratenflagge hissen wollten. Alle paar Songs gab es jemanden, der sich nicht zurückhalten konnte und Richtung Bühne stürmte – um allerdings sofort von einem Paar weißer Handschuhe aufgehalten und aus dem Saal geführt zu werden. Wieder mal ein Fall von wir gegen sie, dachte ich, und knüppelte noch härter.

Am Ende des Gigs wussten wir genau, was zu tun war … nämlich die Zerstörung unseres Equipments (mittlerweile eine Art Ritual). Vor den Augen des Publikums zerlegten Kurt, Krist und ich die komplette Anlage, als seien wir drei Kinder, denen Mom und Dad gesagt hatten: »Kein Nachtisch«, und die daraufhin komplett ausrasteten. Den Nachtisch bekam stattdessen dieses Publikum. Nachdem wir die Bühne als Schutthaufen aus Trommeln, umgestürzten Verstärkern und kreischendem Feedback hinterlassen hatten, sprach mich ein junger Japaner an, der am ganzen Leib zitterte und kurz vorm

Heulen war. »Hat Ihnen das Schlagzeug nicht gefallen?«, fragte er mit bebender Stimme.

»Doch, doch, doch … das war großartig!«, sagte ich leicht irritiert, denn überall sonst auf der Welt hätte man unsere Performance für einen Triumph gehalten! Aber wir befanden uns nun mal in Japan, dessen Kultur auf Respekt und Höflichkeit basiert, deshalb war unser schamloser Akt der Rebellion eher ungewohnt. Außerdem war dieser Knabe natürlich der Repräsentant von Tama und voller Sorge, dass ich das schöne Schlagzeug, das die Firma für mich bereitgestellt hatte, nicht ganz zu schätzen wusste. Also setzte ich mich mit ihm hin und erklärte ihm, unsere Rebellion hätte rein gar nichts mit dem wunderbaren Drumkit zu tun, auf dem zu spielen mir eine große Ehre gewesen sei; vielmehr sei dies eine feierliche Handlung.

Bevor wir heimflogen, machten wir noch einen Zwischenstopp in Hawaii, um auf Honolulu in Pink's Garage zu spielen, also erneut in einem Club, der für die Band auf der Höhe unserer Popularität viel zu klein war. Da ich wusste, dass hier die Tour enden und danach eine längere Pause folgen würde, hängte ich noch eine Woche dran, mietete mir ein absurd meerblaues Mazda-Cabrio, um wie ein nervtötender Tourist (der ich ja war) von einem Strand zum nächsten zu flitzen und die Früchte dieses verrücktesten Jahres in meinem Leben zu genießen. Dass dieses Kapitel der Bandgeschichte jetzt zu Ende ging, hinterließ bei mir gemischte Gefühle, denn ich hatte mich in das tagtägliche Chaos, das uns überall umgab, fast schon ein bisschen verliebt. Außerdem fühlte es sich gut an, alles so positiv abgeschlossen zu haben. Wir hatten erste Risse entdeckt, sie aber dadurch kitten können, dass wir, wie gewohnt, mit Leib und Seele spielten. Nur war ich natürlich total ausgepowert und fand es richtig, zurückzukehren, runterzukommen und mir das in Erinnerung zu rufen, was zum Überleben am wichtigsten ist: Familie, Freunde und ein Zuhause. Ich musste eine Pause einlegen und erst mal verstehen, was mir da widerfahren war.

»Mr Grohl, für Sie ist ein Päckchen angekommen.«

Beim Einchecken auf Honolulu reichte mir die entzückende Frau, die im bunten Sommerkleid am Hotelempfang stand, einen FedEx-Umschlag. Ich riss ihn sofort auf, denn ich war nicht nur überrascht, etwas zugeschickt zu bekommen, sondern auch darüber, dass der Absender offenbar meinen Standort wusste, schließlich reisten wir bei unserer never-ending Tour im Zickzack über den Planeten. War das ein Brief von meiner Mutter? Ein Gratulationsschreiben von einem Manager? Eine Gerichtsvorladung für unterwegs begangene Kleinverbrechen? Nein, noch besser.

Meine erste Kreditkarte.

Mit meinen dreiundzwanzig Jahren war ich noch nie im Besitz einer Kredit- oder auch nur Scheckkarte gewesen, ganz zu schweigen von einem Konto mit mehr als ein paar Hundert Dollar drauf (danke, Oma!). Für mich also ein absoluter Wendepunkt. Die vergangenen Jahre hatte ich mit mageren Tagespauschalen überlebt, die zum Abend hin verdunsteten, weil ja Kippen, Junkfood und Bier gekauft werden mussten. Das hier war jetzt zu schön, um wahr zu sein! Auch wenn die Band mehr als eine Million Platten verkauft hatte, war noch kein einziger Penny davon ausgegeben. Um ehrlich zu sein, wusste ich gar nicht, wie viel ich jetzt besaß. Genau der richtige Zeitpunkt, um das herauszufinden.

Links vom Empfang sah ich einen Andenkenladen. Aha, da konnte ich diesen neuen Stapel Monopoly-Geld gleich mal testen! Ich rannte also mit flatternder Blütenkette durch die Lobby und direkt zum Sonnenbrillenständer, wo ich mir freudig eine Brille mit blau verspiegelten Gläsern aussuchte (passend zum Mazda, logo). Nervös brachte ich sie zur Kasse, wo die Sekunden zu Stunden wurden, während die Lady meine Karte durchzog und auf die Bestätigung wartete. Und als sie irgendwann die Quittung abriss und mir zur Unterschrift hinlegte, war das für mich eine Zeitenwende. Keine kalten Dosenbohnen mehr. Keine Drei-für-einen-Dollar-Corn-Dogs mehr. Keine »Shit on a shingle«-Mahlzeiten mehr (Dosenthunfisch, Pfeffer, Mehl und Toast – eine Spezialität von Kurt).

Durch die neue Brille auf meiner bald schon sonnengebräunten Nase erblickte ich jenseits des Parkplatzes ein Benihana-Restaurant. *Ooooh shit*, dachte ich. *Heute wird gefeiert …*

Der Rest ist, wie man so sagt, Geschichte.

Braun gebrannt, wohlgenährt und glücklich flog ich nach meiner Woche auf Fantasy Island mit Mr Roarke und Tattoo, dem ersten »Urlaub« seit meiner Kindheit, heim nach Virginia. Doch die neu gewonnene finanzielle Freiheit brachte natürlich auch gehörige Verantwortung mit sich. Das Undenkbare war eingetreten: Ich hatte Geld. Nachdem ich mein Leben lang zusehen musste, wie meine Mutter mehrere Jobs koordinierte und jeden Penny zählte, gab es jetzt tatsächlich Trost. Aber da ich gar nicht ahnen konnte, was noch alles kommen würde, blieb ich relativ bescheiden, auch weil mein Vater (der die Enterbung überwunden hatte) mich schnell warnte: »Du weißt, dass das nicht ewig anhält, oder? Behandle jeden Scheck, als sei er dein letzter.«

Das ist vermutlich der beste Ratschlag, den er mir jemals gegeben hat. Okay, ich bin erst mal in den Motorradladen und habe für Jimmy und mich je eine Yamaha V-Max gekauft, aber abgesehen davon sensibilisierte mich der Rat für eine mögliche Pleite, deshalb veränderte sich mein Leben im Großen und Ganzen nicht.

Wie gewohnt stoben wir in alle Richtungen auseinander. Krist flog zurück nach Seattle und erwarb ein gemütliches Haus in der Green-Lake-Region nördlich des Zentrums. Kurt ging nach Los Angeles und mietete sich in Hollywood eine nette kleine Wohnung in einem alten Gebäude. Da ich nicht vorhatte, dauerhaft in Seattle zu bleiben, kaufte ich ein Haus in Corolla, North Carolina, das nur wenige Blocks vom Strand entfernt lag. Aufgrund der Nähe zu Virginia waren die Outer Banks für mich der perfekte Ort, um Grundbesitz zu erwerben: Die raue Schönheit der Natur, mit Dünen und freilaufenden Wildpferden auf den endlosen Sandstränden, war genauso überzeugend wie die Tatsache, dass es nur wenige Autostunden von zu Hause entfernt lag. Ich konnte also das Errungene mit meiner Mutter und meiner Schwester teilen.

ABER MÜSSIGGANG IST ALLER LASTER ANFANG, HEISST ES.

Während alle versuchten, sich in ihrem neuen Leben einzurichten, kam die Kluft wieder zum Vorschein. Jetzt, wo wir nicht mehr monatelang im Van zusammengepfercht waren oder uns ein Hotelzimmer teilen mussten, konnte jeder genau das Leben führen, das er sich immer erträumt hatte, im Guten wie im Schlechten. Wir hatten gesehen, wie sich die Welt um uns herum veränderte und an jeder Ecke ein Blitzlichtgewitter oder ein Beinahe-Tumult lauerte; ohne diesen Hurrikan des Wahnsinns bot sich für jeden von uns die Chance, seine Realität ganz nach Belieben zu gestalten. Als gesichtsloser Drummer der Band hatte ich das Glück, praktisch unerkannt durchs

Leben zu gehen, kaum angesprochen zu werden, und wenn, dann mit der Frage: »Sind Sie Dave Navarro?« Es fühlte sich fast an, als sei ich ein Betrachter von außen, als würde ich aus der Ferne zusehen, wie all das jemand anderem passiert, und würde ungehindert »davonkommen«, ohne für meine Taten geradestehen zu müssen. Nur galt das eben nicht für Kurt, dessen Gesicht jetzt auf jeder Zeitschrift und in jeder Ausgabe der *MTV News* zu sehen war, während von Küste zu Küste in jedem UKW-Radiosender seine Stimme erklang – eine Art lebenslange Haftstrafe, mit der nur die wenigsten klarkommen. Wir zogen uns in unsere jeweiligen Winkel zurück, leckten unsere Wunden und verabschiedeten uns von dem Jahr, in dem der Punk seinen Durchbruch feierte.

Da für mich bis zur nächsten Nirvana-Tour nichts anstand, machte ich alles Mögliche: Ich surfte in den warmen Gewässern North Carolinas, hing mit alten Freunden an den gewohnten Stätten in D. C. ab, nahm in Seattle mit Barrett Jones meine primitiven Songs auf oder flog nach L. A., um meine alten Freunde Pete und Franz Stahl zu treffen, die nach meinem Wechsel zu Nirvana dortgeblieben waren und nach der Auflösung von Scream ein neues Leben (und eine neue Band: Wool) gestartet hatten. Was als eine Woche in ihrem kleinen Haus im Valley geplant war, entwickelte sich zu mindestens einem Monat, in dem ich jeden Morgen bei brutalster Sommerhitze erwachte. Ohne Klimaanlage war das Haus um die Mittagszeit ein glühender Pizzaofen, und um diesem Wüstenklima zu entkommen, blieb einem nichts anderes übrig, als einen Pool zu finden und den Nachmittag in der Oase anderer Leute zu verbringen. Genau darauf hatte sich mein Kumpel Bryan Brown spezialisiert.

Als wir jetzt zu der Villa im Cielo Drive hochfuhren,

mischte sich in meine Vorfreude immer mehr Befremdung, denn mir wurde klar, dass die morbide Faszination, die ich diesem Haus gegenüber verspürte, gleich auf die schaurige Realität prallen und ich leibhaftig in diesen verfluchten Hallen stehen würde. Wir klingelten am Außentor, fuhren die Auffahrt hoch, stiegen aus dem Auto – und hatten es vor uns: exakt wie auf den Tatortfotos, die ich mit meinen jungen, neugierigen Augen betrachtet hatte. Es lief mir kalt den Rücken hinunter.

Wir gingen zur Eingangstür – zu DER Eingangstür – und klopften. Man führte uns hinein, doch ich brauchte niemanden, der mir dieses Haus zeigte: Es war für mich so, als sei ich schon einmal da gewesen. Ich betrat das Wohnzimmer und wurde von einer Welle der Angst erfasst. Der gemauerte Kamin, die freigelegten Holzbalken, die kleine Empore … alles sah genauso aus wie an jenem furchtbaren Abend des 9. August 1969. Mit einem einzigen Unterschied: In der Mitte des Raums stand ein großes Aufnahmemischpult.

Die Nine Inch Nails machten hier gerade eine Platte.

Ich kannte die Nine Inch Nails nicht persönlich, hatte sie aber schon live gesehen. Ich war ein Fan von Industrial Music, und Throbbing Gristle, Psychic TV, Einstürzende Neubauten und Current 93 waren fester Bestandteil meines Teenage-Soundtracks gewesen. Auch das erste NIN-Album *Pretty Hate Machine* hatte mir sehr gut gefallen. Mit ihrer aggressiven Electro-Spannung und den düsteren Texten war es fast schon ein logischer Schritt für die Band, ihr nächstes Album hier im Manson-Haus einzuspielen. Klar hatte das etwas Krankes, nur passte alles gut zusammen und führte zu einigen ihrer besten Songs, etwa »March of the Pigs«, »Hurt« und »Closer«. Ich bin seit jeher davon überzeugt, dass die Umgebung, in der du aufnimmst, das musikalische Ergebnis quasi diktiert, und jedes Mal, wenn ich einen dieser Songs höre, fühle ich mich in meinem Glauben bestätigt. In diesen Stücken steckt so viel Leid und Verzweiflung, sicherlich von einer Art spiritueller Osmose durchdrungen, oder natürlich von Trent Raznors Leid und Verzweiflung. Auch wenn ich ihn nicht richtig kennenlernte, fand ich doch, dass er ein brillanter Künstler und ein überaus freundlicher Mensch war. Ganz ähnlich wie ein anderer brillanter, freundlicher Künstler, den ich kannte und der mit seiner Musik den Dämonen nachspürte, die ihn quälten.

Nach einer Weile legte sich der Vibe dieses Hauses wie ein Leichentuch über den Raum, was definitiv nicht mein Ding war und mich eher abtörnte. Das kannte ich alles nur zu gut, also diese Dunkelheit, diese Fragilität und dieses Leid. Deshalb warf ich mich schnell in den Pool, um erstens der Hitze zu entkommen und mich zweitens auch von dem Gefühl zu reinigen, das mich da im Wohnzimmer befallen hatte.

Die dunklere Seite der Musik ist etwas, das mich vom Klang her immer fasziniert hat, nur merkte ich irgendwann, dass ich selbst das einfach nicht bin. Musik war für mich immer Ausdruck von Licht und Leben oder sogar von Freude. Ich wollte lieber feiern, dass wir aus dem Tunnel herausgefunden hatten. Ich wollte meine Piratenflagge hissen und im Wind flattern lassen. Ich wollte mich nicht verstecken. Ich konnte nachvollziehen, dass andere in die entgegengesetzte Richtung wollten, um vielleicht alte Traumata aufzusuchen, aber ich selbst hatte mich von meinen befreit, und das fühlte sich gut an. Ob in den Sanddünen von North Carolina oder in der Stille verschlafener Virginia-Vorstädte – ich musste unbedingt Frieden finden. Und mit der neu gewonnenen Freiheit, die mir der Erfolg geschenkt hatte, wollte ich meine Zeit lieber dafür nutzen, ihn auch zu suchen.

Meine restlichen Tage in Los Angeles verbrachte ich damit, mit einem gemieteten VW-Cabrio herumzudüsen (o ja, damals stand ich auf Cabrios), in die Pools fremder Leute zu hüpfen, mit Freunden zu jammen und alle paar Tage bei der Fluglinie anzurufen, um mein Ticket nach Seattle umzubuchen, damit ich etwas länger in Petes heißem Valley-Haus bleiben, noch etwas mehr den Sommer genießen und zudem etwas mehr Abstand gewinnen konnte, bevor es wieder zurück zum verhangenen Himmel des Nordens ging. Tief im Inneren wusste ich vermutlich, was mich dort erwartete.

Schließlich, quasi in letzter Sekunde, riss ich mich los, warf meine Sachen hinten ins Cabrio und raste Richtung LAX, um hoffentlich den Flieger noch zu kriegen. In dem verworrenen Netz aus stark befahrenen Autobahnen, das diese Riesenmetropole durchzieht, kannte ich mich so gut wie gar nicht aus, weshalb ich mit Vollgas durchs Valley jagte und hoffte, irgendwann eine Auffahrt zu entdecken. Als ich mit quietschenden Reifen eine Kurve nahm, sah ich wenige Meter vor mir tatsächlich eine, also riss ich mit aller Kraft das Steuer nach rechts und … RUMMS!

Mit siebzig Stundenkilometern knallte ich gegen eine hohe Bordsteinkante, was mir unten nicht nur die Vorderachse wegriss, sondern oben auch den Airbag auslöste (von dem ich gar nichts wusste), der zwanzig Zentimeter von meinem Gesicht entfernt wie eine Stange Dynamit explodierte.

Verschrammt und durchgerüttelt taumelte ich aus dem Wagen, hustete das rauchige Puder heraus, das mir dieser Riesenballon ins Gesicht gerammt hatte, und telefonierte nach einem Abschleppwagen. (Lasst euch nicht von der Werbung täuschen, Ladys und Gentlemen: Ein Airbag ist zwar ein Lebensretter, aber definitiv kein sanftes Ruhekissen. So ein Ding knockt dich aus wie ein rechter Haken von Mike Tyson.) Als er ankam und wir gemeinsam den Schaden begutachteten, war die Schwellung an meinem linken Auge so groß wie ein Basketball und der Wagen nicht mehr zu retten – Totalschaden.

Ich rief ein Taxi und fuhr mit blauem Auge und eingekniffenem Schwanz zurück zu Petes Haus, wo ich noch eine Woche blieb. Leider ohne das wunderschöne, von mir geschrottete Cabrio, das nur zwölf Dollar pro Tag gekostet hatte. Diese Zusatzwoche in L.A. gab mir immerhin Zeit, mein Veilchen auszukurieren und über das nachzudenken, was vor mir lag. Über die Kluft zwischen uns dreien und die Frage, ob sie erneut geschlossen werden könnte. Die Welt hatte ihre Ohren für Nirvana geöffnet. Wir waren die unkonventionellen Freaks, auf die sich alle Blicke richteten. Würden wir das aushalten?

Ich erfuhr, dass Kurt hier in Los Angeles in einer Entzugsklinik war. Das machte mich nachdenklich, kam aber nicht überraschend. Letztendlich hielt ich es für ein gutes Zeichen. Während ich auf der anderen Seite der Stadt alte Freundschaften auffrischte, fand er jetzt vielleicht sein eigenes Licht und seinen eigenen Frieden. Da ich niemanden kannte, der je in einer solchen Klinik gewesen war, hatte ich die naive Vorstellung, das sei eine kurze Angelegenheit, so wie bei einer Blinddarm-OP oder bei der Entfernung der Mandeln. Abgesehen von den Alkoholproblemen meines Vaters hatte ich keine Ahnung vom wahren Wesen der Sucht. Und schon gar nicht von der Intensität, mit der sie sich bei Kurt darstellte. Ich verstand noch nicht, dass die Heilung, die dich aus den Klauen einer solchen Krankheit befreit, ein lebenslanger Prozess ist – so man wirklich dranbleibt und die Dunkelheit meidet.

ES GAB NOCH SO VIEL, AUF DAS WIR UNS FREUEN KONNTEN. WIR HATTEN JA GERADE ERST ANGEFANGEN.

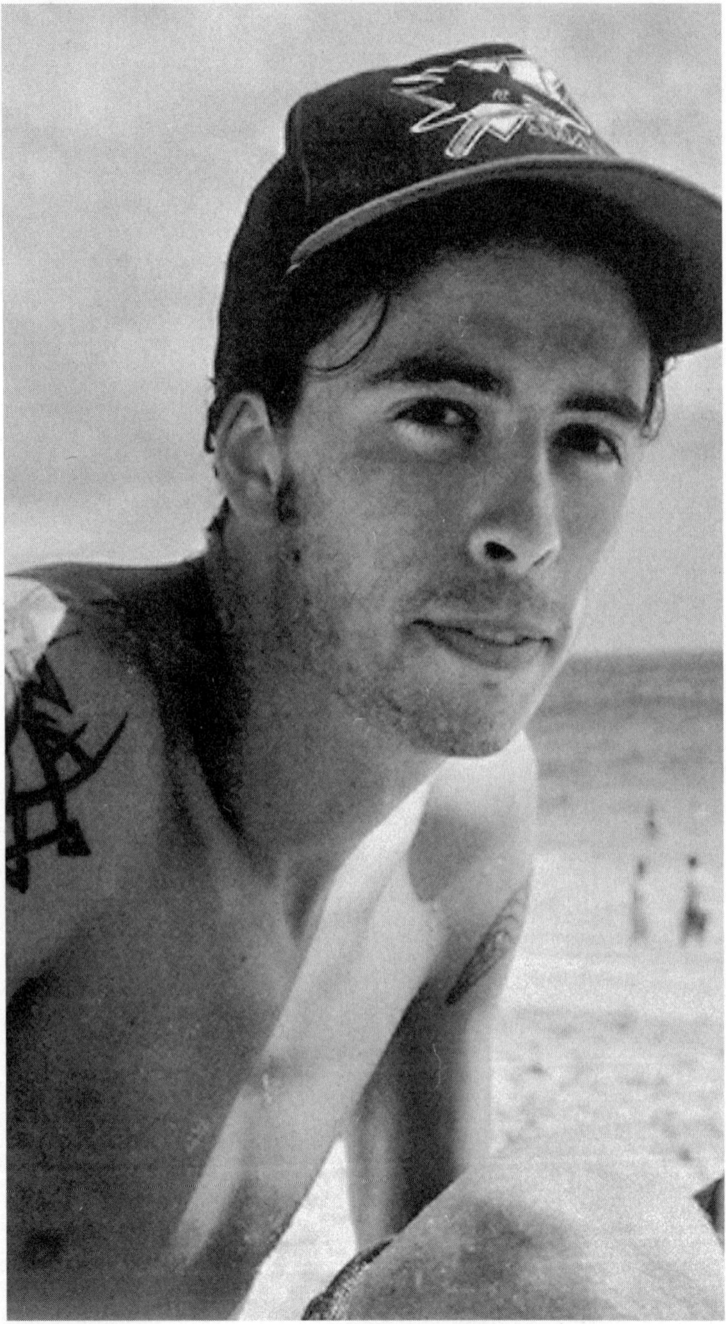

# TEIL DREI

## DER MOMENT

# ER IST VON UNS GEGANGEN

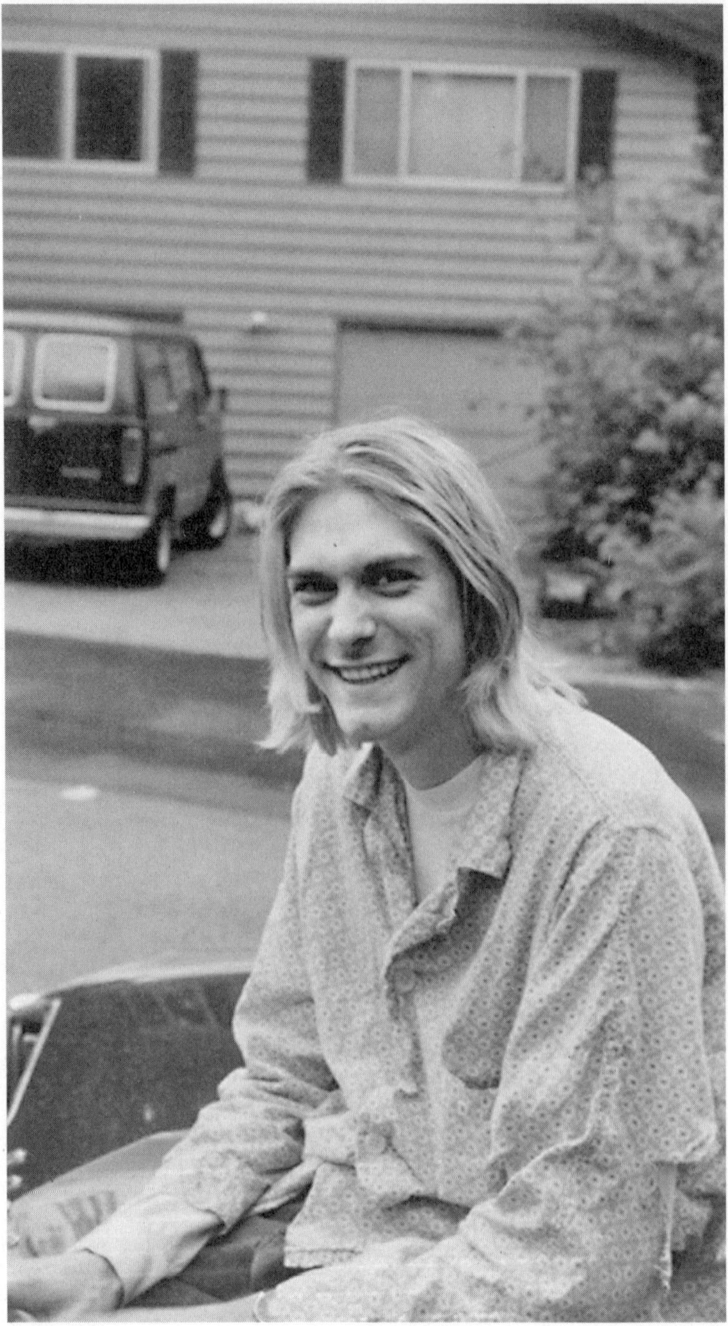

»Er ist von uns gegangen, Dave.«

Meine Knie gaben nach, und mir rutschte das Telefon aus der Hand, während ich auf den Boden meines Zimmers sank, mit den Händen meine Augen bedeckte und losheulte. Er war von uns gegangen. Der schüchterne junge Mann, der mir bei unserer ersten Begegnung am Flughafen von Seattle einen Apfel angeboten hatte, war von uns gegangen. Mein stiller, introvertierter Mitbewohner, mit dem ich mir in Olympia eine Wohnung geteilt hatte, war von uns gegangen. Der liebevolle Vater, der vor dem Konzert im Backstagebereich immer mit seinem süßen Baby spielte – er war von uns gegangen.

Ich verspürte eine viel stärkere Trauer, als ich mir je hätte ausmalen können. Ich konnte nicht mehr sprechen. Ich konnte nicht mehr denken. Nicht stehen. Nicht atmen. Ich sah nur noch sein Gesicht vor mir, das ich nie wieder leibhaftig erblicken würde. Nie wieder würde ich seine eigenartig flachen Finger sehen, seine knochigen Ellbogen, seine stechend blauen Augen. Denn er war von uns gegangen. Für immer.

Ein paar Sekunden später klingelte das Telefon erneut. Immer noch am Boden liegend, hob ich ab, ohne vor lauter Tränen und Hyperventilation überhaupt sprechen zu können.

»Moment … Er ist nicht tot. Er lebt noch …«

Ich sprang vom weichen Teppich auf, während mir das Herz bis zum Hals schlug. »Warte … bist du dir sicher??«, fragte ich panisch.

»Ja … Er ist im Krankenhaus, aber er wird es schaffen, Dave! Er wird durchkommen.«

Innerhalb von fünf Minuten hatte ich den schwärzesten Tag meines Lebens und gleich darauf meine Wiedergeburt erlebt. Ich legte auf. Ich war wie betäubt. Ich wollte lachen, weinen oder einen kompletten Nervenzusammenbruch erleben. Ich hing emotional in der Luft. Ich wusste nicht, was ich fühlen sollte.

Das war meine erste Begegnung mit dem Tod, und ich war völlig von der Rolle. Ich hatte soeben den lähmenden Schmerz des Verlustes kennengelernt, aber nur für einen Moment, denn wie ein schlechter Scherz wurde er gleich wieder weggeschoben. Meine Art zu trauern war für immer verändert. Von diesem Tag an wurde mir der Verlust eines nahestehenden Menschen zu einem komplizierten Geduldstraining; immer wartete ich darauf, dass jemand anrief und sagte, es sei ein Versehen gewesen, alles sei in Ordnung. Und wenn das Telefon dann doch nicht klingelte, bettelte ich regelrecht darum, dass der Schmerz endlich an die Oberfläche kam.

Man kann das plötzliche Ableben eines Menschen nicht vorhersagen, aber es gibt einfach bestimmte Leute, auf deren Verlust man sich doch irgendwie vorbereitet. Wie ein Idiot versucht man, Präventivmaßnahmen zu treffen und sein Herz mit einer Mauer zu umgeben, damit man halbwegs vorbereitet ist, wenn der Anruf dann tatsächlich kommt. Fast als sei man dadurch emotional geimpft und hätte gegenüber dem unvermeidlichen Ende dieser Person eine Art Immunität entwickelt.

Nur dass das nie klappt.

Am 3. März 1994 wachte ich in Seattle auf und erfuhr, dass Kurt in einem Hotel in Rom eine Überdosis genommen hatte. Sofort machte ich die Fernsehnachrichten an und sah, wie er auf eine Trage geschnallt und per Notarztwagen ins Krankenhaus gebracht wurde, woraufhin ich jeden im Team anrief, um herauszukriegen, was Sache war, und betete, dass es sich nur um eine versehentliche Überdosis handelte, was ja bereits vorgekommen war. Es gab große Verwirrung und widersprüchliche Berichte, manche schmerzhaft ernüchternd, andere total ermutigend, aber sosehr ich auch vor Ort sein wollte, war ich doch achttausend Kilometer entfernt und fühlte mich total hilflos. Schließlich waren wir noch zwei Tage zuvor in München gewesen und hatten mit Nirvana ein Konzert gegeben – wie sich später leider herausstellte, sein letztes.

Von diesem Tag an zog ich die Mauer immer höher.

Und sechsunddreißig Tage später stürzte sie auf mich ein.

Die Nachricht von seinem Tod erreichte mich am Vormittag des 8. April. Diesmal stimmte sie tatsächlich: Er war von uns gegangen. Es gab keinen Anruf, der den Irrtum berichtigte. Der die Tragödie abwendete. Es war endgültig.

Ich legte auf und wartete auf den lähmenden Schmerz, der mich erneut in die Knie zwingen würde … doch er kam nicht. Er saß ganz tief in mir und wurde durch das Trauma von vor einem Monat geblockt, als mich all diese konkurrierenden Gefühlszustände gequält hatten. Ich erinnere mich an fast nichts an diesem Tag, außer dass ich die Nachrichten einschaltete und immer wieder seinen Namen hörte: Kurt Cobain. Kurt Cobain. Kurt Cobain. Jedes Mal kratzte es an dem Panzer, den ich meinem Herz angelegt hatte. Kurt Cobain. Kurt Cobain. Kurt Cobain.

Ich wartete darauf, dass der Panzer durchbohrt und ich erneut zu Boden geschickt wurde, wollte es aber nicht zulassen. Ich wehrte mich dagegen, denn ich hatte Angst vor dem bekannten Schmerz. Kurt war für mich mehr als nur ein Name:

Er war ein Freund, ein Vater, ein Sohn, ein Künstler, ein Mensch. Und auch wenn er im Lauf der Zeit zum Zentrum unseres Universums geworden war, zum Punkt, den die ganze Welt umkreiste, war er noch so jung und hatte so viel Schönes vor sich. WIR hatten so viel Schönes vor uns.

An diesem Abend trafen wir uns alle in seinem Haus, um uns gegenseitig zu trösten, nur gab es keinen Trost, denn egal wie viel Kontakt wir mit dem Tod schon gehabt hatten, hätte sich niemand vorstellen können, dass es so wie jetzt sein würde. Zumindest ich nicht. Es war ein Schock, auf den erst Verzweiflung, dann Erinnerung und gleich wieder Schock folgte. Ich sah mir dieses Wohnzimmer voller Menschen an, all diese unterschiedlichen Leben, die er berührt hatte, jedes davon anders. Familienmitglieder, lebenslange Freunde und neuere Bekanntschaften, alle ganz unterschiedlich trauernd. Für jeden hier war das Leben nicht mehr dasselbe wie vorher, und alle waren wir ab jetzt durch dieses schreckliche Ereignis verbunden, diese Wunde, die sicher eine Narbe hinterlassen würde. Jahrelang konnte ich nicht an diesem Haus am Lake Washington vorbeifahren, ohne von lähmender Angst erfasst zu werden und an den Klang dieses Weinens denken zu müssen.

Am nächsten Tag wachte ich auf, ging in die Küche, machte Kaffee – und da durchfuhr es mich. *Er kommt nicht zurück. Er ist von uns gegangen. Aber … ich bin noch da. Ich werde aufwachen und einen weiteren Tag erleben, egal wie gut oder schlecht.*

Das ergab keinen Sinn. Wie konnte jemand einfach … verschwinden? Das war so unwirklich. Und unfair.

Mein Leben wurde schnell zu einer langen Abfolge von ersten Malen. Meine erste Tasse Kaffee seit seinem Verschwinden. Meine erste Mahlzeit seit seinem Verschwinden. Mein erstes

Telefonat. Meine erste Autofahrt – und so weiter. Es kam mir vor, als würde jeder Schritt, den ich machte, von der Zeit wegführen, in der er lebendig war – eine Abfolge von Situationen, in denen ich alles neu lernen musste. ICH MUSSTE WIEDER LERNEN ZU LEBEN.

»Empathie!«, schrieb Kurt in seinem Abschiedsbrief, und immer wieder habe ich mein Herz angefleht, seinen Schmerz ebenfalls zu empfinden. Habe es gebeten zu brechen. Ich habe versucht, mir die Tränen aus den Augen zu quetschen, während ich diese elende Wand verfluchte, die ich so hoch gebaut hatte, denn sie verwehrte mir das Gefühl, das ich so dringend verspüren wollte. Ich verfluchte diese Stimme am Telefon, die mir fälschlicherweise seinen Tod mitgeteilt und mich in diese emotionale Verwirrung versetzt hatte, ohne Zugang zu dem Trauerreservoir zu haben, das ich unbedingt leeren musste. Ich trug schwer an seinem Gewicht, wohl wissend, dass die Trauer mich bei lebendigem Leib auffraß, auch wenn sie viel zu tief verborgen war, um von mir erreicht werden zu können. Ich war betäubt, obwohl ich die Operation, die zur Heilung nötig war, unbedingt spüren wollte.

Manchmal schämte ich mich dafür, dass ich nichts empfand, aber irgendwann akzeptierte ich, dass es keine richtige oder falsche Art des Trauerns gibt. Es gibt keinen Ratgeber, keine Anleitung zum emotionalen Vorgehen. Das ist ein Prozess, der nicht kontrolliert werden kann und dessen Gnade man vollkommen ausgeliefert ist, deshalb muss man sich ihm ergeben, wenn er seinen hässlichen Kopf hebt, Angst hin oder her. Im Lauf der Jahre habe ich mich damit abgefunden, aber bis heute packt mich manchmal diese tiefe Traurigkeit, die mich bei der ersten Nachricht von Kurts Tod zu Boden geschickt hat.

Ist es die Zeit, die einem beim Verlust eines Menschen die Tiefe der Trauer vorgibt? Ist die emotionale Wichtigkeit nur durch die Anzahl der Tage festgelegt, die man gemeinsam verbracht hat? Diese dreieinhalb Jahre, die ich Kurt kannte, also ein relativ kurzes Zeitfenster in der Chronologie meines Lebens, formten mich zu dem (und definieren im Grunde immer noch), was ich heute bin. Ich werde immer »der Typ von Nirvana« sein, und darauf bin ich stolz.

Wobei ich es ohne meinen Kindheitsfreund Jimmy Swanson niemals nach Seattle geschafft hätte. Sein Tod riss ein Loch in mein Leben, das vollkommen anders ist.

Von Jimmys Tod erfuhr ich am 18. Juli 2008 über das Nachttischtelefon meines Hotelzimmers in Oklahoma City. Er war im Schlaf gestorben, und zwar genau in dem Haus in North Springfield, wo wir als Kinder zusammen die Welt der Musik entdeckt haben, auf genau der Couch, auf der wir stundenlang MTV angeschaut und davon geträumt hatten, irgendwann auch so zu leben wie die Musiker, die wir verehrten.

Ich legte auf, schob die Vorhänge beiseite, sah in den Himmel und redete mit ihm. Hatten wir einst in den Gängen unserer Highschool Zettel ausgetauscht, mussten wir jetzt via Spiritualität und Gebet kommunizieren.

Mit Jimmy starb auch ein Teil von mir. Er war mehr als nur ein Mensch für mich, er war mein Zuhause. Und auch wenn ich *ihn* nie loslassen konnte, musste ich bei seinem Tod doch das loslassen, was *ich* mit ihm war. Und so begann ein weiterer Prozess der ersten Male, nur dass sie mir diesmal viel schwerer fielen, einfach weil wir so viele erste Male im Leben *gemeinsam* erlebt hatten. Als seien wir siamesische Zwillinge gewesen, die sich lange einen Körper teilten und dann getrennt wurden, hatte ich jetzt das Gefühl, auf mich allein gestellt zu sein und vor der Frage zu stehen, wer ich eigentlich war. Ich hatte zu Jimmy aufgesehen, war ihm gefolgt und beneidete ihn um die Fähigkeit, sein Leben exakt so zu führen, wie er wollte, komplett mit sich im Reinen. Er wurde von allen geliebt, weil er etwas ganz Besonderes war. Zwar entdeckten wir die Individualität gemeinsam, gingen aber eben individuell damit um. Sosehr wir beide die Musik liebten – und Jimmy hat ja selbst viel gespielt –, wollte er es nie so durchziehen wie ich, sondern blieb lieber im Hintergrund und applaudierte vom Rand aus.

Ich spürte Jimmys Abwesenheit ganz tief in mir. Als Kurt starb, war ich fünfundzwanzig und noch nicht gerüstet, mit den darauf folgenden Veränderungen umzugehen. Aber bei Jimmys Tod war ich neununddreißig, und mittlerweile verstand ich das Leben besser – und damit auch den Tod. Ich war jetzt Ehemann, Vater und Leader einer neuen Band geworden und akzeptierte die unzähligen Pflichten, die mit all diesen Rollen einhergehen. Ich war kein dünner kleiner Junge mehr, der sich hinter seiner Haarmatte und einem riesigen Schlagzeug versteckt. Und je reifer meine Gefühle wurden, desto gezielter und intensiver wurden sie auch. Ich konnte nicht mehr einfach alles wegschieben und mir verbieten, etwas zu empfinden. Ich wusste, dass keine magischen Anrufe mehr kommen würden. Ich wusste, dass der Tod etwas Endgültiges ist. Ich wusste, dass die Trauer ein langer und dazu noch unvorhersehbarer Weg ist. IN GEWISSER HINSICHT HAT MICH KURTS TOD AUF JIMMYS VERLUST VIERZEHN JAHRE SPÄTER VORBEREITET. Auch wenn das zwei komplett unterschiedliche Beziehungen waren, haben sie mich doch in gleichem Maße geprägt und zu der Person gemacht, die ich heute bin.

Kurt und Jimmy gehörten nicht zur »Familie«, aber ich habe sie dazu gemacht, und eine solche Einladung kann viel intimer sein als die Beziehung zu echten Blutsverwandten. Hier gab es keine biologische Verpflichtung; unsere Verbindung hatte andere Gründe: unsere ähnliche Art des Denkens, unsere Liebe zur Musik, unsere gegenseitige Zuneigung. Seine Familie kann man sich nicht aussuchen, und wenn man jemanden aus der Familie verliert, gibt es einen biologischen Automatismus, zu dem eine eingebaute Trauer gehört. Aber bei Freunden definiert man die Art der Beziehung selbst, was sich im Gegenzug auf die Trauer auswirkt, die beim Verlust dieser Menschen

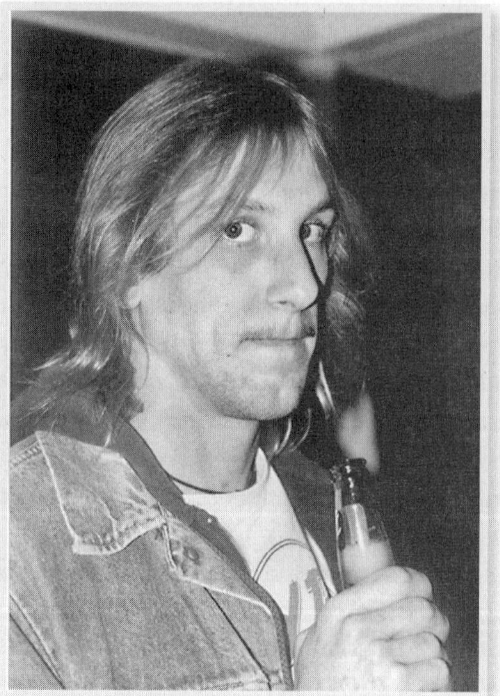

dann viel stärker sein kann. DA GIBT ES VIELLEICHT WURZELN, DIE VIEL SCHWERER AUSZUREISSEN SIND ALS ANDERE.

Diese Tode sind in meinem Leben immer noch präsent, wie ein langes Echo, und es vergeht kein Tag, an dem ich nicht an Kurt und Jimmy denke. Die Auslöser dafür sind manchmal ganz simpel: ein Song im Radio, zu dem Jimmy in seinem alten, verbeulten Renault Luftschlagzeug gespielt hat. Die rosafarbene Erdbeermilch, die sich Kurt manchmal an der Tankstelle gönnte. Der Duft des billigen Brut-Parfüms, mit dem sich Jimmy jeden Morgen übergoss und das niemand außer ihm selbst gut fand. Die Elmer-Fudd-Mütze, die Kurt oft aufsetzte, um sein Gesicht vor der Öffentlichkeit zu verbergen. Und die weiße Jackie-O-Brille, die sein Markenzeichen wurde. Wohin ich auch sehe, immer scheint es irgendwelche Auslöser zu geben, nur bin ich jetzt an dem Punkt angelangt, dass sie mir nicht mehr das Herz brechen, sondern mich zum Lächeln bringen.

Aber am stärksten spüre ich Kurt, wenn ich am Schlagzeug sitze. Ich spiele nicht oft die Songs, die wir zusammen gespielt haben, aber wenn ich mich auf diesen Hocker setze, sehe ich ihn vor mir, wie er seine Gitarre bearbeitet und sich vor dem Mikrofon die Lunge aus dem Hals schreit. Genau wie dieser schwarze Fleck, der sich beim Blick in die Sonne in deine Netzhaut bohrt, ist mir auf ewig sein Bild eingebrannt, wenn ich über mein Schlagzeug auf das Publikum vor mir sehe. Er wird immer da sein.

Und jedes Mal, wenn ich nach Virginia komme, kann ich Jimmy *spüren*. Er ist in den Bäumen, auf die wir als Kinder zusammen geklettert sind, in den Rissen der Gehwege, die wir jeden Morgen zur Grundschule genommen haben, und in jedem Zaun, über den wir gesprungen sind, um eine Abkürzung durch unser Viertel zu nehmen. Manchmal, wenn ich rede, benutze ich zwar *meine* Stimme, aber *seine* Worte. Und wenn ich von ihm träume, sieht er aus wie immer. Er ist immer noch mein bester Freund.

Auch wenn sie nicht mehr unter uns weilen, habe ich diese beiden Menschen ständig bei mir.

Und die Mauer ist längst verschwunden.

# DER HEART-BREAKER

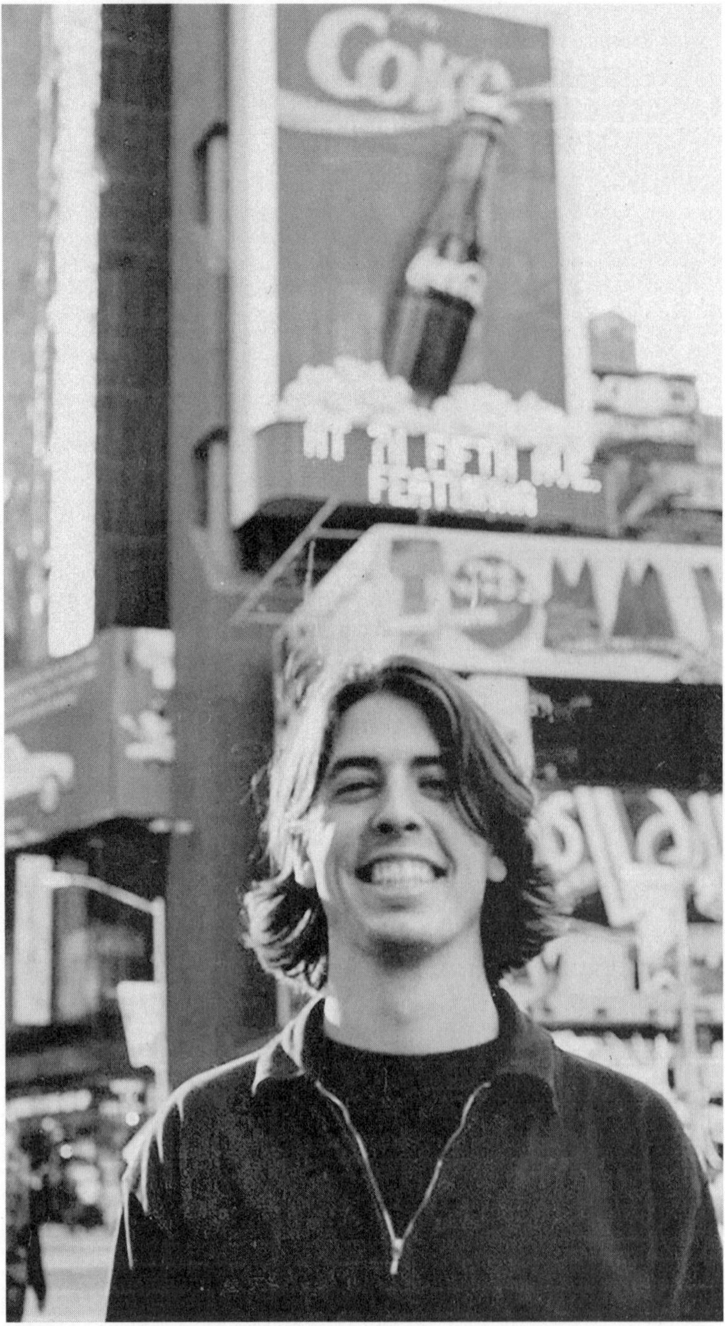

»Da will dich jemand sprechen, Dave.«

Der Studiotechniker reichte mir den Hörer mit dem langen Spiralkabel, und zu meiner Überraschung war niemand anderer dran als Ron Stone, ein Kollege meines Managers, den jeder nur »Old School« nannte, weil er früher mit legendären Künstlern wie Bonnie Raitt und Neil Young gearbeitet hatte. Wir hatten noch nie miteinander zu tun gehabt, also wunderte ich mich, dass er mich anrief, aber noch mehr wunderte ich mich über das, was er mir mitteilte.

»Tom Petty fragt an, ob du bei *Saturday Night Live* mit ihm Schlagzeug spielen würdest …«

Ganz perplex erwiderte ich: »Moment mal – wie bitte? Ich? Der Mann könnte jeden Drummer auf der Welt haben und fragt mich?« Ich meine, wir reden hier über Tom Petty, Amerikas Lieblings-Floridianer, die Verkörperung bodenständiger Working-Class-Coolness, die Stimme hinter unsterblichen Classic-Rock-Hits wie »Breakdown«, »American Girl«, »Refugee« oder »Free Fallin'«. Seine Musik war der Soundtrack zu eintausend Knutschflecken, Songs, die vor Gefühl und Drive nur so trieften – und er rief den Typ an, der auf exakt zweierlei Art Schlagzeug spielt, nämlich entweder »ja« oder »nein«? Das ergab überhaupt keinen Sinn.

Tom bereitete damals seine Platte *Wildflowers* vor, die später zu seinen besten Soloalben gezählt werden sollte, und hatte sich erst vor Kurzem vom Drummer der Heartbreakers Stan

Lynch getrennt. Deshalb brauchte er jemanden, der bei seinem Promo-Auftritt in *Saturday Night Live* dessen Platz einnahm.

Jede Einladung in die Fernsehstudios von *SNL*, meiner Lieblingssendung, war eine Ehre (Fun Fact: Bis heute war ich dort vierzehnmal zu Gast, öfter als jeder andere Musiker). Aber trotzdem kam ich nicht ganz mit. Petty war einer meiner absoluten Lieblingskünstler sowie der musikalische Held unzähliger junger Vorstadt-Sonderlinge, wie ich es gewesen war, also musste ich die Tatsache, dass er meinen Namen kannte, erst mal verdauen. Abgesehen davon hatte ich seit dem Ende von Nirvana kaum Schlagzeug gespielt, schon gar nicht live.

Ich wand mich und druckste herum – diese schmeichelhafte Anfrage kam ja doch als ziemlicher Schock –, bevor ich mir dann ein, zwei Tage Bedenkzeit ausbat. Damals war ich mit dem Kopf ganz woanders, um es mal so auszudrücken. ICH MUSSTE MIR ALLES ERST MAL GRÜNDLICH ÜBERLEGEN.

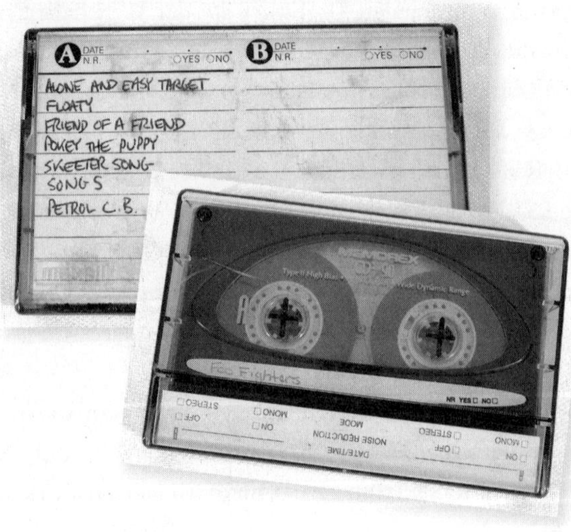

Mir war klar, dass irgendwann die Einladung kommen würde, diesen Schritt zu wagen und nach einem Jahr der Trauer mein Leben wiederaufzunehmen, nur war ich auf einen Katalysator wie den hier überhaupt nicht vorbereitet. Ich legte auf und machte im Kontrollraum des Studios, wo ich gerade mit umgehängter Gitarre stand, mit dem weiter, was ich für den Anruf unterbrochen hatte: Ich nahm etwas auf, das später zur ersten Platte der Foo Fighters werden sollte.

Nach dem Tod von Kurt war ich komplett orientierungslos, genau wie alle anderen. Nachdem uns unsere Welt auf derart traumatische Weise unter den Füßen weggezogen wurde, hatte jeder Probleme, ein Leuchtfeuer zu finden, das uns durch den Nebel der Trauer um diesen immensen Verlust führen konnte. Und der Umstand, dass Kurt, Krist und ich so stark durch Musik verbunden gewesen waren, machte jede Form von Musik zu einem bittersüßen Erlebnis. Was einst die größte Freude meines Lebens gewesen war, hatte sich in den größten Kummer verwandelt, und ich legte nicht nur meine Instrumente weg, sondern stellte auch das Radio ab, um ja nicht durch irgendeine Melodie diese lähmende Trauer wieder wachzurufen. Zum ersten Mal in meinem Leben verabscheute ich Musik. Ich wollte unbedingt vermeiden, dass sie mir erneut das Herz brach.

In diesen Monaten nach Kurts Tod fühlte ich mich wie ein Goldfisch, der den ganzen Tag in seinem kleinen Glas verzweifelt hin und her schwimmt, ohne irgendwie voranzukommen. Ich war erst fünfundzwanzig Jahre alt und hatte noch das ganze Leben vor mir, aber in vielerlei Hinsicht fühlte ich mich, als sei es bereits zu Ende. Die Vorstellung, mein Schlagzeug auf der Bühne hinter jemand anderem aufzubauen, war nicht nur wenig ansprechend, sondern geradezu deprimierend. Ich war zu jung, um langsam dahinzuschwinden, aber auch zu alt, um noch mal von vorne anzufangen. Klar konnte ich losziehen und mir eine neue Band suchen, aber ich würde einfach auf ewig »der Typ von Nirvana« sein, und tief in meinem Innern wusste ich, dass nichts an das heranreichen würde, was Nirvana der Welt geschenkt hatten. So etwas passiert einem nur einmal im Leben.

Nach monatelangem Stillstand mit erdrückend selbstreflexiven Phasen erkannte ich, dass ich aus Seattle rausmusste, um wieder einen klaren Kopf zu bekommen. Deshalb reiste ich in eine Ecke der Welt, die mich schon immer fasziniert hatte und wo ich mir von der Ruhe und Schönheit der Natur Heilung erhoffte: zum Ring of Kerry. Diese spektakuläre abgelegene Landschaft im Südwesten Irlands repräsentiert den Zustand, in dem unsere Erde vor Tausenden Jahren gewesen sein muss, bevor der Mensch sie mit Asphaltflächen und verstopften Autobahnen überzog. Hier gab es endlose, leuchtend grüne Wiesen über Küstenlandschaften und kleinen Dörfern am Meer; hier herrschte die Art von Ruhe und Frieden, die ich für die Sondierung meines Lebens und einen Neubeginn dringend nötig hatte.

Ich war bereits einmal dort gewesen, und zwar vor Nirvanas Auftritt beim Reading Festival 1992 (unserem letzten Konzert im UK). Damals machte ich mit meiner Mutter und meiner Schwester eine einwöchige Tour von Dublin nach Dingle, während der ich eine Verbindung zu dieser Landschaft spürte, wie ich das noch in keiner anderen Gegend der Welt erlebt hatte. Keine Ahnung, ob da die irische Abstammung meiner Mutter eine Rolle spielte oder mir einfach der Rhythmus des Lebens behagte, der mich an meine Kindheit im ländlichen Virginia erinnerte, jedenfalls fühlte ich mich in dieser Stille und Isolation sehr wohl. Genau das brauchte ich jetzt.

Als ich dann eines Tages meinen Mietwagen um die Schlaglöcher und tiefen Risse einer einsamen Landstraße herumsteuerte, tauchte vor mir in der Ferne ein Anhalter auf. Mit seinen langen, fettigen Haaren und dem viel zu großen Parka war dieser Junge ganz klar als Rockfan erkennbar, und da die nächste Ortschaft meilenweit entfernt lag, brauchte er ebenso klar eine Mitfahrgelegenheit. Ich beschloss, ihn mitzunehmen. Doch als ich näher kam, sah ich etwas, das meine Meinung schlagartig änderte.

Er trug ein Kurt-Cobain-T-Shirt.

Eine Welle der Angst erfasste mich wie ein Stromschlag auf dem elektrischen Stuhl, und ich raste mit gesenktem Kopf an ihm vorbei in der Hoffnung, dass er mich nicht erkannt hatte. Meine Hände zitterten, und ich dachte, ich müsste mich vor lauter Panik gleich übergeben. Ich versuchte verzweifelt, mich im hintersten Winkel der Welt zu verstecken und ein Leben in den Griff zu kriegen, das nur wenige Monate zuvor auf den Kopf gestellt worden war, nur um selbst hier Kurts Gesicht zu begegnen – um quasi daran erinnert zu werden, dass ich der Vergangenheit nicht entkommen würde, ganz egal, wie weit ich davor weglief.

Das war der Moment, der alles veränderte.

Ich flog zurück in die Staaten und beschloss, wieder an die Arbeit zu gehen. Ohne Band oder irgendeinen Plan zog ich mich zurück und tat das, wobei ich mich immer am wohlsten gefühlt hatte: Ich nahm ganz allein ein paar Songs auf. Das hatte ich schon im Alter von zwölf Jahren gelernt, mit zwei Kassettenrekordern, einer alten Gitarre und diversen Kochtöpfen. Meine Methode war simpel: Ich nahm die Gitarre auf Kassette auf, legte diese in Rekorder Nummer zwei, drückte auf Start, nahm diese Gitarre dann mit live dazu gespieltem

»Schlagzeug« auf eine neue Kassette auf, und so weiter und so fort. Ohne es zu wissen, praktizierte ich quasi Multitrack Recording. Ich schrieb die absurdesten Stücke über meinen Hund, die Schule oder Ronald Reagan und fand diesen Prozess derart faszinierend, dass ich es ziemlich oft machte. Und das Beste daran? Niemand wusste etwas davon, denn ich hatte wahre Todesangst, irgendjemanden meine gellende, präpubertäre Stimme hören zu lassen.

Als ich dann anfing, in Virginia mit meinem Freund Barrett Jones abzuhängen und in seinem Kellerstudio Acht-Spur-Aufnahmen zu machen, hatte ich es längst drauf, alle Instrumente selbst einzuspielen und die Gitarren, Drums und Stimmen nacheinander aufzunehmen, auch wenn das jetzt nicht mehr die RadioShack-Kassettengeräte meiner Kindheit waren, sondern eine professionelle Bandmaschine. Ich wollte mich nicht aufdrängen (und hatte auch gar nicht das Geld, um ihn für Aufnahmen zu bezahlen), also wartete ich immer, bis die Studiosession von jemand anders beendet war, und fragte dann schüchtern: »Ist vielleicht noch ein bisschen Band übrig? Ich würde gern was ausprobieren …« Weil das eine ziemlich große Bitte war (und ich schon den Großteil von seinem Gras geraucht hatte), raste ich, so schnell ich konnte, von einem Instrument zum anderen und machte jeweils nur einen Take von Schlagzeug, Gitarre und Bass, um Barretts Zeit und Großzügigkeit nicht über Gebühr zu belasten. Danach ging ich heim, hörte mir mein kleines Experiment immer wieder an und malte mir aus, was ich alles anstellen könnte, wenn ich für einen Song mehr als nur fünfzehn Minuten Zeit hätte.

Als Barrett dann nach Seattle gezogen war und wir ein gemeinsames Haus gefunden hatten, befand sich sein Studio plötzlich in MEINEM Keller. Das machte ich mir zunutze und fing an, Songs zu entwickeln, die zwar roh klangen und für das Licht der Öffentlichkeit ungeeignet waren, aber doch etwas mehr Reife besaßen. »Alone and Easy Target«, »Floaty«, »Weenie Beenie«, »Exhausted« und »I'll Stick Around« waren nur ein paar der Songs, die wir an Regentagen zu Dutzenden in unserem kleinen Keller aufnahmen, und ich sammelte nach und nach etwas an, das später zum Repertoire der Foo Fighters werden sollte. Nirvana waren damals mit Vollgas unterwegs, und Gott weiß, dass da in Bezug auf Songwriting keine Hilfe nötig war, deshalb behielt ich diese Eigenkompositionen für mich, auch weil ich mich an den alten Musikerwitz erinnerte: »Die letzten Worte des Drummers, bevor er aus der Band geworfen wurde? ›Hey, Leute, ich hab da was komponiert, das wir unbedingt spielen sollten!‹«

Jetzt hatte ich nichts mehr zu verlieren, und verstecken wollte ich mich auch nicht weiter. Also kehrte ich aus Irland zurück und beschloss, für sechs Tage das 24-Spur-Studio ganz in der Nähe meines Hauses in Richmond Beach zu buchen: die Robert Lang Studios, amtlich ausgestattet und oberhalb des Puget Sound in einen großen Hügel gebaut. Ich hatte schon vorher dort aufgenommen; auch die letzte Session mit Nirvana, bei der zu Jahresbeginn unser letzter Song »You Know You're Right« entstanden war, hatte dort stattgefunden.

Der kauzige Studiobetreiber Robert Lang hatte in den Siebzigern beschlossen, unter seinem Haus eine Aufnahmemöglichkeit zu schaffen, und zu diesem Zweck fünfzehn Jahre lang immer tiefer in den Hügel hineingegraben, wobei Tausende Kipplaster Erde weggekarrt wurden und etwas entstand, das man wohl am besten als gigantischen Betonbunker mit einer geilen Sammlung an Vintage-Mikrofonen bezeichnen kann. Aber der größte Unterschied zu anderen Studios war das Material, aus dem seine Aufnahmeräume gebaut waren: Marmor und Stein. Anstelle von Holz und schalldämpfendem Material, die im Verbund für einen warmen, trockenen Klang sorgen, setzte er auf das Reflexionspotenzial von hartem Stein, was einen stärkeren »Live«-Sound ergab. Tatsächlich war der dunkelgrüne chinesische Marmor der Grund, warum Nirvana hier aufnehmen wollten: Als wir das Studio zum ersten Mal besuchten, zeigte uns Robert an einer Stelle ein kleines Muster darin, das für ihn aussah wie eine Heiligenfigur, ein Glorienschein und eine Taube – ein Bildnis der Auferstehung. Das reichte, um Krist Novoselic und mich sagen zu lassen: »Oh, wir werden DEFINITIV hier aufnehmen … Der Typ ist echt ABGEFAHREN.« Abgesehen davon lag das Studio so nah bei mir, dass ich mit meinem Gokart mit Rasenmähermotor hinfahren konnte.

Ich buchte das Studio für die Zeit vom 17. bis zum 22. Oktober 1994 und begann mit den Vorbereitungen. Aus den zahllosen Songs, die Barrett und ich im Lauf der Jahre aufgenommen hatten, wählte ich die fünfzehn besten aus, stellte mein Equipment zusammen und entwickelte folgenden Plan: vier Tage mit jeweils vier Songs, die restlichen zwei Tage für Gesangsspuren und Abmischung. Wenn ich im gewohnten Tempo aufnehmen würde, also ein Instrument nach dem anderen und jeweils nur ein oder zwei Takes, könnte ich das schaffen. Ich erstellte einen Terminplan, welcher Song an welchem Tag drankommen sollte, und übte wie ein Irrer, weil die Zeit schon sehr knapp bemessen war. Sechs Studiotage erschienen mir fast wie eine Ewigkeit, trotzdem musste ich beweisen, dass ich den Anforderungen, die ich an mich stellte, gewachsen war. Darin lag letztendlich der Antrieb hinter diesem neuen Projekt.

Barrett und ich bauten am Montagvormittag alles auf,

machten Kaffee, pegelten die Sounds sein und waren um zwölf bereit, die Aufnahmetaste zu drücken. Als Erstes war ein Song namens »This Is a Call« dran. Ich hämmerte die Drums in einem Take ein, schnallte mir sofort die Gitarre um und spielte den Part genauso schnell runter, bevor ich dann einen Durchgang mit dem Bass machte. Innerhalb von fünfundvierzig Minuten war der Instrumentaltrack im Kasten. Als Nächstes kam »I'll Stick Around«. Gleiches Vorgehen: Schlagzeug, Gitarre, Bass und nach fünfundvierzig Minuten fertig. Dann »Big Me«, dann »Alone and Easy Target« … Am Ende des ersten Tages hatten wir nicht nur unser Soll von vier Songs erfüllt, sondern sogar noch Zeit übrig, was meine anspruchsvolle Aufgabe gleich ein bisschen weniger anspruchsvoll machte. Ich fühlte mich richtig … gut.

Die ganze Sache war für mich keineswegs nur eine Aufnahmesession, sondern im Grunde eine Art Therapie. Eine Fortsetzung des Lebens. Sie war der Defibrillator, der mein Herz wieder in seinen Normalrhythmus brachte – ein elektrischer Impuls, der meine Liebe zur Musik ebenso wie den Glauben daran erneuerte. Hier ging es um mehr, als einfach nur ein paar Instrumente in die Hand zu nehmen, um mich wieder aktiv oder gar produktiv zu fühlen; zum ersten Mal seit Langem konnte ich wieder durch die Windschutzscheibe sehen statt immer nur in den Rückspiegel.

Als die Woche zu Ende ging, hatte ich nicht nur mein Ziel erreicht, die fünfzehn Songs auf Band zu kriegen (tatsächlich wurden sie in der Reihenfolge des späteren Albums aufgenommen), sondern hatte auch Tom Petty für *Saturday Night Live* zugesagt, ein Sprung zurück in mein früheres Leben, der mir aber keine Angst mehr machte. Am Ende des Tunnels war jetzt tatsächlich Licht zu erkennen. All diese Dinge waren nicht als neuer Masterplan für mein Leben gedacht, sondern stellten nur kleine Schritte dar. Wie es bei mir weitergehen sollte, war völlig unklar. Noch.

Ich brachte das Mastertape mit Barretts Rough-Mixes in ein Kopierstudio in Downtown Seattle und gab dort den Auftrag für einhundert Kassetten, um sie an Freunde, meine Familie und all jene verteilen zu können, die wissen wollten, was »der Typ von Nirvana« seit dem Ende der Band so gemacht hatte. Nachdem ich meine eigenen Sachen fast mein ganzes Leben lang geheim gehalten hatte, war ich jetzt nicht nur bereit, sie der Welt zu präsentieren, sondern sogar richtiggehend stolz auf sie, mehr als auf alles, was ich je zuvor aufgenommen hatte. Das lag natürlich durchaus am fantastischen Klang von Barretts Produktion, vor allem aber an meiner emotionalen Genugtuung. Wie jemand, der zu lange unter Wasser gewesen war, hatte ich mit einem gierigen Japsen endlich wieder die Oberfläche durchstoßen.

Aber auch wenn ich hier alles selbst eingespielt hatte (abzüglich der einen Gitarrenspur meines Freundes Greg Dulli von den Afghan Whigs, dem ich die Klampfe in die Hand drückte, als er mich im Studio besuchte), fand ich die Bezeichnung »Soloprojekt« dafür eher abschreckend. Ich konnte mir nicht vorstellen, dass ein Name wie »The Dave Grohl Experience« die Leute in die Plattenläden treiben würde, und wenn ich ehrlich bin, wusste ich auch, dass wegen der Verbindung zu Nirvana niemand die Sachen objektiv anhören würde. Deshalb beschloss ich, anonymer vorzugehen und es wie der Police-Drummer Stewart Copeland zu machen, der im Jahr 1980 sein »Soloprojekt« Klark Kent genannt hatte. The Police waren damals groß im Kommen, und um die Karriere der Band nicht zu stören, spielte Copeland unter diesem Pseudonym alle Instrumente selbst ein – genau wie ich jetzt. Das war so herrlich mysteriös. Ich war schon immer von UFOs fasziniert gewesen, also nahm ich einen Ausdruck aus dem Buch *Above Top Secret*, das ich damals las – eine Zusammenstellung von UFO-Sichtungen und Militärberichten. In einem Kapitel über unidentifizierte Objekte, die während des Zweiten Weltkriegs in Europa und über dem Pazifik gesichtet worden waren, fand ich einen Begriff, den das Militär für diese rätselhaften Leuchtkörper verwendete und den ich wunderbar rätselhaft fand. Er klang nicht nur nach einer Gruppe von Menschen, sondern fast schon nach einer Gang: Foo Fighters.

Ich entwarf ein einfaches Einlegeblatt, das jeder Kassette beigefügt werden sollte, wählte dazu Schrift und Papierfarbe und listete die Credits und Songtitel auf. Zwei Köpfe größer als vorher verließ ich das Kopierstudio, denn am Wochenende würde ich meine Trophäe abholen können. Ich schwebte geradezu über dem Boden. Die Belohnung bestand ausschließlich darin, dass ich die Sache durchgezogen hatte – allein.

Während ich wartete, bereitete ich mich auf den Flug nach Los Angeles und die Probe mit Tom Petty vor. Man hatte mir die beiden Songs zugeschickt, die wir in der Sendung spielen würden: »You Don't Know How It Feels« und »Honey Bee«. Ich hörte sie mir in Dauerschleife an, um mir Steve Ferrones sublime Drum-Licks einzuprägen und mich in seinen perfekten Groove einzufühlen. Mein eigener Stil war meilenweit von dieser Entspanntheit entfernt, deshalb versuchte ich, mit etwas Zen meinen ansonsten eher anarchischen Ansatz ein wenig abzumildern. Doch ich war nicht allein wegen der Musik nervös, sondern auch, weil ich bald dem *one and only* Tom Petty begegnen würde.

Als ich im San Fernando Valley den gewaltigen Proberaum

erreichte – ein Tempel aus Paisley und Räucherstäbchen mit einem großen Totempfahl an der Wand –, bereiteten mir Band und Crew einen unglaublich warmherzigen und freundlichen Empfang. Mit ihrem entspannten Gefrotzel und dem leichten Südstaatenakzent waren die Heartbreakers der Inbegriff der Coolness: Sie sorgten dafür, dass ich mich willkommen fühlte, und gaben sich größte Mühe, mir die Nervosität zu nehmen, die sie zweifellos bei mir spürten. Schließlich waren sie echte Rockstars und wussten ziemlich gut, wie sie auf andere wirkten, nur sorgten ihre Freundlichkeit und Sympathie schnell dafür, dass ich mich wohlfühlte.

Während wir fröhlich herumalberten, baute ich auf dem Podest mein Schlagzeug auf, und als ich dann die Bassdrum mit einem kräftigen WHACK testete, ließ die Lautstärke alle zusammenzucken, bevor sie einander ansahen und lachten, als wollten sie sagen: »*Holy shit*, was haben wir uns da nur eingebrockt?«

Und dann war da noch Tom. Exakt so, wie ich ihn mir vorgestellt hatte: total laid-back und mühelos cool. Als er mich begrüßte, kam die Stimme von tausend Highschool-Partys wie Zuckersirup aus seinem Mund. Binnen Minuten war jede Nervosität, die sich durch diesen Rock 'n' Roll-Tagtraum bei mir angesammelt hatte, restlos verschwunden, und wir fingen an zu spielen. Vor lauter Aufregung legte ich wohl etwas zu viel Energie hinein, denn die Band krümmte sich geradezu unter dem kanonenartigen Lärm meines Schlagzeugs. Na ja, jedenfalls jammten wir fröhlich, hatten eine gute Zeit miteinander und lernten uns in den Pausen besser kennen, was dazu führte, dass ich mich am Ende der Probe wie ein Ehren-Heartbreaker fühlte und damit als Teil einer Band. Dieses Gefühl hatte ich schon lange nicht mehr gehabt.

In der Woche darauf trafen wir uns dann in den Studios von *Saturday Night Live* zum Soundcheck, der dort normalerweise immer donnerstags stattfindet. An diesem Tag pegelt das *SNL*-Team den Sound ein und bereitet parallel dazu die Kameraeinstellungen vor. Erst macht man Soundcheck und spielt jeden Song zwei-, dreimal durch, damit die Bühnenmonitore stimmen und auch im Regieraum alles gut klingt, dann geht man zum Mittagessen und kommt eine Stunde später wieder zur Kamera-Einrichtung, bei der vom Regisseur die Einstellungen der Live-Übertragung geprobt werden. Normalerweise ist das eine entspannte Angelegenheit, denn die Leute haben jahrzehntelange Erfahrung und brauchen meist nur wenige Versuche.

Aber nach der ersten Kameraprobe kam der Bühnenregisseur zu meinem gewaltigen Drumkit und meinte: »Ähm, Dave … Wäre es möglich, dass Sie dieses Hänge-Tom ein paar Zentimeter nach links drehen? Wir kriegen Ihr Gesicht nicht richtig ins Bild.«

So verstört und verlegen, wie ich jetzt in Anwesenheit meiner Helden war, wusste ich gar nicht, wie ich reagieren sollte. Als dankbarer Gast bei dieser irren Sache wollte ich definitiv keinen Ärger machen, aber warum zum Teufel interessierten die sich für mich? Das war doch ein Auftritt von Tom Petty!

Ich sah hilfesuchend Tom an, der mir einen Blick zuwarf, mit dem er so etwas andeutete wie: »Lass dir nicht sagen, was du tun sollst, Junge. Setz dich durch!« Also erwiderte ich: »Ähm … nein, das geht einfach nicht, tut mir leid.«

Sofort kam ein Bühnenhelfer mit einem kleineren Drum-Mikro, das einen besseren Blick für die Kamera ermöglichen sollte. Wir spielten die Nummer also noch einmal durch, aber wieder kam der Bühnenregisseur, diesmal zu Tom. »Verzeihung, Mr Petty, besteht vielleicht die Möglichkeit, dass Sie ein bisschen weiter rechts stehen?«

Das grenzte jetzt fast schon an Unverschämtheit. Der Typ hatte echt Eier.

Man hätte auf dieser legendären Bühne – die Tom nur zu gut kannte, nachdem er sie schon viermal mit seiner Anwesenheit beehrt hatte – eine verdammte Stecknadel fallen hören können. »Nein, Mann, wir haben den ganzen Tag gearbeitet, damit es gut klingt, und das tut es jetzt. Wenn hier irgendwas verändert wird, ist alles wieder am Arsch.«

Der Bühnenregisseur flehte und bettelte, bis Tom irgendwann die Hände hob und resigniert sagte: »Okay. Aber ich sage Ihnen, dann ist alles im Arsch …«

Sie schoben Toms Monitore und den Mikroständer nach rechts, woraufhin wir das Stück erneut einzählten. Als Tom dann die erste Textzeile singen wollte, gab es eine derartig fiese Rückkopplung, dass alle zu spielen aufhörten und sich die Ohren zuhielten. *Oh fuck …*, dachte ich. *Jetzt gibt's Ärger.*

Tom war stinksauer, aber auf eine Art und Weise, wie das nur Tom Petty sein konnte. Er blieb total cool, sah den Bühnenregisseur an und sagte: »Sie da. Kommen Sie mal her.«

Der arme Tropf schlich zur Bühne, wohl wissend, dass er womöglich einen fatalen Fehler gemacht hatte, der seine Karriere ruinieren würde, woraufhin ihn Tom mit seinem bekannten Südstaaten-Drawl fragte: »Was habe ich Ihnen eben gesagt?«

Der Regisseur bat um Entschuldigung und versprach, die Sachen sofort wieder in die Ausgangsposition zu bringen, doch Tom meinte nur: »Nein, Sie sollen wiederholen, was ich Ihnen eben gesagt habe.«

Also gab der Regisseur Wort für Wort Toms Warnung wieder. Dann sagte Tom: »Ganz genau. Und jetzt stellen Sie alles wieder an seinen richtigen Platz.«

Für mich war das weder Schelte noch Bloßstellung, sondern einfach ein Mann, der sein Leben lang für das gekämpft hatte, woran er glaubte, dabei mit Problemen und demoralisierendem Business-Bullshit ohne Ende konfrontiert worden war und der Welt jetzt zum wiederholten Mal signalisierte, dass er sich nicht verarschen ließ. Ich war stolz darauf, in diesem Moment sein Drummer zu sein – nicht der Typ von Nirvana, sondern der Drummer von Tom Petty. Als hätte ich nicht sowieso schon einen Riesenrespekt vor dem Mann gehabt, sah ich jetzt noch mehr zu ihm auf.

Der Auftritt selbst war großartig. Wir rockten beide Songs mit Groove und Intensität, und nach den gerade mal eineinhalb Wochen, die wir uns kannten, fühlte ich mich in der entspannten Dynamik dieser Band erstaunlich wohl – so wohl, wie ich es in den dreieinhalb Jahren mit Nirvana nicht einmal ansatzweise erlebt hatte. Die merkwürdige Dysfunktionalität bei Nirvana sorgte zwar für ordentlich Krach, nur wirkte das Familien- und Gemeinschaftsgefühl im Heartbreakers-Camp um so viel gesünder. Es war genau das, was ich zur Linderung meiner Traumata brauchte, und erinnerte mich außerdem daran, dass Musik vor allem Freude, Leben und Feierlichkeit repräsentiert. Für mich der perfekte One-off-Einsatz, um zurück auf die Beine zu kommen.

Aber dann fragte mich Tom, ob ich mir so was öfter vorstellen könne.

Das war jetzt das, was man einen Game-Changer nennt – eine unerwartete Schicksalswendung, die das Geschehen noch erfüllender und gleichzeitig komplizierter machte. Wie um alles in der Welt sollte ich so ein Angebot ablehnen? Nicht einmal in meinen wildesten Träumen hätte ich mir vorstellen können, dessen würdig oder auch nur dazu fähig zu sein. Aber trotzdem fühlte sich die Frage verdammt gut an.

Als wir nach dem Auftritt in dem schmalen Gang vor der Garderobe standen, bat mich Tom, mir die Sache durch den Kopf gehen zu lassen. Ich dankte ihm tausendmal, nach wie vor komplett von den Socken, überhaupt mit dem Mann *reden* zu dürfen, der den Klassiker »Runnin' Down a Dream« geschrieben hatte, einen Song darüber, dass man dem verschlungenen Lebenspfad mit all seinen Kurven und Wendungen folgt und niemals weiß, wohin er einen als Nächstes führt.

Ich flog heim und holte meine einhundert Kassetten ab, fein säuberlich in einem Karton verpackt, den ich vorsichtig in meinen Pick-up lud, als würde ich ein neugeborenes Baby aus dem Krankenhaus nach Hause bringen. Hatte ich mein Herz in New York City bei Tom Petty verloren? Oder steckte es irgendwo in diesem Karton mit Kassetten?

ICH STAND WIEDER MAL AM SCHEIDEWEG.

Das Erlebnis mit den Heartbreakers war total erfüllend, total angenehm und zu diesem Zeitpunkt total nötig gewesen. Doch tief in meinem Innern wusste ich, dass ich nie ein richtiger Heartbreaker sein würde. Die Band war über eine jahrzehntelange gemeinsame Geschichte miteinander verbunden, und so nett, zuvorkommend und gastfreundlich sie alle waren, würde ich doch auf ewig »der Typ von Nirvana« sein. Natürlich war ich stolz darauf, aber es war auch eine gewaltige Last.

Ich liebte Toms Musik von ganzem Herzen und hätte es sicher massiv genossen, Abend für Abend seine Songs zu spielen, aber … es waren eben nicht meine eigenen. Als wir dann noch einmal telefonierten, sagte mir Tom, sie würden ihre Tourneen immer sehr gemütlich angehen. Ich hätte einen Bus für mich, auch die Terminabfolge sei viel entspannter als bei den zermürbenden Van-Marathons, die ich gewohnt war. Alles klang perfekt – fast schon zu perfekt. Aber ich war fünfundzwanzig Jahre alt, immer noch hungrig und keineswegs bereit, es mir in einer »sicheren Sache« bequem zu machen. Ich hatte nach wie vor die unruhige Energie eines Teenagers, der sich ins Unbekannte stürzen und dort sein Glück finden wollte, so beängstigend das manchmal auch sein konnte.

Deshalb lehnte ich dankend ab und beschloss, dass der Karton hinten im Pick-up den Schlüssel zu meinem neuen Leben enthielt. Das war definitiv keine sichere Sache, nur ist das ja letztendlich bei allem so.

*Yeah, I'm runnin' down a dream*
*That never would come to me*
*Workin' on a mystery*
*Goin' wherever it leads*
*Runnin' down a dream*

R. I. P. Tom Petty 1950–2017

# SWEET VIRGINIA

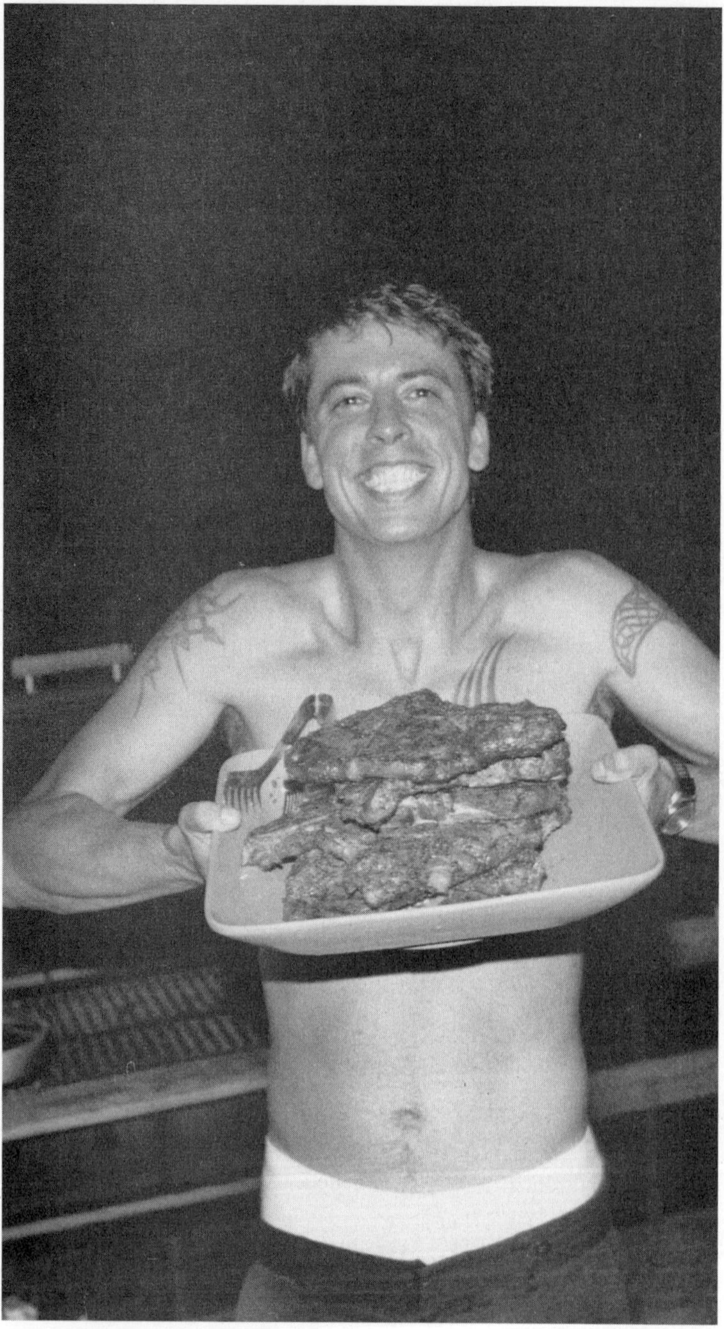

»Ich brauche Ruhe und Privatsphäre, also … nichts unter hundertfünfzig Hektar«, sagte ich selbstbewusst.

»Wow!«, rief meine Maklerin Connie geschockt. »Okay! Dann schau ich mich mal um und melde mich ASAP mit ein paar Vorschlägen!«

Dass sie derart überrascht war, wunderte mich ehrlich gesagt ein wenig. Meiner Meinung nach war das kein unverschämtes Anliegen, schließlich suchte ich ein Wohnhaus für mich, ein Gästehaus für die Band und eine Scheune, die sich zum Studio umbauen ließ, damit ich in den Sonnenuntergang reiten und in einem verschlafenen Städtchen in Virginia meinen Traum vom Selbstversorgerdasein ausleben konnte.

Andererseits hatte ich natürlich keine Ahnung, wie groß ein Hektar ist.

Nach sieben Jahren in Seattle war mein Leben dort zu Ende. Ich war als komplett Fremder hingekommen, hatte in größter Armut und emotionaler Abgeschiedenheit gelebt, mich in eine neue Gruppe eingegroovt, die dann die größte Band der Welt wurde, hatte erleben müssen, wie mir das alles unter dem Arsch weggezogen wurde, und daraufhin wieder von vorne angefangen. Im Grunde ein Leben für sich. Aber sosehr ich die Stadt und meine Freunde dort auch liebte, war mein Herz doch in Virginia geblieben, meiner einzigen und ewigen Heimat. Während ich zwischen den wogenden Hügeln und hohen Eichen seiner Vorstädte aufgewachsen war, hatte ich mir nie vorstellen können, anderswo zu leben, egal wie sehr ich als Jugendlicher auch aus dieser stillen Monotonie und Vorhersehbarkeit ausbrechen wollte. Mir war immer klar gewesen, dass ich dort, wo ich begonnen hatte, irgendwann auch wieder landen würde.

Als wir im Herbst 1996 anfingen, im Bear Creek Studio vor den Toren von Seattle das zweite Foo-Fighters-Album *The Colour and the Shape* aufzunehmen (bis heute unsere populärste Platte), merkte ich, dass meine Zeit im Pazifischen Nordwesten abgelaufen war. Ich fühlte mich dort immer noch als Besucher, als weiterer Neuzugang in einer Stadt, die ihre Geschichte und Tradition mit Zähnen und Klauen verteidigt, und erlebte außerdem die letzten Zuckungen meiner ersten, mittlerweile kaputten Ehe. Das überschattete unsere Aufnahmesessions tief in den Wäldern ebenso wie die bevorstehenden dunklen Wintermonate (Themen, die sich durch die Texte dieser Platte ziehen). Das Feuer, das Seattle in meinem Herzen einst entfacht hatte, verlosch langsam, und egal wie sehr ich auch in die Glut pustete, ich konnte es nicht mehr entzünden. *Es ist Zeit, weiterzuziehen*, dachte ich. *Hier gehöre ich nicht mehr her.*

Oder wie Pat Smear einmal sagte: »Zu viele Geister.«

Aber vor der Rückkehr an den Ort, an dem ich mich wirklich zu Hause fühlte, entschied ich mich für einen zwölfmonatigen Zwischenstopp in Los Angeles (meine persönliche Version von *The Lost Weekend*), um mich – nur wenige Blocks entfernt von dem sinkenden Schiff der Schlammcatcherinnen, dem ich damals nur knapp entkommen war – in meine neu gewonnene Emanzipation einzuleben. Doch jetzt war ich nicht mehr auf zugesteckte Dollarnoten und Dosenbohnen angewiesen, sondern konnte mir den Luxus einer eigenen Wohnung (und eigenen Versorgung) leisten. Ich mietete mir einen schnuckeligen Zwei-Zimmer-Bungalow unweit des Sunset Strip, was ich jetzt, da ich an nichts und niemanden mehr gebunden war, auch gnadenlos ausnutzte. Die Foo Fighters waren mittlerweile nicht mehr nur ein lockeres Nebenprojekt, sondern zu einer richtigen Band zusammengewachsen, auch wenn uns die Produktion des zweiten Albums in wackeligem Zustand zurückgelassen hatte: Original-Drummer William Goldsmith stieg aus, nachdem ich seine Schlagzeugspuren neu eingespielt hatte, konnte aber zum Glück durch den überqualifizierten Taylor Hawkins ersetzt werden; kurz danach machte auch Pat Smear vorübergehend die Düse. Nach all diesen Problemen musste ich dringend Dampf ablassen.

Ich fühlte mich frei genug, um all das zu tun, was ich mir in den vergangenen Jahren verkniffen hatte. Nach jahrelangem Konsum der Hefeweizen-Pitcher und edlen Craftbiere im Pazifischen Nordwesten machte mich mein neuer *partner in crime* Taylor Hawkins jetzt mit der viel unprätentiöseren, dafür aber tödlicheren Kombination von Coors Light und Tequila bekannt. Jede Zurückhaltung, die ich einst hatte walten lassen, wurde über Bord geworfen und dümpelte im Kielwasser von Patrón-Flaschen und ausgesaugten Limettenscheibchen. Der ehemalige Scream-Sänger Pete Stahl jobbte damals im Viper Room, einem hedonistischen Sündenpfuhl, der bequemerweise gleich in der Nähe lag. Dort ging ich jeden Abend hin, was in der Regel dazu führte, dass mein Bungalow irgendwann von lauter Rumtreibern bevölkert wurde, die sich bis zum Sonnenaufgang die Kante gaben.

Insgesamt eine »gute Zeit«, um es mal vorsichtig auszudrücken. Aber nach zwölf Monaten maßloser Völlerei merkte ich, dass das nicht ganz der Sonnenuntergang war, in den ich eigentlich reiten wollte. Also nahm ich einen anderen, bekömmlicheren Horizont ins Visier: das Paradies des ländlichen Virginia.

Ich flog nach Osten, um Connie zu treffen, und wir begannen unsere Immobiliensuche in der Kleinstadt Leesburg, nur eine Stunde vom kosmopolitischen Gewusel Washington, D. C., entfernt. Die Stadt war 1740 gegründet worden, an jeder Ecke standen wunderschöne alte Häuser, und Steinmauern säumten die Landstraßen, die sich meilenweit durch malerische Pferdekoppeln wanden. Es war eine Rückkehr in meine Jugend, denn als Kind hatte ich viele Sommer damit verbracht, bei der Taubenjagd in brütender Hitze über die Wiesen zu streifen und nach Munition aus dem Bürgerkrieg zu suchen; im Winter hatte ich noch vor Sonnenaufgang Gänseköder in die hartgefrorene Erde gesteckt, um dann in einem großen Loch, das ich in den eisigen Boden gekratzt hatte, auf die Schwärme zu warten und vielleicht ein Abendessen heimzubringen.

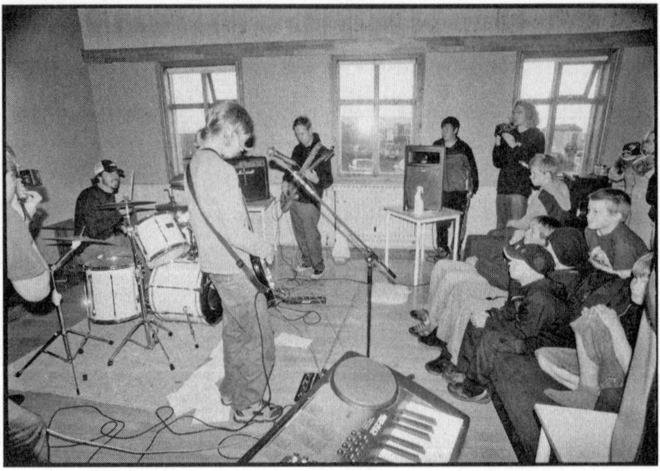

An all das musste ich auf dem Weg zu unserer ersten Besichtigung denken. Aber als wir dann ankamen, rückte Connie zunächst mit einer Einschränkung heraus: »Okay, das hier ist jetzt etwas kleiner als gewünscht, hat aber ein fantastisches Hauptgebäude und dazu noch Gästehaus und Scheune.«

Leicht enttäuscht fragte ich: »Wie viel kleiner?«

»Dieses Grundstück hat rund vierzig Hektar«, meinte sie.

*Vierzig Hektar? Das ist ja gar nichts!*, dachte ich. Wie sollte ich auf gerade mal vierzig Hektar abtauchen und bis in den frühen Morgen mit meiner Band Musik machen können? »Hmmm …«, sagte ich. »Aber wo wir schon mal da sind, können wir ja einen Blick riskieren …«

Als ich dann auf der Veranda dieses makellosen, zweihundert Jahre alten Herrenhauses stand, das einst für die Fuchsjagd errichtet worden war, fühlte ich mich neben den riesigen Säulen wie ein Zwerg, und beim Blick über diese herrlich grünen Wiesen wurde mir klar, warum die Maklerin bei meinem ersten Anruf so schockiert gewesen war. Vierzig Hektar waren eine verdammte Farm. Und hundertfünfzig Hektar? Fast schon ein gottverdammtes County! An mir war wirklich kein Landvermesser verloren gegangen. Sosehr ich mich für meine Ignoranz schämte, erfüllte mich die immense Schönheit des Grundstücks, das sich vor mir ausdehnte und bis zu dem kleinen Fluss in der Ferne von Bäumen gesäumt wurde, mit allergrößter Ehrfurcht. *Holy shit!*, dachte ich, *was hab ich mir da bloß eingebrockt?*

Nachdem wir das Hauptgebäude von innen besichtigt hatten (das dem Weißen Haus, wo ich *gewiss* niemals wohnen werde, ein kleines bisschen zu ähnlich sah), gingen wir ins Gästehaus. Und dort fiel es mir wie Schuppen von den Augen: Das war alles völlig daneben. Hier stand ich nun mit meinen dreißig Jahren und war drauf und dran, mich wortwörtlich »auf die Farm zurückzuziehen« – als würde mein gesegnetes Leben voller Musik und Abenteuer hinter mir liegen und als sei ich jetzt bereit dafür, in den ewigen Sonnenuntergang zu reiten und aus der Welt der Lebenden zu verschwinden. Außerdem war allein dieses Gästehaus doppelt so groß wie das nur eine Stunde entfernt liegende Haus, in dem ich aufgewachsen war und wo meine Mutter, meine Schwester und ich bequem zu dritt hatten leben können. Okay, die Scheune war schon verlockend: hohe Decken und eine Grundfläche, auf die problemlos ein ganzes Orchester gepasst hätte, beste Voraussetzungen also, um ein erstklassiges Aufnahmestudio einzurichten. Nur war ich nicht bereit, es mir schon jetzt derartig bequem zu machen. ES GAB EINFACH NOCH VIEL ZU VIEL ZU TUN.

Connie brachte mich dann noch zu ein paar anderen Objekten, alle zwischen hundert und hundertfünfzig Hektar groß (»Wollen Sie die Grundstücksgrenze abgehen?«, fragte sie. *Ähm, nein danke*), aber es war zwecklos: Mein Entschluss stand fest. Dieses Hirngespinst würde warten müssen. Irgendwann, wenn mein Leben in ruhigeren Bahnen verlief und ich eine Familie hätte, um so etwas mit ihr zu teilen, würde ich mich vielleicht auf diese ländliche Americana-Nummer einlassen. Aber noch nicht jetzt.

Schließlich entschied ich mich für ein vernünftigeres Haus mit einem halben Hektar Land am Rand der Altstadt von Alexandria, nur wenige Kilometer von meinem alten Viertel entfernt, und begann dort mit dem Ausbau dessen, was dann zum langjährigen Keller-Aufnahmestudio der Foo Fighters werden sollte. Wir waren vor Kurzem aufgrund einer sogenannten »Keyman-Klausel« aus unserem Vertrag mit Capitol Records entlassen worden; sie besagte, dass wir aussteigen könnten, falls Capitol-Präsident Gary Gersh (ein alter Freund und außerdem derjenige, der Nirvana damals zu Geffen geholt hatte) die Firma verlassen sollte. Aufgrund unserer langen gemeinsamen Geschichte war das vertraglich so festgelegt und allseits akzeptiert worden. Garys Weggang war für uns ein unerwarteter Glücksfall, und so trennten wir uns von der Plattenfirma, um vollkommen unabhängig zu sein – ein Luxus, den die meisten Bands nie erleben dürfen, sobald sie sich auf einen Vertrag über mehrere Alben eingelassen haben.

Das Schöne daran? Wir *mussten* jetzt keine Band mehr sein. Alles war ohne Zwang und allein von dem Wunsch getragen, gute, ehrliche Arbeit zu leisten. Unsere Jahre seit dem ersten Album waren wild gewesen: Wir hatten ständig Tourneen gemacht, um unsere Identität gekämpft, die Talsohle des schwierigen zweiten Albums durchschritten und unterwegs ein paar Mitglieder verloren. Aber weil es bei uns allen diese Liebe zum gemeinsamen Musikmachen gab, überstanden wir jeden dieser Querschläge.

Ein einziges Mal hatte ich ans Aufhören gedacht, nämlich als Nate im Frühjahr 1998 für vierundzwanzig Stunden ausstieg. Ich besuchte gerade meine Mutter in Virginia, als er anrief und sagte, er sei nicht mehr mit ganzem Herzen dabei und würde lieber zu seiner alten Band Sunny Day Real Estate zurückkehren, die einen Neustart plane. Das ging mir an die Nieren. William war der Intensität und dem Drive der Band letztendlich nicht gewachsen, Pat hatte es einfach »hinter sich«, und Franz war ein alter Kumpel, ohne dass es je richtig klickte. Aber Nate? Der Typ, mit dem ich das Ganze auf die Beine gestellt hatte? Ich war total sauer und meinte wütend: »Okay, aber ich hab keinen Bock mehr, ständig jemandem diese Songs beizubringen. Wenn ich einen Ersatz für dich finde, übernimmst DU das.«

Wir verabschiedeten uns, nur wusste ich im Grunde, dass es ohne ihn keine Foo Fighters mehr gab. Das war einfach ein Ausstieg zu viel, und langsam kam es mir echt wie das Soloprojekt vor, das ich nie im Sinn gehabt hatte.

An diesem Abend ging ich mit meinem besten Freund Jimmy in den besten aller Billig-Barbecue-Schuppen namens Ribsters, wo ich mich gezielt volllaufen ließ und wegen dieser weiteren Attacke auf meine größte Leidenschaft in diverse Jackie-Colas heulte. Als ich wieder nach Hause kam, drehte sich alles, und ich fiel in meinem ehemaligen Kinderzimmer in Ohnmacht. Am nächsten Morgen wurde ich von der sanften Stimme meiner Mutter geweckt, die zur Tür herein raunte: »David? Nate ist am Telefon ...«

Benommen schnappte ich mir den großen, kabellosen Knochen, zog die Antenne heraus und grunzte: »Hallooooo ...«

Nate entschuldigte sich tausendmal und meinte, er hätte einen Aussetzer gehabt und wolle die Band nun doch nicht verlassen. Zu sagen, dass ich erleichtert war, wäre eine grobe Untertreibung: Das hatte mehr den Charakter einer Wiedergeburt. Wir heulten beide vor Rührung, sagten »I love you, man« und legten auf. Dann kroch ich wieder zurück ins Bett, das ich, wie ich leider feststellen musste, in der Nacht vollgepinkelt hatte.

Während also jetzt mein neues Zuhause entstand, bereiteten Taylor und ich eine Überlandfahrt von L. A. nach Virginia vor: zwei junge Männer in einem schwarzen Chevy Tahoe, die gefährlich laut Classic Rock hören und auf ihrer verrückten Odyssee von Küste zu Küste über die Highways brettern. Seit sich Taylor im Jahr davor der Band angeschlossen hatte, waren wir beide quasi unzertrennlich. Als er noch Schlagzeug für Alanis Morissette gespielt hatte, lange bevor er ein Foo Fighter wurde, liefen wir uns ständig bei irgendwelchen Festivals über den Weg, und die Chemie zwischen uns war so offensichtlich, dass sogar Alanis ihn einmal fragte: »Was wirst du tun, wenn Dave dich in seine Band holen will?« Wir waren halb Beavis and Butthead, halb Dumm und Dümmer, und veranstalteten an jedem x-beliebigen Ort ein hyperaktives Chaos aus Parliament-Light-Kippen und Airdrumming, deshalb gab es niemanden, mit dem ich diese psychopathische Safari lieber gemacht hätte als mit Taylor.

Wir planten ein paar Zwischenstopps ein – zum Beispiel Taylors Oma und den Stripclub von Pantera (Letzterer mit Top-Priorität) –, aber ansonsten war das eine straighte Viertausend-Kilometer-Fahrt zurück in meine Heimatstadt. (Bei der Ankunft verwandelte sich Taylor in Bruce Springsteen und sang für mich den Boss-Klassiker »My Hometown«. Noch witziger war nur seine Version der *Cheers*-Titelmelodie, die er auf einem Klavier im knallvollen Costco-Supermarkt zum Besten gab.) Ich schmiss in meinem kleinen Canyon-Bungalow eine letzte Abschiedsparty, packte meine wenigen Habseligkeiten in ein paar U-Haul-Kisten, warf alles in einen Umzugswagen und sagte dem Exzess und der Verzweiflung von Amerikas glamourösester Großstadt Lebewohl. Als Taylor und ich dann aufbrachen, war ich mehr als glücklich, Los Angeles im Rückspiegel verschwinden zu sehen. Ein weiteres Kapitel lag hinter mir – eins, das auch heute noch ein bisschen verschwommener aussieht als der Rest.

Wir hatten die allmächtigen Pantera (die unangefochtenen Könige des Metal) vor ein paar Monaten bei einem Ozzfest-Konzert im UK kennengelernt, wo wir in letzter Minute auf das unselige Angebot eingegangen waren, für Korn einzuspringen. Versteht mich nicht falsch: Ich war schon immer ein Die-hard-Metal-Fan gewesen. Ein Rückenpatch tragender, Kassetten sammelnder, Fanzines abonnierender, stagedivender Lebenslänglicher aus ganzem Herzen. Aber das Ozzfest? Die Foo Fighters? Im Vergleich mit dem erbarmungslosen Metal der anderen Bands waren wir das Rock 'n' Roll-Äquivalent von *Revenge of the Nerds.* Manche von uns trugen die Haarspitzen damals sogar OBERHALB der Schultern.

Deshalb ergab das für mich wenig Sinn. Es war vermutlich die schlechteste Idee aller Zeiten. Ein Desaster mit Ansage …

Um alles noch schlimmer zu machen, sollten wir *nach* Pantera auftreten, der härtesten, kompaktesten, groovigsten, gnadenlosesten Metalband aller Zeiten. Den Königen des Cro-Magnon-Gemetzels. Den motherfucking COWBOYS FROM HELL. »Glaub mir: Wenn die ihren letzten Akkord spielen, wird nichts mehr übrig sein«, prophezeite ich meinem Manager. Keine Bühne mehr, Köpfe und PA durchgeblasen, nichts als eine schlammige Wiese voller zerstörter Trommelfelle und geschmolzener Hirnwindungen. Aber da wir zu einer schlechten Idee noch nie Nein gesagt hatten, ließen wir uns darauf ein und setzten die Segel Richtung Milton Keynes.

Die National Bowl dort ist an Rock 'n' Roll-Spektakel gewöhnt. Von Michael Jackson über Metallica, Queen und Green Day bis hin zu Status Quo und The Prodigy hatte dieses Gelände (früher offenbar eine Lehmgrube zur Ziegelherstellung) bereits seit Jahrzehnten die gewaltigsten Konzertveranstaltungen beherbergt. Mit einem Fassungsvermögen von fünfundsechzigtausend Zuschauern und nur siebzig Kilometer nordwestlich von London gelegen, war das der ideale Ort für einen glorreichen sonnigen Samstag des Weltuntergangs. Und das

Line-up war geradezu lächerlich bombastisch. Sabbath, Slayer, Soulfly und … ähm … wir. Dieser Tag versprach, ein Mammut-Metal-Showdown gigantischen Ausmaßes zu werden.

Als unser Tourbus in den Backstagebereich fuhr, sah ich eifrig durchs Fenster, um vielleicht den einen oder anderen meiner Helden zu entdecken. Tom Araya! Scott Ian! Tony Iommi! Max Cavalera! Da waren sie und wanderten herum, als seien sie schnöde Sterbliche. Und dann auch noch am helllichten Tag! Ich hatte immer gedacht (gehofft), diese schwarzen Gestalten würden nur bei Nacht herauskommen, nachdem sie kopfüber wie Fledermäuse in ihrem Mausoleum gehangen hatten, nachtaktive Kreaturen, die das Sonnenlicht mieden und darauf warteten, uns bei Vollmond mit ihren teuflischen Hymnen zu terrorisieren. Zu meinem Entsetzen hatten einige von ihnen sogar kurze Hosen an und so etwas wie Softdrinks in der Hand. Aber was soll's. Metal lebt.

Ich versteckte mich in unserer Garderobe, um nicht bei lebendigem Leib aufgefressen zu werden. Ich wagte es nicht, zur Bühne zu gehen und einen vorsichtigen Blick auf das sichere Schicksal zu werfen, das uns in diesem wogenden Moshpit aus Leder und Nieten erwartete. Ich saß nervös da und versuchte, eine Setlist zusammenzustellen, die mehr Richtung Motörhead und weniger Richtung 10cc ging, wobei ich alles strich, was das Wort »Love« oder ein Slideguitar-Solo im Stil von George Harrison enthielt. Klar wollte ich das Publikum beeindrucken, aber viel mehr noch meine Hardrock-Helden, die hoffentlich erkennen würden, dass auch ich im tiefsten Herzen ein Metalhead war.

Schließlich brachte ich den Mut auf, meinen stickigen Mietcontainer zu verlassen, und ging an den Bühnenrand. Dort wurde ich Zeuge von etwas, das nur als die abgefahrenste, brutalste und vulgärste Machtdemonstration bezeichnet werden kann, die die Menscheit jemals erlebt hat: Pantera. Genau wie in meiner Vorstellung *zerstörten* sie die Bühne. Vinnie Paul, der Meister, die Legende, drosch wie der Donnergott persönlich auf seinen Schlagzeug-Berg ein. Phil Anselmo kreischte wie ein Mann, der von jedem bösen Geist aus jedem jemals gedrehten Exorzismus-Film besessen ist. Rex Brown stampfte über die Bühne und richtete seinen Bass wie einen riesigen Flammenwerfer direkt aufs Publikum. Und Dimebag Darrell … Gottes Geschenk an die Gitarre stahl die Show mit einer solchen Leichtigkeit, Großkotzigkeit und Coolness, dass allen die Klappe runterfiel und durch den sommerlichen Dreck schleifte. Das war ein Walhalla des Volume.

Irgendwann sah ich hinter dem Schlagzeug einen derangierten Fan ohne Shirt, der Flaschen zertrümmerte, ganz allein für sich headbangte und dabei jedes Wort mitsang, als würde sein Leben davon abhängen. DAS war ein wahrer Pantera-Fan. Klar, nicht viel anders als die restlichen 64 999 da draußen, aber dieser Dude drehte gerade mal ein, zwei Meter vom Drumkit entfernt durch. Dann bückte er sich und rückte einen Beckenständer zurecht, der durch Vinnie Pauls gnadenlose Hiebe verrutscht war. *Merkwürdig*, dachte ich. Wie sich herausstellte, war dieser derangierte, shirtlose, headbangende Fan Vinnies Drumroadie Kat. Ich sag's euch: In all meinen Jahren des Tourens habe ich nie etwas Abgefahreneres erlebt. Das war keine Roadcrew, das war eine Gruppe Krimineller. Und das war auch keine Band, sondern eine verdammte Naturgewalt.

Für einen Moment vergaß ich, dass wir heute ebenfalls auf dem Programm standen. Ich war völlig *lost in music* und dachte gar nicht mehr daran, dass auf diese historische Performance meine Version des Post-Grunge-Alternative-Rock folgen sollte. (Stichwort: Finger werden tief in den Hals gerammt.) Manche Menschen meditieren, andere gehen in die Kirche, und wieder andere lecken in der Wüste kleine Frösche ab, um dieses Gefühl zu erleben. Alles, was ich an diesem Tag brauchte, waren Pantera. Leider verschwand dieses euphorische Gefühl in dem Moment, in dem sie aufhörten und die Menge vor Begeisterung brüllte. Wir waren tot.

An unseren Auftritt erinnere ich mich kaum (manchmal werden traumatische Erlebnisse verdrängt und in die tiefsten Tiefen deiner Psyche geschoben, um erst Jahre später durch komplizierte Therapien freigesetzt zu werden), aber zumindest weiß ich noch, dass ein paar Leute aus den anderen Bands uns zugesehen haben. Ich fühlte mich also nicht komplett fehl am Platz, sondern zumindest dadurch wertgeschätzt, dass diese Heavy-Metal-Helden unsere Stücke Wort für Wort mitsangen. Zum Glück konnten wir unser Set abwickeln, ohne dass Flaschen voller Pisse auf uns geworfen wurden, was unterm Strich als Riesenerfolg zu werten war. Die brüllende, wütende Menge brüllte nicht mehr ganz so laut wie vorher, aber wir erreichten unsere Garderobe, ohne irgendwelche Gliedmaßen eingebüßt zu haben. Puuuh!

Nach dem Gig hatten wir die Ehre, Pantera kennenzulernen und mit ihnen abzuhängen, und wer je mit Pantera abgehangen hat, weiß, dass das nichts für schwache Nerven ist. Zunächst einmal gibt es keine offenherzigere, zuvorkommendere und bodenständigere Band. Egal wer du bist, was du getan hast, wo du herstammst, sie heißen dich willkommen, drücken dir ein Bier in die Hand und einen Kurzen in den Mund und sorgen dafür, dass du lauter lachst als je zuvor. Wir hatten den größten Spaß miteinander, und als wir uns betrunken voneinander verabschiedeten, gab mir Vinnie seine Visitenkarte. »Dude, wenn du das nächste Mal in Dallas bist, musst du bei uns im Club vorbeischauen.«

Ich sah mir die Karte an und las zu meinem Erstaunen (wenngleich nicht zu meiner Überraschung), dass sie IHREN EIGENEN STRIPCLUB hatten. Manche Rockstars besitzen teure Autos, andere haben exotische Tiere. Aber einen verfickten Stripclub? Das schlägt echt dem Fass den Boden aus. Das ist, als hätte ich einen Starbucks. Gefährlich.

Als Taylor und ich dann ein paar Monate später unseren alten Straßenatlas voller Eselsohren studierten, um unsere Fahrt nach Virginia zu planen, merkten wir, dass sich hier die große Chance bot, Panteras wilde Welt aus erster Hand zu begutachten. Also planten wir unsere Route um den Besuch dieses Clubs herum.

Dann ging's los. Am ersten Tag hielten wir in Barstow an einer Raststätte, um unsere Blasen zu leeren und den Tank zu füllen. Runtergekurbelte Fenster, verzerrte Boxen, aus denen bei hundertvierzig Sachen Classic Rock dröhnte – einfach zwei beste Freunde und Drummer, die völlig sorglos den Highway entlangrasten. Sonnenbrillen und Haare, Kippen im breiten Grinsen und lebensgefährliches Airdrumming, während wir Sattelschlepper überholten, deren Planen sich im Wüstenwind wie Segel aufblähten. Mit meinem Mobiltelefon in Flavdrops-Größe rief ich unsere texanischen Freunde an und hinterließ aufgeregte Nachrichten wie: »Macht euch bereit, wir sind auf dem Weg.«

Am Empfang eines Motels in Phoenix klatschte ich mir auf die Gesäßtasche, wie ich das immer tat, bevor ich meinen geliebten Klettverschluss-Geldbeutel aus grünem Vinyl herausholte (wurde spaßeshalber auch schon als Fort Knox bezeichnet). Doch diesmal blieb das vertraute dumpfe Geräusch aus. Die Tasche war leer. Der Geldbeutel war weg. Vermutlich noch im Wagen, das Ding. Ich checkte die Getränkehalter. Die Mittelkonsole. Unter den Sitzen. Das Handschuhfach. Nichts. Zero. Weg. Der einzige Ort, an dem wir heute angehalten hatten, war diese Tankstelle in Barstow gewesen … FUCK. Wo sonst konnte ich ihn verloren haben? Und die lag 600,12 Kilometer in der anderen Richtung! Alles, was ich mein Eigen nannte, befand sich in diesem Geldbeutel: Führerschein, Kreditkarten, Kippengeld, Gitarrenplecs von Dimebag Darrell … ich war komplett geliefert.

Zum Glück sprang Taylor ein und bezahlte unser Zimmer, während ich meinen Buchhalter in Seattle anrief und ihn darum bat, Ersatzkreditkarten an unser nächstes Motel zu schicken. Tapfer machten wir weiter. Nichts, also wirklich GAR NICHTS würde uns daran hindern, diesen Club zu erreichen …

Jeder, der sich halbwegs mit amerikanischer Geografie auskennt, weiß, dass Dallas bei der Fahrt von L. A. nach Virginia nicht unbedingt »auf dem Weg« liegt. Wenn man die I-40 nimmt, ist das ein satter Dreihundert-Kilometer-Abstecher nach Süden. Aber das Herz will nun mal, was es will, also was sind dann schon ein paar Hundert Extrameilen im Vergleich zu den Storys, die wir später meinen alten Kumpels in Springfield erzählen könnten? Storys, die sogar David Lee Roth die Zehennägel aufrollen würden … Schauergeschichten, bei denen sich ein Keith Richards die Ohren zuhalten würde … und verdammt, vielleicht würde sogar Lemmy kurz grinsen …

Nachdem wir mit ein paar von Taylors Verwandten in einem authentischen Texas-Steakhouse zu Abend gegessen hatten, waren wir bereit zum Abheben. Wir sprangen in den Tahoe und fuhren die kurze Strecke aus der Stadt bis zum Club. Gut möglich, dass wir auch auf einer Regenbogenwelle aus zuckerwattigem Einhornglitzerstaub dorthin geschwebt sind, aber vielleicht schaltet sich da nur mein romantischer Revisionismus ein (kommt ab und zu vor). Egal: Jetzt passierte es wirklich. Monatelang war ich morgens aufgewacht und hatte die Minuten gezählt, bis wir endlich ins Schwarzlicht des Pantera-Palastes eintreten konnten und, eingehüllt in den Duft von Coors Light und Pfirsich-Duschgel, zu dröhnenden Old-School-Scorpions auf die Sitzecke voller Pantera zugingen, die nur darauf warteten, uns mit fetten, Pearl-Jam-mäßigen High Fives zu begrüßen. Das sah ich ganz klar vor mir. Im Grunde die *Goodfellas*-Küchenszene, nur auf Acid. Und jetzt sollte sie hier gleich ablaufen.

»Ausweise, bitte.«

Der Türsteher hatte seinen Leucht-Stempel parat, um ihn mir auf die Hand zu drücken, wartete aber geduldig darauf, dass ich mir genauso auf die Gesäßtasche klatschte, wie das jeder seiner Gäste beim Rausholen von Fort Knox tat. Mit schockiert aufgerissenen Augen sah ich zu Taylor. Er sah mich genauso panisch an. Alles Blut wich aus meinem Gesicht, Tränen traten mir in die Augen, und vor Angst begann ich zu zittern. Ich stammelte das Einzige, was ich herausbringen konnte: »B-B-B-B-B-Barstow … Ich hab meinen Geldbeutel in Barstow verloren, Sir.«

Stille. Dann kam aus dem höhnischen Grinsen dieses Türstehers der Spruch, den ich mehr als alles andere fürchtete, mehr noch als den Sensenmann persönlich: »Tut mir leid, Kumpel. Ohne Ausweis kann ich Sie nicht reinlassen.«

Taylor kam mir zu Hilfe und bettelte: »Aber, aber, aber … wir sind Freunde von Pantera!«

Der Mann sah uns mit kalten, toten Augen an und knurrte: »*Jeder* ist ein Freund von Pantera. Tut mir leid.«

Und … das war's dann. Drei Tage, zweitausend Kilometer und ein Traum, der auf dem Parkplatz eines Industriegebiets bei Dallas wie eine Parliament Light ausgetreten wurde. Nichts Zuckerwattiges mehr. Ich war am Boden zerstört. Noch ein paar unerwiderte Anrufe mit dem Flavdrops-Telefon, noch ein paar Kippen auf dem Parkplatz, dann kletterten wir langsam in unseren Tahoe, die Köpfe gesenkt, das Herz gebrochen, ein einziges Häufchen Elend. Kein Abhängen mit unseren Besties Pantera. Ich wusste, dass Taylor mir das ewig vorhalten würde.

ANDERERSEITS BEFAND ICH MICH JETZT AUF DEM WEG NACH HAUSE.

Zehn Jahre später war ich mit meiner kleinen Tochter Violet in Oxnard, Kalifornien, wo ich in einem Surf-Laden eine Sonnenbrille kaufte. Als ich zahlen wollte, grüßte mich das Mädchen an der Kasse freundlich und fing an, den Einkauf einzutippen. Dann blickte sie auf, sah mich komisch an und fragte: »Sind Sie Dave Grohl?«

»Ja«, sagte ich lächelnd.

Immer noch mit komischem Blick fragte sie: »Haben Sie 1998 Ihren Geldbeutel in Barstow verloren?«

Nicht. Zu. Fassen.

»JAAAA!!!!!«, schrie ich begeistert. Lachend sagte sie: »Das war die Tankstelle meiner Eltern. Und diesen Geldbeutel haben sie immer noch, Dude.«

Ich habe schon lange aufgehört, Schicksal und Vorsehung irgendwie verstehen zu wollen, aber das Dummenglück scheint einfach meine Spezialität zu sein. Wie durch ein Wunder bekam ich kurze Zeit später meinen Geldbeutel zurück, vollkommen unversehrt, wie eine Zeitkapsel, die jahrelang vergraben gewesen war, voll mit den schönsten Erinnerungsstücken aus dieser glorreichen Phase meines Lebens, als ich noch jung, frei und bereit zum Neustart war.

Und ja, sogar mein alter Führerschein war noch drin.

Als Taylor und ich damals eine Woche später in Virginia eintrafen, mit klingelnden Ohren vom tagelangen Classic Rock und dem dringenden Bedürfnis nach einer ausgiebigen Dusche, betrat ich mein neues Zuhause und fühlte mich dort tatsächlich sofort daheim. Es lag nur wenige Blocks neben der früheren Wohnung meines Vaters, zu der ich immer dienstags und donnerstags nach der katholischen Highschool ging, und war außerdem bloß eine kurze Autofahrt von meiner Mutter entfernt. Insgesamt also eine Rückkehr an den Ort, der mich zu dem gemacht hatte, der ich bin, und im Gegensatz zu Seattle und Los Angeles fühlte ich mich, als würde ich hierhergehören. Jetzt war ich nicht mehr der Vagabund, der auf dem Sofa fremder Leute schlief, oder ein Gast auf Zeit, sondern hatte den Weg nach Hause gefunden. Fast war es, als sei ich nie weg gewesen, was aber auch daran lag, dass ich mir dieses neue Haus mit meinem ältesten Freund Jimmy Swanson teilte.

Jimmy und ich waren seit der sechsten Klasse unzertrennlich. Wie siamesische Zwillinge gingen wir nebeneinander durchs Leben, wobei sich jedes prägende Erlebnis in einer parallelen Flugbahn spiegelte. Wir waren wie Brüder, entdeckten alles gemeinsam, und es verging kein Tag, an dem wir uns nicht trafen. Jimmy war ein Jahr älter als ich und von hohem skandinavischem Wuchs, die blauen Augen hinter seinem perfekt gestuften dunkelblonden Haar verborgen, das er mit einem Plastikkamm in Schach hielt, den er ständig bei sich trug. Ein totaler Rocker. Ein lebenslanger Rebell. Er war der Inbegriff des coolen Heavy-Metal-Parkplatz-Hängers, aber ohne jede Ironie. Er war so amtlich, amtlicher geht's gar nicht.

Ich folgte Jimmy, wohin er auch ging, denn so wie er wäre ich auch gern gewesen. Wir beide waren nicht dafür geschaffen, die Homecoming-Kings mit fetter Abschiedsrede zu werden, deshalb bastelten wir uns als Außenseiter unsere eigene kleine Welt, lümmelten in seinem Zimmer vor der Musikanlage herum und entdeckten gemeinsam Metal, Punkrock und Gras. Wir waren einander so vertraut, dass wir zur Verständigung fast keine Worte mehr brauchten und uns total auf unsere außersinnliche Wahrnehmung verlassen konnten. Das war umso wichtiger, als Jimmy stark stotterte, was ihm sein Leben lang Probleme bereitete und dazu führte, dass er sich innerhalb eines ganz kleinen Freundeskreises bewegte. Stets freundlich, stets höflich, war er ein Ritter in verwaschenen Jeans und genauso mein Zuhause wie die vier Wände, in denen ich aufgewachsen bin. Da wir bereits früher alles gemeinsam gemacht hatten, war es für mich fast schon logisch, auch dieses neue Heim mit ihm zu teilen. Und obwohl der Kontakt nie abgebrochen war (Jimmy war zwischendurch sowohl mit Nirvana als auch mit den Foo Fighters auf Tour gegangen), hatten wir schon lange nicht mehr »Hey, Mann, ich bin in fünf Minuten bei dir …« sagen und dann den Tag in unserer kleinen Welt verbringen können. So war die Rückkehr zu ihm wie eine Rückkehr zu mir selbst, also eine dringend benötigte Wiedervereinigung.

Ohne jede Erfahrung bei der Einrichtung eines Aufnahmestudios fing ich an, Equipment, Innendesign und Baumaterial zu recherchieren, und ließ mich von ein paar meiner brillanten Toningenieur- und Produzenten-Freunde beraten, wie aus meinem miesen kleinen Keller das neue Abbey Road werden könnte. Einer davon war Adam Kasper, ein Wahnsinnsproduzent und Freund aus Seattle, mit dem ich bereits zusammengearbeitet hatte, unter anderem im Januar 1994 bei der letzten Aufnahmesession von Nirvana. Neben einem durchtriebenen Sinn für Humor verfügte Adam über einen sehr entspannten, analogen Aufnahmestil, weshalb er genau der Richtige war, um erstens den Bau eines einfachen Kellerstudios zu begleiten und zweitens auch gleich unsere nächste Platte zu produzieren. Die Entstehung unseres letzten Albums *The Colour and the Shape*, produziert von Gil Norton, dem Mann hinter den klassischen Hits der Pixies, war eine langwierige, zähe und hypertechnische Angelegenheit gewesen, die der Band während dieser schwierigen Monate in den Wäldern bei Seattle stark zusetzte. Gil war bekannt dafür, äußerst penibel zu sein, und sein Ohr fürs Detail machte sich auch letztendlich bezahlt, nur waren seine dreißig bis vierzig Takes pro Song total zermürbend für die Band.

Wir schworen uns, diesen schmerzhaften Prozess kein zweites Mal zu durchleben, und das machte die Idee, zurück nach Virginia zu gehen und dort mit Adam Kasper ein kleines Studio einzurichten, noch attraktiver. Eine Bandmaschine mit vierundzwanzig Spuren, ein bewährtes altes Mischpult sowie ein paar Mikrofone und Kompressoren waren alles, was wir brauchten. Also begannen wir mit der Jagd nach diesen Dingen und verwandelten gleichzeitig meinen Keller in eine schalldichte Kammer des Rock.

Immer wieder kam meine Mutter vorbei, um die Fortschritte zu begutachten. Dann führte ich sie von einem Raum zum anderen und erklärte ihr, so gut ich konnte, welche akustischen Bedingungen ein Studio erfüllen muss. Ich wusste recht wenig darüber, aber weil ich ein erfahrener Labersack bin, kaufte sie mir alles ab. Vor allem war sie wohl froh, nach all den Jahren einfach bei mir vorbeischauen zu können, wann immer sie Lust dazu hatte.

Bei einer ihrer wöchentlichen Inspektionen hörten wir, wie irgendwo im Schutt, der den Boden bedeckte, ein Kätzchen miaute und um Hilfe rief. Sofort suchten wir wie verrückt das Studio ab, aber das Geräusch schien immer von einem anderen Ort zu kommen. »Dort drüben ist es!«, rief ich, und meine Mutter rannte auf die andere Seite. Stille. »Nein, es ist dort!«, rief sie dann, woraufhin *ich* losrannte.

Erneut Stille. Das machten wir eine Weile, auch wenn wir uns wunderten, dass dieses Kätzchen an so vielen Orten sein konnte. Irgendwann standen wir ganz ruhig da, um es nicht wieder zu verscheuchen. Ich flüsterte: »Vielleicht ist es in der Wand?«, und kroch auf Knien über den dreckigen Boden, um mein Ohr an die frisch gestrichene Rigipswand zu legen und das hilflose Tierchen zu orten.

Meine Mutter kam mir langsam nach, da hörte ich ein schwaches Miauen. »Pssst!«, sagte ich. Sie machte noch einen Schritt. *Miau.* Das klang jetzt ganz nah. Meine Mutter beugte sich direkt neben mir nach unten und … *Miau.* Ich sah auf die Sandalen meiner Mutter und meinte: »Hey, Mom … Könntest du mal auf den rechten Fuß wechseln?«

*Miau.*

Das Kätzchen, das wir seit einer Dreiviertelstunde im ganzen Studio gesucht hatten, war Mutters rechte Sandale, die bei jedem Schritt »miaute«. Wir lachten so heftig, dass wir kaum noch Luft bekamen, und waren heilfroh, dass uns in diesem idiotischen Moment niemand zusah. Beim Gedanken daran schmeißen wir uns heute noch weg.

Mit der Fertigstellung des Studios kam auch der Frühling,

meine liebste Jahreszeit in Virginia. Nach Monaten mit frostigem, verwelktem Laub am Boden und kahlen Bäumen kam die Sonne wieder, und bald erblühte die Natur, eine Wiedergeburt, die auf poetische Weise mit unserer neu gewonnenen Freiheit als Band einherging. Also rissen wir alle Fenster auf und ließen dieses neue Kapitel nur allzu gern herein. Was ich mir ursprünglich als schickes, amtliches Aufnahmestudio vorgestellt hatte, entwickelte sich zu einer recht kargen, wenn nicht gar improvisierten Angelegenheit, denn als Schallisolierung dienten unter anderem Verpackungsschaumstoff, Kissen und wild an die Wand genagelte Schlafsäcke. Letztendlich entsprach das aber genau dem »Do it Yourself«-Ethos, das ich vor Jahren in der Punkszene von Washington, D.C., kennengelernt hatte und dem ich seither treu verbunden war. Es bestand einfach darin, alles selbst zu machen: vom Organisieren der Gigs über die Gründung eines Plattenlabels bis zur Veröffentlichung der Aufnahmen auf Vinyl.

Und wie ich merkte, war dieses »Selbstmachen« viel befriedigender. Hier waren wir nun Jahre später und entwickelten schrittweise Lösungen, ganz unspektakulär und fast schon naiv. Und wir freuten uns wie die Schneekönige, ganz weit weg von den Erwartungen der Industrie zu sein, alles selbst entscheiden zu können und dadurch herauszufinden, wer wir als Band eigentlich waren.

Unser Tagesablauf war einfach. Da die Band bei Jimmy und mir wohnte, begann ich den Tag mit einfachen Haushaltstätigkeiten. Ich leerte Aschenbecher, entsorgte halb volle Dosen Coors Light und wischte in dreckiger Jogginghose wie eine verhärmte Dienstmagd *from hell* den Holzboden. Nacheinander kamen dann die Bandmitglieder und verfolgten das Durchlaufen des Kaffees wie Crackheads, die auf die Pfeife warten.

Taylor beschwerte sich gelegentlich über die »Enten« vor seinem Fenster (Krähen), und alle wurden langsam wach, während wir am Küchentisch den Tag planten. Vielleicht warfen wir noch ein paar Körbe in der Einfahrt, und um die Mittagszeit gingen wir dann runter in den Keller, um uns die Aufnahmen vom Vortag anzuhören. Danach arbeiteten wir bis in den Abend, beschlossen unser Tagwerk mit ein paar Bier und einem Barbecue im Garten, wo wir den Glühwürmchen bei ihrem Tanz ums Feuer zusahen. Wir ließen den Tag dann im Wohnzimmer vor der Glotze ausklingen, wo Jimmy in seinem Lieblingssessel saß und Zug auf Zug aus seiner Bong nahm.

Das war unsere tägliche Routine, und eben weil wir so entspannt vorgingen, wirkt das Album, das hier entstand, von all unseren Platten am natürlichsten. Im Verbund mit den Beschränkungen, die uns die geringen technischen Möglichkeiten des Studios auferlegten, klang am Ende alles ganz simpel, roh und vor allem ehrlich. Außerdem war ich damals besessen von der Musik auf den *AM Gold*-CDs (Softrock aus den magischen Siebzigern), die ich zu diesem Zeitpunkt vielleicht wiederentdeckte, weil sie mich an meine Kindheit erinnerte, als bei Autofahrten durch die Straßen, in die ich jetzt zurückgekehrt war, immer das Radio lief. Andrew Gold, Gerry Rafferty, Peter Frampton, Helen Reddy, Phoebe Snow – diese herrlichen schwermütigen Melodien bahnten sich den Weg in unsere neuen Songs. In der populären Rockmusik lag der Fokus damals auf dem neuen Genre Nu Metal, das ich nicht schlecht fand, nur wollte ich mich klar davon abgrenzen und ging deshalb absichtlich in die entgegengesetzte Richtung. Da Melodien in den meisten Nu-Metal-Songs durch Abwesenheit glänzten und ich nun mal diese Liebe zu Melodien besaß (schon ganz früh durch die Beatles geweckt), folgte ich beim

Komponieren einem viel zarteren Ansatz. In Verbindung mit dem überwältigenden Gefühl der Wiedergeburt, das der Frühling in Virginia mit sich brachte, führte das zu Songs wie »Ain't It the Life«, »Learn to Fly«, »Aurora« und »Generator« – es waren die Songs eines Mannes, der sich in seiner Umgebung endlich wohlfühlte und nicht mehr auf Wanderschaft war, sondern genau dort, wo er hingehörte. Als die Aufnahmen im Juni abgeschlossen waren, hatten wir ein Album im Kasten, das ich bis heute für unser bestes halte und das auch den passenden Titel trägt: *There Is Nothing Left to Lose*.

Und auch unser neues Studio, das uns in den kommenden Jahren treue Dienste leisten sollte, bekam einen Namen, nämlich Studio 606.

Als ich eineinhalb Jahre später bei der Grammy-Verleihung auf der Bühne stand und die Auszeichnung für das beste Rock-Album in Empfang nahm, betrachtete ich das Publikum aus Stars und Industriefunktionären, alle herausgeputzt und superschick gekleidet, und war unglaublich stolz darauf, dass wir dies alles ganz allein hingekriegt hatten, weit weg vom Glanz und den strahlenden Lichtern Hollywoods – das machte unseren ersten Grammy noch befriedigender. Wenn es einen Moment gab, in dem wir eine Auszeichnung verdient hatten, dann war es genau dieser. In unserem improvisierten Kellerstudio inmitten der Bäume, auf die ich schon als Kind geklettert war, hatten wir nicht nur den Klang der Wiedergeburt und Erneuerung eingefangen, die der majestätische Virginia-Frühling über uns gebracht hatte, wir fanden auch den Weg zurück zu dem, was wir einst gewesen waren. All die Jahre, in denen ich ein Hindernis nach dem anderen überwinden musste – Tod, Scheidung, zermürbende Besetzungswechsel –, hatte ich nicht nur überstanden, sondern war sogar stärker aus ihnen hervorgegangen – und keineswegs bereit, mich auf die Farm zurückzuziehen. Es gab noch allerhand zu tun. Mit dieser neuen Trophäe, die für unsere wiedergewonnene Zuversicht stand, war eines endgültig klar:

WIR MUSSTEN DAS NICHT MEHR MACHEN. WIR WOLLTEN ES, UND ZWAR FÜR IMMER.

# DAS HATTE ICH IMMER GEWOLLT

»Mom … wir kriegen ein Mädchen.«

Meine Mutter flüsterte: »Oh, David …«

Ich hörte richtig den Kloß in ihrem Hals. Es folgte eine Pause, in der sie sich die Freudentränen abwischte, während ich bei mir hinterm Haus stand und tatsächlich erst jetzt begriff, was ich da eben gesagt hatte. Ich würde eine Tochter bekommen. Meine Mutter weinte vor Glück. Ich fiel fast in Ohnmacht.

Ich hatte immer gewusst, dass ich irgendwann Kinder haben würde, doch in meiner Vorstellung sollte das eigentlich erst passieren, wenn ich nicht mehr ständig auf Tournee war und durch die Welt reiste. Denn wie mein Vater mir ja schon vor Jahren gesagt hatte: »Du weißt, dass das nicht ewig anhält, oder?« Ich hatte mir vorgestellt, dass die Musik einfach irgendwann aufhören und ich ein neues Leben in häuslicher Anonymität beginnen würde. Mir waren durchaus Leute untergekommen, die versuchten, *on the road* Kinder großzuziehen (erzähl mal, Steve Perry!), aber aufgrund meiner eher traditionellen Erziehung hielt ich das für viel zu instabil und unsicher. Beim Anblick eines Laufstalls neben einem Tisch voller Bier und Jägermeister lief es mir immer kalt den Rücken hinunter.

Dass diese beiden Welten tatsächlich nebeneinander existieren können, wurde mir erst klar, als die Foo Fighters im Jahr 2000 zu Neil Youngs *Bridge School Benefit* eingeladen wurden, einem jährlich stattfindenden Konzertwochenende, das Neil und Pegi Young organisierten, um Geld für die Bridge School zu sammeln. Diese Nonprofit-Organisation hatte Pegi ins Leben gerufen, damit ihr gemeinsamer Sohn Ben, der an Cerebralparese leidet, und andere Kinder mit sprachlichen oder anderen körperlichen Beeinträchtigungen ihren Bedürfnissen entsprechend unterrichtet werden konnten. Das Konzert fand jedes Jahr im Shoreline Amphitheatre vor den Toren von San Francisco statt; unglaubliche Künstler wie Springsteen, Dylan, McCartney, Petty, die Beach Boys, Pearl Jam oder Metallica (um nur ein paar zu nennen) spielten Unplugged-Sets, während die Schüler hinter ihnen auf der Bühne saßen. Diese Konzerte brachten nicht nur Millionen von Dollar ein, sondern erzeugten auch ein Gefühl der Liebe und Glückseligkeit, wie ich es noch nie zuvor erlebt hatte. Jeder der Anwesenden war ausschließlich wegen der Kinder dort, und ich bin mir sicher, dass die an diesem Ort vereinte positive Energie ihre ganz eigene Heilkraft besaß.

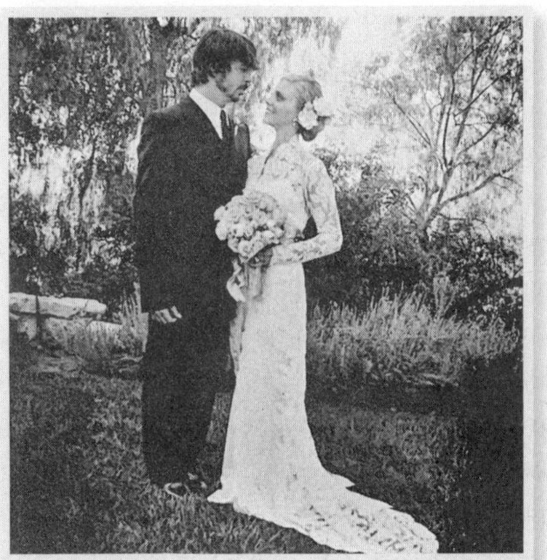

Das Wochenende begann immer mit einer Grillparty auf Neils Broken Arrow Ranch, einem ausgedehnten, rustikalen Fünfzig-Hektar-Paradies bei Redwood City, das er 1970 erworben hatte. Am Abend vor dem Konzert lud er alle Künstler zum Abendessen ein. Als wir auf dem Weg dorthin über die gewundenen Bergstraßen durch die Redwood-Wälder fuhren, stellte ich mir das Ganze als formellen Edel-Event vor, mit langen Tischen voller Rock 'n' Roll-Adel, der mit seinem Silberbesteck klappert und sich über die mythischen Highlights vergangener Tage austauscht. Nichts hätte der Wahrheit weniger entsprechen können. Als wir das Haupttor erreichten, hing am ramponierten Zaun nur ein handbemaltes Schild mit der Aufschrift DON'T SPOOK THE HORSE, und von da aus ging es noch einmal zehn Minuten durch eine Hügellandschaft, bis wir in der Ferne das kleine Haus sahen, das wie ein Christbaum leuchtete. Es wirkte wie eine Mischung aus *Harry Potter* und *Swiss Family Robinson* und sah aus wie das Werk eines verrückten Überlebenskünstlers mit einer Vorliebe für Baumhäuser, Tipi im Garten inklusive. Kein Parkservice, keine Rezeption … man latschte einfach rein.

Beim Betreten der Küche begrüßte mich Pegi, die gerade Gemüse schnippelte, mit einer liebevollen Umarmung. Dann gab sie mir für den Fall, dass es später kalt würde, eine Arbeitsjacke mit dem Hinweis, ich solle »die Taschen auf Mäuse absuchen«. Am Feuer saß David Crosby. Brian Wilson irrte umher und suchte nach seiner Frau. Tom Pettys Band fläzte auf der Veranda, und mittendrin tummelten sich Neils Kinder. Das war definitiv kein formeller Rock 'n' Roll-Event, sondern ein Zuhause, eine große Familie.

GENAU DAS HATTE ICH IMMER GEWOLLT. UND JETZT SAH ICH, DASS ES MÖGLICH WAR.

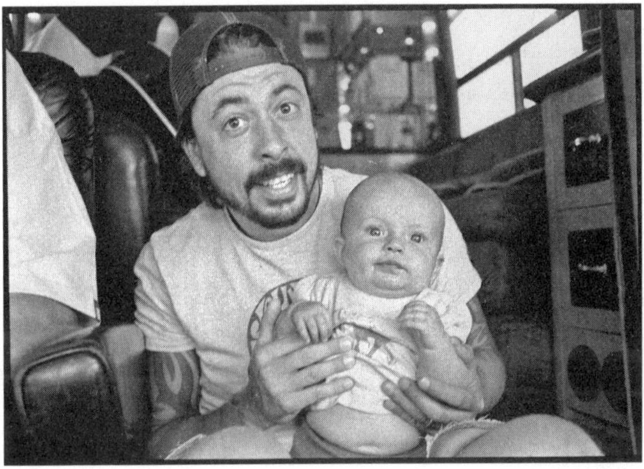

Als sich meine Mutter einigermaßen von der Neuigkeit erholt hatte, dass sie bald Oma würde, erklärte ich ihr, dass ich zwar immer gewusst hatte, eines Tages Kinder zu haben, aber niemals mit einem Mädchen gerechnet hätte. Versteht mich nicht falsch, ich bin nun wirklich niemand, der Zigarre rauchend NASCAR-Rennen glotzt oder an jedem Sonntagnachmittag zum Footballexperten wird, aber was hatte ich einer Tochter schon zu bieten? Sollte ich ihr beibringen, wie man eine Bassdrum stimmt und Slayer-Bootlegs katalogisiert? Ich war völlig ratlos.

Aber dann ließ mich meine Mutter wie gewohnt an ihrer hart erworbenen Lebensweisheit teilhaben und sagte mir etwas, das sich seitdem immer wieder als eine der unverrückbarsten Wahrheiten meines gesamten Lebens erwiesen hat: »Die Beziehung zwischen Vater und Tochter ist vermutlich die speziellste Beziehung im Leben eines Mädchens.« Das wusste sie aufgrund der Beziehung zu ihrem eigenen Vater, einem charmanten, witzigen Militärangehörigen, der von allen geliebt wurde und verstarb, als sie Anfang zwanzig war. Ich habe ihn leider nie kennengelernt, aber nach allem, was ich gehört habe, war er ein feiner Kerl, der tatsächlich diese ganz spezielle Beziehung zu meiner Mutter hatte.

Auch wenn ich immer noch Schiss hatte, fühlte ich mich jetzt etwas besser. Vielleicht würde es ja sogar Spaß machen, gemeinsam mit meiner Tochter Slayer-Bootlegs zu katalogisieren.

Während die Monate wie im Flug vergingen, bereiteten Jordyn und ich uns auf das Baby vor, richteten das Kinderzimmer ein, besorgten alles, was nötig war, und einigten uns schließlich auf den Namen Violet (nach Violet Hanlon, der Mutter meiner Mutter). Ich bekam eine ganze Bibliothek an Ratgebern zu verschiedensten Themen ausgehändigt, vom Schlaftraining (was ein Witz ist, denn im Grunde ist man selbst derjenige, der einem Schlaftraining unterzogen wird – für den Rest seines Lebens wacht man um sechs Uhr morgens auf) über Wickeln (okay, mir fällt es schon schwer, Joints zu drehen – wie sollte das bei einem Kind klappen?) bis hin zum Windelwechseln (hier halte ich mittlerweile den Geschwindigkeitsrekord an Land). Das war eine Art Crashkurs in Vaterschaft, zumindest was den logistischen Teil betraf.

Kurz vor der Geburt rief mich mein Manager an und fragte: »Hey, willst du Songs mit John Fogerty schreiben?«

Wie es wohl jeder Rock 'n' Roll-Liebhaber, der in den Siebzigern aufgewachsen war, getan hätte, antwortete ich: »Na logo!«

Ich sollte John ein paar Tage später für eine Songwriting-Session in seinem Haus in den Hügeln treffen. Als er die Tür seines Heimstudios öffnete, stand ich dieser lebenden Legende

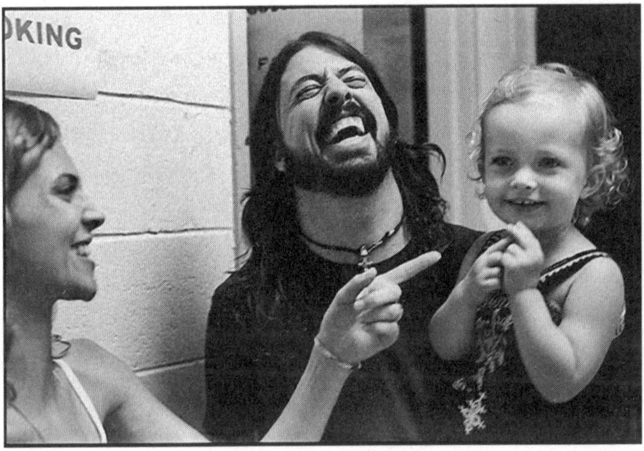


gegenüber, und er sah genau so aus, wie man ihn sich vorstellt: Flanellhemd, Bluejeans, Arbeitsschuhe. Wir quatschten ein bisschen, witzelten herum und erzählten Horrorgeschichten aus unserer jeweiligen Rock-Vergangenheit, und als dann schließlich die Gitarren herausgeholt wurden, improvisierte er gleich mal einen Text über das soeben geführte Gespräch. Mit dieser typischen Stimme, so rau und doch voller Seele, sang er mir jetzt ganz ohne Mikro und unverstärkt etwas vor, und doch klang sie so bombastisch, als würde sie über eine Stadion-PA kommen. In diesem wunderschönen Moment verstand ich endgültig, warum er als amerikanisches Juwel gilt: weil er einfach echt ist.

Nachdem wir eine Weile gejammt hatten, gingen wir runter in die Küche, um einen Teller Minestrone und SunChips zu essen (wäre da nicht John Fogerty gewesen, hätte ich schwören können, ich sei wegen Krankheit nicht zur Schule gegangen). Ich behielt ständig die Uhr im Auge, denn ich hatte nur bis halb fünf Zeit. Als er mich nach dem Essen fragte: »Okay … sollen wir noch ein bisschen dudeln?«, musste ich ihm leider mitteilen, dass ich mit meiner hochschwangeren Frau noch einen Termin hatte. »Wo geht ihr hin?«, fragte er. »Stillkurs«, meinte ich leicht verlegen, woraufhin er grinste und fragte: »Kann ich mitkommen?«

Abend für Abend redete ich mit Violet in Jordyns Bauch (mir völlig egal, ob das jemand komisch findet) und freute mich riesig auf den Tag, an dem ich sie im Arm halten würde und nicht mehr nur wie ein Vollidiot den Pyjama meiner Frau zutexten müsste. Als es dann so weit war und ich für die Fahrt ins Krankenhaus nervös den Wagen belud, sah ich über mir einen riesigen Regenbogen – etwas, das es in Los Angeles nur alle paar Tausend Jahre gibt. Sofort war ich vollkommen ruhig. Ja, das klingt jetzt hoffnungslos romantisch, aber für mich war es ein gutes Omen.

Nach einer langen und schwierigen Geburt erblickte Violet zu Beatles-Untermalung endlich das Licht der Welt, und das mit einer Stimmkapazität, die meine Foo Fighters wie die Carpenters wirken ließ. Als sie dann gesäubert war und in ihrem Bettchen unter der Wärmelampe lag, hielt ich mein Gesicht ganz nah an ihres, sah in ihre großen blauen Augen und sagte: »Hey, Violet, ich bin's, dein Dad.«

Sofort hörte sie auf zu schreien und richtete den Blick auf mich. Sie erkannte meine Stimme. Wir sahen einander schweigend an, während wir uns endlich begegneten, dann lächelte ich und redete mit ihr, als würden wir uns schon ewig kennen. Zu meinem großen Glück kann ich sagen, dass sich dieses Gefühl auch heute noch einstellt, wenn unsere Blicke sich treffen.

Das war eine Liebe, wie ich sie noch nie zuvor verspürt

hatte. Der Umstand, ein berühmter Musiker zu sein, bringt zwangsläufig Unsicherheit mit sich, was die Natur der Liebe angeht. Lieben sie mich? Oder lieben sie »es«? Man wird ständig mit oberflächlicher Zuneigung und Verehrung überschüttet, und oft fühlt es sich an wie ein Zucker-Flash, aber sobald der Rausch nachlässt, bricht es dir das Herz. Sind Menschen überhaupt in der Lage, einen Musiker ohne sein Instrument wahrzunehmen? Oder ist genau das der Teil seiner Persönlichkeit, den alle lieben? Man bewegt sich auf dünnem Eis, sobald man die Natur der Liebe infrage stellt, aber eins ist sicher: Nichts ist so rein wie die bedingungslose Liebe zwischen dir und deinem Kind.

Als die Geburt geschafft war und man uns in unser Zimmer gebracht hatte, war Jordyn so ausgehungert, dass ich sofort runter in die Cafeteria ging, um etwas zu essen zu besorgen. Leider fand ich nichts, das für sie tatsächlich genießbar war, also kehrte ich mit leeren Händen ins Zimmer zurück und schlug ihr vor, vielleicht etwas bei Jerry's Deli auf der anderen Straßenseite zu bestellen. Ich latschte den Gang runter zum Stationszimmer, wo eine einzige Krankenschwester Dienst schob, eine große Frau mit Hulk-Hogan-Figur, die mich mit starkem osteuropäischem Akzent anraunzte: »KANN ICH IHNEN HELFEN?«

»Ja … Ähm, können Sie mir vielleicht sagen, ob Jerry's Deli hierher liefert?«

Sie sah mich kalt an und schnauzte: »ICH DARF IHNEN NICHT SAGEN, WEN MAN HIER EINLIEFERT.«

Da sie offensichtlich meine Frage nicht verstanden hatte, sagte ich fröhlich: »Hahaha … Nein … Ich wollte wissen, ob JERRY'S DELI auch etwas ins Krankenhaus liefert?«

Sie sah aus, als würde sie gleich über ihren Computer springen und mich mit ihren riesigen Profi-Wrestler-Händen erwürgen, aber sie wiederholte nur doppelt so laut wie vorher: »HÖREN SIE! ICH DARF IHNEN NICHT SAGEN, WEN MAN HIER EINLIEFERT!!!«

Ich trat ängstlich den Rückzug an, ging über die Straße und bestellte ein Sandwich für Jordyn, während neben mir Jennifer Lopez stand.

Wieder mal so ein Abend in Los Angeles.

Meine Mom hatte recht gehabt: Vater einer Tochter zu sein war definitiv die speziellste Beziehung meines Lebens. Schon bald beherrschte ich die Kunst der makellosen Pediküre, wusste, wie man einen perfekten Pferdeschwanz bindet, und konnte die Disney-Prinzessinnen an der Farbe ihrer Kleider unterscheiden. Alles gar nicht so schwer, wie ich gedacht hatte.

ABER DANN KAM DER KOMPLIZIERTE TEIL: DAS NEUE LEBEN MIT DEM ALTEN IN EINKLANG ZU BRINGEN.

Ich weiß noch genau, wie ich mich wegen einer Tour erstmals von Violet trennen musste. Ich stand neben der Krippe, in der sie schlief, und weinte. Wie konnte ich dieses kleine Wunder hier zurücklassen? Ich musste mich richtig losreißen, und damit begann der Teil meines Lebens, in dem die Hälfte meines Herzens immer daheim zurückblieb. Damals vermehrten sich grad alle aus der Band wie die Karnickel, weshalb unsere Tourverläufe jetzt von Leuten bestimmt wurden, die noch nicht mal feste Nahrung zu sich nehmen konnten. Waren wir früher oft sechs Wochen am Stück unterwegs gewesen, schafften wir jetzt höchstens noch zwei. Auch wenn das Touren mit einer Rockband der verdammt noch mal geilste Job auf der Welt ist, kann es doch ganz schön anstrengend sein.

Aber egal: Du setzt nach ein paar Wochen Abwesenheit den Fuß in dein Haus, kriegst ein schreiendes Baby in die Hand gedrückt und bist wieder offiziell im 24/7-Daddy-Dienst. Natürlich machst du das gerne, um deine liebe Gattin abzulösen, die von Sonnenaufgang bis Sonnenuntergang als Mutter alles gegeben hat, während du mit deinen besten Kumpels Bierchen gekippt hast (Stichwort: verhaltener Groll), aber viel mehr noch tust du es aus dem Gefühl heraus, deine Abwesenheit überkompensieren zu müssen. Du lebst ständig in der Angst, dass die Zeit, die du von deinem Kind entfernt verbringst, bei ihm irreparable psychologische Schäden hinterlassen könnte. Wenn du also wieder zu Hause bist, dann bist du ZU HAUSE. Tour, zu Hause, Tour, zu Hause, Tour, zu Hause … Nach ein paar Jahren dieses Spielchens findest du die Balance und merkst: Die beiden Welten KÖNNEN nebeneinander existieren. Warum also das Ganze nicht noch mal?

*Diesmal wird's ein Junge*, dachte ich.

Nachdem ich die Rolle des »Dad, der jeden Song aus *Die Kleine Meerjungfrau* auswendig kennt« gemeistert hatte, war ich jetzt bereit für die Aufzucht eines Sohnes. Und einen Namen hatte ich auch schon für ihn: Harper Bonebrake Grohl, nach dem Onkel meines Vaters, der Harper Bonebrake hieß (von uns Onkel Buzz genannt).

Der Bonebrake-Familienstammbaum kann bis zu Johann Christian Beinbrech zurückverfolgt werden, der am 9. Februar 1642 in der Schweiz getauft wurde, nach Deutschland auswanderte und insgesamt elf Kinder zeugte. Es war sein Enkel Daniel Beinbrech, der dann tapfer per Schiff nach Amerika auswanderte und sich im September 1762 bei York, Pennsylvania, in einer Einöde namens Pigeon Hills niederließ. Es folgten zahllose Nachkommen und diverse Schreibweisen

(Pinebreck, Bonbright), bis jemand auf den total abgefahrenen Namen »Bonebrake« kam, nämlich Daniels Sohn Peter, der in der amerikanischen Revolutionsarmee kämpfte und wiederum neun Kinder hatte. Ab 1768 war dieser Name dann in Stein gemeißelt und blieb bis zur Geburt meines Onkels Buzz und meiner Großmutter Ruth Viola Bonebrake im Jahr 1909 unverändert. Da deren Eltern Harper und Emma hießen, erhielt mein Vater den Namen James Harper Grohl, und ganz im Sinne dieser Tradition beschloss ich, meinen Sohn ebenfalls Harper zu nennen. (Wir sind stolz darauf, in unserem Stammbaum auch den mit der Kongress-Ehrenmedaille ausgezeichneten Bürgerkriegsveteran Henry G. Bonebrake sowie den Drummer der legendären L.A.-Punkband X, D.J. Bonebrake, zu haben.)

»Mom … wir kriegen ein zweites Mädchen.«

Ich möchte klarstellten, dass ich nie irgendwelche Geschlechtspräferenzen hatte, aber ich wollte einfach *unbedingt* ein Kind Harper Bonebrake Grohl nennen. Deshalb erhielt dieses Mädchen den Namen Harper (Bonebrake habe ich am Torwart nicht vorbeigebracht), und nur zwei Tage nach Violets drittem Geburtstag kam sie zur Welt. Wieder stellte sich das Gefühl der überwältigenden Vaterliebe ein, und jetzt hatte ich gleich zwei Töchter, um die ich herumscharwenzeln konnte, nämlich Violet, die schon gehen und viel besser reden konnte als andere in ihrem Alter, und Harper (mein Ebenbild), die auf meinem Schoß gurrte und ständig lächelte. Das war ein Zuhause. Das war eine Familie. Genau das hatte ich immer gewollt.

Während ich jeden Schritt ihrer Entwicklung verfolgte, war es kaum vorstellbar, dass meine Eltern das nicht ebenso gemacht hatten. An meine ersten Lebensjahre erinnere ich mich nur dunkel, und wenn, dann eher an meine Mutter, die mich mit bedingungsloser Liebe überschüttete, als an meinen Vater. Meine Eltern ließen sich scheiden, als ich sechs war, weshalb ich bei meiner Mutter aufwuchs. Diese Trennung war jetzt, da ich selbst Vater war, völlig unbegreiflich für mich. Wie konnte er nicht den Wunsch verspüren, mich in jeder wachen Minute auf seinen Knien reiten zu lassen, mich beim Schaukeln anzuschubsen und mir vor dem Schlafengehen eine Gutenachtgeschichte vorzulesen? Wollte er das nicht? Oder wusste er einfach nicht, wie das geht?

Vielleicht kamen daher meine Angst vor der Abwesenheit und die anschließende Überkompensation. So glücklich ich war, bei meiner wunderbaren Mutter aufgewachsen zu sein, konnte ich doch sehen, dass die schwierige Beziehung zu

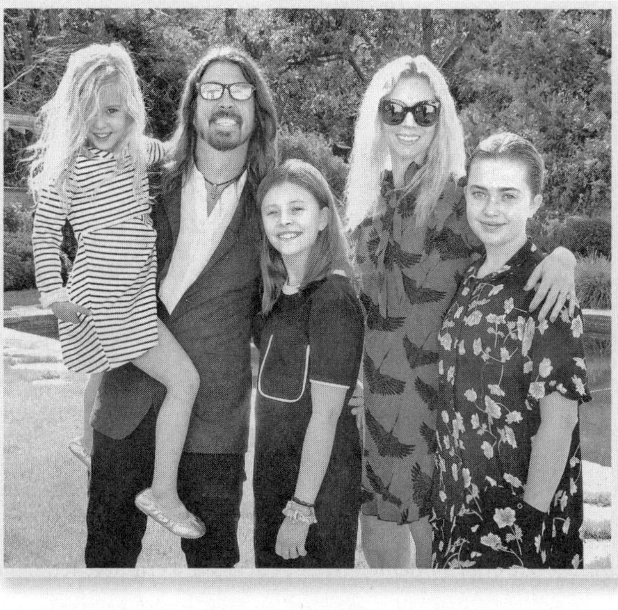

meinem Vater und seine Abwesenheit in der Kindheit irreparable psychologische Auswirkungen auf mich gehabt hatten. So etwas wollte ich meinen *eigenen* Kindern unbedingt ersparen.

Wir fingen an, gemeinsam mit unseren Töchtern um die Welt zu reisen, und jetzt kam mir ein Backstagebereich voller Kinder überhaupt nicht mehr komisch vor (nur hatten sie natürlich ihre eigene Garderobe und mussten nicht neben Bier und Jägermeister spielen). Denn egal, wo wir uns auf dem Planeten befanden: Wenn wir zusammen waren, fühlte ich mich wie zu Hause. Das Leben, das laut Warnung meines Vaters nicht ewig anhalten würde, war jetzt zu dem erblüht, was

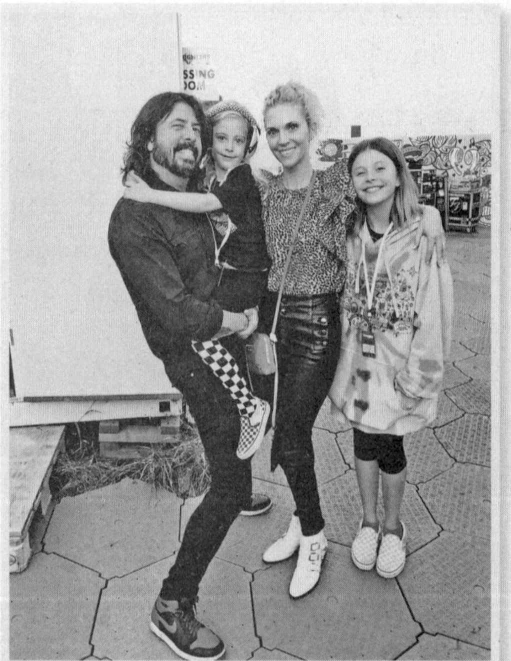

ich an jenem Abend auf Neil Youngs Ranch erlebt hatte: Musik *und* Familie. Es ging tatsächlich.

Warum also das Ganze nicht noch mal?

Diesmal hatte ich keinerlei Zweifel, dass es wieder ein Mädchen sein würde. Zum Zeitpunkt, an dem ich von diesem weiteren Kind erfuhr, kannte ich jede einzelne Textzeile aus *Die Eiskönigin* auswendig und war der perfekte Concierge, Leibwächter, Therapeut, Diätkoch und Privat-Coiffeur geworden. Was um alles in der Welt würde ich mit einem Jungen anfangen? Ich wüsste gar nicht, wo ich anfangen sollte. Wobei Nummer drei schon anders war. Jordyn und ich waren jetzt in der Unterzahl. Es wurde langsam ernst.

Ophelia erblickte das Licht der Welt nur wenige Türen von der Stelle entfernt, an der ich einst diesem slowakischen Hulk Hogan in Crocs und babyblauem Krankenhauskittel entkommen war, und ein paar Tage nachdem wir sie nach Hause gebracht hatten, luden wir Paul McCartney und seine Frau Nancy ein, um ihnen das Baby zu zeigen. Das war aus Millionen Gründen ein monumentaler Anlass, doch vor allem eine Sache werde ich nie vergessen: Violet und Harper wussten durchaus, dass Paul früher in einer Band namens Beatles gewesen war, aber in ihrem zarten Alter konnten sie natürlich überhaupt nicht ermessen, was das im Pantheon der Musikgeschichte bedeutete. Für sie war er einfach unser Musikerfreund Paul, und ich bemerkte, dass sich eine Reinheit des Geistes einstellt, eine geradezu bedingungslose Liebe, sobald diese mythischen Vorurteile wegfallen. Ich selbst verbrachte die Stunde vor seiner Ankunft klarerweise damit, die Berge an Beatles-Zeug zu verstecken, die ich im Haus hatte (man ahnt gar nicht, wie viele Beatles-Fanartikel man besitzt, bevor mal ein Beatle zu Besuch kommt), aber den Kids ging dieses aufgeblasene

Wissen, wer er eigentlich war, völlig ab. Als sie dann losmussten und wir uns verabschiedeten, bemerkte Paul das Klavier am Ende des Gangs und konnte nicht widerstehen. Er setzte sich hin und spielte »Lady Madonna«, während ich geschockt dastand und hörte, wie diese von der ganzen Welt verehrte Stimme in dem Haus erklang, das ich mit meiner Familie bewohnte. Harper verschwand für einen Moment, kam mit der Kaffeetasse wieder, in der sie immer Münzen sammelte, und stellte sie als Trinkgeld für Sir Paul aufs Klavier. Wir lachten uns fast kaputt, woraufhin er sie einlud, sich für ihre erste Klavierlektion neben ihn auf die Bank zu setzen. Er erklärte ihr die Tasten und welche Note das jeweils war, dann spielten sie gemeinsam etwas, und Paul sang: »We're playing a song … we're playing a song …«

Als ich am nächsten Morgen das Frühstück vorbereitete, hörte ich das Klavier erneut, und zwar genau die Melodie, die Paul ihr am Abend davor gezeigt hatte. Ich linste um die Ecke und sah Harper, die allein auf der Bank saß und mit ihren kleinen Händen diese Töne in perfektem Timing spielte. Ich wusste genau, wie sie sich fühlte: inspiriert von Paul. Weil genauso hatte ich mich auch einmal gefühlt. Mit dem Unterschied, dass seine Stimme aus dem kleinen Plattenspieler auf dem Boden meines Zimmers gekommen war und nicht von der Bank, auf der ich selbst saß und mit ihm gemeinsam Klavier spielte.

DER KREIS HATTE SICH GESCHLOSSEN.

Das hier war ein Zuhause. Das war eine Familie. Genau das hatte ich immer gewollt.

Ein paar Tage danach starb mein Vater. In seinen letzten Lebensjahren hatten wir uns aus den Augen verloren, aber als ich einen Monat vor Ophelias Geburt von seiner Krankheit erfuhr, flog ich in dem Wissen zu ihm, dass dies unsere letzte Begegnung sein würde. In genau dem Krankenhaus in Warren, Ohio, in dem ich zur Welt gekommen war, saßen wir zusammen und erzählten uns, was sich im Leben so alles getan hatte, während ich ihm Komplimente für seine weißen Haare und seinen Vollbart machte, die jetzt beide sogar noch länger waren als bei mir. Ich sagte ihm, dass ich bald erneut Vater werden würde, woraufhin er mir gratulierte und Glück wünschte. Als ich dann gehen musste, küsste ich seine Hand und sagte: »Okay, Dad. Bis dann. Ich hab dich lieb.«

Er lächelte und erwiderte: »Ich hab dich auch lieb, David.«

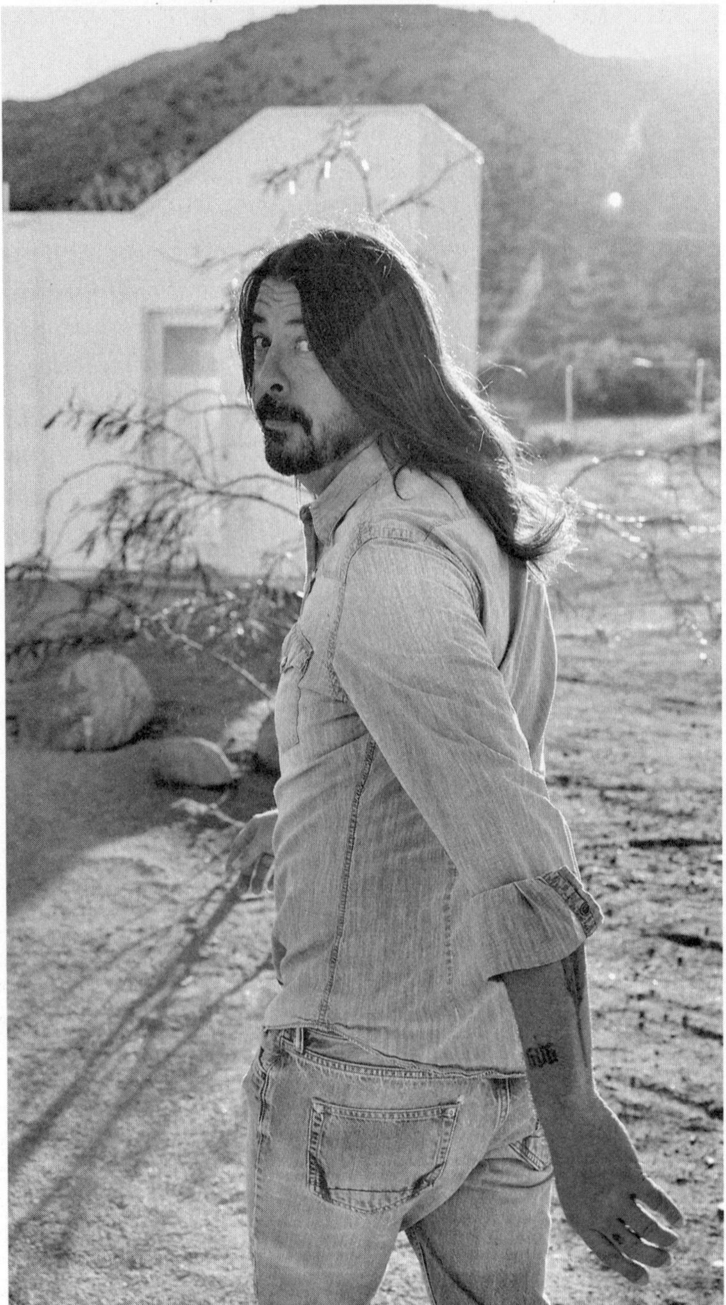

# TEIL VIER

## CRUISING

# ÜBER DIE BRÜCKE NACH WASHINGTON

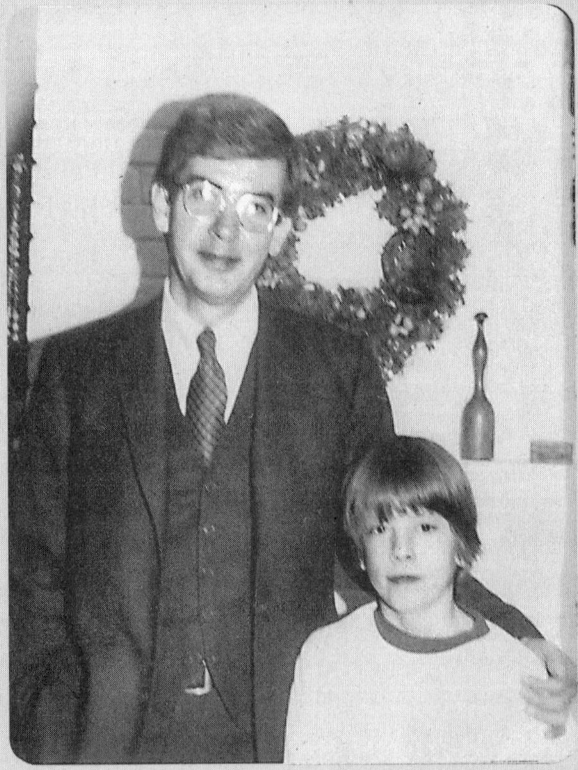

»Wir sehen uns dann drüben, Dude!«

Ich stand wie gelähmt an der Wand eines langen Korridors im Weißen Haus und traute meinen Ohren nicht.

Der Präsident der Vereinigten Staaten von Amerika, George W. Bush, hatte mich soeben »Dude« genannt.

Vor lauter Schock konnte ich nur höflich winken, während er von Secret-Service-Leuten umringt davonschwebte. Dann begab ich mich wieder auf meine Mission, die Garderobe zu finden, um die Winterjacke meiner hochschwangeren Frau zu holen und schnell zu den Kennedy Center Honors zu eilen, wo ich bei einem hochkarätig besetzten Who-Tribute-Konzert den Klassiker »Who Are You« performen sollte, während der Präsident von der Galerie aus zusehen würde.

WIE WAR ICH HIER BLOSS GELANDET?

Seit 1978 gelten die Kennedy Center Honors als renommierteste Preisverleihung im Bereich der darstellenden Künste, bei der Leute aus Musik, Tanz, Theater, Oper, Film und Fernsehen für ihre außergewöhnlichen Beiträge zur amerikanischen Kultur gefeiert werden. Allein da eingeladen zu sein, ist schon eine Auszeichnung. Dieser Event, im Grunde ein »Who's Who« der bekanntesten Gesichter von Washington, D. C., zieht sich über ein ganzes Wochenende mit diversen Veranstaltungen – vom Galadiner im Außenministerium bis zur Preisverleihung selbst, die am Nachmittag vor dem Konzert im East Room des Weißen Hauses stattfindet.

Den eigentlichen Beginn der Feierlichkeiten bildet aber ein Vorstandsmittagessen in einem Hotel. Es unterscheidet sich kaum vom Brunch-Buffet bei der Hochzeit deines Cousins und ist eine recht informelle Angelegenheit, nur dass du die Salatzange nicht deinem verrückten Onkel in die Hand drückst, sondern wie einen Staffelstab an die ehemalige Außenministerin Madeleine Albright weiterreichst. Die Absurdität dieses höchst surrealen Ereignisses war nur schwer zu ignorieren, und ich musste mich ganz schön anstrengen, um einen neutralen Gesichtsausdruck zu behalten, während um mich herum die Leute, denen die wichtigsten Entscheidungen des Planeten oblagen, krampfhaft versuchten, ihren Räucherlachs nicht vom Bagel rutschen zu lassen. Bei den meisten Preisverleihungen, die ich besuche, komme ich mir wie ein Partycrasher vor, der gerade mal einen Drink davon entfernt ist, von der Security hinaus auf den Parkplatz begleitet zu werden. Aber so fehl am Platz ich mich auch fühlen mag, ich scheue mich nie, auch mit den unwahrscheinlichsten Leuten ein Gespräch anzufangen.

Aus Sicherheitsgründen werden alle auftretenden Künstler mit einem der großen Busse, in denen normalerweise Touristen die Sehenswürdigkeiten Washingtons abklappern, zum Kennedy Center gebracht und von dort auch wieder abgeholt. Nur sitzen jetzt keine blauhaarigen Seniorengruppen aus dem Mittleren Westen drin, sondern die bekanntesten Künstler Amerikas, die während der Fahrt üblicherweise in eine dröhnende Version von »99 Bottles of Beer on the Wall« ausbrechen (glaubt mir, der Song erhält ein ganz neues Leben, wenn er von Steven Tyler, Herbie Hancock und den Jonas Brothers gesungen wird). Die Fahrt zum Gig ist nicht lang, aber doch lang genug, um diese vertrauten Gesichter besser kennenzulernen und schnell Freundschaft zu schließen, Anekdoten aus legendären Karrieren auszutauschen und von den Besten unter ihnen sogar Tipps zum richtigen Hörgerät zu erhalten (danke, Herbie).

Die Proben für das Konzert finden nicht auf der Hauptbühne statt, sondern in den diversen Nebenräumen, die über die Jahre zweifellos jede Menge Geschichte miterleben durften. Da ich gleich auf der anderen Seite der Brücke in Virginia aufgewachsen war, kannte ich das Kennedy Center natürlich. Ich hatte dort allerlei Konzerte gesehen und mehr als nur einen Schulausflug dahin gemacht, um dieses gewaltige Bauwerk am Potomac River zu besichtigen, aber der Backstagebereich war mir neu. Als ich durch die Gänge hinter der Bühne schritt, stellte ich mir all die Stimmen vor, die seit der Eröffnung 1971 diese heiligen Hallen erfüllt hatten, und fragte mich erneut: »Wie bin ich hier bloß gelandet?« Dieses Gebäude war für die besten Performer Amerikas vorgesehen, nicht für ehemalige D. C.-Punks.

Sosehr das Ganze auch als unpolitischer Event geplant ist – vielmehr als seltene Gelegenheit für Leute aus beiden Polit-Lagern, ihre Meinungsverschiedenheiten zu vergessen und im Namen der Kultur und der Künste gemeinsam einen Drink zu nehmen –, herrscht hier eine unvermeidliche Spannung, die sich durch alle Vorgänge zieht. Fast so, als seien die Teilnehmer kleine Kinder, denen man gesagt hat, sich müssten sich auf dem Spielplatz benehmen. Ich stimmte definitiv nicht mit allen Maßnahmen und Prinzipien überein, die manche dieser Leute tagtäglich ausbrüteten, deshalb hielt ich mich an den Grundsatz meiner Mutter und vermied die drei Themen, die sie an jedem Esstisch für tabu erklärt hatte: Geld, Politik und Religion. An diesem Wochenende konnten sich alle Beteiligten jenseits ihrer Zuordnung als Demokraten oder Republikaner kennenlernen. Jeder hier war in erster Linie Mensch, und nichts bringt Menschen besser zusammen als Musik und Kunst.

Aus unerfindlichen Gründen war ich auserkoren, beim ultraformellen Galadiner im Außenministerium am Abend vor dem Konzert einen Toast auf The Who auszubringen. Damit war nicht der gelallte Schwachsinn gemeint, den man vom Barhocker in seiner Stammkneipe aus ablässt, sondern eine förmliche Rede, bei der man den Empfänger dieser höchsten Auszeichnung für all seine Leistungen lobt. Und das auch noch vor einem Raum voller Redner. Nicht auf die leichte Schulter zu nehmen also.

Mir wurde eine Ghostwriterin zugeteilt, die bei den Backstage-Proben freundlicherweise zu mir kam und mich interviewte, um etwas zu haben, auf dem sie aufbauen konnte. Nach einem kurzen Gespräch bedankte sie sich und meinte, die Rede würde dann vor dem abendlichen Dinner fertig sein. Ich hätte lieber meine eigene verfasst, aber da ich keinen Ärger machen wollte, überließ ich die Sache den Profis.

Als ich mich dann später im Hotel in meinen Pinguin-Anzug quetschte, traf die Rede tatsächlich ein, nur war sie zu meinem Entsetzen in einer Art primitivem »Dude-Sprech« gehalten, um sie wie selbstverfasst wirken zu lassen (denke ich mal). *O mein Gott*, dachte ich, *das kann ich nicht vorlesen!* Als Sohn eines ehemaligen Capitol-Hill-Redenschreibers und Journalisten würde ich damit die Ehre meines Vaters als Mann der Intelligenz, der Gewitztheit und des Washingtoner Charmes auf ewig beflecken. Gleichzeitig fühlte ich mich verpflichtet, mich ans Programm zu halten und in einer selbstlosen Geste der komischen Auflockerung genau diese Worte an die Leute zu richten. FUCK, DACHTE ICH. MADELEINE ALBRIGHT HÄLT MICH SICHER FÜR EINEN VOLLIDIOTEN.

Während ich in der Schlange stand, die langsam das Empfangskomitee passierte, dachte ich voller Angst an meinen Auftritt auf dem Podium, und zwar ganz speziell beim Händedruck mit der damaligen Außenministerin Condoleezza Rice (wieder etwas, das ich mir in meinen wildesten Träumen nicht hätte vorstellen können). Als ich mich in dem Saal voller gebildeter Menschen und Intelligenztitanen umsah, überfiel mich plötzlich meine tief sitzende Kindheitsangst, für dumm gehalten zu werden, und ich begann, mich zu hinterfragen. Die ganze Pracht und Herrlichkeit in diesem Ballsaal war definitiv nett anzuschauen, und ich selbst bin noch nie vor der Chance zurückgeschreckt, mich für einen versteinerten Lacher zu entblöden, aber das hier war so, als würde ich den verdammten Löwen zum Fraß vorgeworfen. Cocktail, bitte.

Als ich dann mit diversen Senatoren und Kabinettsmitgliedern an meinem Tisch saß, hielt ich diese elende Rede wie einen Rosenkranz in der Hand und zählte die Minuten bis zu meiner öffentlichen Hinrichtung. Ich saß da und verfolgte, wie ein Redner nach dem anderen eine lange, eloquente Abhandlung lieferte, die auch als Inaugurationsansprache oder Rede zur Lage der Nation funktioniert hätte … wohl wissend, dass demnächst *ich* der einzige Volldepp im Raum sein würde, der das Wort »Dude« benutzt.

Während Bob Schieffer, einer der beliebtesten Fernsehjournalisten und Diskussionsleiter des Landes, einen Toast auf den legendären Countrysänger George Jones ausbrachte, saß ich vor meinem unberührten Abendessen und war tief beeindruckt von seiner Fähigkeit, aus dem Stand heraus unglaublich witzig, zutiefst emotional, durchweg informativ und überaus poetisch zu sein, wobei er so entspannt wie selbstbewusst sprach und den Saal auch ohne präparierte Rede in seinen Bann schlug. *Okay. Scheiß drauf.* Auf keinen Fall würde ich die Rede verlesen, die man für mich angefertigt hatte. Nicht nach Bob Schieffer! Ich musste mir was überlegen, und zwar zackig.

Ich hatte nur noch wenige Minuten Zeit und kam auf Folgendes: Was The Who von anderen Bands unterschied, war ihre einzigartige Auslegung der musikalischen Rollen. Keith Moons lyrisches Drumming machte ihn eher zum Sänger, Pete Townshends solide Rhythmusgitarre machte ihn fast schon zum Schlagzeuger, John Entwistles unkonventionelles Bass-Solospiel machte ihn praktisch zum Leadgitarristen, und Roger Daltrey hielt mit seinem muskulösen Gesang alles zusammen wie ein Dirigent, der ein Orchester außer Rand und Band vor sich hat. *Das könnte funktionieren!*, dachte ich. Richtig zu verlieren hatte ich nichts, weil das ja schon tausendmal besser war als die Rede, die ich in meinen verschwitzten Händen hielt. Außerdem hatte ich während meiner ganzen Karriere erfolgreich den Grundsatz befolgt: *Fake it till you make it.* Mein Name wurde aufgerufen. Ich erhob mich, ließ das zerknüllte Blatt neben meinem kalten Coq au Vin liegen und ging zur Bühne.

Okay, ein Bob Schieffer war ich an diesem Abend nicht, aber immerhin konnte ich die Sache hinter mich bringen, ohne dass verfaulte Tomaten geworfen wurden oder auch nur einmal das Wort »Dude« fiel. Und mir war, als hätte sogar Madeleine Albright einmal gelächelt.

Am nächsten Nachmittag, beim Empfang im Weißen Haus, saßen wir alle im East Room, während Präsident Bush den Preisträgern ihre schönen Medaillen verlieh. Ich selbst hatte das Weiße Haus bislang nur als Tourist besucht, deshalb war das ein weiterer großer Moment für mich. Trotzdem: Wenn man bedenkt, dass in diesen Wänden über Jahrhunderte unsere Welt gestaltet wurde … ist diese Bude gar nicht mal so groß. Zusammengequetscht wie die Pendler im Bus, saßen wir alle ruhig auf unseren Klappstühlchen, während der Präsident die Medaillen mit Regenbogenschleife um die Hälse der diesjährigen Preisträger legte: Morgan Freeman, George Jones, Barbra Streisand, Twyla Tharp und The Who. ICH WAR ZEUGE, WIE GESCHICHTE GESCHRIEBEN WURDE, UND MUSSTE MICH ERNEUT FRAGEN: WIE WAR ICH HIER BLOSS GELANDET?

Das Einzige, was jetzt vor Konzertbeginn noch anstand, war ein Fototermin mit dem Präsidenten und der First Lady vor dem Weihnachtsbaum des Weißen Hauses. Oha! Dieses Detail bedurfte einer genaueren Überlegung. Gelinde gesagt, deckte sich meine politische Haltung nicht mit der unserer damaligen Regierung, deshalb war mir nicht ganz wohl bei der Vorstellung, mich mit dem Präsidenten fotografieren zu lassen. Auch wenn dies ein Wochenende frei von politischen Gegensätzen sein sollte, um einfach zusammenzukommen und die Künste zu feiern, war es für mich doch schwierig, meine Überzeugung ganz außen vor zu lassen, und sei es auch nur für ein Bild vor einem funkelnden Weihnachtsbaum. Erneut machten sich in meinem Herz die Zweifel breit. *Was tue ich hier eigentlich?*

Ich dachte an meinen Vater. Was würde er machen? Als überzeugter Republikaner hatte er Jahrzehnte damit verbracht, lebenslange Beziehungen zu Leuten aus beiden Lagern aufzubauen, und es gelang ihm problemlos, mit so gut wie jedem einen gepflegten Cocktail zu nehmen. An unseren gemeinsamen Wochenenden schleppte er mich manchmal mit ins

Nathan's, einen Saloon im Stadtteil Georgetown, wo scharenweise Männer in Seersucker-Anzügen abhingen, um zu trinken, zu lachen und zu diskutieren – vor allem aber, um zu koexistieren. Ich saß an der Bar, nuckelte an meinem Ginger Ale und hörte den dröhnenden Stimmen dieser Polit-News-Junkies zu, die darin übereinstimmten, bezüglich der laufenden Ereignisse nicht übereinzustimmen, und sich eine richtige Debatte für den Montag aufhoben, wenn der Kongress wieder tagte. Das war das Washington, D. C., in dem ich aufgewachsen bin: ein Ort, an dem sich Menschen mit unterschiedlicher Meinung zivilisiert unterhalten konnten, ohne dass es gleich zu einer Kneipenschlägerei kam – ein Ort, den es heute leider nicht mehr gibt.

Jordyn und ich beschlossen, uns für das Foto anzustellen. Umgeben von Marinesoldaten in Parade-Uniform, wurden wir schließlich in das Zimmer gerufen, in dem der Präsident und die First Lady wie Pappfiguren vor einem gewaltigen Weihnachtsbaum standen. Wir begrüßten sie mit breitem Lächeln und festem Händedruck. Mein erster Eindruck? Der Präsident war größer als gedacht, und die First Lady hatte unglaublich schöne blaue Augen.

»Wo kommen Sie her??«, blaffte mich der Präsident mit dem Nachdruck eines Drill-Sergeants an.

Perplex erwiderte ich: »Ähm … ähm … direkt von der anderen Seite der Brücke!« Ich zeigte hinaus Richtung Südrasen. Dann erklärte ich ihm, der Grund meiner Anwesenheit sei der Who-Song, den ich später im Kennedy Center zum Besten geben würde, woraufhin er lächelte, das Foto geschossen wurde und man uns schneller zur Tür hinausbeförderte, als man »We won't get fooled again« sagen konnte.

In diesem Korridor hat er mich später wohl nur erkannt,

weil ich als Einziger längere Haare hatte, aber ich musste schon lachen, als er mich stolz mit der Bezeichnung ansprach, die ich am Abend davor so peinlich vermieden hatte. *Wenn es das Nathan's in Georgetown noch geben würde*, dachte ich, *könnten wir beide vermutlich einen lustigen Sonntagnachmittag verbringen.*

Im Jahr 2010 verlieh Präsident Obama Paul McCartney einen Library of Congress Gershwin Prize, den jedes Jahr nur ein einziger Künstler für sein Lebenswerk im Bereich Popmusik bekommt. Das ist quasi das amerikanische Gegenstück zum Ritterschlag und vermutlich die höchste Ehre, die einem als Musiker zuteilwerden kann. Im East Room des Weißen Hauses (langsam wurde ich hier wohl Stammgast) war ein kleines Konzert geplant, und weil Paul und ich uns angefreundet hatten, lud er mich ein, mit ihm gemeinsam »Band on the Run« für die Gäste zu spielen. Die Gelegenheit, mit Paul aufzutreten, wollte ich mir natürlich nicht entgehen lassen. Und

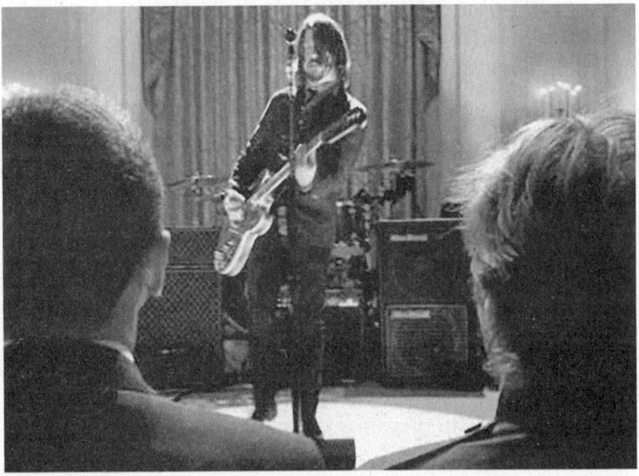

zwar nicht nur, weil ich wegen ihm Musiker geworden war, sondern auch, weil es irre Spaß macht, mit ihm zu jammen.

Als ich zur Probe ins Lisner Auditorium kam (gleich in der Nähe von Tower Records, wo ich einst gejobbt hatte), wurde ich von Pauls wunderbarer Band begrüßt, und nachdem wir uns etwas ausgetauscht hatten, kam der musikalische Leiter der Veranstaltung, um sich mir vorzustellen. Klar hatte ich mich gut vorbereitet, nur ging ich davon aus, dass Paul und seine Band die Sache größtenteils allein schultern würden und ich für den Fall, dass ich einen Aussetzer hätte, über die PA gar nicht zu hören sein würde.

»Okay, Dave, das hier ist Ihr Mikrofon«, sagte er und deutete auf den Mikroständer in der Bühnenmitte.

*Merkwürdig*, dachte ich. »Ähm … und wo steht Paul?«, fragte ich.

Lachend erwiderte er: »Paul wird direkt vor Ihnen sitzen, gleich neben dem Präsidenten. Sie singen die Nummer allein!«

Panik im Gewand einer konstruierten Begeisterung überfiel mich. WIEDER MAL EIN FALL VON »FAKE IT TILL YOU MAKE IT«.

Wir spielten die Nummer ein paarmal durch, machten sie »gut genug für Grunge« (eine idiotische Formulierung, die jahrelang die Foo Fighters umschwirrte), und dann ging ich zurück ins Hotel und übte den Song erneut so lange, bis ich mich wohl dabei fühlte, ihn den zwei wichtigsten Menschen auf Erden vorzuspielen, die Schulter an Schulter eineinhalb Meter vor mir sitzen würden. Das war echt eine große Sache, wobei erschwerend hinzukam, dass außer mir dort keineswegs Anfänger auftraten. Stevie Wonder, Elvis Costello, Jack White, Emmylou Harris und Faith Hill sollten bei dem Event Pauls Klassiker singen, und angesichts dieses Niveaus fühlte ich mich schon etwas klein. So nervös war ich noch nie im Leben gewesen.

Beim Soundcheck trafen sich am Nachmittag alle Performer im Weißen Haus, machten sich mit der Bühne vertraut und staunten über ihre niedlichen Ausmaße: Sie war fünfzig Zentimeter hoch und gerade mal so groß, dass Pauls Band mit Mühe draufpasste. Danach wanderte ich durchs Gebäude, sah mir die historischen Porträts an und ging in der kleinen Bibliothek im Erdgeschoss die Bücherregale durch. Mein spannendster Fund? Eine Anthologie mit sämtlichen Texten von Bob Dylan. Keine Ahnung, wie viel Zeit dieses Buch hier außerhalb des Regals verbrachte, aber allein schon, dass es da war, erfüllte mich mit Hoffnung. Irgendwann fragte ich einen Typen, der wie ein offizieller Mitarbeiter des Weißen Hauses wirkte, ob es denn irgendein Catering oder eine Art Buffet für die Musiker gäbe, denn ich ging fast ein vor Hunger. Er bot an, das für mich zu checken, und fragte, ob ich irgendwelche Vorlieben hätte. Aber da ich echt der genügsamste Esser auf Gottes Erdboden bin (fragt jeden, den ich kenne), sagte ich nur: »Ganz egal!« Nach ein paar Minuten kam er mit ein paar SunChips und einem Sandwich wieder, das unten in der Küche zubereitet worden war. Ich bedankte mich herzlich und dachte: *Was für ein netter Mann!*

Wie ich später herausfand, war das der Admiral der Cost Guard.

Als dann das Konzert begann, standen alle Performer in einem Nebenzimmer und warteten darauf, dass sie an der Reihe waren, wie eine Gruppe Fallschirmspringer, die gleich aus dem Flugzeug in die Weiten des Himmels jumpen würden. Nacheinander wurden wir angesagt und gingen zwischen den dicht sitzenden Gästen hindurch zur Bühne, wo dann jeder

Paul und den Präsidenten begrüßte und sein Lied vortrug. *Bin ich denn echt der Einzige, der hier nervös ist?*, dachte ich. Ohne die Soundwand meiner Foo Fighters im Rücken kam ich mir richtig nackt vor. Nackt vor Paul McCartney und Präsident Obama. Mein Puls ging schneller, mein Magen wollte sich umstülpen, und ich begann, mir das Worst-Case-Szenario vorzustellen: eine lähmende Angstattacke, die nicht nur medizinische Hilfe erfordern, sondern mich ein Leben lang verfolgen würde.

Aber dann kam etwas über mich …

ICH BESCHLOSS, DIESEN AUGENBLICK NICHT ZU VERSCHENKEN. Ich beschloss, mich nicht mehr zu fragen: »Wie bin ich hier gelandet?« Ich war ja da. Ich wollte nicht länger ängstlich sein oder mich woanders hin wünschen. Die lange Reise, die in meiner Kindheit im nahen Virginia begonnen und über die Musiker-Lehrjahre in der Punkszene von D. C. bis zum Auftritt im Weißen Haus geführt hatte – vor einem Beatle und einem Präsidenten, wohlgemerkt! –, machte das hier zum erfülltesten Moment meines Lebens. Aber ich verlor mich nicht weiter in komplizierten Überlegungen, sondern lächelte einfach.

Ein Gefühl der Ruhe erfasste mich – und genau da wurde ich aufgerufen. Ich ging mit erhobenem Kopf zur Bühne, stellte mich vor Paul und den Präsidenten und war überglücklich, es bis zu diesem Moment geschafft zu haben, in dem sich Vergangenheit und Gegenwart, Rechts und Links durch die Brücke der Musik verbanden.

# TRUNKENHEIT AM STEUER IN DOWN UNDER

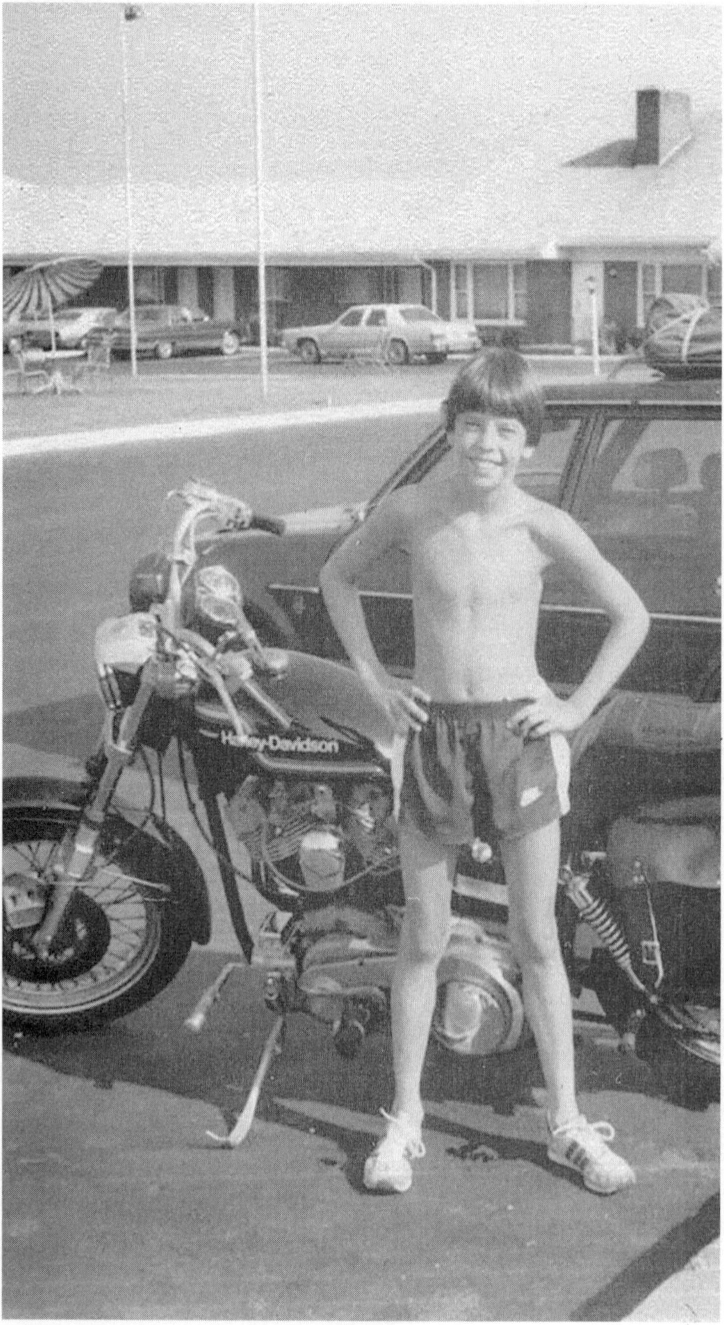
Harley-Davidson

»Asseyez-vous, s'il vous plaît …«

Ratlos sah ich meine Freundin an, die des Französischen mächtig war und mir als dringend benötigte Übersetzerin diente.

»Sie möchte, dass du dich hinsetzt.«

Ich nickte, quetschte mich in den Stuhl und lächelte nervös der älteren Dame zu, die auf der anderen Seite des Tisches jede meiner Bewegungen verfolgte. Ich hatte guten Grund, diese unerwartete Begegnung mit gemischten Gefühlen zu betrachten, denn ich war noch nie bei einem Medium gewesen.

Es war Januar 2000, und die Foo Fighters befanden sich *down under* für die größte Tour, die jährlich in Australien stattfand, den *Big Day Out*. Dieses Festival, das 1992 mit einem einzelnen Konzert in Sydney zum ersten Mal über die Bühne gegangen war (mit Nirvana und den Violent Femmes), wuchs danach zu einem dreiwöchigen Mega-Event heran, bei dem jedes Jahr an die hundert Bands in insgesamt sechs Städten auftraten. In der Hitze des glorreichen Aussie-Sommers bildete der *Big Day Out* für jede Band den Höhepunkt ihres Tourplans, denn die lockere Abfolge von sechs Gigs in drei Wochen machte ihn – ohne das Mördertempo, in dem man sich sonst so bewegte – eher zu einer Art Urlaub in der Sonne. Dementsprechend nannten wir die Sache »The Big Day Off« und nutzten tatsächlich jeden Moment, den wir nicht auf der Bühne verbrachten.

Meine Freundin war für einen Kurzbesuch aus den Staaten eingeflogen und wollte unbedingt eine berühmte französische Wahrsagerin aufsuchen, die in einem Apartmentkomplex außerhalb von Sydney wohnte. Sie hatte diese Dame schon bei einer früheren Australienreise (mit ihrer eigenen Band) besucht, und nach Aussage von Leuten, die sich mit diesem Phänomen auskannten, war sie tatsächlich ernst zu nehmen. Unser alter Freund/Veranstalter Steve Pavlovic hatte im Lauf der Jahre schon andere, mystisch orientierte Musiker zu ihr gebracht, und alle berichteten danach begeistert von ihren intuitiven Kräften.

Ich selbst war noch nie in Berührung mit einem richtigen Medium gekommen, was allein daran lag, dass mich das null interessierte. Abgesehen von einer albernen Kartenlege-Nummer in einem Souvenirladen in New Orleans während der Erfolgsphase mit Nirvana, bei der mir eine Lady mit Knochen quer durch ihre Nase sagte: »Gib nicht auf – eines Tages schaffst du es!«, hatte ich mich von jeglicher Form der organisierten Wahrsagerei ferngehalten. Nicht, dass ich bezweifelt hätte, dass manche Leute Gedanken lesen und in die Zukunft sehen können, nur war mir eigentlich völlig egal, was sie da erblickten. Ich wollte, dass die Zukunft ein Geheimnis blieb, denn ich hatte Angst, sie durch möglicherweise falsche Vorhersagen zu verändern. Meiner Meinung nach sollte das Leben seinen natürlichen Gang nehmen und eine Reise sein, bei der man für den Fall, dass man sich verirrt, keine Landkarte hat.

Die Methode dieser Frau hier war einfach: Man musste ein beliebiges Foto von sich mitbringen, das sie schweigend inspizierte, während sie mit den Fingern deinen Körper abtastete. Dadurch erhielt sie irgendwelche außerweltlichen Informationen, die sie einem dann als wahrsagerischen Eindruck mitteilte. Ich hatte jedoch dieses Treffen nicht für mich selbst organisiert, sondern für meine Freundin, also hatte sie ihre eigenen Fotos mitgebracht, darunter auch eins von mir. Steve und ich agierten hier nur als Begleiter/Chauffeure und brachten sie zum Apartment der Frau, deshalb rannten wir auch gleich wieder raus und besorgten uns Kaffee, während die beiden Damen das Jenseits kontaktierten.

Bei unserer Rückkehr sah meine Freundin ziemlich erschöpft aus, und die Wahrsagerin richtete ihren Blick sofort auf mich: Während meiner Abwesenheit war ich offenbar zu einem schwierigen Gesprächsthema geworden. Dass das Medium kaum Englisch sprach und alles übersetzt werden musste, sorgte für eine heikle Dynamik zwischen meiner Freundin und mir, denn ich war ja darauf angewiesen, dass sie (die aus Montreal stammte) mir die intimen Offenbarungen dieser Dame erläuterte, mochten sie für ihre Ohren auch noch so unangenehm sein.

Nachdem die Wahrsagerin ein paar Minuten lang mein Foto betrachtet hatte, griff sie nach meinen Händen und hielt sie fest, während sie die Linien und Schwielen untersuchte, die durch deren jahrelangen Missbrauch entstanden waren.

»Tu as beaucoup d'energie …«, sagte sie.

Ich sah meine Freundin an, und sie übersetzte: »Sie sagt, du hast viel Energie.«

*Oh! Nicht schlecht für den Anfang!* »Stimmt, ich bin ziemlich hyperaktiv«, erwiderte ich auf Englisch und hoffte, dass sie mich verstand, was sie dann mithilfe meiner Freundin auch tat.

»Non, tu as beaucoup d'energie psychique …«

Dafür brauchte ich jetzt keine Übersetzung. Sie wollte mir sagen, dass ich übersinnliche Energie besaß. Ich war so überrascht wie begeistert. Das wurde langsam gut hier.

»Tes mains brillent … ils ont une aura … c'est bleu … très puissant …«

Laut meiner neuen Wahrsagerfreundin waren meine Hände von einer intensiven blauen Aura umgeben. Ob ich das jetzt glaubte oder nicht, jedenfalls war ich glücklich, vielleicht sogar geschmeichelt über diese hellseherische Aussage. *Wieso wusste ich nichts davon?*, fragte ich mich. *Diese blaue Aura hätte ich schon oft gebrauchen können!*

Dann blickte die Frau auf und fragte, ob ich Geister sehen würde.

Das war jetzt nicht so leicht zu beantworten. Hatte ich je Besuch von einem dieser herumschwebenden Gespenster bekommen, die aus dem Jenseits auftauchen und mit klischeehaftem Spuk ihr vormaliges Territorium zurückfordern? Nein. Hatte ich eine Reihe unerklärlicher Vorgänge erlebt, bei denen ich die Anwesenheit von etwas spürte, das weder lebendig noch tot war? Ja.

Auf dem Gipfel von Nirvanas Erfolg lebte ich immer noch in einem winzigen Zimmer, das lediglich mit einer Kommode, einem Nachttisch und einer Futonmatratze auf dem Boden möbliert war, denn die Band war so schnell groß geworden, dass ich einfach nicht die Zeit hatte, mich an das neue Rockstarleben anzupassen. Außerdem verspürte ich gar nicht den Wunsch, loszugehen und von meinem rasant anwachsenden Bankkonto Gebrauch zu machen, denn ich war mit der Situation eigentlich recht zufrieden. Ich hatte noch nie viel gehabt, deshalb brauchte ich auch nicht viel, und diese Lebensform fühlte sich für mich ganz normal an. Vor allem machte sie mir Spaß. Mit meinen Kumpels MTV zu glotzen und dabei Totino's Party Pizza zu mampfen entsprach so ziemlich meiner Vorstellung von »es schaffen«. Wozu also etwas ändern?

Es war mein Vater (mein natürlicher Finanzberater), der mir irgendwann sagte, ich solle jetzt aus Gründen der Angemessenheit (und um nicht die ganze Kohle für Slim-Jim-Snacks und Kippen auszugeben) in ein eigenes Haus investieren. Also flog er zu mir nach Seattle, und wir machten uns gemeinsam auf die Suche. Ein Immobilienmakler vor Ort stellte ein paar Vorschläge zusammen, und wir verbrachten mehrere Tage damit, uns Häuser anzusehen. Die meisten waren zu alt, zu hässlich oder zu schlecht ausgestattet, aber es gab doch eines, das sich vom Rest unterschied: einen Neubau im nördlichen Vorort Richmond Beach. Er lag nur wenige Blocks vom herrlichen Puget Sound entfernt am Ende einer Sackgasse zwischen gigantischen Kiefern. Von außen wirkte das Haus bescheiden und eher unauffällig, aber sobald man eintrat, war man in einem architektonischen Meisterwerk. Mehrere Ebenen, Räume, die in wunderschönes Holz gefasst waren, alles von Tageslicht durchflutet, das durch die Öffnungen in den hohen Decken und die großen Fenster hereinfiel. Da das Haus am Hang lag, sah es von der Einfahrt wie ein einstöckiges Gebäude aus, die Rückseite folgte dem abgestuften Gelände jedoch mit diversen Ebenen und Treppenabsätzen, von denen aus man einen herrlichen Blick auf den dichten Nadelwald hatte. Ich konnte mir nicht recht vorstellen, in einem derart großen Gebäude allein zu wohnen, aber mir gefielen die warme Ausstrahlung und die irre Gestaltung, deshalb schnappte ich es mir, holte Kommode, Nachttisch und Futon ab und zog ein.

Am ersten Abend saß ich dort vor meinem neuen Fernseher (echter Rock 'n' Roll-Exzess!) auf meinem alten Futon. Draußen regnete es in Strömen, und mir war ein bisschen unwohl dabei, in diesem riesigen Haus allein zu sein. Da machte es plötzlich RUMMS! Alles wackelte für einen Moment. Das war kein Gewitter, auch keine Explosion irgendwo draußen. Das hier klang, als sei ein Sattelzug in die Wand gerast, an die ich mich gerade lehnte. Und wie bei einem Auffahrunfall war ich sogar nach vorn geschleudert worden.

Sofort stellte ich den Ton leise und saß ganz ruhig da, denn ich machte mir vor Angst fast in die Hose. Irgendwann brachte ich den Mut auf, mein Schlafzimmer zu verlassen und vom Treppenabsatz aus das Wohnzimmer weiter unten nach irgendwelchen Bewegungen abzusuchen. Mit Gänsehaut von Kopf bis Fuß tapste ich auf Zehenspitzen von einem Zimmer ins andere, um vielleicht Spuren eines Einbruchs zu entdecken, doch ich fand absolut nichts. Ich ging zurück ins Bett, ließ den Fernseher ohne Ton weiterlaufen und machte in dieser Nacht so gut wie kein Auge zu.

Nach ein paar Monaten kristallisierte sich heraus, dass es vor allem im Erdgeschoss irgendwie … merkwürdig war. Wenn ich durch die Gänge im unteren Bereich lief, kam es mir immer vor, als würde mich jemand verfolgen. Durch die Nähe dieser unsichtbaren Macht wurden mein Nacken und mein Rücken ganz warm, und die Härchen entlang der Wirbelsäule stellten sich auf. Deshalb kehrte ich stets, so schnell ich konnte, in meine sichere Küche zurück. So ein Gefühl hatte ich noch nie gehabt, und natürlich redete ich mir ein, das sei alles nur meiner blühenden Fantasie geschuldet – bis sich dann zeigte, dass ich keineswegs der Einzige war, der diese regelmäßige und äußerst beängstigende Erfahrung machte.

Ich hatte mich nach und nach eingelebt und mein Heim sparsam mit Möbeln ausgestattet, also gerade so, dass ich ein paar Freunde zum Halloween-Dinner an meinem neuen Esstisch einladen konnte. Als wir fertig waren, erzählten wir uns bei Cocktails Spukgeschichten, manche davon aus erster Hand, andere nicht, wobei ich meinen Verdacht bezüglich dieses nagelneuen Hauses für mich behielt. Aber dann meinte einer meiner Kumpels: »Weißt du … es ist komisch … Aber immer, wenn ich bei dir im Erdgeschoss bin, habe ich das Gefühl, da ist jemand hinter mir, der mir von einem Zimmer ins nächste folgt. Ich bin schon so weit, dass ich mich ankündige, bevor ich einen Raum da unten betrete …«

Ich verschluckte mich fast an meinem Drink. So erleichtert ich war, dass noch jemand außer mir dieses Gefühl hatte und ich vielleicht doch nicht verrückt war, so sehr bestätigte mir das auch, dass es in diesem fantastischen Haus verdammt noch mal spukte. Ich wollte eigentlich nicht so schnell wieder ausziehen, und obwohl es mir überhaupt nichts ausmachte, ein Haus mit meinem alten Freund Barrett zu teilen, war das Zusammenleben mit einem Geist nicht Teil meines Kaufvertrags gewesen.

Das Gefühl wurde mit der Zeit immer stärker, bis ich irgendwann gar nicht mehr nach unten ging. Und dann fing es sogar an, nach oben zu kriechen. Abends schlief ich mit dem Kopf direkt an der Bettkante ein (eine Angewohnheit von mir, denn ich hasse das klaustrophobische Gefühl, den eigenen Atem im Gesicht zu haben) und spürte nur wenige Zentimeter von meinem Gesicht entfernt ein anderes, das mich mit glühendem Blick ansah, während ich meine Augen aus Furcht vor dem, was ich da vielleicht sehen würde, fest zupresste. Das passierte regelmäßig, und Abend für Abend lag ich vor Angst wie gelähmt wach und konnte nicht einschlafen.

Und dann fingen die Träume an.

Es war immer die gleiche Frau, die einen ausgeleierten grauen Pulli und einen dunkelblauen Wollrock trug. Mit ihren wirren braunen Haaren sah sie ziemlich zerzaust aus, und ihr

Körper war mit Erde bedeckt. Sie stand barfuß da, sagte kein Wort und starrte mich mit bohrendem Blick und einem Ausdruck tiefster Trauer an. Im ersten Traum ging ich aus meinem Zimmer raus auf den Treppenabsatz und sah nach unten ins Wohnzimmer, wo sie reglos einfach nur dastand und zu mir hoch sah. Ich wachte schweißgebadet auf. Die folgenden Träume waren genauso entsetzlich, spielten aber in anderen Bereichen des Hauses, was mir zu verstehen gab, dass es vielleicht doch nicht mir gehörte, sondern ihr.

Ein paar Wochen später wurde ein Ouija-Brett konsultiert, und zwar an Thanksgiving. Zufälligerweise kam es dabei auch zu meiner ersten Begegnung mit Mr Nathan Gregory Mendel, dem zukünftigen Foo-Fighters-Bassisten, der mit einem gemeinsamen Freund zum Essen gekommen war. Das Ergebnis führte dazu, dass ich ab nun überzeugt war, in einer Art Amityville-Horror-Haus zu wohnen – ob man an diesen Scheiß nun glaubt oder nicht. Trotzdem lebte ich noch einige Jahre länger dort und gewöhnte mich daran, dass auf dem Holzboden in der Küche Schritte zu hören waren, grundlos die Bewegungsmelder ansprangen und gelegentlich eine Tür von selbst aufging. Freunde schickten mir haufenweise Salbei, um das Haus von unerwünschten Geistern zu reinigen, aber den ließ ich unberührt, denn in dieses Kaninchenloch falle ich einfach nicht – und mal ehrlich, das Zeug stinkt wie Katzenpisse.

Um jetzt bei der Wahrsagerin nicht alles noch komplizierter zu machen, beließ ich es bei der Aussage, Geister nicht unbedingt zu »sehen«.

Daraufhin fragte sie mich, ob ich je ein UFO gesichtet hätte. *Das* war jetzt etwas, das mich zutiefst faszinierte. Schließlich hatte ich meine Band »Foo Fighters« genannt, was im

Zweiten Weltkrieg eine Slangbezeichnung für unidentifizierte Flugobjekte gewesen war. Außerdem heißt unser Plattenlabel Roswell Records, nach dem UFO-Crash von 1947 in Roswell, New Mexico. Und mein Musikverlag trägt den Namen MJ Twelve Music, eine Anspielung auf das Geheimkomitee aus Wissenschaftlern, hochrangigen Militärs und Regierungsvertretern, das Harry S. Truman zusammenstellte, um außerirdische Raumschiffe zu sichern und zu erforschen. Ich war also äußerst versiert in Sachen UFO-Verschwörung, obwohl ich selbst leider noch nie eins zu Gesicht bekommen hatte.

»Nein«, sagte ich. »Aber ich träume oft davon.«

Sie sah mir in die Augen und meinte milde lächelnd: »Ce ne sont pas des rêves.«

ICH DREHTE MICH ZU MEINER FREUNDIN, UND SIE ÜBERSETZTE: »DAS SIND KEINE TRÄUME.«

Sofort fielen mir zahllose Träume ein, in denen ich schon seit meiner Kindheit von Außerirdischen besucht worden war und an die ich mich bis heute lebhaft erinnere. Schon ganz früh träumte ich, ich würde über meinem Viertel schweben und die winzigen Häuser unter mir aus dem Fenster eines kleinen Flugobjekts betrachten, das sich so leise wie unvorstellbar schnell durch die Luft bewegte und für andere nicht zu sehen war. In einem der Träume lag ich im nassen Gras vor unserem Haus, sah hinauf in den Nachthimmel und versuchte krampfhaft, ein UFO auftauchen zu lassen, das mich wegbringen würde. Und wie ich so ins All starrte, merkte ich plötzlich, dass ich mich selbst da im Gras liegen sah, als Spiegelung auf der glatten Unterseite eines Flugobjekts, das nur wenige Meter über meinem Kopf schwebte. Woraufhin ich aufwachte.

Aber es gibt einen Traum, den ich definitiv nie vergessen

werde – einen Traum, der so intensiv und real war, dass ich mein damaliges Gefühl bis heute nicht abschütteln kann.

Es war ein wunderschöner Abend in einem südeuropäischen Küstenort, der Himmel nahm in der Abenddämmerung eine tiefblaue Farbe an. Ich stieg gemütlich eine steile, grasbewachsene Kuppe hinauf und atmete die warme Sommerluft ein, während ich unter mir den Hafen mit seinen vielen Cafés und weiß gekleideten Menschen sah, die Hand in Hand über die Promenade schlenderten. Die Sterne waren kaum sichtbar, wurden aber zunehmend heller, als die Sonne im Meer unterging – bis plötzlich der Himmel explodierte und ein gleißendes Licht mich zu Boden warf. Ich blickte nach oben und sah, dass anstelle der Sterne jetzt UFOs kreuz und quer über den Himmel zogen, in den unterschiedlichsten Größen, Formen und Farben. Ich saß schockiert da und betrachtete dieses unglaubliche Schauspiel, während ich parallel dazu die verblüfften Gesichter der vielen Tausend anderen sah, die genau das Gleiche machten wie ich. Die Zeit blieb stehen.

Eine telepathische Stimme dröhnte in meinem Kopf. »DIE EVOLUTION DES MENSCHEN«, donnerte es, während in den Himmel Schaubilder projiziert wurden, die erläuterten, wie unsere Spezies von einem entfernten Winkel des Universums aus geformt wurde. Leonardo da Vincis *Vitruvianischer Mensch* tauchte in der linken Himmelshälfte auf, während rechts eine Weltkarte erschien und die Stimme dieses Ereignis zur »DÄMMERUNG EINES NEUEN ZEITALTERS« deklarierte.

Ich wachte auf und wusste, dass das mehr als nur ein ganz gewöhnlicher Traum gewesen war. Trotzdem setzte ich mein Leben fort, ohne in das unselige und gar nicht so unübliche Kaninchenloch zu fallen, aus dem manche UFO-Verschwörungstheoretiker nie mehr herauskommen, die ihr ganzes Leben lang auf »restlose Aufklärung« warten. Ich war von dem Ereignis definitiv bewegt, doch seinen größten Niederschlag fand es lediglich als Inspiration zum Video des Foo-Fighters-Songs »The Sky Is a Neighborhood«, bei dem ich selbst Regie führte und in dem meine beiden Töchter Violet und Harper zu sehen sind. Ein abgefahrener Traum, dachte ich, aber eben nur ein Traum.

Bis heute. Denn laut dieser Wahrsagerin war das nicht nur Einbildung, sondern echt. Nach weiteren vorteilhaften Offenbarungen, darunter auch zu der speziellen Dimension, aus der ich stamme, sagte sie mir ein paar Dinge, die niemand auf der Welt hätte wissen können. Das war jetzt kein Humbug: Sie erzählte mir Sachen über mein Leben, die so detailliert, so intim, so absolut zutreffend waren, dass ich vollkommen bekehrt wurde. Ich war ab da ein Gläubiger. Ob sie nun die Gabe der »Postkognition« (die Fähigkeit, auf übernatürlichem Weg vergangene Ereignisse wahrzunehmen) oder eine fortgeschrittene Form der Intuition besaß, jedenfalls war ich vollkommen überzeugt davon, dass diese Frau kein Scharlatan war.

Wir beendeten die Sitzung, verabschiedeten uns und verließen ihr kleines Apartment, um die lange Rückfahrt nach Sydney anzutreten. Ich fühlte mich durch diese Offenbarungen gestärkt, fragte mich, ob ich mit diesen Kräften schon zur Welt gekommen war, und dachte an all die Momente, in denen ich meine übersinnlichen Fähigkeiten durchaus hätte gebrauchen können.

Zum Beispiel eine Woche zuvor in Gold Coast.

Gold Coast ist eine Küstenstadt in Queensland, nur fünfundvierzig Autominuten südlich von Brisbane und Australiens Äquivalent zu Fort Lauderdale in Florida. Strandbars servieren knallbunte Drinks, blonde Surfer in Neoprenanzügen hängen an jeder Ecke ab, und ja, es gibt dort auch einen Seaworld-Erlebnispark für die mehr familienorientierten Urlauber. Jeder Besuch dieses Ferienparadieses war ein Abenteuer, deshalb holten wir aus jeder Sekunde in diesem sonnendurchfluteten Wunderland auch noch den letzten Tropfen Unfug heraus. Und da wir ja im Rahmen der *Big Day Off*-Tour hier waren, konnten wir das Spaßangebot ausgiebig nutzen.

Kaum angekommen, mieteten Taylor und ich uns Motorscooter, um damit drei Tage lang durch die Stadt und von Strand zu Strand zu pesen, bevor dann das Riesenkonzert in den Gold Coast Parklands stattfand, einer Greyhound-Rennbahn ein paar Meilen außerhalb. Unser Hotel, das Sheraton Grand Mirage, war uns im Lauf der Jahre richtig ans Herz gewachsen, mit seinem kokainweißen Achtzigerjahre-Design und den geilen Abendbuffets direkt neben gechlorten Swimmingpools voller echter Schwäne. Würde Tony Montana aus *Scarface* jemals Urlaub machen, dann definitiv hier. Es war, als würde man in Flip-Flops durch ein Bild von Patrick Nagel latschen.

Erfreulicherweise lag das Hotel nur wenige Kilometer vom Veranstaltungsort entfernt, eine kurze Fahrt über den Smith Street Motorway. Also kamen Taylor und ich auf die Idee, nicht den überfüllten Shuttle-Bus zu nehmen, sondern mit unseren idiotischen Scootern hinzudüsen und so viel *Easy-Rider*-Feeling wie möglich mitzunehmen, bevor wir die Dinger wieder abgeben und am nächsten Tag weiterreisen mussten. Ohne Helm (und Führerschein) brachen wir zu unserem kleinen Spaßtrip auf und lachten über die absurde Situation: Zwei weltberühmte Musiker würden gleich vor fünfzigtausend Zuschauern auftreten – und tuckerten mit ramponierten Minibikes über die Landstraße zur Bühne. So wie fast alles, was damals passierte, war auch das hier pure Comedy.

Als wir den Eingangsbereich erreichten, hielten uns die örtlichen Security-Leute für zwei sonnenverbrannte amerikanische Touristen, die den echten Foo Fighters ihre Backstage-Pässe geklaut hatten. Nach endlosen Diskussionen und unverständlichem Walkie-Talkie-Gefiepse wurden wir schließlich von unserem Manager Gus erlöst, woraufhin wir durch den Backstagebereich knatterten und dabei zahlreiche Picknicktische passierten, an denen Bands saßen, die mit dem Finger auf uns zeigten und sich köstlich amüsierten. Abgesehen von Blink-182 waren definitiv wir die nerdigste, albernste und nervigste Band des Line-ups. Ich meine, da waren richtige Schwergewichte am Start – ich nenne nur Red Hot Chili Peppers, Nine Inch Nails, Primal Scream –, aber ich kann mit Bestimmtheit sagen, dass keiner dieser Dudes jemals am helllichten Tag mit so einem Idiotenteil herumgefahren wäre.

Bei der Vorbereitung auf unseren Auftritt kam mir eine weitere lustige Idee: Ich würde irgendwann mit dem Scooter auf die Bühne kommen und den Motor so aufheulen lassen wie Rob Halford von Judas Priest (der das allerdings mit einer riesigen Harley Davidson tat), um diesem wahren Heavy-Metal-Gott Tribut zu zollen. Als ich so dasaß und bei ein paar Bierchen die Setlist zusammenstellte, fand ich die perfekte Stelle, an der ich wie Evil Knievel auf die Bühne jumpen, mit der putzigen Fünfzig-Kubik-Maschine eine Abgaswolke erzeugen und dann weiterspielen konnte, während das Publikum sich noch den Bauch hielt. *Egal was, Hauptsache ein Lacher*, dachte ich und zog die Sache wie geplant durch. Hat dann auch super geklappt.

Nach dem Konzert ging ich in die Garderobe und sah mir

auf dem Tagesplan an, wer noch alles spielen würde. Ich stellte fest, dass gerade die schwedischen Hellacopters, eine meiner absoluten Lieblingsbands, auf einer Nebenbühne rockten, deshalb schnappte ich mir ein paar Biere, setzte Bobby Gillespie von Primal Scream auf meinen mittlerweile berühmten Scooter, und gemeinsam tuckerten wir durch die Dunkelheit dorthin. Die Hellacopters, eine Hardrock-Breitseite aus klassischen Riffs und klassischen Frisuren, lieferten wie gewohnt eine großartige Show, und ich kann mich glücklich schätzen, auf diversen gemeinsamen Tourneen bereits etliche davon gesehen zu haben.

Als ich so am Bühnenrand saß und an meinem Bier nuckelte, merkte ich, dass es zu regnen begann. Kein sintflutartiger Tropenguss, aber doch genug, um über eine Heimkehr ins Hotel nachzudenken. Diese Scooter waren nicht unbedingt straßentauglich, und selbst ein leichter Schauer konnte die Schnellstraße in eine potenzielle Rutschpartie verwandeln, aber aufgrund der kurzen Entfernung fand ich das alles nicht dramatisch. Ich sammelte Taylor auf, zog mir die Kapuze meines Hoodies über die Ohren und düste los in Richtung unserer DeLorean-Erlebnissandburg.

Nach rund einem Kilometer gab es auf dem dicht befahrenen zweispurigen Highway einen Stau. Es war schon spät, und dies hier war für die restlichen 49 999 Konzertbesucher im Grunde die einzige Straße zurück in die Stadt, deshalb verwandelte sich unsere schöne Spritztour nun in einen leibhaftigen Heavy-Metal-Parkplatz. *Da vorne hat's sicher gekracht*, dachte ich, während wir uns eine gefühlte Ewigkeit im Schneckentempo vorwärtsbewegten. Aber dann sah ich, was den Verkehr tatsächlich aufhielt.

Eine Alkoholkontrolle.

Ich muss jetzt mal kurz überlegen, warum ich nicht von

diesem idiotischen Scooter gestiegen bin, ihn am Straßenrand abgestellt und Gus angerufen habe, damit er mich dort im Regen abholte. Erstens … war das ein gottverdammter Scooter. Dieses Ding hatte gerade mal so viel PS wie ein Rasenmäher. Unvorstellbar, dass ein Polizist mich *nicht* durchwinken würde, eher würde er darüber lächeln, wie ich da vollkommen albern versuchte, in durchnässtem Hoodie und Camouflage-Shorts mit dem Autoverkehr mitzuhalten. Zweitens fühlte ich mich durch die Drinks, die ich während der letzten fünf Stunden zu mir genommen hatte, nicht im Geringsten fahruntüchtig. Ich will hier nicht angeben, aber bei mir braucht es mehr als ein paar Dosen Hopfentee und Whiskey-Shots, damit ich flachliege. Ich fühlte mich kein bisschen betrunken. Also alles im grünen Bereich, richtig?

Falsch.

»Hier reinpusten, Kumpel«, sagte der Polizist, als ich die Kontrolle erreichte. Erschrocken tat ich, wie mir geheißen, während ich Taylor frei wie ein Vögelchen durchstarten sah (offenbar hatte er an diesem Abend auf Alkohol verzichtet und sich stattdessen an andere Party-Favoriten gehalten), und blies so fest ich konnte in das Röhrchen, das mir der Bulle hinhielt.

Er sah kurz auf sein Prüfgerät, dann zu mir, und sagte im breitesten Crocodile-Dundee-Australisch: »Bitte absteigen, Sie sind über dem Limit …«

Ich konnte es verdammt noch mal nicht fassen. All diese Jahre hatte ich irgendwelche *Jackass*-Nummern abgezogen und den größten Blödsinn gemacht, ohne je erwischt zu werden, und jetzt wurde ich in Australien dafür bestraft, dass ich leicht alkoholisiert ein beschissenes Moped fuhr?

»Fahren Sie rechts ran und nehmen Sie dann den Gang raus!«, sagte er.

Ich musste lachen. *Gang?* So was hatte diese Kiste nicht. Um sie zum Laufen zu bringen, musste man die Füße benutzen wie Fred Feuerstein.

Kaum hatte ich das Ding auf seinen Ständer gestellt, wollte der Polizist meinen Ausweis sehen. Okay, das war jetzt ein Problem. Nie, nie, nie trage ich auf Tour meinen Ausweis bei mir, denn er wäre binnen Sekunden futsch. (Jawohl, ich bin so einer, der mindestens einmal pro Nachmittag alles verliert, was er in den Taschen hat.) Gus bewahrt ihn immer für mich auf, gibt ihn mir nur, wenn wir eine Grenze überqueren oder am Flughafen einchecken, und fordert ihn dann gleich wieder zurück.

Alles, was ich hatte, war der laminierte *Big Day Out*-Umhänger, der glücklicherweise meinen Namen, ein Foto und die Bandzugehörigkeit vermerkte, deshalb sagte ich: »O Mann, den Ausweis hat mein Tourmanager, aber ich habe das hier«, und gab ihm das Ding in der vagen Hoffnung, er sei vielleicht ein Fan und würde mich ungeschoren davonkommen lassen.

VIELLEICHT FUNKTIONIERTE DAS ROCKSTAR-NAMEDROPPING JA AUSNAHMSWEISE.

Aber Pustekuchen.

»Musiker, hm?«, meinte er leicht von oben herab.

Ich erklärte ihm, dass wir Teil der *Big Day Out*-Tour seien und uns schon ein paar Tage hier in seiner wunderschönen Stadt aufhalten würden, deshalb auch dieser idiotische Scooter.

»Aha …«, sagte er. »Wann ist Ihr nächster Auftritt?«

»Morgen, in Sydney«, erwiderte ich und hielt mich bereits für gerettet.

»Tut mir leid, Kumpel, den werden Sie verpassen. Ich muss Sie mit auf die Wache nehmen.«

Das versetzte mich in Panik. Ich erklärte ihm, dass ich von unserem Standort aus quasi mein Hotel sehen könne und kein Problem damit hätte, dieses Mistding hier zu parken und den Rest zu Fuß zu gehen.

»Tut mir leid, Kumpel«, war alles, was von ihm zurückkam. Ich war echt gefickt.

In diesem Moment tauchte Taylor wieder auf, der die Kontrolle passiert hatte und mal checken wollte, wo ich blieb: »Dude, was geht ab???«

Ich erklärte, dass ich auf dem Weg in den Knast war und er sofort ins Hotel zu Gus fahren solle, damit der meine Kaution vorbereiten könnte. Taylor raste los (»raste« ist hier natürlich euphemistisch gemeint), und ich stand mutterseelenallein da, während ein Auto nach dem anderen vorbeifuhr, aus dem Konzertbesucher ihre Hälse streckten und brüllten: »Fuck yeah, Dave! Geiles Konzert, Alter!« Ich konnte nur lächeln und winken, ich arme Sau.

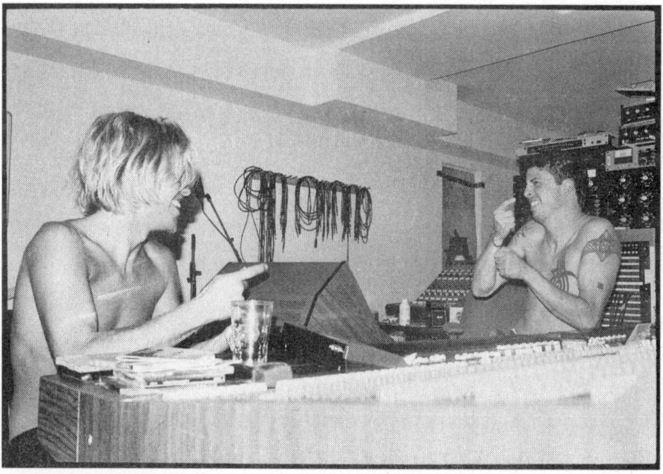

Dann bekam ich Handschellen angelegt, musste auf die Rückbank des Polizeiautos und wurde zu einer mobilen Polizeistation ein paar Meter weiter gebracht, wo ich wie Ted Bundy von anderen Bullen verhört wurde. »Wie lautet Ihre Anschrift? Wie lautet die Anschrift Ihrer Mutter? Wie lautet die Büroanschrift Ihrer Mutter?« So ging das stundenlang weiter, und wenn ich tatsächlich einen sitzen hatte, war der Alkohol im Verlauf dieser zähen, total irrelevanten Befragung längst abgebaut. *Werft mich einfach in eine gottverdammte Zelle*, dachte ich nach einer gefühlten Ewigkeit. Und das taten sie dann auch.

Auf der Polizeiwache wurde ich erneut bejubelt, diesmal von den restlichen kriminellen Konzertbesuchern, denn die offizielle Verhaftung fand vorne am Empfangstresen statt. Dann steckten sie mich in eine Zelle zu einem ohnmächtigen Fan im Primus-T-Shirt, der so laut schnarchte, dass ich schon dachte, ich müsste mich an meinen Schnürsenkeln erhängen. Ich zog mich auf meine Betonplatte von Pritsche zurück und tat mein Bestes, um das steife Gratis-Leintuch, das man mir freundlicherweise gegeben hatte, um meinen zitternden Körper zu wickeln, der nach wie vor in den nassen Klamotten steckte. Da die Tür aus Plexiglas bestand, wurde es in der Zelle so ruhig, als sei dies eine akustisch präparierte Gesangskabine im Aufnahmestudio, also lag ich einfach da und lauschte dem Klingeln in meinen Ohren, das unser triumphaler, gar nicht so lange zurückliegender Auftritt erzeugt hatte. Außerdem dachte ich darüber nach, wie mein Wochenende im Paradies so hatte enden können.

Schon nach wenigen Stunden traf mein Held und Retter Gus ein, der sich auf den Überwachungsmonitoren jede Menge Häftlinge ansehen musste, dann auf mein zitterndes Elend zeigte und zu den Beamten sagte: »Der da ist meiner.« Ich wurde entlassen, und die Heimfahrt ins Hotel bestand natürlich nur aus Gelächter, denn ich referierte ausführlich die kindischen Aktionen, die mich in diese vollkommen absurde Lage gebracht hatten. Wir hauten uns für ein paar Stunden aufs Ohr und flogen am nächsten Vormittag runter nach Sydney, wo abends das nächste Konzert stattfand.

Meine verbrecherische Phase war damit aber längst nicht abgeschlossen. Ich wurde für die Woche darauf zur Gerichtsverhandlung nach Gold Coast einbestellt. Im Fall einer Verurteilung würde ich nicht nur Geld bezahlen, sondern vielleicht auch eine Haftstrafe absitzen müssen und sogar die Chance verspielen, jemals wieder in dieses wunderschöne Land zu kommen. Letzteres war am schlimmsten, denn im Lauf der Jahre war Australien zu meinem liebsten Auftrittsort von allen geworden. Diese Möglichkeit durch ein paar Biere und einen Schwachsinns-Scooter vergeigt zu haben würde weder ich selbst mir je verzeihen noch meine Band.

Langsam nahm ich die Sache ernst, und zwar so sehr, dass Gus und ich in ein Kaufhaus gingen und siebenhundert Dollar für einen Anzug hinblätterten, damit ich vor Gericht nicht wie der letzte Penner aussah. Es gibt kaum etwas Peinlicheres als zwei erwachsene Männer, die im Kaufhaus modische Entscheidungen im Hinblick auf die Objektivität eines spießigen Richters treffen und dabei Dinge sagen wie »Zu konservativ?« oder »Zu sehr Disco?«. Wir entschieden uns für etwas Elegantes, aber nicht zu Übertriebenes, und bereiteten uns auf die Reise nach Norden vor.

Als wir am nächsten Tag unser Hotel in Melbourne verließen, um wieder rauf nach Queensland zu fliegen, traf ich in der Lobby den Gitarristen von Primal Scream, der meinte:

»Wie nennt man einen Foo Fighter im Anzug? SCHULDIG!!!« Das war auch keine große Hilfe.

Wir trafen meinen Anwalt – oder »Barrister«, wie sie das dort nennen – in einem Burger King unweit des Gerichts und besprachen bei ein paar fettigen Cheeseburgern und kalten Fritten die Verteidigungsstrategie. Viel zu besprechen gab es allerdings nicht. Ich hatte auf einem Motorfahrzeug zu viel Alkohol im Blut gehabt – Fall erledigt. Es gab keine spitzfindigen Details, die ich zur Aufhebung der Anklage hätte vorbringen können, deshalb hing das Strafmaß ganz allein vom Richter ab (und von dem hoffentlich weise gewählten Anzug). Ich schob den Knoten meiner Billigkrawatte hoch, und wir wackelten rüber zum Galgen, um das Jüngste Gericht zu erwarten. Jetzt ging's um die Wurst.

Noch bevor wir einen Fuß in das Gebäude setzen konnten, hatte ich eine örtliche Fernsehcrew an der Backe, die mir ein Mikro in die Fresse hielt. Mit meiner neuen Sonnenbrille auf der Nase gab ich ihnen lediglich »Kein Kommentar« zu Protokoll. Wenn diese Sache ein Gutes hatte, dann allein, dass ich jetzt weiß, wie man sich als Anwalt von O. J. Simpson fühlt. Gott sei Dank ist mir das nur einmal im Leben passiert (und Gott sei Dank bin ich nicht der Anwalt von O. J. Simpson). *Zumindest sehe ich in diesem Anzug gut aus*, dachte ich. Wir gingen in den Gerichtssaal und drückten die Daumen für ein unwahrscheinliches »Nicht schuldig«.

Der Richter hatte kein Erbarmen. Zwar bekam ich weder Knast noch Sozialdienst aufgebrummt, aber rein technisch war das trotzdem eine Verurteilung. Also bezahlte ich ein Bußgeld (weniger als der Anzug!) und galt von nun an in Australien als kriminell. Was bedeutet, dass ich heute noch bei der Frage »WURDEN SIE IN AUSTRALIEN JEMALS FÜR EIN

VERBRECHEN VERURTEILT?« immer ein kleines Kreuz machen muss, wenn ich in dieses Land reise. Und jedes Mal, wenn ich einem Grenzbeamten mein Formular überreiche, drückt er unter dem Tisch auf einen kleinen Knopf, um seinem Vorgesetzten zu signalisieren, dass er Verstärkung benötigt. Wenn ich besagtem Vorgesetzten dann mein Verbrechen erläutere, lacht er und sagt: »Ach ja, richtig! Kann mich gut dran erinnern!«

ICH WÜRDE SAGEN, ICH BIN MIT EINEM BLAUEN AUGE DAVONGEKOMMEN. MEINE EIGENTLICHE STRAFE? LEBENSLANG AUSGELACHT ZU WERDEN.

Wenn ich auf jenem regennassen Highway doch nur meine übersinnlichen Kräfte eingesetzt hätte, wäre es mir erspart geblieben, mich auf Jahre hinaus für diese lächerliche Kriminaltat verantworten zu müssen. Natürlich ist das nur ein kleines Opfer … Doch seit dem Treffen mit der Wahrsagerin in Sydney sehe ich manchmal nach unten, um vielleicht die blaue Aura um meine schwieligen Hände zu entdecken. Dann frage ich mich, ob sie mir wirklich irgendwann nützen wird. Auch wenn ich trotz meiner vermeintlichen Superkräfte weiterhin möchte, dass das Leben seinen natürlichen Gang nimmt – als eine Reise, bei der es keine Landkarte gibt.

# DAS LEBEN NAHM FAHRT AUF

»Wie alt sind Sie?«, fragte der Arzt einigermaßen verblüfft.

»Vierzig«, erwiderte ich nervös.

»Und warum sind Sie hier?«, wollte er wissen.

»Weil ich Schmerzen in der Brust habe und denke, ich krepier gleich!«, sagte ich panisch.

Wir saßen vor den CT-Monitoren im Cedars-Sinai-Krankenhaus in Los Angeles, wo ich soeben eine halbe Stunde lang vollkommen ruhig in einer klaustrophobisch engen Röhre gelegen hatte. Jetzt ging der Arzt die verschwommenen Aufnahmen auf dem Bildschirm durch und suchte in meinen Adern und den diversen Kammern meines strapazierten Herzens nach Krankheitsanzeichen. Ich saß neben ihm und rang verzweifelt die verschwitzten Hände, während ich voller Angst auf meine tödliche Diagnose wartete.

Eine oder zwei Minuten lang betrachtete er die Schwarz-Weiß-Bilder, dann lehnte er sich zurück. »Hmmm … Da ist eigentlich nichts zu erkennen … Haben Sie gerade viel Stress?«

*Wenn der wüsste!*, dachte ich. Angesichts dieser lahmen Frage wollte ich vor Lachen eigentlich fast vom Stuhl fallen, aber um sie nicht allzu absurd erscheinen zu lassen, antwortete ich so respektvoll wie möglich.

»Ähm, ja … ein bisschen«, sagte ich mit verschmitztem Lächeln.

»Schlafen Sie denn genug?«

»Vielleicht so drei, vier Stunden pro Nacht?«, erwiderte ich betreten, wobei das, ehrlich gesagt, eher großzügig geschätzt war.

Er startete einen weiteren Versuch: »Trinken Sie vielleicht viel Kaffee?«

Bingo!

»Definieren Sie bitte *viel* Kaffee …«, meinte ich, denn ich wusste, dass ein Koffeinkonsum wie meiner sogar Juan Valdez dazu bringen würde, seinen Esel zu beladen und in die Wälder Kolumbiens zu flüchten. Es war mir fast peinlich, zuzugeben, wie viel Kaffee ich täglich konsumierte, denn ich befürchtete, er würde mich für gemeingefährlich halten und in Zwangsjacke zum nächstgelegenen Treffen der Anonymen Koffeiniker schicken. Ich hatte diese Abhängigkeit erst vor Kurzem erkannt und begriffen, dass fünf große Becher am Tag des Guten vielleicht doch etwas zu viel sein könnten, nur war die bittere Konsequenz daraus noch nicht bei mir angekommen. So einer bin ich leider. Gib mir eins, und ich will zehn. Aus gutem Grund habe ich bis heute kein Kokain angerührt, denn tief im Inneren weiß ich, dass ich da genauso haltlos wäre und für eine Dröhnung auch morgens an der Bushaltestelle Schwänze lutschen würde.

Kaffee. Allein beim Schreiben kriege ich Lust auf einen. Heiß, kalt, Gourmetqualität, Tankstellenniveau, frisch gebrüht, abgestandener Rest in der Kanne, Instant, Cafetière-gepresst … Sagen wir einfach, ich bin kein Connaisseur, sondern brauche den Schuss. Ich bin wahrlich kein Kaffeesnob (ein Angeberkult, den ich zutiefst verachte), sondern trinke alles, was mir in die Finger kommt. Von Dunkin' Donuts bis zur weltweit teuersten Bohne, die aus dem Kot wilder Zibetkatzen in Südostasien geerntet wird, habe ich schon alles probiert und trinke das Zeug aus einem einzigen Grund: um high zu werden.

Aber es war nicht nur der Kaffee, der mich an diesem Tag ins Krankenhaus gebracht hatte. Das Leben nahm einfach Fahrt auf.

2009 war ein Spitzenjahr. Es begann mit meinem vierzigsten Geburtstag, der in einer Bastion der Hochklassigkeit begangen wurde: dem Themenrestaurant Medieval Times im kalifornischen Anaheim, einer gigantischen Reithalle, in der man Pseudorittern mit pseudoenglischem Akzent beim Turnierkampf zusieht, während man mit bloßen Händen fettige Truthahnkeulen verschlingt und aus Spiegelkelchen Coors Light in sich reinschüttet. Für die Ewigkeit in Jim Carreys bestem Film *Cable Guy – Die Nervensäge* festgehalten, ist dies das absurdeste, aberwitzigste und wahrhaft peinlichste Speiseerlebnis, das die Menschheit kennt, aber definitiv kein Ort, an dem ein erwachsener Mann typischerweise eine weitere Sonnenumrundung feiert – was mir allerdings erst klar wurde, als die dröh-

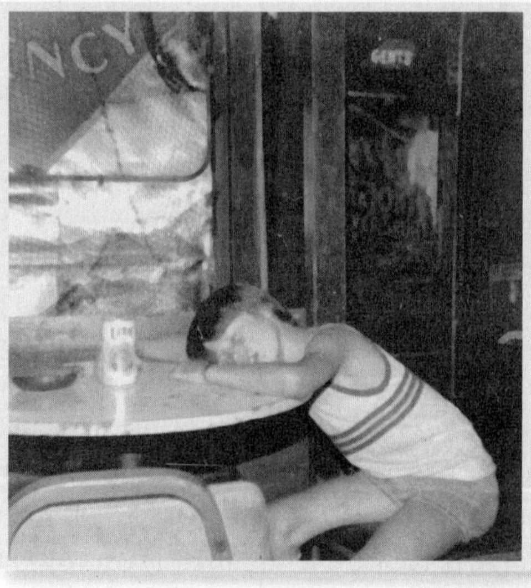

nende Stimme des Pseudokönigs über die PA verkündete: »Ladies and gentlemen, wir haben heute ein paar Geburtstagskinder hier! Eddie wird sieben! Tommy wird zehn! Und Dave wird … vierzig???«

Es ist einfach so: Ich liebe absurde Situationen und genieße jeden bizarren Moment, deshalb gab es einfach keinen besseren Ort, um hundertfünzig beste Freunde zu versammeln, sie in der Sektion »Blauer Ritter« standesgemäß abzufüllen und unserem noblen Kavalier mit blutrünstigem, wenn nicht gar mordlustigem Überschwang zujubeln zu lassen. Und es gab auch keinen besseren Moment, um eine neue Band zu gründen, denn genau an diesem Abend machte ich den Bassisten von Led Zeppelin, John Paul Jones, mit meinem alten Freund Josh Homme bekannt, was den Beginn unseres neuen, topgeheimen Projekts Them Crooked Vultures darstellte.

Ich hatte Josh Anfang der Neunziger kennengelernt, als er noch bei Kyuss, einer meiner Lieblingsbands, Gitarre spielte. In der Folge waren wir immer wieder mit seinen Queens of the Stone Age auf Tour gewesen, bei denen ich sogar für kurze Zeit einstieg, um gemeinsam das Album *Songs for the Deaf* aufzunehmen und ein paar der geilsten Konzerte meiner gesamten Laufbahn zu absolvieren. Josh ist jemand, der »es hat« – eine undefinierbare, unausgesprochene und geradezu magische Fähigkeit, die kaum jemand besitzt. Und wann immer wir miteinander gespielt haben, glich das Ergebnis einem hypnotischen Vogelschwarm: Die Musik wechselte so mühelos wie graziös von einer Richtung zur anderen und verlor dabei niemals ihr dichtes Gefüge. Wenn wir auf der Bühne zusammen improvisierten, hatte das immer die Qualität von alten Freunden, die sich gegenseitig das Wort aus dem Mund nehmen, und oft genug lachten wir insgeheim über unsere musikalischen Insiderwitze. Unterm Strich war das eine himmlische Paarung, und sobald sich die Chance bot, uns zusammenzutun, ergriffen wir sie auch.

Immer wieder redeten wir über ein Nebenprojekt, meist dann, wenn wir von den Pflichten und Terminen unserer Hauptjobs erschöpft waren oder sich auf Tour die Wege unserer Bands kreuzten. Dann saßen wir bei stangenweise Kippen und Gallonen von Backstage-Cocktails zusammen und fantasierten über etwas Schräges, Abgefahrenes und vor allem Lustiges. Josh war ebenfalls Drummer, deshalb würden wir problemlos Plätze tauschen können, von einem Instrument zum anderen wechseln und dabei versuchen, uns so weit wie möglich vom Sound der Queens und Foos zu entfernen. Aber auch unabhängig von der musikalischen Ausrichtung wussten wir, dass wir eine Bombenzeit haben würden, und nachdem ich eineinhalb Tour-Jahre lang jeden verdammten Abend »Learn to Fly« gespielt hatte, war die Aussicht auf etwas Spaßvolleres dringend nötig, um die Musik nicht ganz hinzuschmeißen und als der mittelmäßige Dachdecker zu arbeiten, der ich eigentlich hätte werden sollen.

Etwa um die gleiche Zeit bat mich *GQ*, bei ihrer Preisverleihung den Mitgliedern von Led Zeppelin einen Outstanding Achievement Award zu überreichen (die schmerzhafte Offensichtlichkeit dieser kolossalen Untertreibung bitte einen Moment wirken lassen). Also rief ich Josh an und fragte ihn, ob ich John Paul Jones, dem größten, groovigsten Bassisten in der Geschichte des Rock 'n' Roll, von unserem Geheimprojekt erzählen solle.

»Du *kennst* John Paul Jones?«, fragte er. Das war in der Tat der Fall, denn 2004 hatte er am Foo-Fighters-Album *In Your Honor* mitgewirkt. Zudem dirigierte er bei einem Grammy-

Auftritt der Foos das Orchester. Der Mann war extrem freundlich und bodenständig und zudem ein blindmachendes Musikgenie. Außerdem hatte er sich als Produzent um so abgefahrene Acts wie die unglaublichen Butthole Surfers und Diamanda Galás verdient gemacht.

Dieser Typ scheute sich also nicht davor, seltsame Dinge zu tun (um es mal vorsichtig zu formulieren), deshalb bestand durchaus Hoffnung, dass er bei unserem Wahnwitz-Projekt mitmachen würde. Wenn die Magie, die Josh und ich zusammen entwickelten, noch um den allmächtigen John Paul Jones erweitert werden könnte, hätten wir definitiv so etwas wie eine »Supergroup« (eine idiotische Bezeichnung, die wir damals komplett vermieden).

Josh und ich dachten also, was soll's, den Versuch ist es wert, und bald stand ich John bei der Preisverleihung gegenüber und flüsterte ihm schüchtern diese Idee ins Ohr. Er sagte nicht Ja, aber auch nicht Nein, deshalb vereinbarten wir, per E-Mail im Kontakt zu bleiben und zu sehen, ob sich da irgendwas ergeben würde. Ich flog mit der irrsinnigen Aussicht heim, vielleicht tatsächlich bald mit dem Mann zu trommeln, der einst in einer Band mit dem Drummer gewesen war, der wiederum mich am meisten beeinflusst hatte. Ich konnte nur hoffen, dass er unser Angebot annehmen würde, verbrachte darüber aber keine schlaflosen Nächte, denn, na ja, er war eben John Paul Jones.

Doch siehe da, John beschloss, die Reise nach Los Angeles anzutreten und mal zu testen, ob wir wirklich die von mir vermutete Chemie hätten. Und da seine Ankunft zufällig mit meiner herrlich kindischen Geburtstagsparty zusammenfiel, lud ich ihn ein, an dem mittelalterlichen Gelage mit Fast-Food-Leckereien teilzunehmen. Dieser arme Mensch stand, ohne es zu wissen, im Begriff, eine nervtötende amerikanisierte Version des Mittelalters mitmachen zu müssen, während sich sein Gastgeber und zukünftiges Bandmitglied die Kante gab und zwischen choreografierten Turnierkämpfen in der Herrentoilette Joints rauchte wie ein Highschool-Missetäter. Wenn er diesen Abend der Schmierenkomödie und Teenage-Albernheit überlebte, ohne direkt wieder zum LAX zu sprinten, hätten wir hier wirklich die Chance für etwas Besonderes.

Dankenswerterweise ertrug John meine fehlende Reife mit der Geduld eines Gletschers, und wir trafen uns ein paar Tage später in Joshs Studio Pink Duck. Ich setzte mich an mein Schlagzeug und führte noch kleine Einstellungen durch, während John sich warmspielte und dabei mit Leichtigkeit die unheimlichsten Phrasen abließ. Als ich dann in seinen Groove einstieg, konnte ich mich so perfekt, so nahtlos an ihn heften, dass ich dachte: *WOW! Ich rocke ja hier wie Hölle!!* Nur merkte ich schnell, dass nicht ich es war, der die Drums so gut klingen ließ, sondern John. *Sein* Vermögen, mit dem Rhythmus zu verschmelzen und sich an jeden einzelnen Beat zu kleben, war wirklich unglaublich, und der Groove bewegte sich geschmeidiger und gleichzeitig packender als alles, was ich je mit anderen Bassisten erlebt hatte. In diesem Moment wusste ich, dass unser Projekt funktionieren würde. Als dann noch Josh dazukam, war allen sofort klar, dass wir es hier mit einer Schicksalsfügung zu tun hatten. Es gab kein Zurück mehr.

Wir jammten ein paar Tage lang herum, lernten einander besser kennen und ließen uns die Mahlzeiten von Kids Castle liefern, einem weiteren Mittelalter-Restaurant um die Ecke (von uns galanterweise auch »Kids Asshole« genannt). Dabei merkten wir, was funktionierte und was nicht, und entwickelten auch ein paar Riffs, was irgendwann zu dem Masterplan für diese neue musikalische Verbindung führte: Wir würden uns für zwei Wochen in L. A. treffen, um zu komponieren und aufzunehmen, dann würde jeder für eine Verschnaufpause zurück in seine Ecke gehen, um irgendwann erneut zusammenzukommen und so mit der Zeit ein Arsenal unseres Psycho-Rock-Boogies aufzubauen, das wir eines Tages auf die Welt loslassen könnten. Damit war die Sache offiziell.

DAS LEBEN NAHM FAHRT AUF.

Langsam meldete sich auch mein Hauptjob wieder. Nach eineinhalb langen, anstrengenden Jahren auf Tour stand für die Foo Fighters die Veröffentlichung eines Greatest-Hits-Albums an, für das wir einen neuen Song schreiben sollten (gern auch »Der Song auf dem Greatest-Hits-Album, der weder great noch ein Hit ist« genannt). Wir überlegten, wie, wann und mit wem wir ihn aufnehmen würden, und da ich jetzt in zwei Bands gleichzeitig spielte, bedurfte es der einen oder anderen logistischen Massage. Ich wusste nicht recht, wie und wann wir das abwickeln könnten, aber mir war sonnenklar, mit wem ich die Nummer durchziehen wollte: mit meinem alten Freund Butch Vig.

Butch und ich waren Teil eines großen Geschichtsmoments gewesen und hatten uns immer nahegestanden, aber seit der Aufnahme von Nirvanas *Nevermind* im Jahr 1991 nicht mehr zusammengearbeitet. Jahrelang wollte ich das einfach nicht, aus Angst, dass der lange Schatten, den Nirvana nach Kurts Tod auf mich geworfen hatte, die Qualität meiner eigenen Musik entwerten würde. Was immer wir auch aufgenommen hätten, wäre mit unseren früheren Arbeiten verglichen worden – ein Kreuz, an dem ich seit unserem ersten Treffen zu tragen habe. Sosehr ich Butch auch liebte und obwohl er einer der größten Musikproduzenten aller Zeiten ist (und dazu

Drummer der Alternative-Helden Garbage), wollte ich das, was nur eine schöne Wiedervereinigung sein sollte, nicht damit belasten.

Butchs Methode ist simpel: große Sounds erzeugen, große Riffs spielen und daraus einen großen Song machen. Das ist alles. Manchmal war es schwer zu sagen, ob er tatsächlich arbeitete, denn dieser Typ ist so laid-back, so tiefenentspannt, dass man komplett den Anlass des Treffens vergisst. Wenn man seinen breiten Wisconsin-Akzent hört und Zeuge seiner sanften Art im Studio wird, kann man außerdem schnell vergessen, dass er ein paar der größten Rockplatten aller Zeiten produziert hat, zum Beispiel von Nirvana, den Smashing Pumpkins und Green Day. Aber nach reiflicher Überlegung beschloss ich, zu ignorieren, was die Kritiker vielleicht sagen würden, und rief Butch an. Ich fand, das Leben sei einfach viel zu kurz, um es von der Meinung anderer abhängig zu machen.

Wir zückten die Kalender, aber sosehr wir auch versuchten, einen günstigen Termin zu finden, überschnitten sich die Foos-Sessions doch mit einem Zeitraum, der eigentlich für Them Crooked Vultures reserviert war. So entstand die Idee, wie ich das miteinander vereinbaren könnte: Ich würde mit den Foos von elf bis achtzehn Uhr arbeiten und dann ins Vultures-Studio rasen, um dort von sieben bis Mitternacht zu werkeln. *Kein Problem!*, dachte ich. *Ich schlafe einfach, wenn ich tot bin!* Schließlich war das nichts, was ein paar zusätzliche Tassen Java-Produkt nicht lösen könnten! Und so schraubte ich meinen Tageskonsum dieser schwarzen Dreckbrühe in gefährliche Höhen, um die aberwitzige Vorgabe zu erfüllen.

Ach ja, ein weiteres Kind bekam ich auch noch.

Am 17. April 2009 erblickte Harper Willow Grohl das Licht der Welt. Vom ersten Tag an war sie eine schreiende Riesenfreude, vollkommen perfekt, vollkommen anbetungswürdig. Mein Liebesvermögen wuchs aufs Zehnfache an, und erneut war ich der stolzeste Vater der Welt. Ich hatte das Leben schon immer geliebt, aber durch mein neues Baby liebte ich es jetzt noch mehr: Jeden Morgen wachte ich auf und freute mich auf ihr süßes Gesicht, egal wie viel Schlafmangel ich auch hatte. Wie mir alle Eltern bestätigen werden, überdeckt das Wunder eines Neugeborenen alle anderen Facetten des Lebens, und man denkt gar nicht mehr ans eigene Überleben, weil man so auf das des Kindes konzentriert ist – wofür ja auch das Verhalten meiner Mutter während *meiner* Kindheit ein sehr gutes Beispiel ist. Ich war überglücklich, jetzt zwei Töchter zu haben, und ergriff jede Gelegenheit, um mit ihnen zusammen zu sein, ob bei Tag oder bei Nacht und unabhängig davon, wie erschöpft ich von diesem abartigen Zeitplan war, der mich den ganzen Tag von einem Studio zum anderen hetzen und Kaffee trinken ließ, als würde ich an einem olympischen Wettbewerb teilnehmen.

DAS LEBEN NAHM FAHRT AUF.

Als ob das alles nicht gereicht hätte, mich vorzeitig ins Grab zu schicken (HIER LIEGT DAVID ERIC GROHL. ER HÄTTE AUF KOFFEINFREI UMSTEIGEN SOLLEN), wurden die Foo Fighters auch noch eingeladen, am 4. Juli bei einer Grillparty aufzutreten, die der neue Präsident Barack Obama im Weißen Haus für Militärangehörige und ihre Familien ausrichtete. Die Sache sollte auf dem Südrasen stattfinden, mit Blick auf die Ehrenmäler der National Mall. Aus vielerlei Gründen konnte ich nicht widerstehen. Schließlich war das meine Heimatstadt, und ich hatte unzählige Male den 4. Juli auf der anderen Seite des Zauns verbracht und von einer Decke im Gras aus das spektakuläre Feuerwerk betrachtet, während auf der entfernten Festivalbühne die Beach Boys spielten; oder ich hatte als wütender Teenager Punkkonzerte am Fuß des Lincoln Memorial besucht, um an genau dem Tag zu protestieren, an dem das vermutlich noch mehr bedeutete als sonst. Aber das hier war anders. Das war die persönliche Einladung, gemeinsam mit unserem ersten afroamerikanischen Präsidenten im Garten hinter seinem Haus den Männern und Frauen zu huldigen, die unser Recht verteidigten, zu feiern, zu protestieren oder unsere Regierung demokratisch zu wählen. Das war nicht nur eine Grillparty, sondern eine Ehre.

Ach ja, und außerdem renovierte ich auch gerade mein Haus.

Wegen meiner ständig wachsenden Familie fühlte sich mein einst so geräumiges Heim gar nicht mehr so geräumig an. Deshalb war geplant, vormals eher unwichtige Zimmer in etwas Kinderfreundlicheres zu verwandeln (und … ähem … in ein Studio für mich, in dem dann eines Tages das Album *Wasting Light* entstehen sollte). Violet war damals drei Jahre alt, Harper drei Monate jung, deshalb brauchte es für ihre Unterbringung eine gründliche Neugestaltung, die mit gründlichen Umbauten einherging. Geräuschvollen Umbauten. Unsere Einfahrt sah aus wie der Parkservice bei einem Dodge-Truck-Treffen, und Dutzende von Handwerkern trieben mit ihren Werkzeugen die Dezibel auf Motörhead-würdiges Niveau. Dafür gab es nur eine einzige Bezeichnung: absolutes Chaos.

DAS LEBEN NAHM FAHRT AUF.

Wochenlang sah mein Tagesablauf folgendermaßen aus: Mit dem ersten Morgenlicht aufwachen, um einem neugeborenen Baby und einer Dreijährigen die volle Aufmerksamkeit zu widmen, während im Hintergrund Kreissäge und Presslufthammer wüten. Einen Pott Kaffee machen. Diesen Pott Kaffee trinken und rüber ins Foo-Fighters-Studio rasen. Noch einen Pott Kaffee machen. Mit der Arbeit beginnen. Diesen Pott Kaffee trinken, aber zwischendrin auch noch starken Eistee trinken und meinen, das würde einer Dehydrierung vorbeugen. Noch einen Pott Kaffee machen, um auf dem Weg ins nächste Studio was zum Trinken zu haben (Straßen-Soda). Im Studio der Vultures ankommen, einen weiteren Pott aufsetzen und diesen über die nächsten vier Stunden hinweg trinken, während ich aus meinem Schlagzeug die Scheiße rausprügle, um hoffentlich John Paul Jones zu beeindrucken. Heimfahren und dabei wegen der circa viertausend Milligramm Koffein, die ich mir über die letzten achtzehn Stunden eingeflößt habe, wie Espenlaub zittern, dann hoffentlich wenigstens vier Stunden schlafen, bevor es wieder ans Aufwachen geht und alles von vorne beginnt. Et cetera, et cetera, bis zum Erbrechen und auf Dauer-Repeat.

DAS LEBEN NAHM FAHRT AUF.

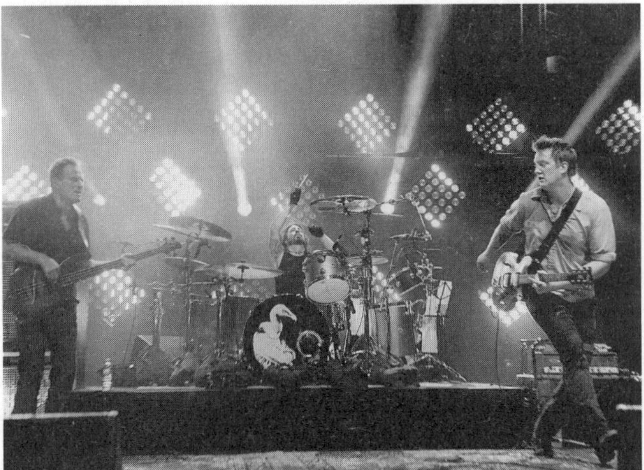

Diese wenig schmeichelhafte Phase meiner sich zuspitzenden Krise versteht man am besten, wenn man den mittlerweile berühmten YouTube-Clip *Fresh Pots* ansieht, einen zweiminütigen Kurzfilm, den unser alter Freund und Weggenosse Liam Lynch gemacht hat. Er war bei den Aufnahmesessions der Vultures dabei, um die Entstehung unseres Geheimprojekts zu dokumentieren, und konnte deshalb meinen Zusammenbruch mitverfolgen, woraufhin er die psychotischsten Momente zu einem brüllkomischen (und megapeinlichen) Clip zusammenstellte, der ursprünglich nur der Band gezeigt werden sollte. Als dann die erste Single der Vultures erschien und wir kein Musikvideo zum Promoten hatten, schlug mein Manager vor, dafür doch diesen *Fresh-Pots*-Clip zu verwenden. Ich beschloss, mich trotz aller Peinlichkeit fürs Team zu opfern und der Welt einen Mann zu zeigen, der mitten in einem ultramäßigen Koffein-Gelage steckt und dabei rumhampelt wie ein Irrer. *Schaut sich eh keiner an*, dachte ich.

Nur lag ich damit falsch. Am Tag nach der Veröffentlichung stand ich an der Supermarktkasse, da sah der Knabe, der mir die Sachen eintütete, zu mir auf und sagte: »Hey, Mann … Käffchen gefällig?«

Fuck. Bis heute wurde das Ding sieben Millionen Mal angeklickt.

Ich weiß noch, wie zum ersten Mal der Schmerz kam. Das war an dem Tag, als wir zum Weißen Haus aufbrechen sollten, bei mir im Hausflur. Ich war völlig gestresst von der ohrenbetäubenden Renovierung, die das Gebäude wie bei einem Bombenangriff erschütterte – da durchfuhr er mich, als hätte ich plötzlich ein Messer in den Rippen. Es war ein heftiges Stechen, deshalb hielt ich inne und griff mir an die Brust. Ich hatte Angst, das könnte ein Herzinfarkt sein, und betete gleichzeitig, dass es doch nur ein Muskel war, den ich beim Getrommel mit den Vultures überstrapaziert hatte.

Aber irgendetwas sagte mir, dass es sich hier nicht um eine Muskelzerrung handelte. Muskeln hatte ich mir bereits alle gezerrt. Das hier kam von weiter innen. Ich holte ein paarmal Luft, um zu sehen, ob es besser wurde, aber nichts da. Der Schmerz blieb mir erhalten. Da ich keinen Alarm schlagen und nicht mit dem Ausruf »THIS IS THE BIG ONE!!« wie Fred Sanford aus *Sanford and Son* durchs Haus rennen wollte, klappte ich schweigend meinen Laptop auf und suchte wie ein Idiot »Symptome eines Herzinfarkts«. (Mittlerweile verzichte ich darauf, eine Eigendiagnose mittels selbst gebastelter Blogger-Websites durchzuführen.) Okay, ich hatte nicht ALLE Symptome, aber das hier war definitiv etwas Ernsteres, also suchte ich nach Tipps zur Vorbeugung eines Infarkts und beschloss, die Sache für mich zu behalten. Diesen Gig im Weißen Haus wollte ich auf keinen Fall verpassen, und nicht einmal ein Herzinfarkt würde mich davon abhalten, heim nach Washington zu fliegen und für den Präsidenten zu spielen.

Ich steckte mir also zwei Aspirin in den Geldbeutel und hielt den Mund.

DAS LEBEN NAHM FAHRT AUF.

Als ich im Weißen Haus ankam, hatte das süßlich-schwüle Sommerwetter von D. C. mein Stechen in der Brust fast schon vertrieben, und beim Soundcheck auf dem Südrasen betrachtete ich die Ehrenmäler jenseits des Zauns, die mir immer so selbstverständlich vorgekommen waren. Das Washington Monument, das in der Ferne wie ein Maibaum aufragte, um den herum diese Stadt ihren komplizierten Tanz aufführte. Das Jefferson Memorial, in der jährlichen Wiedergeburt des Frühlings von Kirschblüten umrankt. Und das Lincoln Memorial,

Schauplatz der Konzerte am 4. Juli, die ich als junger Punkrocker besucht hatte. Das war damals keine Beach-Boys-Fröhlichkeit gewesen, sondern musikalischer Protest. Diese Konzerte liefen unter dem Titel »Rock Against Reagan« und fanden an jedem 4. Juli während seiner Amtszeit statt. Von nah und fern kamen die Punks, um dort gemeinsam mit ihren Lieblingsbands gegen die ultrakonservative Politik des Präsidenten anzusingen. Ich war nicht gerade ein Student der Politikwissenschaft, aber ich machte trotzdem mit und erhob meine Stimme im Kampf um die Freiheit, mich genau so auszudrücken, wie ich es wollte.

Als Reagan dann nicht mehr im Amt war, wurde das Konzert in »Rock Against Racism« umbenannt, und ich besuchte es weiterhin mit der gleichen Überzeugung und Begeisterung. Daran musste ich an diesem Tag denken, denn nicht nur war *ich* jetzt auf der anderen Seite des Zauns, sondern auch Präsident Obama.

DAS LEBEN NAHM FAHRT AUF.

Unsere Roadcrew hatte sich bemüht, einigermaßen formell auszusehen, und trug heute statt der schwarzen Jogginghosen schwarze Cargoshorts, und während die Bühne vorbereitet wurde, schlossen wir allesamt Freundschaft mit den netten Mitarbeitern, Security-Leuten und Elektrikern des Weißen Hauses. Einer ihrer guten Ratschläge ist mir noch besonders präsent: »Wenn jemand von euch mal muss, dann sind hier drüben und dort drüben Toiletten. Was immer ihr auch tut, pinkelt nicht ins Gebüsch, denn dort sitzen Leute.« Okay, kapiert.

Nachdem wir kurz die Songs angespielt hatten, brachte man uns nach oben, um erstmals Barack Obama zu treffen. Beim Betreten des Blue Room, von dessen Fenstern aus man die Grillparty überblicken konnte, begrüßten uns der Präsident und die First Lady auf eine völlig offene, persönliche und wahnsinnig herzliche Art und Weise. Die relaxte Atmosphäre bei dieser Feier vertrieb die würdevolle Anspannung, die sonst bei politischen Veranstaltungen zu spüren ist, also redeten und lachten wir ganz entspannt und vergaßen fast, dass wir da mit dem Präsidenten und seiner Frau Michelle zusammenstanden (die ehrlich gesagt viel präsidentenhafter wirkte als der Amtsinhaber selbst).

Während wir da so rumquatschten und Fotos machten, merkte ich, dass Pat nicht so unbekümmert wie sonst war. Er wirkte ziemlich still, was ihm so gar nicht entsprach. Bei der Rückkehr zum Südrasen verriet er mir den Grund dafür. Pat besuchte zum ersten Mal das Weiße Haus, einen Ort, an dem sein Urgroßvater als ehemaliger Sklave in einer Schlange gestanden hatte, um Abraham Lincoln die Hand zu schütteln.

Unser Trip ins Weiße Haus hatte plötzlich eine ganz neue Bedeutung bekommen.

Als wir an diesem Abend das Feuerwerk betrachteten, sah ich auf dem Balkon die Präsidentenfamilie stehen und war ganz gerührt. Hier wurde Geschichte geschrieben. Außerdem sah ich die bunt erleuchteten Gesichter meiner Frau, meiner Kinder und meiner Mutter, die ebenfalls nach oben schauten. Dieser Anblick erfüllte mich nicht nur mit Nostalgie, sondern auch mit Stolz: was für eine Ehre, diesen historischen Moment mit ihnen teilen zu dürfen. Und für Pat, meinen vertrautesten und langjährigen Freund, empfand ich reine Liebe. Wir alle hatten es über den Zaun geschafft, und zwar gemeinsam.

DAS LEBEN NAHM FAHRT AUF.

Ich kehrte nach Los Angeles zurück und rief sofort meinen Arzt an. »Dude, ich hatte höllische Schmerzen in der Brust«, klagte ich.

»Haben Sie sie jetzt auch?«, wollte er wissen und klang dabei besorgter als sonst (was *ziemlich* besorgt ist).

»Ähm … irgendwie schon …«, gab ich zurück.

Er sagte, ich solle sofort ins Auto steigen und in die Praxis kommen, deshalb raste ich zur Tür hinaus und teilte den Verkehr wie Moses. Ich stürzte in die Praxis und lag binnen Sekunden auf einem Tisch, mit Klebedingern auf der Haut und verkabelt wie ein alter Synthesizer.

Der Arzt studierte den EKG-Ausdruck, der Richtung Boden ratterte, und meinte: »Hmmmm … Nichts zu sehen … Wir schicken Sie mal aufs Laufband und checken dann noch mit Ultraschall …«

Ich wurde in ein anderes Stockwerk gebracht, wo man mich erneut mit diesen Mini-Elektroden zupflasterte und anwies, auf einem Laufband zu joggen wie der Sechs-Millionen-Dollar-Mann. Dann musste ich auf einen Tisch, auf dem sie mich mit Gel einschmierten und via Ultraschallgerät meinem Herz beim Schlagen zusahen.

»Hmmmm … Nichts zu entdecken … Wir schicken Sie mal rüber ins Cedars für eine CT …«

Langsam fühlte ich mich wie das Mädchen in *Der Exorzist*, das einen Test nach dem anderen machen muss, obwohl es einfach nur vom Teufel besessen ist. Brauchte ich vielleicht einen Priester?

Nachdem ich mit dem Arzt im Cedars gesprochen hatte, aber auch dort keinerlei Anzeichen einer Gefahr entdeckt wurden, erklärte er mir, es sei jetzt höchste Zeit, einen Gang runterzuschalten. So unverwüstlich ich mich auch fühlte, war ich doch kein Superman und musste auf mich aufpassen, um auf die Lieben in meiner Umgebung aufpassen zu können. Meine Leidenschaft für das Leben war manchmal so groß, dass ich mich leicht überforderte, aber um noch ein Weilchen hierbleiben zu können, war es unabdinglich, mehr auf meine Grenzen zu achten. Seine Verordnung? »Spielen Sie nur noch dreimal pro Woche Schlagzeug, trinken Sie vor dem Zubettgehen ein Glas Wein – und lassen Sie die Finger vom Kaffee.«

ZWEI VON DREI SIND IMMER EIN GUTER SCHNITT. KOFFEINFREI IST UND BLEIBT SCHEISSE.

Und so nimmt das Leben auch weiterhin Fahrt auf.

# SWING-TANZ MIT AC/DC

»Was dagegen, wenn AC/DC zum Abendessen kommen?«

Diese SMS meiner Frau Jordyn geht in die Annalen ein als die surrealste, absurdeste und schmerzhaft offensichtlichste Frage, die mir jemals gestellt wurde. Abendessen mit AC/DC? Mit der Band, die quasi komplett im Schatten lebt, die Öffentlichkeit meidet und sich nur auf gigantischen Bühnen blicken lässt, wo Kanonen abgefeuert werden und die Verstärkertürme bis in den Himmel ragen? Der Band, die mit verbrecherischem Grinsen und teuflischem Augenzwinkern während der vergangenen vierzig Jahre zum Inbegriff des fäustereckenden, headbangenden, fußstampfenden Bad-Boy-Boogies wurde? Und, nicht zu vergessen, zweihundert Millionen Alben verkauft und ganze Generationen von Jungrockern inspiriert hat, für drei Akkorde und ein zerrissenes Paar Jeans ihr Leben hinzugeben?

Ich weiß, wovon ich spreche. Denn einer davon war ich.

Wir schrieben das Jahr 1980, als AC/DC ihren monumentalen Konzertfilm *Let There Be Rock* auf die arglose Welt der Hochglanz-Popmusik losließen. Der Streifen machte schnell die Runde durch die hippen Kinos, die am Wochenende immer Midnight Movies zeigten. (Ein längst verblichenes Phänomen, das die meisten in meinem Alter noch gut als Stoner-Erweckungsritus in Erinnerung haben. Zu meinen Favoriten gehörten damals *The Rocky Horror Picture Show*, *The Wall* und *Heavy Metal*.) Der Film dokumentiert ein Konzert der Band, das ein paar Monate vor dem Tod ihres ursprünglichen Sängers

Bon Scott aufgenommen wurde, eine gewaltige Tour de force, bei der die kernigste, groovigste und gnadenloseste Hardrockband der Welt eine Megadosis an verschwitztem Hochspannungs-Rock 'n' Roll servierte. Für alle Studenten des Rock war dies eine Masterclass darin, wie man richtig auf die Kacke haut und keine Gefangenen macht.

Bereits mit elf Jahren kannte ich AC/DC, und ihre beiden LPs *Dirty Deeds Done Dirt Cheap* und *Highway to Hell* nahmen in meiner stetig wachsenden Plattensammlung sogar einen Ehrenplatz ein, deshalb musste ich diesen Film natürlich sehen. Wie in der *Washington Post* zu lesen war, lief er im altehrwürdigen Uptown Theater im Rahmen der Konzertreihe »Wall of Sound«. Also machten mein damaliger bester Freund Larry Hinkle und ich die Nacht zum Tag – Larrys Vater chauffierte uns im burgunderfarbenen Datsun 280ZX, dem Porsche des kleinen Mannes, zum Ort des Geschehens.

Er setzte uns an der Kasse ab, und ich erwartete einen Kinosaal voller Taugenichtse in Jeans und Leder. Aber als wir den Saal betraten, saßen da nur ganz wenige AC/DC-Fans, die in den weitgehend leeren Sitzreihen vereinzelte Grüppchen bildeten und darauf warteten, dass der Film losging. Erfolglos versuchten sie, ihre brennenden Feuerzeuge zu verstecken, mit denen Mini-Joints und selbst gebastelte Shit-Pfeifen angezündet wurden. Wie zwei schüchterne Kinder im Nobelrestaurant überlegten wir, wo wir uns hinsetzen sollten, denn obwohl der Saal praktisch leer war, befürchteten wir, von den süßlichen Grasschwaden hier im Raum ebenfalls high zu werden. Da wir wussten, dass der Film zur »Wall of Sound«-Konzertreihe gehörte, wollten wir eigentlich nach vorne zu den Lautsprechern, aber um die riesige Leinwand sehen zu können, ohne uns den Hals zu verrenken, entschieden wir uns für Plätze weiter hinten. Gott sei Dank, kann ich nur sagen – denn ohne dass wir es wussten, stand hinter dem Vorhang eine konzertreife PA, und als das Licht ausging, war sofort klar, dass wir es hier nicht mit einer gewohnten Matineevorführung von *Star Wars* zu tun hatten.

Der Film begann damit, dass eine üble Roadcrew aus muskulösen, langhaarigen Hooligans, die wie moderne Piraten aussahen, eine Rock 'n' Roll-Bühne abbaute und in eine Flotte von Lkws lud, damit die Band in der nächsten Stadt eine weitere Nacht des Gemetzels veranstalten konnte. So etwas hatte ich noch nie gesehen, und noch weniger hatte ich darüber nachgedacht. Wenn der letzte Ton eines Konzerts gespielt ist und die Zuschauer sich wieder nach Hause zu ihren warmen Bettchen begeben, sind es diese tapferen Seelen, die kilometerlange Kabel aufrollen, tonnenweise Equipment in ramponierte Roadcases packen und dabei durch deine weggeworfenen Bierbecher und Zigarettenstummel waten, bevor sie in sargartigen Kojen ohnmächtig werden und gerade so lange schlafen, dass sie am nächsten Morgen alles wieder aufbauen können. Das war eine perfekte Einstimmung auf das, was Larry und ich gleich sehen sollten. Hier ging es nicht um den Glamour, den uns die überlebensgroßen Rockstars auf den Postern an unserer Wand suggerierten. Das hier war die raue Wirklichkeit, und schlagartig verblich das farbenprächtige Spektakel, als das wir uns den Rock 'n' Roll seit Jahren vorgestellt hatten, und wurde zu einer Angelegenheit mit löchrigen T-Shirts und blutenden Fingerknöcheln.

Als die Laster dann über den Highway rollten und ihre Hupen dröhnen ließen, merkten wir, dass die Soundregler in diesem Kino auf »Schockhorror« standen. Ich meine, das hier war OHRENBETÄUBEND. Und dabei lief noch nicht mal

MUSIK. Das war zweifellos das Lauteste, was ich in meinen elf kurzen Jahren auf diesem Planeten jemals gehört hatte. Da ich noch nie bei einem Rockkonzert gewesen war, wusste ich einfach nicht, welche Brutalität eine solche Lautstärke entwickeln konnte, und hatte zudem natürlich keine Ahnung, dass Klänge oder Töne die Macht hatten, meinen Brustkorb wie ein Erdbeben zu erschüttern. Ich muss wohl nicht extra betonen, dass ich das geil fand. Als die Band dann auf der Bühne mit ihrer ersten Nummer »Live Wire« loslegte, hing ich mit klingelnden Ohren ganz vorne an der Sitzkante.

ICH WOLLTE DIESES KINO IN SEINE BESCHISSENEN EINZELTEILE ZERLEGEN.

Das Adrenalin in meinem Körper verursachte eine Transformation, wie sie wohl Bruce Banner erlebte, wenn er in der Fernsehserie aus den späten Siebzigern zum Hulk wurde. Ich fühlte mich durch die rohe Energie der Musik derart überwältigt und gleichzeitig befeuert, dass ich es fast nicht aushielt. Hätten meine dünnen Ärmchen die Kraft gehabt, die Sitze aus dem Boden zu reißen und in den Zwischengang zu pfeffern, dann hätte ich das sofort getan. Stattdessen saß ich einfach nur zitternd da, während AC/DC das machten, was sie schon immer am besten konnten: Sie gaben sich mit Haut und Haaren ihrem Publikum hin.

Nach ein paar Songs sieht man, wie der Drummer seine Snare austauscht, weil sie durch zu hartes Rocken kaputtgegangen ist. *Hoppla!* Der Gitarrist Angus Young sitzt schweißgebadet am Bühnenrand und trägt eine Sauerstoffmaske, weil er während der letzten dreizehn Songs mindestens drei Marathonläufe absolviert hat und sein Körper so viel Rock fast nicht aushält. *Holy shit!*

Das war übermenschlich, dachte ich. Die ganzen Bands, die

einfach nur blöd rumstanden und wie mittelalterliche Minnesänger auf ihren Instrumenten fiedelten, konnte man komplett vergessen. *Diese* Burschen bearbeiteten ihre Werkzeuge, als sei es ihr letzter Tag auf Erden. Als dann der Abspann lief, war ich ein neuer Mensch. WENN ICH MAL IN EINER BAND SPIELE, DACHTE ICH, DANN MUSS ES GENAU SO SEIN.

Ich beantwortete Jordyns Frage mit einem großgeschriebenen »LOGO« und musste mich selbst kneifen, weil ich jetzt endlich die Band kennenlernen würde, die mich dazu inspiriert hatte, richtig auf die Kacke zu hauen und keine Gefangenen zu machen. Wer je ein Konzert von Scream, Nirvana oder den Foo Fighters erlebt hat, weiß jetzt, woher diese Energie kommt. Das alles verdanke ich *Let There Be Rock* von AC/DC.

Die Band war gerade in der Stadt, um bei den siebenundfünfzigsten Grammy Awards im Jahr 2015 ihren neuen Song »Rock or Bust« zu spielen. Ich selbst würde an diesem Abend nicht auftreten, sondern nur einen Preis überreichen, aber als lebenslanger AC/DC-Fan war ich auf sie definitiv gespannter als auf die anderen, tendenziell eher öden Pop-Acts mit ihren idiotischen, Vegas-mäßigen Produktionen. Eine starke Dosis echten, wahren Rock 'n' Rolls war genau das, was diese Veranstaltung brauchte. Ich würde dort zweifellos den gleichen Adrenalinschub wie vor fünfunddreißig Jahren erleben, als ich das Uptown Theater zu Kleinholz machen wollte (nur dass ich jetzt Schulter an Schulter mit Katy Perry und Tony Bennett sitzen und mich sicher so fühlen würde, als müsste jetzt *ich* das brennende Feuerzeug und meine selbst gebastelte Shit-Pfeife verstecken).

Da ich meine treuen Foo Fighters leider nicht mitbringen konnte, rief ich Taylor und Pat an und lud sie mit ihren Partnerinnen zu einem Abendessen nach der Verleihung ein, für das ich die üblichen After-Show-Partys schwänzen wollte (die sind meist eh nur eine Orgie aus Selfies und Branchen-Small-Talk). Wir reservierten einen Tisch in einem Restaurant namens Faith and Flower, wo wir fernab des Trubels einfach was essen und trinken wollten.

Paul McCartney war ebenfalls in der Stadt und wollte wissen, was wir nach der Veranstaltung planten, deshalb luden wir ihn und seine Frau Nancy nur zu gern ebenfalls ein und erweiterten unsere anwachsende Tafel einfach um zwei Stühle. Glaubt mir, Leute: Jeder Abend mit Paul ist ein guter Abend, deshalb stand uns hier eine Nacht von epischen Ausmaßen bevor. So wie es aussah, war er im Hotel den Jungs von AC/DC über den Weg gelaufen, die ihn fragten, was er nach der Show vorhätte. Also erzählte er ihnen von unserem geplanten Abendessen – und ich erhielt die absurdeste Textnachricht meines Lebens.

Schnitt. Kurz überlegen.

ES VERGEHT KEIN TAG, AN DEM ICH DEM UNIVERSUM NICHT FÜR DIESE AUSSERWELTLICHEN SEGNUNGEN DANKE, UND ICH MÖCHTE AUSDRÜCKLICH FESTHALTEN, DASS FÜR MICH NICHTS DAVON SELBSTVERSTÄNDLICH IST. Ich werde mich beim Gang durch einen derartigen Wachtraum niemals »normal« fühlen, sondern mir immer so vorkommen, als würden sich vor meinen Augen die Fantasien von jemand anderem abspielen. Nur sind es tatsächlich meine eigenen, und ich gebe mir die größte Mühe, in diesen Augenblicken präsent zu sein und mir in Erinnerung zu rufen, dass ich vielleicht der glücklichste Mensch auf Gottes Erdboden bin, weil ich mich mit jedem Atemzug einem weiteren Abenteuer nähern darf.

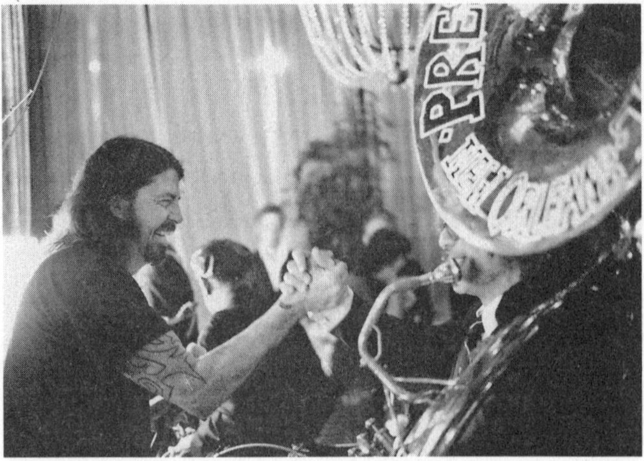

Ein paar Tage vor der Verleihung erhielt ich eine weitere Textnachricht, und zwar von meinem guten Freund Ben Jaffe, seines Zeichens Leiter der legendären Preservation Hall Jazz Band aus New Orleans, der mir durchgab, dass er ebenfalls für die Grammys in die Stadt kommen würde und noch auf der Suche nach einer Party sei. Glaubt mir, niemand macht Party wie jemand aus New Orleans, und nichts ist mehr New Orleans als die Preservation Hall Jazz Band. Die Gruppe wurde Anfang der 60er von Bens Vater Allan gegründet und verkörpert wie niemand sonst den Sound, den Spirit und die Lebensfreude dieser großartigen Stadt. Und weil sie den traditionellen New-Orleans-Jazz lebendig halten, geben sie seit sechzig Jahren drei Konzerte pro Abend, an dreihundertfünfundsechzig Tagen im Jahr. Wenn sie die Instrumente weglegen (was selten der Fall ist), geht die Party erst richtig los. Als wir 2014 mit den Foo Fighters die Dokumentationsreihe *Sonic Highways* machten, hatten wir die Ehre, eine Woche in der Preservation Hall zu drehen, die im Jahr 1803 als Taverne eröffnet worden war. Schnell freundeten wir uns mit den Leuten dort an. Am Ende dieser Woche stand für mich fest, dass New Orleans ein amerikanisches Juwel ist, dessen reichhaltige Kultur, die von europäischer, karibischer und Cajun-Geschichte geprägt ist, wir alle gemeinsam bewahren müssen. Es gibt keinen anderen Ort auf der Welt, der die reine Magie von New Orleans besitzt. Es ist meine absolute Lieblingsstadt auf dieser Welt.

»Dude ... Wir gehen mit Paul McCartney *und* AC/DC was essen!«, schrie ich ins Telefon. »Willst du mitkommen?« Mir war klar, dass Ben die Enormität einer solchen Zufallsbegegnung auf jeden Fall zu schätzen wusste.

»Kann ich die Jungs mitbringen?«, fragte er.

Ich schwieg kurz und rechnete. Die Preservation Hall Jazz Band bestand aus sieben Personen, was realistischerweise mindestens zehn Gäste zusätzlich bedeutete. Klar hätte ich sie gern alle dabeigehabt, aber wir waren jetzt im Begriff, uns von einem Tisch für acht Personen zur Übernahme des gesamten Restaurants zu bewegen, deshalb antwortete ich mit einem verhaltenen »Äh, da muss ich erst nachfragen«, denn ich ging davon aus, dass der Laden nicht noch mal zehn Stühle anbauen wollte. Aber dann machte Ben den Sack zu:

»Wie wär's, wenn wir als Second Line die Straße runtermarschieren, dann ins Restaurant und an euren Tisch kommen und dort für euch ein Set spielen?«

Dieses großzügige Angebot KONNTE ich nicht ablehnen. Für alle, die nicht wissen, was eine Second Line ist: Es handelt sich dabei um eine spezielle Kunstform, die im 19. Jahrhundert in New Orleans entstanden ist und bei der ein Blasorchester der Prozession folgt, die vom Begräbnis zurückkehrt, um das Leben der verstorbenen Person zu feiern. Noch heute gibt es in den Straßen von New Orleans ständig solche Paraden, auch weniger formell, und wenn man irgendwo unterwegs ist und synkopiert-funkigen Jazz-Swing hört, sollte man seinen Drink schnappen und sich der Parade anschließen. Man weiß nie, wo sie einen hinführt.

Ich versicherte Ben, dass ich das auf jeden Fall möglich machen würde. Gleichzeitig bat ich ihn, die Sache für sich zu behalten, damit wir unsere Ehrengäste mit einem unvergesslichen Abend überraschen könnten (und dazu natürlich die anderen Restaurantbesucher, die vor ihren Tellern mit Haute Cuisine durch die Lautstärke der dröhnenden Blechbläser, scheppernden Becken und wummernden Tubas den Schock ihres Lebens kriegen würden).

Unser ruhiger, kleiner Tisch wurde tatsächlich in einen Nebenraum verlegt, groß genug, dass sich jeder aus unserer ständig wachsenden Gästeschar einen Partner schnappen und sofort lostanzen konnte. Ich freute mich schon auf die Gesichter meiner Gäste, wenn diese Band ins Zimmer marschierte. Natürlich hoffte ich, dass alle das Gleiche empfinden würden wie ich, als ich zum ersten Mal eine Second Line erlebt hatte: ein Gefühl der Gemeinschaft und der Liebe, das die verschiedensten Menschen durch Rhythmus und Freude vereinte, während sie gemeinsam der Musik dorthin folgten, wohin auch immer sie führte. Ich erinnere mich noch gut an meinen ersten Besuch in New Orleans: Mit wildfremden Menschen, die sich zulächelten und gemeinsam im Rhythmus wippten, tanzte ich die Straße entlang und entdeckte irgendwann doch ein bekanntes Gesicht, nämlich das von Ben Jaffe, der ein paar Meter entfernt auf dem Dach eines Autos stand. Wir hatten uns erst vor Kurzem kennengelernt, aber er sprang sofort runter und umarmte mich liebevoll, um sich gleich darauf wieder umzudrehen und bei einem Mann, der aus einer fahrbaren Kühlbox Bier und kleine Weinfläschchen verkaufte, Drinks für unsere Reise in den Nachmittag zu besorgen. Nie hat Sutter Home Rosé morgens um elf besser geschmeckt. Ben wurde auf der Stelle mein Bruder fürs Leben.

Kaum waren die Grammys vorüber, rasten Jordyn und ich in das Restaurant, um an unserem epischen Abend als Erste da zu sein. Das Geheimnis war weitgehend geheim geblieben, wobei zumindest Paul etwas ahnte, denn, na ja, schließlich ist er der allwissende, allgegenwärtige und omnipotente Paul McCartney. Und er hatte seine eigene Geschichte mit der Preservation Hall, denn mit seinen Wings hatte er Aufnahmen im Studio des Lokalhelden Allen Toussaint gemacht und war dabei immer wieder rübergegangen. »Eine Zeit lang war er sogar eine Art Stammgast«, erzählte mir Ben.

Ganz aufgeregt hielt ich mein Handy parat, um den Auftritt der Band abzustimmen und dafür zu sorgen, dass die große Überraschung gelingen würde.

Der Raum füllte sich mit den vertrauten Gesichtern der Menschen, die ich am meisten liebe. Meine Mutter, meine Freunde, Paul ... Und dann kamen sie ... AC/DC in Fleisch und Blut.

Der Fairness halber sei gesagt, dass ich ihren Sänger Brian Johnson schon einmal getroffen hatte, wenn auch nur kurz: 1996 in einer Hotelbar im spanischen Valencia, an einem spielfreien Tag der Foo-Fighters-Tour. Wir kamen nach einer endlosen Fahrt im Hotel an, stiegen aus dem Bus und sahen ein paar Autogrammjäger in Jeansklamotten herumstehen, in den Händen stapelweise Fotos und Zeitschriften zum Signieren. Völlig normal für eine Band auf Tour, aber erst als wir ihnen näher kamen, merkten wir, dass sie von Kopf bis Fuß AC/DC-

Zeug an sich hatten und überhaupt nicht peilten, wer wir waren. »Ihr steht wohl auf AC/DC!«, witzelte ich beim Vorbeigehen, und mit ihrem breiten spanischen Akzent erklärten sie uns, dass die Band tatsächlich in diesem Hotel wohnte und abends in der Plaza de Toros de las Ventas auftreten würde, einer Stierkampfarena.

Was für ein Zufall, dass wir gerade heute freihatten. Ich raste in mein Zimmer, rief unseren Tourmanager an und bestellte bei ihm Tickets für dieses Konzert, um AC/DC jetzt endlich auch mal live sehen zu können. Ein paar Telefonate, dann gab es tatsächlich genügend Karten für alle. Wir klingelten von Zimmer zu Zimmer durch und verabredeten uns in der Hotelbar, um ein paar Cocktails zu nehmen und dann gemeinsam zur Show zu gehen.

Als wir so am Tresen rumstanden und unsere Drinks reinkippten, kam ein Typ in schwarzen Jeans, schwarzem T-Shirt und Schlägermütze in diese edle Bar geschlendert, pflanzte sich

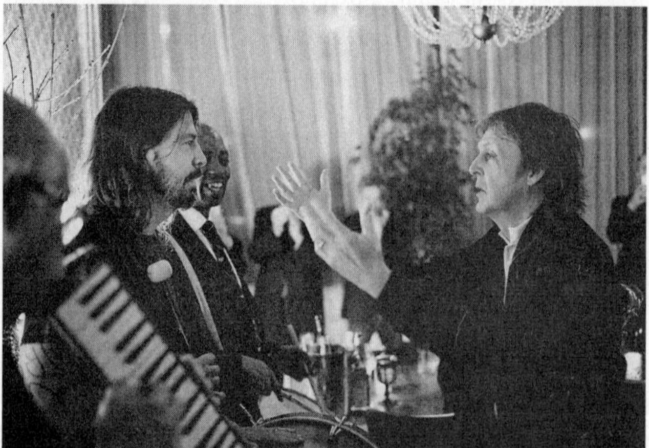

auf einen Barhocker und bestellte ebenfalls was zu trinken. Wir verstummten schlagartig, denn das war DER Brian Johnson, der Mann, der »Have a Drink on Me« von ihrem populärsten Album *Back in Black* gesungen hatte. Als der Barkeeper ihm sein Getränk hinstellte, drehte sich Brian zu uns, erhob lächelnd und mit einem Augenzwinkern das Glas und sagte nur: »Jungs!« Wir prosteten ihm ebenfalls zu und spürten deutlich die Poesie dieses irren Moments. Ich bin mir ziemlich sicher, dass er uns für seine Roadcrew hielt, aber was soll's – ich war jedenfalls im siebten Himmel.

An diesem Abend konnte ich erstmals die AC/DC erleben, in die ich mich als nerdiger elfjähriger Rock 'n' Roll-Jünger verliebt hatte. Das Ausmaß an Energie, das sie live freisetzten, war exakt so wie erwartet, und Angus raste auf der Riesenbühne voller Pyrotechnik und explodierender Kanonen tatsächlich wie ein Marathonläufer von einer Ecke in die andere. Das Publikum in der ausverkauften Arena verstärkte das Spektakel noch, indem es aus voller Kehle nicht nur jede Textzeile, sondern sogar die Gitarrenparts mitsang und bei jedem Song wie ein menschlicher Ozean auf und ab schwappte. Echt überirdisch.

Zu sehen, wie all diese unglaublichen Leute bei unserer improvisierten After-Show-Party ankamen, hätte schon ausgereicht, um mich als glücklichen Menschen sterben zu lassen. Aber zu wissen, was hier außerdem anstand, machte das Ganze noch schöner. Unmöglich, diesem Raum voller Ikonen das zurückzugeben, was sie mir über all die Jahre an Inspiration geschenkt hatten, aber wenn ich es wenigstens schaffen würde, dass sie lächeln, tanzen und sich an der Musik erfreuen konnten – so, wie sie das stets für mich getan hatten –, wäre meine Schuld zumindest ein ganz klein wenig getilgt.

Als in unserem Nebenzimmer schon ordentlich gefeiert wurde, kam eine Nachricht von Ben: »Wir sitzen draußen im Van und sind startklar!« Der Zeitpunkt war gekommen.

»Okay, dann los!«, schrieb ich mit bebenden Händen zurück, setzte mich wieder an meinen Platz am Fenster und wartete darauf, dass die Band mit ihren traditionellen schwarzen Anzügen und Krawatten über den Bürgersteig auf unser Restaurant zutanzte. Bereits wenig später hörte ich den entfernten Sound des vertrauten New-Orleans-Swing, und als sie um die Ecke bogen, sorgte der Anblick der Parade, die da genau im richtigen Moment heranmarschierte, bei mir für Gänsehaut. Binnen Sekunden war das Restaurant mit dem tosenden Lärm einer Blaskapelle erfüllt, die sich an den erstaunten Gästen vorbeischlängelte. Auch bei uns verstummten die Gespräche, denn jeder wollte wissen, was zum Teufel da nebenan passierte, und dann … erschienen sie. In ihrer Second-Line-Formation donnerte die Preservation Hall Jazz Band herein und baute sich mitten im Raum auf, um nur Zentimeter von den flatternden Trommelfellen unserer Gäste entfernt volle Kanne in ihre Instrumente zu blasen. Sobald der erste Schock überwunden war, wurde unser kleiner Raum zum Ballsaal, und alle stellten ihre Getränke ab, um mit ihren Partnerinnen eine Runde Swing hinzulegen. In diesem Moment lösten sich alle Fesseln, die die Anwesenheit des Rock 'n' Roll-Adels manchmal mit sich brachte, komplett in Luft auf, und übrig blieb nichts als reine Freude. Irgendwann beim Tanzen drehte sich Brian Johnson zu mir und schrie mit breitem Grinsen: »ICH BIN ECHT FUCKING HAPPY!!«

Mein Job war erledigt.

Der Abend ging mit noch mehr Musik, noch mehr Drinks und noch mehr Freude weiter. In gewisser Weise war es auch eine Wiedervereinigung, denn Paul und Ben unterhielten sich über Pauls Zeit in New Orleans sowie seine Freundschaft mit Bens verstorbenem Vater, was diesen natürlich wahnsinnig freute. Irgendwann griff sich Paul eine Trompete und spielte »When the Saints Go Marching In«, woraufhin die Band natürlich einstieg und die Nummer mit ihm zu Ende dudelte. Paul wandte sich an Ben und meinte: »Mein erstes Instrument war die Trompete! Dann hat mir meine Mum eine Gitarre geschenkt und, na ja … den Rest der Geschichte kennst du ja …«

Stimmt, die kennen wir tatsächlich alle.

Der Abend setzte sich bis in die Morgenstunden fort, und sosehr wir auch wünschten, er würde nie enden, ging irgendwann das Licht an, und es war Zeit, wieder in die Realität zurückzukehren – einen Ort, der nach einem derart magischen Abend sehr weit weg zu sein schien. ICH WAR KOMPLETT ERSCHÖPFT: NICHT KÖRPERLICH, ABER MEINE SEELE HATTE GERADE EINEN TRIATHLON AUS EMOTION, NOSTALGIE UND UNSTERBLICHER LIEBE ZUR MUSIK ABSOLVIERT.

Ich kann den Glauben, den ich an die Musik habe, kaum in Worte fassen. Für mich ist sie Gott. Ein himmlisches Mysterium, in dessen Macht ich auf ewig mein bedingungsloses Vertrauen setzen werde. Und es sind Momente wie dieser, die meinen Glauben jedes Mal von Neuem festigen.

Wenn ihr also irgendwann hört, dass eine Parade die Straße entlangkommt, die mit jedem Ton Freude und Liebe verbreitet, belasst es nicht beim Zuhören, sondern schließt euch an. Man weiß nie, wo sie einen hinführt.

# AUFS NEUE INSPIRIERT

»Verzeihung, sind Sie Dave Grohl?«

Ich stand vor dem Abflug-Terminal des LAX, wo ich gleich in den Flieger nach Seattle steigen sollte, zog intensiv an meiner Kippe und nickte. »Yep.«

Der junge Mann lächelte und meinte: »In einem Interview habe ich gelesen, dass die Person, die Sie am allerliebsten kennenlernen würden, Little Richard ist. Stimmt das?«

»Richtig«, erwiderte ich. »Mit ihm hat alles angefangen.«

»Na ja, das ist mein Vater«, sagte er.

Ich machte einen Satz nach hinten, warf schnell meine Kippe weg und schüttelte mit eisernem Griff seine Hand, geehrt und komplett außer mir, den Sohn dieses großen Rock'n' Roll-Pioniers zu treffen.

»Möchten Sie ihn jetzt kennenlernen? Er sitzt da drüben im Wagen …«

Mir blieb die Luft weg. Das war der Moment, auf den ich gewartet hatte. Von allen Menschen auf Gottes grüner Erde, die ich je getroffen hatte oder noch treffen würde, war für mich keiner wichtiger als Little Richard. Ohne ihn gäbe es keinen Rock'n' Roll. Und ohne Rock'n' Roll gäbe es auch mich nicht.

Wir gingen die paar Schritte zu der Limousine, die am Bordstein parkte, und der junge Mann klopfte ans Fenster. Als es sich ein paar Zentimeter weit öffnete, bückte er sich und sagte leise etwas zu der Person hinter der Glasscheibe. Jetzt ging das Fenster ganz runter … und da saß er, in all seiner Pracht!

Die Haare, das Lächeln, der Eyeliner ... und diese Stimme, die kreischte: »Gott segne dich, David! Wie schön, dich kennenzulernen!«

Ich war so komplett wie total sprachlos und konnte nur wie ein brabbelnder Idiot dastehen, während er fragte, ob ich Musiker sei, wie meine Band hieß, wo ich herstammte, und dabei ein postkartengroßes Schwarz-Weiß-Foto von sich selbst mit der Widmung versah: *To David, God cares*. Wir schüttelten uns die Hände, das Fenster fuhr wieder hoch – und mein Leben war vollkommen.

Solche Momente bedeuten mir derartig viel, dass ich es gar nicht richtig ausdrücken kann. Ich bewege mich durch dieses verrückte Musikerleben wie ein kleiner Junge, der im Kunstmuseum plötzlich vor den Werken steht, die er sein Leben lang studiert hat. Und wenn ich dann jemandem, der mich auf diesem Weg inspiriert hat, von Angesicht zu Angesicht begegne, möchte ich mich einfach erkenntlich zeigen, denn ich bin dieser Person *dankbar*.

Und nichts davon ist für mich selbstverständlich. Ich glaube fest an die verbindende menschliche Kraft der Musik und halte diese für lohnender und beglückender als jeden anderen Aspekt meiner Tätigkeit. Wenn das zweidimensionale Bild zum lebenden, atmenden dreidimensionalen Menschen wird, erfüllt das unsere Seele mit der Gewissheit, dass selbst unsere größten Helden Menschen aus Fleisch und Blut sind. Ich glaube fest daran, dass Menschen von anderen Menschen inspiriert werden. Deshalb ist es mir fast schon eine Pflicht, mich auf meine Fans einzulassen, wenn sie etwas von mir wollen. Denn ich bin ja selbst ein Fan.

Als ich sieben war, schenkte mir mein älterer Stoner-Cousin am Ende unseres jährlichen Aufenthalts in Chicago seine

Rush-Platte *2112*. Zu diesem Zeitpunkt hielt ich mich weitgehend an meine Kollektion aus Beatles und Kiss, deshalb waren Rushs Prog-Rock-Ansatz und ihre musikalische Meisterschaft etwas komplett Neues für meine jungfräulichen Ohren. Ich war tief beeindruckt. Was mich an dem Album aber am meisten faszinierte, waren die Drums. Es war das erste Mal, dass ich sie im Vordergrund eines Songs hörte, genauso lyrisch und melodisch wie die Stimme oder Gitarre. Auch wenn ich das, was Neil Peart da hinlegte, nicht selbst spielen konnte, konnte ich es doch SPÜREN.

Jahrzehnte später wurden Taylor Hawkins und ich gebeten, Rush in die Rock and Roll Hall of Fame einzuführen und dabei die erste Nummer von *2112* zu spielen, ein Instrumentalstück mit dem Titel »Overture« (keine leichte Aufgabe). Ich hatte den Bassisten Geddy Lee und den Gitarristen Alex Lifeson, beide extrem bodenständig und witzig, schon vor Jahren kennengelernt, aber nie den Meister Neil Peart selbst. Er war nicht leicht zu fassen – verständlicherweise, denn er gilt ja als größter Drummer aller Zeiten (nicht nur im Rock). Als Taylor und ich am Tag vor dem Festakt zur Probe kamen, waren zwar Geddy und Alex da, um uns zu begrüßen, nicht aber Neil. Von irgendwoher tauchte er dann plötzlich auf und stellte sich mit seiner sonoren Baritonstimme vor: »Hey, Dave, ich bin Neil.«

Ich konnte nur denken: *Er hat meinen Namen gesagt. Er hat MEINEN Namen gesagt.* Nervös sagte ich Hallo, woraufhin er fragte: »Willst du einen Kaffee?«

»Klar, gern!«, sagte ich, und wir gingen rüber zum Cateringtisch, wo er, Neil Peart, der Drummer von Rush, der mich im Alter von sieben die Drums auf eine ganz neue Art und Weise hören ließ und dazu inspirierte, selbst Drummer zu werden, mir einen Kaffee einschenkte und lächelnd in die Hand drückte.

ICH WAR AUFS NEUE INSPIRIERT.

Es ist die eine Sache, deine Idole in ihrem musikalischen Kontext wahrzunehmen, aber eine völlig andere, sie fern des Rampenlichts zu erleben, in freier Wildbahn sozusagen, wie ein Tier in seinem natürlichen Lebensraum. Als ich einmal Violets Kinderwagen durch eine belebte Londoner Einkaufsstraße schob, begleitet von meiner Frau und unserem guten Freund Dave Koz, kam direkt vor uns Elton John aus einer Boutique und sprang in ein wartendes Auto. Wir blieben stehen und fragten einander: »HOLY SHIT! HABT IHR DAS GESEHEN?!??!« Das war Elton. Fucking. John. Und er saß nur wenige Meter von der Stelle, an der wir völlig *starstruck* standen, in einem parkenden Auto!

»Geh hin und sag Hi, Dave«, meinte mein Freund und schubste mich in seine Richtung.

Ich antwortete lachend: »Ich kenn den verdammten Elton John doch gar nicht! Und er weiß auch verdammt noch mal gar nicht, wer ich bin!«

Das Auto startete, fuhr etwa zwanzig Meter und hielt wieder an. Die Tür ging auf, und heraus kletterte Elton John, der zielstrebig auf uns zumarschierte, während wir immer noch wie festgefroren dastanden. Mit seinem breiten, zahnigen Grinsen kam er auf mich zu und sagte: »Hallo, Dave, schön dich kennenzulernen.«

Mir fiel fast mein eigenes Grinsen aus der Fresse, so gigantisch war es. Ich machte ihn mit Jordyn und Dave bekannt, dann beugte er sich nach unten, gab Violet ein Küsschen und flitzte wieder davon. *Okay, SO macht man das*, dachte ich. (Und ja, seine großen Diamantohrringe passten perfekt zu seinen Schuhen.)

Jahre später hatte ich Gelegenheit, Schlagzeug bei einer

Nummer für das Album … *Like Clockwork* der Queens of the Stone Age zu spielen, an der auch Elton beteiligt war. Der lärmige Song »Fairweather Friends« hatte eine unkonventionelle, mehrteilige Struktur, die wir vor seinem Eintreffen intensiv geprobt hatten. Bei den Queens spielte im Studio die ganze Band gemeinsam direkt aufs Tape, also musste man das Ding draufhaben, um von Anfang bis Ende alles richtig zu machen. Elton kam gerade von einer Aufnahmesession mit Engelbert Humperdinck (ohne Scheiß) und fragte: »Okay, Jungs, was ist? Habt ihr eine Ballade für mich?«

Wir mussten lachen und meinten: »Nein … Hör's dir mal an.«

Für jemanden, der soeben erst das Studio betreten hatte, war es eine fast schon unlösbare Aufgabe, einen derart komplizierten Song zu lernen, aber Elton setzte sich ans Klavier und ARBEITETE daran, bis alles stimmte. Ein Take nach dem anderen – und total perfektionistisch. Wodurch er natürlich klarstellte, warum er die Queen Bitch des Rock 'n' Roll ist.

AUFS NEUE INSPIRIERT.

Es sind diese Situationen ohne Sicherheitsnetz, die einen am meisten mit Zuversicht erfüllen. Und wenn man ein Abenteurer ist wie ich, dann gibt es immer irgendwo einen solchen Moment. Meistens an den überraschendsten Orten. Eines Abends in Osaka vermeldete unser Tourmanager Gus, dass Huey Lewis zum Konzert kommen würde. »HUEY LEWIS!!!«, schrie Pat. So begeistert hatte ich ihn in all den Jahren noch nicht erlebt. Wieder mal stellte Pat meine Welt auf den Kopf, als er jetzt meinte, das Album *Sports* von Huey Lewis and the News sei eine seiner absoluten Lieblingsscheiben (neben Mariah Careys *Butterfly*), womit er sein Image als punkigster Motherfucker auf diesem Planeten komplett zerstörte. Dann meldete sich Taylor und sagte, Huey hätte auf Thin Lizzys Album *Live and Dangerous* Mundharmonika gespielt, was mir vollkommen neu, aber doch etwas nachvollziehbarer war.

Huey kam an, und innerhalb kürzester Zeit lief im Backstagebereich das Bier- und Whiskey-Ritual, das wir vor jedem Auftritt zelebrieren. Glaubt mir, Leute, mit Huey kann man exzellent abhängen. Wir tranken, rauchten und lachten, dann fragte ich ihn nach seiner Verbindung zu Thin Lizzy (eine wahrhaft geile Band) und Phil Lynott. Er erzählte mir, wie es zu seinem Harp-Solo auf dieser Platte gekommen war und dass er Thin Lizzy ebenfalls sehr liebte. Dann hatte ich eine Idee: Wie wäre es, wenn Huey auf die Bühne kommen und auch mit uns ein Solo hinlegen würde???

Er suchte seine Taschen auf eine Mundharmonika ab – vergeblich – und meinte dann: »Wenn ihr eine besorgen könnt, mach ich's!«

Ich sah auf die Uhr: In zwanzig Minuten sollte das Konzert beginnen. Also bat ich Gus, alle Hebel in Bewegung zu setzen und eine aufzutreiben, dann kippte ich mit Huey einen letzten Whisky und ging raus auf die Bühne. Beim siebten Song sah ich, wie Huey grinsend am Bühnenrand stand und mit einer Mundharmonika wedelte. Dann stand er auch schon neben mir und riss mit einer Plastikharp, die an diesem Sonntagabend jemand in einem japanischen Spielzeuggeschäft gekauft hatte, ein Solo herunter, das den Typ von Blues Traveler dazu veranlasst hätte, seinen Patronengurt hinzuwerfen und heim zu Mama zu rennen. Ich war komplett von den Socken. Dieser Dude ist ein erstklassiger, hundertprozentiger Badass-Motherfucker, und ich verspreche hiermit hoch und heilig, die Amtlichkeit von *Sports* nie wieder infrage zu stellen. Schande über mich. Für einen einzigen Abend waren wir

»Huey Lewis and the Foos«, und ich fand es einfach nur großartig.

EINE WEITERE KEHRE AUF EINEM OHNEHIN SCHON GEWUNDENEN PFAD.

Man weiß nie, wer da so alles am Bühnenrand auftaucht, aber in bestimmten Momenten muss man das Eisen schmieden, solange es heiß ist. Vor Jahren bat uns die BBC, einen Coversong aufzunehmen. Das tun wir nicht nur gern, sondern auch sehr oft, deshalb haben wir mittlerweile ein ganzes Arsenal an Nummern angehäuft, von denen man niemals denken würde, dass die Foo Fighters so etwas spielen (oder es zumindest versuchen zu spielen). Damals waren wir gerade auf Tour, doch direkt nach unserer Heimkehr sollten wir den Song aufnehmen. Also mussten wir einen auswählen, den wir innerhalb weniger Tage aufs Tape bringen konnten. In unserem winzigen Aufwärmraum beim *Summer Sonic*-Musikfestival in Tokio saßen Taylor und ich dementsprechend zusammen und spielten mit Ideen herum. Da fiel mir ein, dass bei diesem Festival auch Rick Astley auftreten würde. »Dude, weißt du was? Für diese BBC-Sache machen wir ›Never Gonna Give You Up!‹«

Wir fingen an, damit herumzujammen, und merkten, dass der Song ganz ähnlich aufgebaut war wie »Smells Like Teen Spirit«. Als dann Pat, Chris, unser Keyboarder Rami und Nate einstiegen, waren die beiden Songs bald kaum voneinander zu unterscheiden. Ein Mashup direkt aus der Hölle. Das war so unglaublich komisch und absurd, dass wir die Nummer immer weiter spielten, bis schließlich Gus reinkam und meinte, wir müssten jetzt raus und anfangen.

Wir gingen auf die riesige Stadionbühne und stürzten uns in unser gewohntes Feuerwerk-Set. Als mein Blick nach wenigen Songs den rechten Bühnenrand streifte, entdeckte ich dort beim Monitormischer ein bekanntes Gesicht. Es war Rick fucking Astley, der da in der Ferne mitrockte und sein unverwechselbares Jungengesicht auf und ab bewegte. Als Rami dann eins seiner Keyboardsolos spielte, ging ich rüber und streckte ihm die Hand entgegen. Über den tosenden Lärm des laufenden Konzerts hinweg artikulierte ich: »Vor einer halben Stunde haben wir ›Never Gonna Give You Up!‹ eingeübt. Sollen wir's zusammen machen?«

Er wirkte leicht schockiert, sagte aber ohne zu zögern: »Fuck, ja« – und war sofort mit auf der Bühne, wo er gemeinsam mit ein paar wildfremden Männern vor fünfzigtausend irritierten japanischen Foo-Fighters-Fans seine Nummer sang.

Gott segne dich, Rick Astley. Für so etwas braucht man gigantische Eier.

Etwas ganz anderes ist es, wenn du einen Musiker kennenlernst, der in deinem Leben bislang überhaupt nicht von Bedeutung war. Doch auch diese Kombination kann hochinteressant sein. Während ich mich bei der Begegnung mit den obskursten, unbekanntesten und hardcoremäßigsten Underground-Rockern stets in ein reines Nervenbündel verwandle, bin ich bei legendären Künstlern, deren Musik nie Teil meines musikalischen Vokabulars wurde, immer die Ruhe selbst. Neil Diamond ist zum Beispiel ganz klar ein Gott, aber die Single »Sweet Caroline« residierte bei mir als Teenager nicht zwischen meinen Venom- und Dead-Kennedys-Scheiben, deshalb hielt ich ihn bei unserem Treffen beim MusiCares Tribute 2009, wo er geehrt wurde, einfach nur für einen wahnsinnig netten Dude. Aber ich kannte eine Person, die sich bei einer Begegnung mit ihm in ein reines Nervenbündel verwandeln würde, nämlich die Mutter meines verstorbenen Freundes

Jimmy Swanson. Und nur ihretwegen waren wir überhaupt dort.

Mary Jane war lebenslanger Neil-Diamond-Fan, und wenn ich mich recht erinnere, lief in ihrem Haus auch nie etwas anderes (abgesehen von dem kreischenden, satanischen Death Metal, den Jimmy und ich in seinem Zimmer hörten). Nach Jimmys Tod war sie am Boden zerstört, denn er war nicht nur ihr einziger Sohn, sondern eben auch viel zu früh verstorben. Sie gehörte für mich immer zur Familie, wie eine Art zweite Mutter, deshalb musste ich auf die Anfrage, ob wir bei der Tribute-Veranstaltung einen Song von Neil Diamond spielen könnten, zunächst antworten: »Bevor ich zusage, muss ich noch einen Anruf machen.« Ich telefonierte also mit Mary Jane und sagte ihr, dass ich nur dort auftreten würde, wenn sie nach Kalifornien kommen könnte (ihr erster Trip an die Westküste überhaupt), um Neil kennenzulernen. Nachdem sie unter Tränen zugesagt hatte, rief ich meinen Manager an, gab mein Okay und begann, mir einen Song von Neil Diamond auszusuchen und damit erstmals in sein immenses Gesamtwerk vorzudringen.

An diesem Wochenende hatte ich eine weitere Verpflichtung, nämlich als Drummer von Paul McCartney bei den Grammys, wo wir eine wunderbar rohe Version von »I Saw Her Standing There« ablieferten. Mary Jane kam auch zu dieser Veranstaltung mit und saß nun nicht mehr allein auf der Couch ihres Fernsehzimmers, sondern gemeinsam mit Kid Rock, U2 und Stevie Wonder in einer Arena. Im Anschluss trafen wir uns mit Paul und seiner Band zur After-Show-Party in einem Restaurant, und als Mary Jane reinkam, reichte Paul ihr ein Glas Champagner, gab ihr ein Küsschen auf die Wange und sagte: »Hallo, Liebes.« Ich dachte, sie fällt gleich in Ohnmacht. Aber was mir bis heute die Tränen in die Augen treibt, war der Moment, als Paul dann am Kopf des Tisches aufstand und einen Toast ausbrachte. Nachdem er jedem im Raum zugeprostet und das Glas auch auf diesen wundervollen Abend erhoben hatte, wandte er sich an Mary Jane und ergänzte: »Und … auf Jimmy.«

Am Abend darauf kam dann Mary Janes große Chance, ihren geliebten Neil Diamond kennenzulernen. Ich hatte ihn schon kurz zuvor im Backstagebereich getroffen, und er war wirklich der Inbegriff der Seventies-Coolness. Er trug ein rotes Seidenhemd, das am Kragen mit Diamanten besetzt war (und für das wir ihn alle lobten), und beim Anblick seiner perfekt sitzenden Frisur und dem Klang seiner Samtstimme hätte auch noch der letzte Ignorant weiche Knie bekommen. Ich erklärte ihm die emotionale Bedeutung dieses Abends, und als der wahre *Mensch*, der er ist, versprach er großzügig, nach der Show vorbeizuschauen und Mary Jane Hallo zu sagen.

Nie vergesse ich ihren Gesichtsausdruck, als er dann wirklich in unsere Garderobe kam. Vermutlich ähnelte er dem, den ich bei der Begegnung mit Little Richard, Paul oder einem der obskuren, unbekannten und von mir heiß geliebten Undergroundmusiker gehabt hatte – in dem Moment, in dem aus zwei Dimensionen drei werden und du begreifst, dass diese Sounds, die dir ein Leben des Glücks, der Flucht und der Befreiung geschenkt haben, durchweg aus Fleisch und Blut entstanden sind. Während Mary Jane vor Glück weinte, konnte ich nur vermuten, dass Jimmy das auch getan hätte.

Am nächsten Tag, als Mary Jane heim nach Virginia flog, befand sich in ihrem Koffer, sorgfältig zusammengelegt, das rote Seidenhemd mit den Diamanten am Kragen. Jawohl, Neil Diamond hatte ihr wirklich und wahrhaftig sein Hemd geschenkt.

Warum bedeuten mir all diese Menschen so viel? Weil Menschen durch Menschen inspiriert werden und sie im Lauf der Jahre einfach alle Teil meiner DNA geworden sind. Irgendwie hat mich jeder Ton, den ich von ihnen vernommen habe, zu dem geformt, was ich bin. Die Erinnerungen in meinem Kopf sind mit *ihren* Stimmen gerahmt. Ich weiß noch gut, wie mich mein Onkel Tom als Kind mal zum Segeln mitgenommen hat und wir den ganzen Tag – ihr wisst, was kommt – »Sailing« von Christopher Cross hörten. Wäre das nicht so ein prägendes Erlebnis gewesen, hätte ich nicht Jahre später an der Flughafen-Gepäckausgabe in Austin, Texas, den erschrockenen Christopher Cross angesprochen, um diesen Mann wenigstens kurz aus der Nähe zu sehen. Zu anderen Zeitpunkten bin ich nachts auf Ace Frehley von Kiss zugegangen, um ihm an einer Straßenecke in Hollywood kurz die Hand zu schütteln, oder habe in der Rock and Roll Hall of Fame Bonnie Raitt eine Liebeserklärung gemacht, während ich mit ihr zusammen auf dem Fußboden einer Garderobe saß. DENN NACH WIE VOR GEHE ICH DURCH DIESES LEBEN WIE EIN KLEINER JUNGE, DER IM KUNSTMUSEUM PLÖTZLICH VOR DEN WERKEN STEHT, DIE ER SEIN LEBEN LANG STUDIERT HAT. UND WENN ICH DANN JEMANDEM, DER MICH UNTERWEGS INSPIRIERT HAT, VON ANGESICHT ZU ANGESICHT BEGEGNE, MÖCHTE ICH MICH ERKENNTLICH ZEIGEN, DENN ICH BIN EINFACH DANKBAR.

Nur ist es natürlich eine Sache, einen Helden im Vorbeigehen kennenzulernen. Etwas ganz anderes ist es, wenn jemand von ihnen auch noch dein Freund wird.

Bei einer Saufnacht mit meiner Crew ging ich vor Jahren in

Los Angeles auf die Toilette der schmierigen Bar, die wir gerade zerstörten, und sah auf dem Weg den *one and only* Lemmy allein vor einem Spielautomaten in der Ecke sitzen. (Ich werde hier weder seinen Nachnamen noch den Namen seiner Band nennen, denn wer nicht weiß, von wem ich rede, ist nicht mehr mein Freund.) Ich konnte einfach nicht widerstehen. Dieser Mann war die lebende, atmende Verkörperung des Rock'n' Roll; von dem Moment an, in dem seine Kratzstimme erstmals aus meinen Boxen geröhrt hatte, bewunderte ich ihn.

Ich ging hin und sagte: »Verzeihung – Lemmy? Ich wollte dir nur für die Inspiration danken, die du mir all die Jahre geschenkt hast.«

Er blickte unter seinem schwarzen Cowboyhut zu mir auf und knurrte durch eine dicke Wolke Marlboro-Rauch: »Cheers.«

Ich wollte mich schon umdrehen und weitergehen, da sagte er: »Tut mir leid wegen deinem Freund Kurt.«

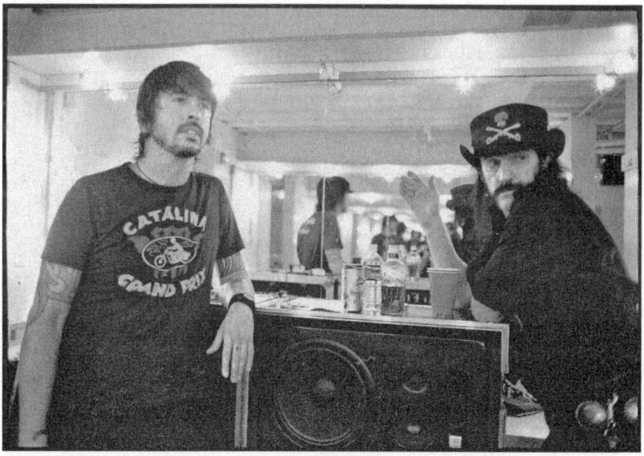

Ab da an war Lemmy nicht mehr nur ein weltweit verehrter Gott des Rock 'n' Roll, sondern ein menschliches Wesen. Und im Lauf der Jahre wurden wir Freunde: Bei Tausenden von Zigaretten und flaschenweise Jack Daniel's erfreuten wir uns nicht nur an Schauergeschichten aus unserem jeweiligen Tourleben, sondern auch an unserer gemeinsamen Liebe zu Little Richard. Ob im Rainbow Bar and Grill am Sunset Strip (seiner Heimat fern der Heimat, und zwar so sehr, dass einmal, als wir dort gerade zusammen becherten, die Kellnerin ankam und ihm seine Post überreichte) oder in seiner zugemüllten Wohnung um die Ecke – jede Minute in seiner Gesellschaft war unglaublich wertvoll für mich. Denn ich bewunderte ihn nicht nur als Musiker, sondern auch als Freund.

Die Nachricht von seinem Tod schockierte mich zutiefst. Er war gerade erst siebzig geworden und hatte wenige Wochen zuvor sein letztes Konzert gegeben. Ich war fest davon ausgegangen, dass er uns alle überleben würde. Er hatte es lauter krachen lassen, als jeder andere aushalten würde, und obwohl seine Exzesse später im Leben ihren Tribut forderten, besaß er die Kraft und den Kampfgeist eines Kriegers. Lemmy gab nie auf – bis er schließlich die Waffen strecken und sich tatsächlich ausruhen musste.

Ich ging schnurstracks ins Tattoo-Studio und ließ mir aufs linke Handgelenk ein Pik-Ass sowie die Worte »SHAKE YOUR BLOOD« tackern, eine Textzeile aus einem Song, den Lemmy und ich ein paar Jahre davor zusammen geschrieben hatten. Er war ein echter Liebhaber des Rock 'n' Roll gewesen und ging im Leben keine Kompromisse ein – zwei Dinge, die wir definitiv gemeinsam hatten.

Bei seiner Trauerfeier rund eine Woche später sollte ich ein paar Worte sagen, und mit Tränen in den Augen erzählte ich in der Kirche, in der sich seine ältesten Freunde versammelt hatten, einige gemeinsam erlebte Geschichten. Es war eine bittersüße Jubelfeier seines Lebens; er hatte uns allen so viel Freude gebracht, ließ uns aber jetzt zurück, und wir würden ohne seine unersetzliche Freundschaft weiterleben müssen.

Ich zog das Schwarz-Weiß-Foto aus der Tasche, das Little Richard vor Jahren für mich signiert hatte, und las den Text eines alten, auch von ihm oft performten Gospelsongs vor, den auch er gern performt hatte, »Precious Lord, Take My Hand«:

*Precious Lord, take my hand*
*Lead me on, let me stand*
*I am tired, I am weak, I am worn*
*Through the storm, through the night*
*Lead me on to the light*
*Take my hand, precious Lord*
*Lead me home*

Ich drehte mich um und stellte das Foto auf Lemmys Altar, um mich ihm erkenntlich zu zeigen.

Auf ewig dankbar für die Inspiration.

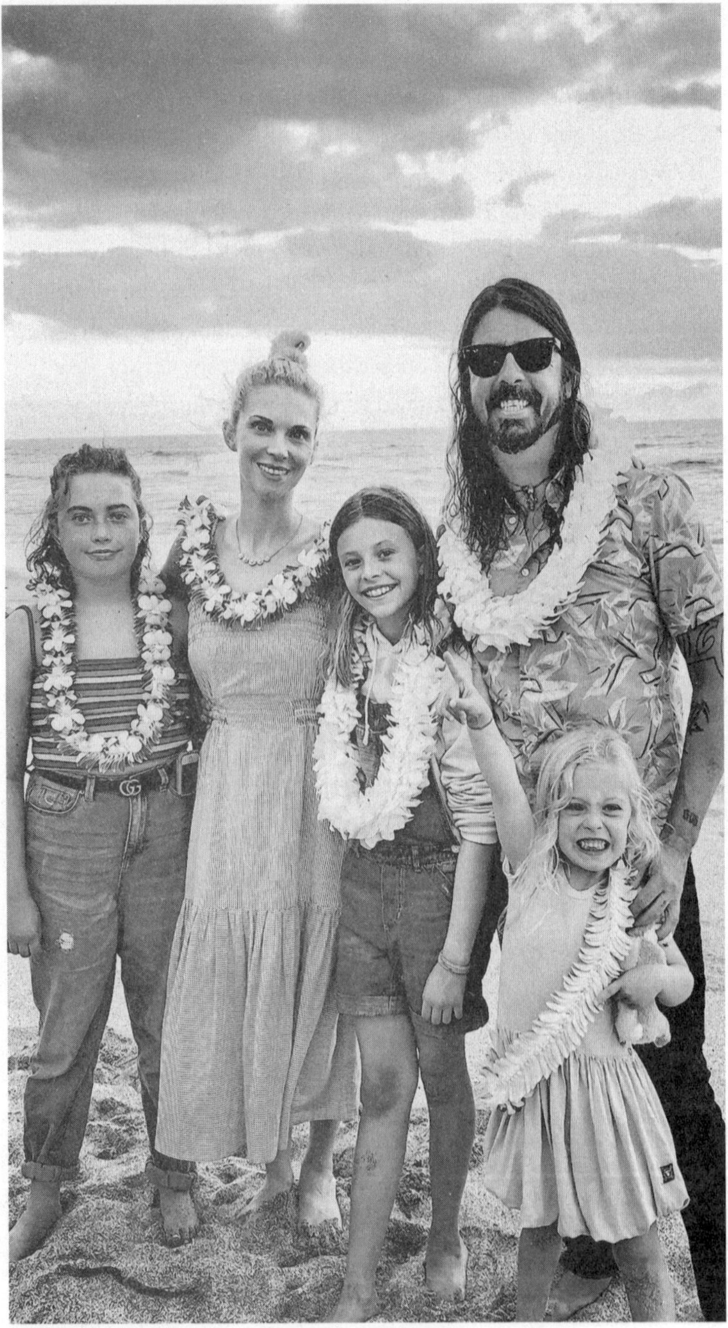

# TEIL FÜNF

## LEBEN

# GUTENACHT-GESCHICHTEN MIT JOAN JETT

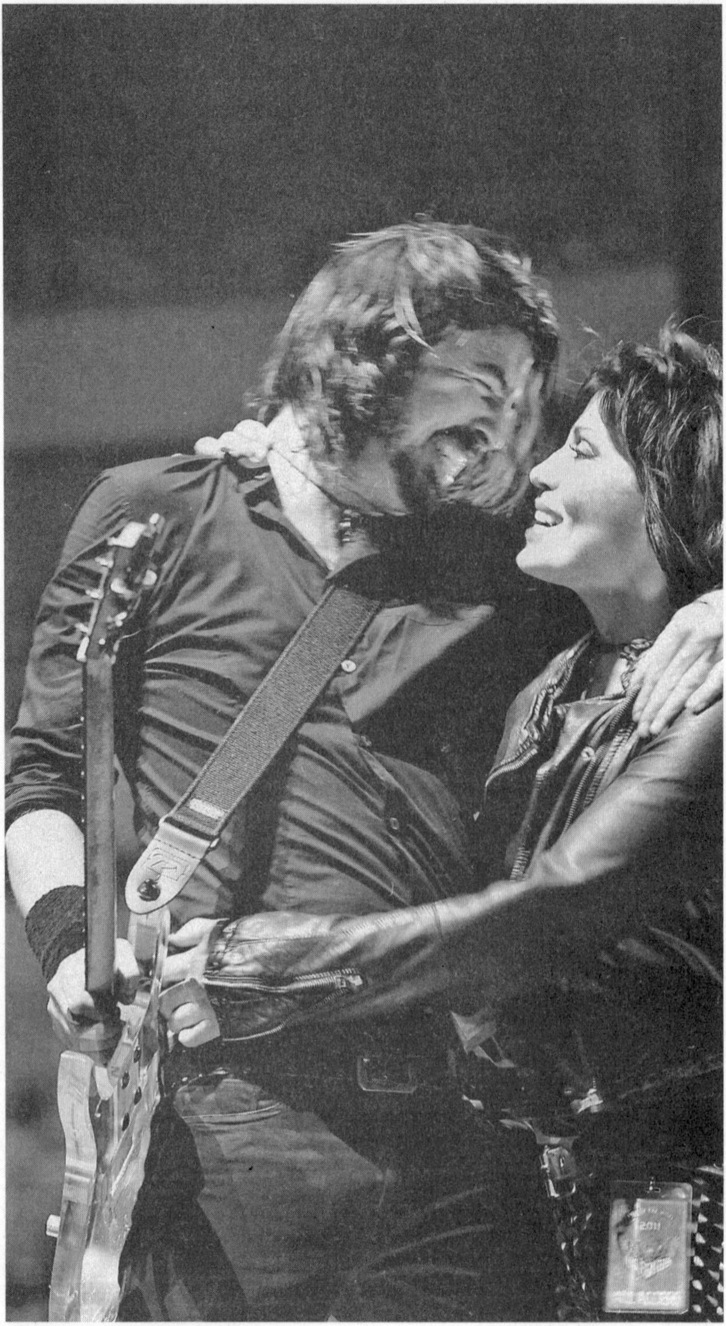
2011

»Hey, Harper … Hey, Violet … Was geht ab?«

Meine beiden Töchter saßen wie gelähmt auf unserer Wohnzimmercouch, als vor ihnen die einzig wahre Queen of Rock'n' Roll stand. Mit ihrem schwarzen Fransenschnitt, den abgetragenen Chucks und der engen Jeansjacke warf sie wie ein Kriegerdenkmal einen langen Schatten über die engelsgleichen Gesichter, während ihre typische Krächzstimme die Nachmittagscartoons im Hintergrund übertönte.

»Leute! Das hier ist JOAN JETT!«, rief ich ganz aufgeregt und betete um eine Reaktion. Ich konnte sehen, wie ihre kleinen Gehirne arbeiteten und verzweifelt versuchten, diese merkwürdige Begegnung einzuordnen, doch sie blieben weiterhin sprachlos. Während der Fahrt zu meinem Haus hatte ich Joan auf etwas Derartiges vorbereitet und gesagt, dass meine Mädchen sie zwar kannten … aber im wirklichen Leben einfach noch keine Superheldin getroffen hätten.

Ein paar Monate vorher war ich bei einer Europatournee auf die Idee gekommen, meine Töchter an einem spielfreien Regentag in das gigantische Londoner Kaufhaus Harrods zu bringen und einer Art kindgerechter Shoppingtherapie zu unterziehen. Es war zu kalt für den Park und zu nass für Spaziergänge, deshalb dachte ich, ich zeige ihnen die legendäre Spielzeugabteilung von Harrods, die so manches amerikanische Spezialkaufhaus in den Schatten stellt, um mal aus dem Hotel rauszukommen und ein bisschen Spaß zu haben. Okay, das war kein kulturelles Highlight wie etwa eins der vielen großartigen Museen hier, aber manchmal muss man einfach »Fuck it« sagen und den Leuten das geben, was sie wollen. Speziell wenn diese Leute kleiner als eins zwanzig sind. So toll es ist, die Welt gemeinsam mit der eigenen Familie zu bereisen, muss man sich ganz schön was einfallen lassen, damit Kinder zwischen dem einen Hotelzimmer und dem nächsten nicht durchdrehen. Man plant also ständig Tagesaktivitäten, um nicht in einen elenden Kreislauf aus Chicken Nuggets vom Zimmerservice und untertitelten Zeichentrickserien zu verfallen. Selbst nach einem Abend, an dem ich meinen armen Körper in ohrenbetäubender Lautstärke getränkt hatte, war mir stets daran gelegen, diese Zeitfenster mit Abenteuern zu füllen und eine normalerweise anstrengende Tour in einen turbulenten Rock'n' Roll-Familienausflug zu verwandeln.

Im Lauf der Jahre durfte ich meinen Kindern tatsächlich fast die ganze Welt zeigen, von den Kanälen Venedigs bis zum Hafen von Sydney, von den Gletschern Islands bis zum Eiffelturm – und allem, was dazwischenliegt. Dabei konnte ich stolz mitverfolgen, wie sie erst in der Babyschale an den Flugzeugsitz geschnallt und im Körbchen ans Hotelbett gerückt werden mussten, irgendwann aber bei der Flugbegleiterin selbst ein weiteres Ginger Ale bestellten oder spätabends im Hotel beim Roomservice Eis-Sundaes orderten. Mittlerweile sind sie erfahrene Reisende, was ich großartig finde, denn so können wir immer zusammen sein.

Beim Betreten der gigantischen Spielwarenabteilung wollte ich aber doch ein paar väterliche Regeln festlegen. »Okay, ihr habt eine Stunde, um euch ein Spielzeug auszusuchen, aber es muss so klein sein, dass es in den Koffer passt. Auf die Plätze, fertig … LOS!« Ich checkte meine Uhr, und die Kids rasten wie zwei angestochene Kandidaten bei *Supermarket Sweep** davon, angetrieben von der unlösbaren Aufgabe, ein Spielzeug zu finden, das meine entsetzlich unverständlichen Vorgaben erfüllte. Eine Stunde? Okay, wenn's sein muss! Aber … wie definiert man »Koffer«? Reden wir von DEINEM Koffer? MEINEM Koffer? Oder vielleicht einem ganz NEUEN Koffer, in dem man ein komplettes viktorianisches Puppenhaus mit nach Kalifornien nehmen könnte? Mission: Impossible.

Trotzdem sah ich mit Vergnügen zu, wie die beiden herumwuselten, mit ihren kleinen Schuhen die Gänge auf und ab trippelten und die Köpfe nach allem verdrehten, was da in unendlicher Vielfalt ausgestellt war. Ich selbst blieb schnell in der Lego-Abteilung hängen und staunte nicht nur über das immense Angebot, sondern überlegte ernsthaft, ob ich mich der Aufgabe ebenfalls stellen oder doch lieber nüchterner Beobachter bleiben sollte. Ich hatte schon immer eine Schwäche für Lego. Schon als Kind war das mein Lieblingsspielzeug. Mit diesen raffinierten kleinen Teilen und dem befriedigenden *Klick*, wenn sich zwei davon ineinanderfügten, konnte ich stundenlang Burgen, Autos und die aberwitzigsten Gebilde bauen, für die ich keine andere Belohnung erhielt als die Gewissheit, es selbst gemacht zu haben. Als Kind war ich da geradezu obsessiv, und zwar so sehr, dass meine »Sicht« von Musik immer darin bestand, die Teile der Songs als Legosteine zu betrachten – eine spielerische Form von Synästhesie, die mir bis heute beim Lernen von Arrangements und Kompositionen hilft.

Als die Deadline näher rückte, gab ich den Mädchen mit meiner besten Showmasterstimme die Fünf-Minuten-War-

* Amerikanische Reality-Show, bei der um die Wette eingekauft wird (Anm. d. Ü.).

nung. Wie zu erwarten, hatten beide noch nichts gefunden und flitzten weiterhin durch die Gänge. Wie sollte man sich hier auch festlegen? Ich warf ihnen »den Blick« zu (gesenkter Kopf, eine Augenbraue hochgezogen) und wiederholte: »Fünf. Minuten.« Mittlerweile hatten sie ihre Suche auf die Barbie-Abteilung eingeengt, kaum größer als ein kommerziell genutzter Flugzeughangar. Sie zogen Kreise und nahmen ihre Beute ins Visier. Keine leichte Entscheidung. In den Regalen standen zu Hunderten verschiedene Barbies, mit verschiedener Kleidung, zu verschiedenen Themen, manche mit Accessoires, andere mit Wechselklamotten … Wirklich genug, um einen kindlichen Kopf explodieren zu lassen. Ich sah, wie sie Schachtel um Schachtel in die Hand nahmen und genauestens untersuchten, um zweifellos das Optimum herauszuholen, ohne die Grenzen der gebotenen Gepäckverträglichkeit zu sprengen. Die Uhr tickte, die Spannung in der Luft nahm zu, bis …

»DIE ZEIT IST UM!«, rief ich wie ein Schiedsrichter beim Junior-Baseball (hätte ich bloß eine Pfeife dabeigehabt).

»Aber DAAAAD!!!«, kreischten beide frustriert. »Wir können uns einfach nicht entscheiden!« Lachend sagte ich:

»Kommt schon! Nehmt einfach irgendeine, und wir gehen zurück ins Hotel!« Erst da entdeckte ich neben mir den Verkaufstisch voller Barbies und schnappte mir die nächstbeste. »Schaut mal, ich hab auch eine!«, rief ich und schwenkte sie in der Luft.

»Das geht nicht! Du darfst keine Barbie haben!!«, kam es wie aus der Pistole geschossen zurück.

Als ich mir die Schachtel in meiner Hand genauer ansah, merkte ich, dass ich unbewusst zu einer offiziellen Joan-Jett-Barbie gegriffen hatte, mit roten Chucks, Lederhose, schwarzem ärmellosem T-Shirt und einer weißen Gibson Les Paul

Junior um den Hals. *Holy shit*, dachte ich. *Die kaufe ich auf jeden Fall!*

Wenige Minuten später standen wir an der Kasse, verglichen unsere Barbies (Rocking Joan und zwei super-raffinierte Glam-Mädchen mit Accessoires zuhauf) und konnten es kaum erwarten, zurück ins Hotel zu rasen und damit zu spielen. Als ich dann abends am Wohnzimmertisch unserer Suite saß, kamen Violet und Harper rein und fragten höflich, ob sie meine Barbie haben könnten. »Aber klar«, sagte ich grinsend, machte vorsichtig die Schachtel auf und begann, mit chirurgischem Geschick die Puppe aus ihrer unglaublich komplizierten Verpackung zu befreien. (Seit wann braucht man eigentlich ein Ingenieursdiplom, um ein Spielzeug aus seinem gottverdammten Karton zu kriegen?) Während mir die Mädchen geduldig dabei zusahen, wie ich mit einer Befestigung nach der anderen kämpfte, wurde mir klar, dass sie überhaupt nicht wussten, dass Joan Jett ein echter Mensch war. Sie dachten, das hier sei eine weitere Plastikfigur, genau wie die vielen, vielen anderen in den Regalen ihres neuen Lieblingsspielzeugladens. Ich hielt inne, legte die Puppe auf den Tisch und erklärte ihnen, dass Joan nicht nur eine lebende Person sei, sondern dazu auch noch eine äußerst bedeutende. EINE IKONE DES FEMINISMUS, DIE DER WELT BEWIESEN HATTE, DASS FRAUEN SOGAR NOCH HÄRTER ROCKEN KÖNNEN ALS MÄNNER. Eine derart wichtige Innovatorin, Architektin und Pionierin des Punkrock, dass sie Generationen junger Frauen dazu anregte, zur Gitarre zu greifen und es ihr nachzutun.

Die beiden wirkten etwas irritiert, deshalb klappte ich meinen Laptop auf, drehte die Lautstärke auf zehn und spielte ihnen das Video von »I Love Rock 'n' Roll« vor. Fasziniert sahen sie zu, wie Joan da herumposierte und höhnisch grinste, und sangen den letzten Refrain dann wortgetreu mit. Ich klappte den Computer wieder zu und sagte: »Seht ihr? Die gibt's wirklich!« Daraufhin nahmen sie schnell meine Puppe und verschwanden in ihr Zimmer, wobei sie nach wie vor diesen Klassiker summten, während ich tief in mir drin wusste, dass sie soeben ihre neue Superheldin entdeckt hatten.

Im Verlauf der Tour kamen wir auch nach New York City, um im Madison Square Garden aufzutreten, einem meiner liebsten Veranstaltungsorte. Bei der Fahrt zu dem Gebäude musste ich immer an eine Szene aus Led Zeppelins Konzertfilm *The Song Remains the Same* denken, den ich als Teenager praktisch »studiert« hatte beim hoffnungslosen Versuch, dieses außerirdische Drumming von John Bonham zu sezieren. Auf dem Weg in die Stadt fragte unser Tourmanager Gus, ob wir irgendwelche Special Guests einladen wollten, um mit uns gemeinsam aufzutreten. Schließlich war das der Madison Square Garden, und wir wollten die Sache zu etwas Besonderem machen. Im Wagen flogen Namen hin und her, hauptsächlich von Freunden, mit denen wir schon früher gespielt hatten, aber dann erwähnte jemand Joan Jett, die seit den späten Siebzigern hier in der Stadt wohnte. Da ich sie noch nie getroffen hatte, fragte ich, wie wir mit ihr in Kontakt treten könnten. Gus sagte einfach: »Pat kennt sie!«

Pat Smear, unser Gründungsmitglied und regierender Minister des Cool, kannte sie tatsächlich aus seiner Zeit bei den legendären Germs. Pat war in L. A. geboren und aufgewachsen und Mitte der Siebziger ein Punkrock-Kid und Riesenfan von Joans erster Band The Runaways gewesen, einer reinen Mädchenband, die den Sound von Bowie und T-Rex verinnerlicht hatte. Er hatte jedes ihrer Konzerte besucht, sich mit Joan angefreundet und wurde Teil einer Gruppe von Hollywood-Punks, die, ohne es damals zu wissen, den Lauf der Musikgeschichte für immer verändern sollten.

Pat war etwa im selben Alter wie Joan, und er war von den Runaways – alle genau wie er selbst noch Teenager – so begeistert, dass er mit seinem besten Freund Darby Crash ebenfalls eine Band gründete. Als sie 1979 ihr erstes Studioalbum *GI* aufnehmen sollten, holten sie Joan Jett als Produzentin ins Boot. Da gab es also ordentlich Geschichte, nicht nur die Annalen des Rock betreffend, sondern auch persönlich.

Ein paar Anrufe wurden getätigt, und als wir erfuhren, dass Joan nur zu gern mit uns auftreten wollte, sorgten wir dafür, dass sie schnell herbefördert wurde, um vor dem Konzert mit uns ihren Klassiker »Bad Reputation« zu proben. Das war die perfekte Wahl für unser Publikum, denn Joan würde als eine der legendärsten Stimmen ihrer Generation diesem bedeutenden Abend zweifellos die krachende Krone aufsetzen.

Als wir mit unserer Fahrzeugkolonne – genau wie achtunddreißig Jahre vorher Led Zeppelin – in den Gebäudekomplex einbogen, konnte ich es vor Anspannung kaum noch aushalten. Ich musste mich selbst kneifen, um tatsächlich zu glauben, dass ich gleich eine weitere Heldin kennenlernen sollte – eine supercoole Wahnsinnsfrau, die ihre eigenen Regeln aufgestellt hatte.

Als Joan in die Garderobe kam, sprang ich so nervös wie begeistert auf und lief ihr entgegen. Endlich hatte ich die echte Joan Jett vor mir. Die schwarzen Fransenhaare, diese abgelatschten Chucks und das enge Jackett waren nicht mehr nur Teil eines Bildes im Fernsehen, genau wie diese knarzige Stimme nicht mehr nur aus irgendeinem Lautsprecher kam. Sie hatte eine starke Ausstrahlung und war genauso supercool und punkrockig wie eh und je. Und, o mein Gott … sie roch auch noch gut.

Wir gingen den Song in der Garderobe ein paarmal durch und platzierten ihn am Ende unserer Setlist, weil wir wussten, dass er mit Sicherheit das Highlight des Konzerts sein würde. Mit Joan Zeit zu verbringen war unglaublich angenehm. An die Stelle ihrer Killergrimasse war ein Lächeln gerückt, das ganz allein den Madison Square Garden hätte erleuchten können, und es machte mich richtig glücklich, dass sie und Pat sich nach so langer Zeit wieder einmal trafen. Wer weiß, wo wir ohne diese beiden wären? Ich kam mir vor wie ein Statist in einem Dokumentarfilm, für den ich an der Kinokasse definitiv Geld hinlegen würde.

Die Kraft von Joans Ausstrahlung sollte man nicht unterschätzen. Vor dem Konzert stand ich in einem langen Korridor voller Menschen und trank Cocktails mit alten Freunden, da kam sie stillschweigend aus unserer Garderobe. Während sie langsam den Gang hinunterging – allein, wie ein postapokalyptischer James Dean –, konnte ich sehen, wie jeder, egal ob Mann oder Frau, ihr Platz machte und durch ihre Anwesenheit gefesselt war. Sie erzeugte eine kollektive Ohnmacht, wie das vielleicht nur noch Elvis geschafft hätte, und bahnte sich langsam den Weg durch die Menge. Das war fucking Rock 'n' Roll. Joan war in der Tat eine Superheldin.

Bei meiner Ankündigung auf der Bühne konnte ich dann sehen, dass sie diese Wirkung auf jeden hier hatte. Als sie ins Rampenlicht trat, bereitete ihr das Publikum einen derartig donnernden Empfang, wie ihn nur wahre Legenden erhalten, und unsere gemeinsame Performance war straff, schnell und total punktgenau. Hinterher feierten wir bei einer Flasche Champagner, und Joan und ich sprachen darüber, vielleicht irgendwann mal zusammenzuarbeiten. »Lass uns ein paar Songs schreiben«, sagte sie mit ihrem starken New Yorker Akzent. Begeistert stimmte ich zu, und wir verglichen nicht nur sofort unsere Terminkalender, sondern fanden auch tatsächlich ein Zeitfenster, in dem keiner von uns Konzerte hatte und wir uns für Aufnahmen treffen konnten. Wir fixierten den Termin, dann umarmten wir uns voller Dankbarkeit für diese zufällige Begegnung und Vorfreude auf die nächste.

Ich konnte es kaum erwarten, meinen Töchtern zu erzählen, dass ihre Lieblingssuperheldin nicht nur nach Los Angeles kommen würde, um mit mir gemeinsam Songs zu schreiben, sondern auch noch das ganze Wochenende bei uns wohnen würde. Die würden komplett ausrasten!

Es ist schwer für ein Kind, das Durchbrechen der vierten Wand vollkommen zu begreifen, also den Moment, wenn sich die Fiktionalität von Spielzeugen oder YouTube-Videos in Realität verwandelt. Verdammt noch mal, Violet war damals erst fünf und Harper gerade mal zwei. Trotzdem gab ich mein Bestes, um sie auf Joans Ankunft vorzubereiten, wobei ich schwer hoffte, meine Kinder dadurch nicht in eine existenzielle Krise zu stürzen. Ich meine, wenn bei dir vor der Tür plötzlich SpongeBob stehen würde, wärst du sicher auch eher verblüfft.

Angesichts ihrer Reaktion auf dem erwähnten Sofa schien unser kleiner Pregame-Peptalk allerdings nicht wirklich was bewegt zu haben.

»Okay, Leute … Erinnert ihr euch an die Barbie, die ich in London gekauft habe? Sie kommt übers Wochenende zu uns.«

Schweigen.

»Also wenn sie reinkommt … rastet nicht aus … Sie ist echt.«

Noch mehr Schweigen.

Nachdem sich Joan halbwegs eingerichtet hatte, gingen wir ins Foo-Fighters-Studio und bastelten an einer ihrer Songideen namens »Any Weather« herum, einem eher schnelleren Stück mit für sie typischer Melodie. Man konnte das sofort als Joan Jett erkennen, alles voller Haltung und Wärme. Als ich ihr bei der Arbeit zusah, konnte ich mir gerade mal ansatzweise vorstellen, welch unglaubliches Leben sie gehabt hatte. Was ich aber sehr gut hörte, war ihre brennende Liebe zum Rock 'n' Roll, die so ansteckend wie, gelinde gesagt, inspirierend war. Auch nach all den Jahren sang sie direkt aus dem Herzen:

*We can stay together*
*Through any weather*
*We can stay together*
*Through anything*
*If we love*

Nach einem produktiven Tag kehrten wir recht spät heim, deshalb begann ich sofort das Zubettgehritual mit meinen Töchtern, während Joan ins Gästehaus ging, um ihren Pyjama anzuziehen (gerade als ich dachte, sie könnte gar nicht *noch* anbetungswürdiger sein, trug sie tatsächlich einen Pyjama). Ich steckte Harper in die Badewanne, zog ihr den Schlafanzug an, las ihr etwas vor und brachte sie ohne den leisesten Mucks in ihr Bettchen. Nummer eins erledigt, jetzt Nummer zwei: Violet. Badewanne, Pyjama, aber bevor sie ins Bett ging, trug ich sie nach unten, damit sie sich von Joan verabschieden konnte.

Ich stand vor dem Sofa, auf dem Joan jetzt im Pyjama fläzte, und sagte: »Hey, Joan, Violet wollte dir noch Gute Nacht sagen.«

Joan lächelte und meinte: »Ooooh, gute Nacht, Violet. Bis morgen früh dann!«

Violet drehte sich zu mir und flüsterte mir ins Ohr: »Dad, kannst du Joan fragen, ob sie mir noch was vorliest?«

Beim Blick in ihre Augen blieb mir kurz das Herz stehen, aber dann wandte ich mich an Joan. »Hey … ähm … Sie hat gefragt, ob du ihr heute die Gutenachtgeschichte vorliest …«

Ich spürte, wie Violet mich vor Spannung immer fester umklammerte. Joan grinste und nickte fröhlich. »Komm, Violet, gehen wir!«

Als ich die beiden Hand in Hand nach oben stapfen sah, wünschte ich mir so sehr, dass Violet diesen Moment niemals vergessen würde, dass sie sich irgendwann an diesen Abend zurückerinnern und eines wissen würde: Superhelden sind tatsächlich echt. Und dass sie eines Tages vielleicht selbst als Innovatorin, Architektin oder Pionierin Generationen junger Frauen dazu anregen würde, zur Gitarre zu greifen oder das zu tun, womit sie einmal ein Zeichen setzen wird.

DENN IN EINER WELT VOLLER BARBIES BRAUCHT JEDES MÄDCHEN EINE JOAN JETT.

# DER VATER-TOCHTER-BALL

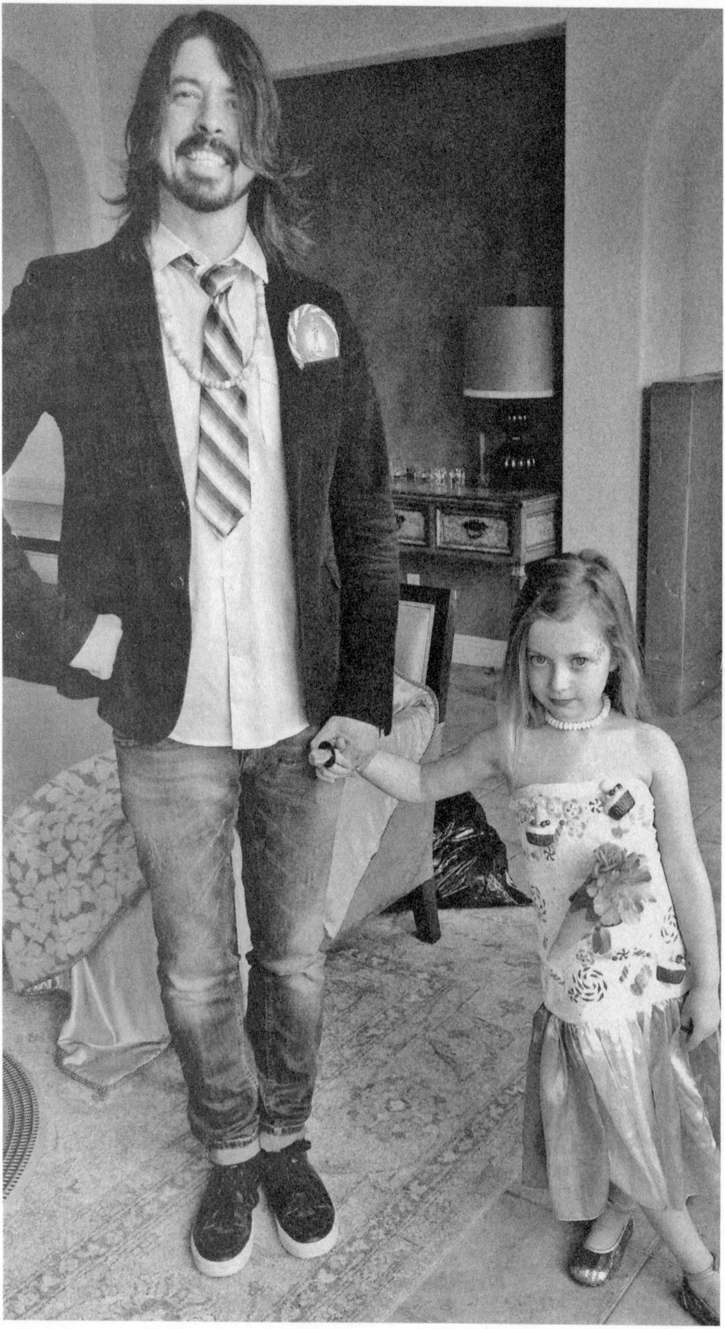

»Ach übrigens … Der Vater-Tochter-Ball ist dieses Jahr am 6. März. Trag das unbedingt in den Kalender ein.«

Mir zog sich das Herz zusammen, als bei diesem Ferngespräch von Los Angeles nach Kapstadt, wo ich im Hotelzimmer saß, die Stimme meiner Frau mit einem verzögerten Echo durch die Leitung kam. *Am 6. März?*, dachte ich. *Bitte, lieber Gott, mach, dass ich an dem Tag zu Hause bin und freihabe …*

Ich wusste sofort, dass hier ein Problem auftauchte, versuchte aber, mein Gefühl der Ohnmacht zu überspielen. Also sagte ich Jordyn beiläufig, ich würde es mir notieren. Als ich auflegte, war ich schweißgebadet und betete, dass dieser extrem wichtige Termin (ich hatte *geschworen*, ihn nie zu versäumen) in einer kurzen Pause unserer *never-ending* Welttournee dieses Jahres lag. Da ich das Schlimmste befürchtete, hechtete ich quer durchs Zimmer zu meinem Laptop und öffnete den Kalender.

Okay, der 6. März war … ein Konzerttermin. In Perth, Australien.

Bei dem Vater-Tochter-Ball handelte es sich um ein traditionelles Fest an Violets Schule und damit um eine Pflichtveranstaltung für jeden Vater, der im Silicone Valley (nein, ich spreche nicht von Software …) von Los Angeles eine Tochter großzuziehen versuchte. Eine Gelegenheit, die Familienbande zu stärken, Quality-Time miteinander zu verbringen und zu beweisen, dass sich ein Mädchen jederzeit auf seinen lieben, alten Dad verlassen kann.

An dem Event nahmen Schülerinnen vom Vorschuljahr bis zur sechsten Klasse teil. Es war eine jährliche Parade von Männern mittleren Alters, die sich alle Mühe geben, in ihren gestärkten Business-Anzügen Konversation zu betreiben, während ihre kleinen Töchter in Miniatur-Ballkleidern mit sorgfältig fixierten Ansteckspräußchen das gigantische Süßigkeiten-Buffet, das sogar Willy Wonka zum Erblassen bringen würde, belagerten und sich das Zeug mit bloßen Händen reinstopften. Dazu lief der Kidz-Bop-Top-40-Soundtrack einer Nickelodeon-artigen Tanzlehrerin, die mit ohrenbetäubender Lautstärke Kommandos wie »Cha-Cha-Drehung« erteilte. Das Ganze fand meist in einem schmuddeligen Festsaal der berühmt-berüchtigten Sportsmen's Lodge in Sherman Oaks statt (Schauplatz Tausender Bar-Mizwas) und war für fast jedes Mädchen der absolute Höhepunkt des Jahres. Und auch für manchen Vater.

Violet und ich versäumten es nie, ein richtiges Fest daraus zu machen. Obwohl ich schon immer eine Abneigung gegen formelle Kleidung hatte (einfach weil ich darin wie ein Stoner aussehe, der wegen Marihuanabesitzes vor Gericht erscheint), strengte ich mich richtig an, um mich hübsch zu machen und dem Anlass gerecht zu werden. Klar zog auch Violet alle Disney-Register, trug üblicherweise etwas Prinzessinnenartiges mit vertrackten Absatzschuhen, und war furchtbar aufgeregt wegen der potenziellen Peinlichkeit eines solchen Sozialexperiments. Mir war klar, dass diese formell inszenierten Veranstaltungen die Grundlage vieler künftiger Highschool-Proms bildeten, deshalb wollte ich unbedingt, dass alles gut über die Bühne ging und ihr so eine Teenagerzeit erspart blieb, in der bei Bällen die Szene mit dem Blut-Eimer aus *Carrie* abläuft.

Diesmal war die Sache aber anders. In den Jahren davor

hatte Harper, die drei Jahre jünger als Violet ist, immer weinend in der Tür gestanden und gebettelt, uns begleiten zu dürfen, obwohl sie noch nicht mal auf diese Schule ging. Es brach mir immer das Herz, wenn sie uns so nachwinkte, mit dem Schnuller im Mund die Tränen zurückhielt und überhaupt nicht verstehen konnte, warum sie daheimbleiben musste. Jedes Mal versprach ich ihr: »Eines Tages gehen wir alle zusammen!« Trotzdem traf mich der Anblick, wie ihr die Tränen über die Wangen liefen und sie ihre Lieblingsdecke umklammerte, immer da, wo's richtig wehtut. Und jetzt, wo sie endlich alt genug war und sich für mich die Chance bot, mein Versprechen einzulösen und mit beiden zum Ball zu gehen (worauf sich Harper quasi ihr halbes Leben lang gefreut hatte), würde ich an diesem Abend ein beschissenes Konzert geben müssen, und das auch noch 9330 Meilen entfernt.

Ich rief sofort John Silva an, der bereits seit dreißig Jahren mein Manager war, und sagte: »John, es gibt ein Problem. Also ein richtiges.« Ruhig und so nüchtern wie möglich erklärte ich ihm die Situation, wobei ich aber keinen Zweifel daran ließ, dass es für mich keine Option war, diesen Ball zu verpassen.

Bedauernd meinte er: »Tut mir leid, David, aber das Konzert ist längst ausverkauft.«

Als ich mir den Horror meiner zwei kleinen Mädchen ausmalte, wenn sie bei diesem Ball von IHREM EIGENEN VATER versetzt wurden, setzte bei mir Alarmstufe Rot ein. Deshalb beschleunigte ich augenblicklich von null auf hundert und kreischte: »Sag's ab! Verlege es! Verschieb's auf irgendwann später! Tu alles, was nötig ist, aber ich kann und werde diesen verfickten Ball nicht verpassen!«

Da die Ausmaße des potenziellen Desasters langsam erkennbar wurden, setzten wir unsere Denkmützen auf und spielten mit Terminen herum. Ich meine, wenn es möglich war, einen Menschen auf den Mond zu schicken, musste es doch auch drin sein, dass ich in Levi's und dreckigen Clarks-Schuhen pünktlich in der Sportsmen's Lodge aufkreuzte, oder?

Die Tour, die in Christchurch beginnen sollte, umfasste überschaubare acht Termine, lauter Stadien in brütender Sommerhitze. Es sollte unser bislang längster Trip nach Down Under werden, und die Tickets waren relativ schnell weg gewesen. Von Beginn an hatten wir eine prickelnde Liebesaffäre mit unseren Freunden in Neuseeland und Australien und nahmen mindestens einmal pro Album den Fünfzehn-Stunden-Flug auf uns, um sie zu besuchen. Und jedes Mal hat es sich mehr als nur gelohnt. Von den schwarzen Kiesstränden in Piha, Neuseeland, gleich außerhalb des kosmopolitischen Zaubergartens Auckland, bis hin zu den Winzereien in den Hügeln um Adelaide, Australien, hatten wir ein Jahrzehnt lang die herrlichsten Winkel entdeckt, enge Freundschaften geschlossen und aus jedem Veranstaltungsort, in den wir unseren Fuß setzten, die Scheiße rausgerockt. Dementsprechend schmerzte mich allein schon der Gedanke daran, ein Konzert dort verlegen oder gar absagen zu müssen. Fans zu enttäuschen ist einfach nicht Teil meiner DNA. Aber sosehr ich ein schönes, kaltes Victoria Bitter und eine Fleischpastete um Mitternacht auch liebe, habe ich doch Prioritäten.

Nach etwas Brainstorming/Herumspielen und ein paar Telefonaten entwickelten wir einen Plan: Das Konzert in Perth, das bereits ausverkauft war, konnte theoretisch vom sechsten auf den achten verlegt werden, was mir ein ausreichend großes Zeitfenster verschaffen würde, um in Adelaide von der Bühne zu rennen, ein Charterflugzeug nach Sydney zu besteigen, sofort in einen Qantas-Flieger nach L. A. zu hüpfen, dort angekommen ein paar Stunden zu schlafen, meine Mädels zum Ball zu begleiten, von der Sportsmen's Lodge gleich wieder zum LAX zu düsen und zurück nach Perth zu fliegen, damit ich dort gerade noch rechtzeitig auf die Bühne wetzen und die Sau rauslassen konnte.

VERRÜCKT? VIELLEICHT. MACHBAR? KAUM. NOTWENDIG? ABSOLUT.

Unser Vorhaben wurde in Gang gesetzt, und dankbarerweise arrangierten die netten Leutchen in Perth ihren Kalender so um, dass wir uns auf den 8. März einigen konnten. Krise entschärft. Jetzt konnte ich wieder ruhig schlafen, denn ich wusste, ich würde meine beiden Mädchen begleiten und sie in meinen besten Levi's und Clarks daran erinnern, dass sie auf ihren Vater immer zählen können. Selbst wenn das für ihn eine vierzigstündige Reise durch sechzehn Zeitzonen bedeutet. Zum Glück hatten mich die vielen Jahre, in denen ich in überfüllten, müffelnden Vans gelebt, auf Fußböden geschlafen und mich von Corn Dogs ernährt hatte, auf genau diesen Moment vorbereitet. Du tust, was du tun musst, um zum Gig zu kommen. Immer.

Als wir Adelaide erreichten, war unsere interkontinentale Operation mit militärischer Genauigkeit bis auf die letzte Sekunde durchgeplant. Ohne den geringsten Spielraum für Fehler oder Verzögerungen bereiteten mein Tourmanager Gus und ich uns darauf vor, wie Soldaten aus einem Black-Hawk-Helikopter von der Bühne zu hüpfen und zu einem Privatflugzeug zu rasen, das auf einer Landebahn in der Nähe warten und uns nach Sydney zu dem mörderischen Fünfzehn-Stunden-Flug bringen würde. Ziemlich beängstigend, das Ganze, aber auch eine idiotische Challenge, auf die wir uns gerade wegen ihrer Absurdität tatsächlich freuten.

Das Konzert an diesem Abend war der Hammer, ein Luftangriff aus vierundzwanzig Songs, der das Stadion zum Beben brachte, während ich die Uhr am Bühnenrand im Blick behielt, um dem Publikum vor meiner Flucht auch noch die letzte verfügbare Sekunde zu widmen. Als die letzten Töne von »Everlong« noch in der Luft hingen, sprangen Gus und ich bereits in ein Auto, das uns zum nahe gelegenen Regionalflughafen brachte, um diese Reise um die Welt zu beginnen.

Beim Besteigen unseres ersten Fliegers begrüßte mich der vertraute Geruch einer heißen Box mit KFC. Das war natürlich kein Zufall. Die Foo Fighters haben eine kleine Privatleidenschaft, der wir bei besonderen Anlässen gern mal frönen (und es gibt viele besondere Anlässe): KFC und Champagner. Diese schmackhafte Kombination entdeckten wir rein zufällig bei einer früheren Australien-Tour. Als wir eines Abends zum Soundcheck fuhren, erblickte ich aus dem Augenwinkel einen KFC und sagte zu Gus: »Hey, Goose, kannst du für nach der Show ein paar KFC-Boxen organisieren?« Kentucky Fried Chicken hatte ich seit Jahren nicht mehr gehabt, aber in diesem Moment bekam ich wahnsinnig Lust auf diese geheime Kräuter- und Gewürzmischung. Er tat, wie ihm geheißen, und bestellte Essen für eine ganze Armee, das uns dann später in der Garderobe erwartete.

Ich werde nie vergessen, wie ich an diesem Abend von der Bühne ging, klatschnass und mit einem Handtuch um die Schultern, und mir aus der fünfzig Meter entfernten Garderobe der Geruch von paniertem Huhn entgegenkam. Ich kollabierte auf einem Stuhl, stürzte mich wie ein Waschbär in der Mülltonne auf diese Box und verschlang ein Teil nach dem anderen, so ausgehungert war ich von der Show, bei der ich unzählige Kalorien verbrannt hatte. Nach ein paar Teilen hatte ich Riesendurst und griff nach dem nächsten Getränk in Reichweite, einer Champagnerflasche aus dem Eiskübel. Ich ließ den Korken knallen, nahm einen Schluck, biss in ein Hühnerteil, nahm wieder einen Schluck, biss wieder ins Hühnchen und kreischte: »MEIN GOTT, LEUTE, DAS MÜSST IHR PROBIEREN!« Binnen Kurzem hatte jedes Bandmitglied in der einen Hand ein Glas Champagner, in der anderen einen Hähnchenschlegel, und ergötzte sich an dieser Neuentdeckung. Wir waren völlig verblüfft, dass vor uns noch niemand auf diese Kombination gekommen war. An jenem Abend entstand eine arterienverstopfende Tradition, die wir bis heute pflegen. Lacht ruhig. Ich könnte jetzt einen detaillierten kulinarischen Vortrag über das Zusammenspiel von Geschmack und Mundgefühl halten, welches mit KFC und Schaumwein einhergeht. Aber glaubt mir einfach: Es ist fast schon abartig köstlich.

Der kurze Zweistundenflug nach Sydney war schnell vorbei und ließ uns etwas Zeit vor dem großen Abschnitt der Reise, um daheim anzurufen und den Mädchen zu sagen, dass ich unterwegs war. Übers Telefon konnte ich hören, wie sehr sie sich freuten; jetzt würde es nur noch wenige Stunden dauern, bis ich sie wiedersah.

Vorfreude und Adrenalin machten den Langstreckenflug zu einer, na ja, längeren Angelegenheit, nur füllte sich natürlich mein Herz mit Vaterstolz, wenn ich daran dachte, wie ich mit einer großartigen Tochter an jeder Hand in die Sportsmen's Lodge einlaufen würde.

Bei der Ankunft in L. A. sah ich aus, als hätte mich ein Müllwagen überfahren. Als Entschädigung wurde ich beim Verlassen des Terminals von zwei kreischenden kleinen Mädchen begrüßt, ein Gefühl, das selbst den übelsten Jetlag vertreibt. Da ich wusste, dass nur wenige kostbare Stunden mit

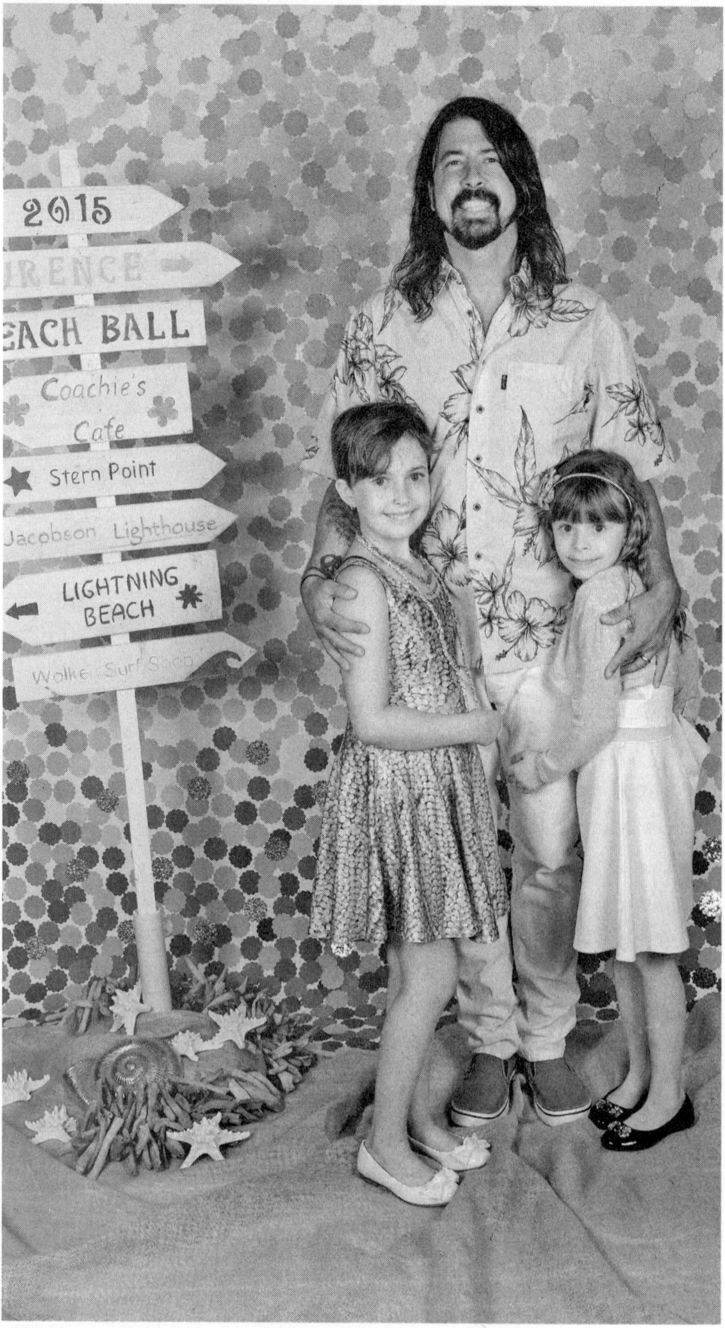
2015
Coachie's Cafe
Stern Point
Jacobson Lighthouse
LIGHTNING BEACH
Wolke Surf Shop

ihnen vor mir lagen, schob ich so etwas wie körperliche Erschöpfung weit von mir und schaltete sofort auf »Dad-Modus« um.

Hier die ganze Wahrheit: Ich bin das, was manche Leute wohl für einen albernen Dad halten würden (schockierend, ich weiß), und verhalte mich oft so wie diese ätzenden Moderatoren von Kindersendungen, bei denen man am liebsten den Kopf in die Bratröhre stecken möchte. Ich habe absolut kein Problem damit, mich für das kleinste Kichern meiner Nachkommen zum Idioten zu machen, und zwar von dem Moment an, wenn sie aufwachen, bis zur Gutenachtgeschichte am Abend. Ein Beispiel: Ich fand schon immer, dass es ihnen nicht nur das erste Lächeln des Tages entlockt, wenn ich morgens wie ein Idiot zu Earth, Wind and Fire tanze, während ich Pancakes mache, sondern dass diese Einlage auch dafür sorgt, dass sie besonders beschwingt das Haus verlassen. Und sei es nur, um meinem Wahnsinn zu entkommen.

Den Rest des Tages verbrachte ich damit, einen Ozean aus Kaffee zu trinken und meine Augenlider mit Gewalt offen zu halten, während ich die abendlichen Festivitäten organisierte. Stretch-Limo? Check. Alkoholfreier Sekt? Check. Vergeblicher Versuch, nach zehntausend Meilen Pendeln formell auszusehen? Doppel-Check. Das hier war ihr großer Abend, also brezelten sie sich Oscar-würdig auf, inklusive Glam-Hilfstruppe, die etwas von einer NASCAR-Boxencrew hatte. Violet war damals schon ein alter Hase in Sachen Vater-Tochter-Ball, aber in Harpers Augen konnte ich sehen, dass das tatsächlich etwas Besonderes für sie darstellte. Ein Moment, auf den sie sich schon ewig gefreut hatte. Und das war jede zurückgelegte Meile wert.

Schulbälle fand ich noch nie besonders prickelnd. Für mich

waren das immer peinliche Angelegenheiten gewesen, die meine lähmende Unsicherheit als nerdiges Kind verstärkten und mich stets an den simplen Umstand erinnerten, dass ich EINFACH NICHT TANZEN KANN. Das horrende Ritual, mit Freunden im Kreis zu stehen und so funky wie möglich zu sein, während »Super Freak« von Rick James aus den Lautsprechern dröhnt, hat mir ein irreparables Trauma verpasst, weshalb ich jede Tanzfläche außerhalb meiner eigenen Küche meide wie der Teufel das Weihwasser. Außerdem gab es natürlich diesen Homecoming-Ball auf einem Schiff, bei dem mittendrin und weit draußen auf dem Potomac River mit mir Schluss gemacht wurde (und keine Schwimmweste greifbar war). Und so entwickelte ich mich zum Mauerblümchen. Das hat schon eine gewisse Ironie, wenn man bedenkt, dass ich mein Leben dem Rhythmus gewidmet habe. Aber ich habe auch eine Menge Drummer tanzen gesehen, und glaubt mir, das ist kein schöner Anblick.

Als wir mit allen anderen Vätern und Töchtern am Einlass der Sportmen's Lodge standen, machte sich meine Müdigkeit bemerkbar, und zwar in Wellen der Erschöpfung, bei denen mir richtig die Knie einknickten: Hier ging's rasant abwärts. *Reiß dich zusammen!*, befahl ich mir. *Das ist ein Abend, an den sich die Mädchen ihr Leben lang erinnern werden, und du kannst nur zwei Stunden dabei sein, bevor du wieder zum Flughafen und zu deinem nächsten Zehntausend-Meilen-Trip musst.* Aber kaum sah ich ihre erwartungsvollen Gesichter, kehrte die Energie schlagartig zurück. ICH WAR ERNEUT STOLZ DARAUF, DASS SIE SICH AUF MICH VERLASSEN KONNTEN, KOMME, WAS WOLLE. ICH HAB DAS HIER IM GRIFF.

Sobald wir den Festsaal betraten, präsentierte sich uns die

gewohnte Szenerie aus Luftballons, schön eingedeckten Tischen, einem Riesenbuffet mit Nudeln und Chicken Nuggets sowie einer Tanzfläche voller kreischender Kinder. Unsere Augen strahlten wie die von Dorothy, als sie die wunderbare Welt von Oz betritt, und in einer Gruppenumarmung ließen wir unsere Blicke über das Geschehen schweifen. Was machen wir als Erstes? Essen? Tanzen? Das Zuckerwatte-Gerät stürmen?

Da ich davon ausging, dass Violet und Harper nervös waren, sagte ich: »Wie wär's, wenn wir uns einen Tisch suchen und erst mal unser Zeug ablegen?«

Ich drehte mich zu ihnen um und … sie waren verschwunden und bereits zu ihren Freundinnen gerast, um in quietschender Verzückung zu tanzen. Lächelnd sah ich, wie viel Spaß sie mit den anderen Mädchen hatten. Meine Aufgabe war hiermit erledigt, nur musste ich jetzt mit einem Raum genauso verlassener Väter Konversation betreiben, die so steif wie Wäschestärke war und sich vornehmlich um Sport drehte, wovon ich absolut keine Ahnung habe. Wenn mich meine Vaterschaft eines gelehrt hat, dann das: Auch wenn mein Leben davon abhinge, könnte ich bei einer Mannschaftsaufstellung nicht sagen, wer von den Typen nun ein Hall-of-Fame-Athlet ist. Aber um ehrlich zu sein, bin ich gern der Typ auf der Party, der sich beim Super Bowl mehr für die Halbzeitshow interessiert als für das Spiel selbst.

Ich habe mich schon immer irgendwie anders gefühlt, aber im Lauf der Zeit offenbar gelernt, das als Stärke zu betrachten. Als bei mir mit sieben Jahren eine Wirbelsäulenverkrümmung festgestellt wurde, bekam ich zur Korrektur unterschiedlich hohe Schuhe. Ich weiß noch, wie beschämend und peinlich es anfangs war, nicht so coole Sneakers wie die anderen tragen zu dürfen, aber irgendwann verwandelten sich Scham und Peinlichkeit in eine Art Kraft. Schon allein durch meine Schuhe war ich anders als der Rest, was ich irgendwann tatsächlich sehr genoss. Ich wollte gar nicht mehr so sein wie die anderen. So verkrümmt ich auch war, gefiel mir dieses Gefühl des Andersseins. Bis heute. Auch hier fühlte ich mich einmal mehr wie der Junge mit den komischen Schuhen, der versucht, sich einzufügen.

Ich behielt die Uhr im Auge, denn ich wusste, dass in meinem diabolischen Zeitplan keinerlei Spielraum vorgesehen war. Bei meinem Countdown bis zum Abschied (etwas, das mir immer schwerfällt) beschloss ich, mir am Buffet einen kleinen Caesar Salad zu holen, auch wenn ich wusste, dass mir das Zeug später vermutlich mehr liegen würde. Mein Plan war nämlich gewesen, in der Flughafenlounge etwas zu essen und ein paar Gläser Wein zu kippen, um dann in meinem Sitz ohnmächtig zu werden und den Großteil des Fünfzehn-Stunden-Flugs zu verpennen. Schließlich war ich zu diesem Zeitpunkt seit gefühlt mehreren Tagen wach, sodass sich mein Körper der Erschöpfung ergeben und bis zur Landung in Sydney in einen tiefen Winterschlaf fallen würde.

Es war Zeit. Ich suchte den Raum nach meinen beiden Mädchen ab und sah mit einem fetten Kloß im Hals, dass sie den tollsten Abend ihres Lebens hatten, mit ihren Freundinnen tanzten, kreischten und so gut wie möglich die Cha-Cha-Drehung machten. Ich zog sie kurz beiseite und erklärte im besten *Courtship of Eddie's Father*-Tonfall, dass ich jetzt aufbrechen müsse, während ich mich schon auf gewaltige Tränenausbrüche und erstickende Umarmungen gefasst machte. Aber sie zwitscherten nur: »Okay! Tschüs, Dad, und guten Flug!«, rannten schnurstracks zurück auf die Tanzfläche und ließen mich allein vor meinem halb verzehrten Caesar Salad sitzen.

Wieder musste ich nur lächeln. MEIN STOLZ WAR JETZT DER EINES VATERS, DER SIEHT, DASS SEINE TÖCHTER IHRE UNABHÄNGIGKEIT ENTDECKEN, ALSO NICHT MEHR AM ROCKZIPFEL DER ELTERN HÄNGEN, SONDERN AUSSERHALB DER GEMEINSAM ERSCHAFFENEN WELT IHRE EIGENE FINDEN. Die Trennungsangst war ganz allein meine. Ich schnappte meine Jacke, flitzte los Richtung Flughafen und überließ es ihrer Mutter, diesen wichtigen Abend mit ihnen zu beenden.

In der Flughafenlounge ließ ich bei einer schnellen Flasche Shiraz die letzten vierundzwanzig Stunden Revue passieren und stieß auf ein paar Momente, die ich mein Leben lang nicht vergessen würde. Das Betreten meines Hauses, die präzisen Vorbereitungen, die verschwitzten Hände, das Anstecken der Sträußchen an ihre eleganten Kleider, ihre Gesichter im Licht der Tanzfläche, die Berge aus Butternudeln und gedämpftem Brokkoli … Jetzt musste ich es nur noch bis zum Gate schaffen, dann war diese Mission Impossible nur noch eine Erinnerung. Eine, die hoffentlich auch Violet und Harper für immer bewahren würden.

Gus und ich bestiegen den Flieger, dann fläzte ich meine müden Knochen in den geräumigen Sitz und wurde noch vor dem Start in meinem perfekten Rotwein-Nebel ohnmächtig. Mission verdammt noch mal erfüllt.

Turbulenzen. Nicht solche, die sich wie ein Massagesessel in der Mall anfühlen. Nein, solche, die sich wie ein Erdbeben der Stärke Neun anfühlen, dich wie eine Feder im Wind (danke, Robert Plant) in alle Richtungen schleudern und nicht nur deine Organe durcheinanderwirbeln, sondern dir auch Todesangst einjagen. *Ist gleich vorbei*, sagte ich mir. *Ich hab's im Griff.*

Gut zwanzig Minuten später spürte ich einen Schmerz in der Magengegend, der nur so beschrieben werden kann: Es war, als hätte jemand ein Messer genommen und mir seine Initialen in die Eingeweide geritzt, so wie das Liebespaare mit Parkbänken und alten Eichen machen. Das war nicht mehr normal. Das war keine Reisekrankheit. Das hier war eine Lebensmittelvergiftung.

Während das Flugzeug mit Wucht vor und zurück schlingerte, wurde mir bewusst, dass ich die nächsten dreizehn Stunden lang in dieser Aluminiumröhre eingesperrt war. Zudem sorgte jede schnelle Bewegung dafür, dass ich, sagen wir, explodieren wollte. Mit kaltem Schweiß auf der Stirn fixierte ich die Leuchte für den Sicherheitsgurt und betete, sie würde endlich verlöschen, damit ich zur Toilette rennen und mich von diesen Giften befreien könnte. Doch die Turbulenzen wollten einfach kein Ende nehmen.

Eine Lebensmittelvergiftung ist für einen Musiker auf Tour der absolute Albtraum. Bei einer Erkältung trinkst du heißen Tee. Bei einer Grippe wirfst du Medikamente ein. Bei einer Lebensmittelvergiftung bist du aber zu hundert Prozent gefickt. Du kannst deinen Körper nicht daran hindern, das zu tun, wofür er genetisch programmiert ist: das ganze Gift rauskotzen und rausscheißen. Nur dass ich natürlich noch das größere Problem habe, dass mein Körper gar nicht kotzen *kann*. Seit ich zwölf war, ist mir das nur dreimal gelungen: mit vierzehn, als bei einer Bier-Party David Bowies »Space Oddity« lief (nichts ist schlimmer, als schales Billigbräu hochzuwürgen), dann 1997 nach einem schlechten Stück Pizza von einem Straßenverkäufer in Hollywood (hielt ich damals für eine gute Idee) und einmal 2011 nach einem Soundgarden-Konzert im Los Angeles Forum (aber glaubt mir, das lag nicht an der

Musik). Deshalb besteht bei mir jeder Kampf gegen die Übelkeit vor allem aus dem Überzeugungsprozess, dass ich's im Griff habe. Nur ist das natürlich die Hölle für mich.

Als irgendwann tatsächlich die Leuchte ausging, schoss ich zur Toilette, verriegelte die Tür und beugte mich über das Waschbecken, in dem Bemühen, mich zu entspannen und der Natur ihren Lauf zu lassen. Die Minuten vergingen, und mir wurde immer klarer, dass nicht nur dieser Versuch, meine inneren Dämonen loszuwerden, komplett vergeblich war, sondern die »Überziehung der erwünschten Aufenthaltszeit« in dieser Mini-Kabine allen Passagieren und Flugbegleitern wohl ziemlich verdächtig vorkommen musste. Nach einer gehörigen Anstrengung wankte ich zurück zu meinem Sitz und bekam Schüttelfrost. Ich sah auf die Uhr: noch zwölf Stunden.

Der restliche Flug war der reinste Albtraum. Mehrere Trips zur Toilette, allesamt vergeblich, dann zurück an meinen Platz für eine weitere Runde krampfartiger Kälte- und Fieberschauer. Keine Sekunde Schlaf. Keine Sekunde Ruhe. Nur ein endloses Worst-Case-Szenario, das zu keinem ungünstigeren Zeitpunkt hätte kommen können, denn schließlich musste ich gleich nach der Landung in Perth zum Soundcheck für den Gig. Das hier war eine Prüfung, dachte ich. Eine Prüfung des Willens, der Hingabe und des uralten Leitsatzes: »Du tust, was du tun musst, um zum Gig zu kommen.«

Damals war Ebola gerade ein großes Thema. Diese furchtbare Krankheit sandte Schockwellen der Angst um den Globus, und im internationalen Reiseverkehr gab es jede Menge Vorsichtsmaßnahmen, bei denen alle Passagiere auf die eine oder andere Art durchgecheckt wurden. Beim Anflug auf Sydney musste ich also nicht nur das übliche Zoll- und Einreiseformular ausfüllen, sondern auch einen Fragebogen zu Ebola.

Ein simples Ja-oder-Nein-Formular mit einer Liste von Symptomen, die anzeigten, dass man möglicherweise an dieser Krankheit litt. Entsetzt las ich mir die Liste durch: Übelkeit. Durchfall. Fieber. Schüttelfrost … Ein Punkt nach dem anderen traf auf mich zu. Vor meinem geistigen Auge sah ich bereits, wie ich am Flughafen in einen Raum voller tatsächlich an Ebola erkrankter Menschen gebracht wurde, wo ich mich dann anstecken und irgendwann einsam und verlassen im Land *down under* sterben würde. Ich richtete mich auf, setzte mein bestes Pokergesicht auf und versuchte, meine Übelkeit durch Willenskraft zu vertreiben.

Komplett geschwächt stand ich nach der Landung auf und flüsterte Gus zu: »Dude, ich hab ’ne Lebensmittelvergiftung.«

Mit aufgerissenen Augen sah er mich an, während vor uns die Luke aufging. Vor uns lag noch ein weiterer Fünf-Stunden-Flug nach Perth. Die Sache war keineswegs vorbei, sondern fing gerade erst an. Gus holte sein Telefon heraus und begann beim Marsch zur Gepäckausgabe wie gewohnt, auch aus dieser katastrophalen Situation einen Ausweg zu suchen. Unser Masterplan war gescheitert, alles war wieder offen, und das Ganze wurde jetzt zu einer Rock ’n’ Roll-Version von *The Amazing Race**. Was anfangs wie ein idiotisches Abenteuer gewirkt hatte, entwickelte sich zu einem Kampf ums nackte Überleben. Und alles im Namen des Vaters.

Als wir in den Flieger nach Perth stiegen, hatte Gus bereits einen Arzt organisiert und für die Ankunft in mein Hotel bestellt. Zum Glück sah es so aus, als sei das Schlimmste überstanden. Jetzt ging es darum, Tee und ein wenig Toast bei mir

---

* Amerikanische Reality-Serie, bei der Paare etwas um die Wette machen müssen (Anm. d. Ü.).

zu behalten und zu hoffen, dass mir dies wenigstens einen Teil der Energie zurückbringen würde, die ich für zweieinhalb Stunden Rumschreien beim Rockkonzert brauchte. Völlig unmöglich, dachte ich, aber ein Zurück gab es ebenso wenig. Die Bühne war vorbereitet, die Verstärker brummten, und Tausende Hardcore-Fans der Foos bereiteten sich auf den geilsten Abend ihres Lebens vor.

Der Arzt kam in mein Zimmer, sah auf die Uhr und erklärte mir präzise, wie die kurze Zeit vor Beginn der Show auszusehen hätte. »Nehmen Sie diese Tablette, ich verpasse Ihnen einen Liter Flüssigkeit, außerdem will ich, dass Sie sich eine Stunde lang hinlegen.« Also warf ich die Durchfalltablette ein, sah zu, wie der Inhalt des Infusionsbeutels in meine Vene tröpfelte (wo geht das eigentlich hin?), und knallte meinen Kopf wie eine Tonne Backsteine aufs Kissen. *Alles im Griff*, dachte ich wieder mal.

Backstage begrüßten mich meine Bandmitglieder mit Staunen und Begeisterung. Man hatte ihnen mitgeteilt, dass ich nicht so ganz auf der Höhe sei, deshalb redeten wir auch gleich über mögliche Änderungen in der Setlist und zudem über einen Notfallplan, falls ich die Bühne wie GG Allin mit einer Schlammpfütze bedecken würde. Meine gewohnte Konzertvorbereitung, die darin bestand, auf der Stelle zu hüpfen und bei ein paar Cocktails mit den Jungs zu lachen, wurde darauf reduziert, mit einer halben Banane in der Hand auf der Couch zu sitzen und die Kräfte zu sammeln, die ich für fünfundzwanzig gebrüllte Songs in der Sommerhitze benötigte. *Das wird irgendwie nichts*, dachte ich. Ich sah rüber zum Minikühlschrank und entdeckte darin hinter Gatorade und Kokoswasser ein Guinness. »Aber hallo …«, sagte ich. Dann riss ich diesen Schlingel auf, flößte mir den Inhalt ein und rannte raus auf die

Bühne. Hey, wenn das sogar stillenden Müttern in Irland hilft …

Was ein karriereprägendes Zugunglück epischen Ausmaßes hätte werden können, entwickelte sich zu einem triumphalen Abend voller ohrenbetäubender Mitsing-Chöre, der in einer fröhlichen Tour-Abschlussfeier mündete. Die sechsunddreißig Stunden, die diesem Konzert vorausgegangen waren, befeuerten nicht nur meinen Körper, sondern auch meine Seele und riefen mir all das in Erinnerung, wofür ich im Leben dankbar bin: meine Familie; meine Freunde; meine Musik. Das Leben selbst hatte mich geheilt, und nach dem Gig kam ich nicht kaputt ins Hotel zurück, sondern noch stärker als vorher – und dazu mit einer weiteren unglaublichen Australientour im Sack.

Am nächsten Morgen wachte ich auf, aß etwas und fuhr gleich wieder zum Flughafen, um den zweiundzwanzigstündigen Heimweg anzutreten. Mission verdammt noch mal erfüllt. Alles im Griff.

Während ich ein weiteres Mal den Planeten umrundete, dachte ich über diesen wilden Liebesbeweis für meine Kinder nach. Dabei kam mir die Beziehung zu meinem eigenen Vater in den Sinn, und ich stellte mir die Frage, ob er dasselbe auch für mich getan hätte. Hätte *er* Himmel und Erde in Bewegung gesetzt, um an einem derart wichtigen Tag bei mir sein zu können? Eher zweifelhaft, dachte ich. Vielleicht bin ich ja als Vater so übertrieben liebevoll, weil mein eigener es nicht sein konnte.

Es ist meine feste Überzeugung, dass man seine Vorstellung oder »Version« der Liebe anhand eines Vorbildes lernt. Für den Rest deines Lebens bleibt das dein Leitbild, im Guten wie im Schlechten. Das ist die Basis, auf der man alle wichtigen Beziehungen errichtet. Für mein Leitbild schulde ich definitiv meiner Mutter Dank. ICH LIEBE MEINE KINDER SO, WIE ICH SELBST ALS KIND GELIEBT WURDE, UND BETE DARUM, DASS SIE ES GENAUSO MACHEN, WENN SIE SICH IRGENDWANN SELBST IN DIESER SITUATION BEFINDEN. MANCHE KREISLÄUFE MÜSSEN DURCHBROCHEN WERDEN. ANDERE SOLLTE MAN VERSTÄRKEN.

Als ich Harper Jahre später einmal zur Schule brachte, fragte sie: »Dad, was ist der längste Flug, den du jemals gemacht hast?«

Ich lächelte und sagte: »Na ja … Weißt du noch, wie ich damals heimgekommen bin und dich zu diesem Vater-Tochter-Ball begleitet habe?«

Sie nickte.

»Das waren rund zwanzig Stunden in der Luft«, meinte ich.

Sie sah mich an, als hätte ich nicht alle Tassen im Schrank. »Zwanzig Stunden??? Das hättest du doch nicht machen müssen!!!«

Wir grinsten uns an, aber kurz darauf drehte sie sich erneut zu mir und sagte: »Wobei … Doch, das musstest du.«

# DIE WEISHEIT VON VIOLET

»Sitzt du gerade?«

Die Stimme von John Silva, permanent heiser durch jahrzehntelanges Herumkommandieren in seinem zugemüllten Hollywood-Büro, hätte in diesem Moment nicht klarer sein können. Schließlich sind das drei Worte, die niemand am Beginn eines Telefonats hören will, schon gar nicht von einem Mann, der für deine Karriere verantwortlich ist.

»Ja … Warum? Was ist los?«, sagte ich schnell und machte mich schon aufs Schlimmste gefasst, während durch jede Ader meines Körpers Schockwellen der Angst und Besorgnis schwappten.

»Die Acadamy Awards haben angerufen. Sie wollen, dass du bei der diesjährigen Oscar-Verleihung ›Blackbird‹ singst. Solo.«

Mir blieb die Luft weg, während ich mir vorstellte, wie sich alle Augen und Kameras auf mich richteten und ich allein mit einer Akustikgitarre dastand, live im Fernsehen vor vierunddreißig Millionen Zuschauern. Obwohl ich gerade in der Jogginghose in meinem Wohnzimmer saß und die Veranstaltung noch Wochen entfernt war, bekam ich auf der Stelle Lampenfieber. Etwas Schlimmeres konnte ich mir gar nicht vorstellen, deshalb brachte ich auch nicht mehr heraus als ein leises »Holy shit!«.

Der Song war mir natürlich nicht unbekannt. Er hatte sich seit frühester Kindheit in mein Gedächtnis gebrannt, bis ich dann irgendwann sogar Paul McCartneys kniffliges Fingerpicking lernte und dazu diese zeitlose Melodie singen konnte. Nur ist es natürlich *eine* Sache, mit einem derart schwierigen Song auf deiner heimatlichen Couch zu brillieren. Etwas anderes ist es, ihn zu bewältigen, während der GESAMTE BESCHISSENE PLANET ZUSCHAUT (gar nicht zu reden von Jennifer Lawrence und Sylvester Stallone).

Während mir der Telefonhörer quasi aus der schweißnassen Hand flutschte, krächzte ich: »Moment mal … wieso eigentlich?« Die Sache wollte mir nicht einleuchten. Bei der Band gab es gerade einen Hiatus (oder wie wir zu der Pause sagten: »I hate us«), und für einen Oscar war ich sicher auch nicht nominiert, also warum zum Teufel sollten sie mich anrufen?

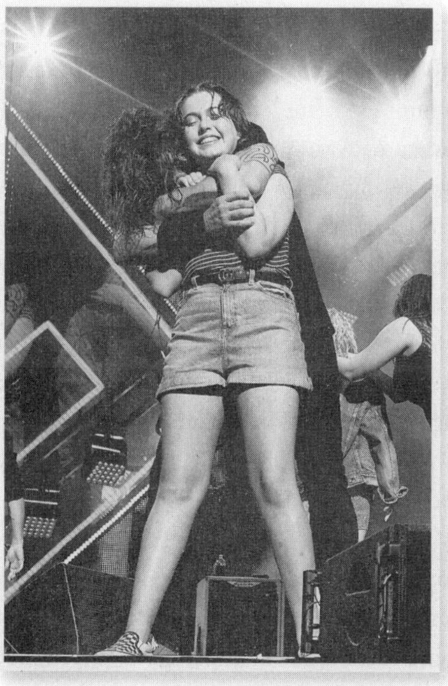

»Sie wollen dich als musikalischen Beitrag zum ›In Memoriam‹-Segment«, antwortete Silva.

*Nicht gerade der fröhlichste Anlass*, dachte ich, aber da ich noch nie vor einer Herausforderung zurückgeschreckt bin, sagte ich: »Ich schlaf mal eine Nacht drüber und melde mich morgen.«

Ich legte auf und saß still da, während ich im Kopf alle Gründe abklapperte, um das Angebot entweder anzunehmen oder doch lieber höflich abzulehnen. Die Einladung, zum Gedenken der in diesem Jahr verstorbenen Filmschaffenden zu spielen, war eine gewaltige Ehre, aber … ich war mir nicht sicher, ob ich das wirklich hinkriegen würde. Vor allem hatte ich aber Angst. »Blackbird« ist allein schon kein Abendspaziergang, und ein Auftritt bei den Oscars ist etwas völlig anderes als einer vor einem Stadion voller Foos-Fans.

Glücklicherweise hatte ich den Songs bereits performt, wenn auch für ein komplett anderes Publikum: ein Jahr zuvor beim Student Entertainment Day von Violets dritter Grundschulklasse.

Dieser Event, der nicht mehr als Talentshow bezeichnet wurde, um der neuen Generation von Kindern nicht durch so etwas wie Konkurrenzdenken lebenslange psychologische Schäden zuzufügen (hier bitte übertriebenes Augenrollen einfügen), bestand aus einer endlosen Abfolge von Auftritten, bei denen Schüler etwas auf dem Klavier vorspielten oder zu ausgetüftelten Choreografien Katy-Perry-Songs lip-syncten, während unten eine Turnhalle voller Helikoptereltern in Lululemon-Activewear Verzückungsschreie ausstieß.

Als die Veranstaltung damals angekündigt wurde, kam Violet heimgerast und fragte aufgeregt, ob sie vielleicht mit einigen ihrer besten Freundinnen »Sgt. Pepper's Lonely Hearts Club

Band« spielen könnte. Das war für ihre Verhältnisse keine ungewöhnliche Wahl, denn ich hatte mich inständig bemüht, sie schon ganz früh einer Gehirnwäsche mit dem Beatles-Gesamtwerk zu unterziehen, um ein gewisses musikalisches Fundament zu legen, bevor sie sich dann Leuten wie Cardi B und Iggy Azalea zuwenden würde. Ihrer Begeisterung war anzumerken, dass sie hier die große Chance witterte, ihr definitiv vorhandenes Talent endlich der Öffentlichkeit zu präsentieren. Das hatte ich schon kommen sehen, seit sie in ihrem Kindersitz bei den langen Fahrten durchs Fernando Valley Amy-Winehouse-Nummern mitsang. Zur Glättung der Wogen wurden ein paar Telefonate geführt, aber leider fragten alle aus der geplanten Girl-Group: »Sgt. wer?«

Violet war am Boden zerstört, weil ihre Freundinnen nicht mit ihr auftreten wollten. Als wir zusammen auf der Couch saßen und ich die Tränen in ihrem kleinen Engelsgesicht sah, meldete sich der beschützende Vater in mir. »Hey, was hältst du davon, wenn wir beide stattdessen ›Blackbird‹ machen? Ich spiel Gitarre und du singst!«

Sie sah mich an und wischte sich die Tränen aus dem Gesicht, während ihre Miene sich schlagartig aufhellte und sie begeistert lächelnd nickte. Ich holte schnell meine Gitarre, pflanzte mich vor sie hin und fing an, den Song zu spielen. Ohne dass wir es je zuvor geprobt hatten, setzte sie an der richtigen Stelle mit dem exakt richtigen Ton ein, und schon beim ersten Versuch spielten wir die Nummer fehlerfrei durch. Ein irres Erlebnis. Eigentlich müsste ich sagen, dass ich überrascht war, nur war ich das nicht. Ich wusste, dass sie es draufhatte. Aber … hatte ich es? Wir klatschten uns ab und entwickelten einen Plan: Wir würden jeden Morgen vor der Schule und jeden Abend vor dem Schlafengehen proben, um sicherzustellen, dass wir beim Auftritt mehr als nur bereit waren.

*Saturday Night Live*, Wembley-Stadion, Weißes Haus – jeder dieser Monumentalgigs war ein Highlight meiner Karriere, aber der Schiss, den ich jedes Mal gehabt hatte, war nichts gegen die Nervosität vor dieser Veranstaltung. Es trug keineswegs zu meiner Beruhigung bei, dass es nur eine Turnhalle voller Eltern sein würde, die ihren gekühlten Magermilch-Latte tranken und nebenher mit ihren Handys rumdaddelten. Ich machte das nur für Violet, und es war extrem wichtig, dass dieser Auftritt gut über die Bühne ging. Deshalb bereitete ich mich in jeder freien Minute darauf vor, ihr eine fehlerlose Begleitung liefern zu können, und perfektionierte das wunderschöne Gitarren-Arrangement, bis ich Blasen an den Fingern hatte. DAS IST DER WICHTIGSTE GIG MEINES LEBENS, DACHTE ICH.

Proper angezogen und gut vorbereitet, kamen wir am Vormittag des Events zum Soundcheck. Ich bat um einen Stuhl, um im Sitzen spielen zu können. Violet bat um einen Notenständer für den unwahrscheinlichen Fall, dass sie doch auf ihren Text zurückgreifen müsste. Wir stellten die Lautstärke von Gitarre und Mikro ein und warteten nervös darauf, dass sich die Halle füllte. Violet war schon von Anfang an hier an der Schule und kannte deshalb fast jeden. Und fast jeder kannte sie, auch wenn ihre wunderschöne Stimme bislang ein gut gehütetes Geheimnis geblieben war, das vor diesem ahnungslosen Publikum gleich gelüftet werden sollte.

Nach ein paar echt süßen Auftritten wurden unsere Namen aufgerufen, und unter tosenden Anfeuerungen gingen wir auf die Bühne. Wir nahmen unsere Plätze ein und machten uns startklar, dann sah ich – begleitet von entsetzlicher Stille, in der man eine Stecknadel hätte fallen hören können – zu ihr rüber und fragte: »Fertig, Süße?«

Vor Nervosität ganz versteinert, nickte sie, worauf ich mit dem lieblichen Gitarren-Intro anfing und mir noch einmal in Erinnerung rief, dass dies fraglos der wichtigste Auftritt meines Lebens war – und ihres Lebens gleich mit. Wie gewohnt setzte sie an der richtigen Stelle mit dem exakt richtigen Ton ein, und ich konnte sehen, wie dem gesamten Publikum die Klappe runterfiel. Ihre unschuldige, kristallklare Stimme kam satt aus den Lautsprechern und versetzte die ganze Turnhalle in Staunen. Ich konnte nur lächeln, denn ich wusste, dass endlich alle *die* Violet erlebten, die ich schon längst kannte. Als der letzte Akkord verklang, bekamen wir donnernden Applaus und eine richtige Standing Ovation. Wir verbeugten uns, klatschten uns ab und überließen die Bühne dem nächsten Act. »Du warst der Hammer, Schatz!«, sagte ich und nahm sie fest in die Arme.

Ich war unglaublich stolz. Nicht nur auf ihr musikalisches Können, sondern mehr noch auf ihren Mut.

Mut ist ein entscheidender Faktor im Leben von Künstlern. Der Mut, deine innersten Gefühle zu offenbaren, deine wahre Stimme bloßzulegen und dann vor ein Publikum zu treten, um der Welt all das zu zeigen. Doch die emotionale Verwundbarkeit, die für einen großen Song oft nötig ist, kann durchaus auch gegen dich arbeiten, sobald du ihn der Welt präsentierst. Darin besteht der lähmende Konflikt, in dem sich jeder sensible Künstler befindet. Auch ich kenne das von jedem einzelnen meiner Songtexte, den ich jemals anderen als nur mir selbst vorgesungen habe. *Wird es ihnen gefallen? Bin ich gut genug?* Um diese paradoxen Gefühle in Einklang zu bringen, brauchst du den Mut, du selbst zu sein. Und wenn das klappt, kann das Ergebnis pure Magie sein.

Nach der Anfrage für die Academy Awards wartete ich darauf, dass Violet von der Schule kam und ich ihr die Neuigkeiten berichten konnte. Ich hatte hin und her überlegt, mich aber dazu entschlossen, das Angebot abzulehnen. Denn wie ich mir einredete, *musste* ich ja gar nicht bei den Oscars auftreten, außerdem würde ich die Sache ohnehin verbocken. Trotzdem wollte ich meiner Tochter von dieser absurden Geschichte erzählen. Kaum stürmte sie also mit ihrem Schulranzen zur Tür herein, sagte ich aufgeregt: »Rat mal, was für ein Angebot ich heute bekommen habe!«

»Was denn für eins?«, fragte sie.

»Ich soll bei der Oscarverleihung ›Blackbird‹ spielen!«

Sie sah mir in die Augen und meinte: »Und? Das machst du, oder? Ich meine … beim Student Entertainment Day hast du's ja auch gespielt!«

Der Fehdehandschuh war hingeworfen. Schlagartig merkte ich, dass ich *sehr wohl* bei den Oscars auftreten musste. Als ihr Vater musste ich ihr jetzt beweisen, dass ich denselben Mut aufbrachte, den sie in dieser Turnhalle an den Tag gelegt hatte, egal wie ängstlich ich war. WOBEI ICH NICHT NUR IHR BEWEISEN MUSSTE, DASS ICH DAS KONNTE, SONDERN VOR ALLEM MIR SELBST.

Ich rief John Silva an, akzeptierte das Angebot und begann mit den Vorbereitungen für den gewaltigsten Auftritt meines Lebens.

Wie man mir sagte, würde ich den Song mit einem Begleitorchester spielen, während hinter mir eine Abfolge von Bildern zu sehen sein sollte. Doch die Sache hatte einen Haken: Man hatte den Song komplett neu arrangiert, damit er zu der Foto-Sequenz passte, und sie würden das Orchester aus einem Studio um die Ecke zuschalten. Ich würde also allein auf der

Bühne stehen und all diesen wilden Tempowechseln ohne Dirigent folgen müssen. Darum sollte ich einen »Click-Track« auf meinen In-Ear-Monitor bekommen, der die Funktion eines Metronoms übernahm. Kein Problem, oder?

Fun Fact: Ich habe noch niemals mit In-Ear gespielt (das sind so Mini-Kopfhörer im Ohr, über die man sich auf der Bühne selbst hören kann und die im Lauf der Jahre Standard geworden sind), sondern bevorzuge bis heute die Old-School-Bodenmonitore, die wie abgewichste Lautsprecher aussehen und dir bei jedem Kick der Bassdrum die Haare nach hinten blasen. Ich stand also vor einem Problem. Wie sollte ich das ohne Dirigent und Click-Track schaffen?

Schließlich gab ich nach und erklärte mich widerwillig bereit, erstmals im Leben so einen In-Ear-Monitor zu benutzen – es sahen ja auch nur vierunddreißig Millionen Leute zu. *Wo bin ich da bloß reingeraten?*, dachte ich. Ich beschloss, im Fall eines katastrophalen Zwischenfalls einfach in der ersten Reihe Jennifer Lawrence zu suchen und ihr so gut wie möglich ein Ständchen zu bringen. Zur Not auch Sylvester Stallone.

Im Vergleich zu anderen Preisverleihungen sind die Academy Awards eine Next-Level-Angelegenheit. Allein um dein Instrument anzuschließen, musst du Pentagon-taugliche Sicherheitsvorkehrungen beachten, und der Prozess des »Anziehens« stammt direkt aus *Cinderella*. Nicht mein Ding. Normalerweise latsche ich zu offiziellen Anlässen, nachdem ich ein paar Drinks genommen habe, dazu trage ich ein Jackett, das sowohl bei einem Begräbnis als auch einer Gerichtsverhandlung akzeptabel wäre. Aber das hier war anders. Ich erhielt einen Termin bei einer Boutique in Beverley Hills, um dort den perfekten Anzug zu bekommen. Ich war definitiv nicht in meinem Element.

Als ich vor all diesen Kleiderständern stand, hatte ich keinen blassen Schimmer, wo ich anfangen sollte. Jeder, der mich kennt, weiß, dass ich der unmodischste Mensch auf der ganzen Welt bin; im Grunde ziehe ich mich immer noch so an wie in der neunten Klasse: Vans, Jeans, Band-T-Shirt. Darum wurde mir eine Beraterin zugeteilt, die mir beim Aussuchen und Anprobieren des perfekten Anzugs helfen sollte: eine junge, stilvoll gekleidete Frau mit blondem Haar, blauen Augen und dem schönen Namen Kelsey. »Wir kennen uns«, sagte sie.

Ich sah sie mir an, aber obwohl mir das Gesicht irgendwie bekannt vorkam, konnte ich sie nicht richtig einordnen.

»Ich war das kleine Mädchen in dem Nirvana-Video zu ›Heart-Shaped Box‹ …«

Schweigen. Dann erkannte ich diese großen blauen Augen. Sie war's tatsächlich.

Nicht. Zu. Fassen. DAS UNIVERSUM MACHTE HIER ÜBERSTUNDEN.

Dieses Video, das wir dreiundzwanzig Jahre vorher unter der Regie des legendären Fotografen Anton Corbijn gedreht hatten, war eine surrealistische Collage aus Geburt, Tod, Anatomie und Chaos, die Reise in eine Fantasiewelt mit einem alten Mann, der wie Jesus am Kreuz hing. Mittendrin stand ein kleines Mädchen mit weißem Kapuzenumhang und riesigen traurigen Augen, vielleicht als Symbol der Unschuld, die wir mit Nirvana durch den traumatisierenden Megaerfolg verloren hatten. Und jetzt standen wir beide hier in dieser Ankleide und kümmerten uns um die Aufschläge der Hose, die ich in einem Saal voller Filmstars tragen sollte, während ich einen Beatles-Song vortrug. Zu viel Ironie?

Je näher der Termin rückte, desto nervöser wurde ich. In der Woche davor traf ich Paul McCartney zum Abendessen und erzählte ihm von meinem bevorstehenden Auftritt.

»Was für einen Song spielst du?«, fragte er mich.

»›Blackbird‹«, meinte ich nervös.

»Ganz schön frech«, sagte er mit breitem Grinsen und hob drohend den Finger. Witzigerweise erhöhte das den Druck, denn jetzt gab es *noch* einen Grund, die Sache nicht zu verkacken.

Immer wieder rief ich mir in Erinnerung, wie Violet da auf der Bühne gestanden und sich selbst den Mut bewiesen hatte, ihre innersten Gefühle zu offenbaren, ihre wahre Stimme bloßzulegen und dann vor ein Publikum zu treten, um der Welt all das zu zeigen. Ihre Tapferkeit inspirierte mich so sehr, dass ich meine eigene wiederfand und diesen Auftritt insgeheim *ihr* widmete.

An alle, die gern mal bei den Oscars dabei wären: Glaubt mir, die Sache ist daheim im Wohnzimmer bei etwas Spinat-Dip und einem kühlen Coors Light angenehmer. Ich selbst applaudiere jedem, der sein Leben den Künsten widmet, aber lieber Gott, das hier fühlte sich an wie die längste katholische Messe aller Zeiten, nur ohne die Cracker und Cabernet-Schlückchen. Und mein Auftritt war erst gegen Ende geplant, weshalb ich immer *noch* nervöser wurde. Es vergingen Stunden. Tage. Wochen. Nach einer gefühlten Ewigkeit kam dann das Signal, hinter die Bühne zu gehen und mich vorzubereiten.

Als ich in einer Werbepause zu meinem Stuhl in der Bühnenmitte ging, ließ ich den Blick über die erste Reihe streifen, wo bisher Jennifer Lawrence und Sylvester Stallone gesessen hatten, und suchte ihre Gesichter für den Fall, dass ich Scheiße baute und mein Auftritt ins Verderben entgleiste. Doch sie waren nirgends zu entdecken. Stattdessen saßen da irgendwelche Lückenfüller, die mich verwirrt ansahen und ganz klar Lady Gaga erwarteten.

»Noch eine Minute!«, knarzte ein Regisseur über die PA. Ich pulte mir den kleinen Monitorstecker ins Ohr, justierte das Mikrofon, holte tief Luft und schloss die Augen.

Ich sah Violet vor mir. Ich sah ihre ersten Schritte als Baby. Ich sah ihren ersten Schultag und wie sie mir von fern noch einmal zum Abschied winkte. Ich sah, wie sie das erste Mal mit dem Fahrrad fuhr, ohne die Hilfe ihres liebenden Vaters zu benötigen. Und ich sah, wie sie auf der Bühne dieser Schulturnhalle stand und »Blackbird« sang. ICH SPÜRTE IHREN MUT UND FAND MEINEN EIGENEN WIEDER. Schade, dass Jennifer und Sly das verpasst haben.

# SCHLUSS

## EIN WEITERER SCHRITT AUF DEM FUSSGÄNGER-ÜBERWEG

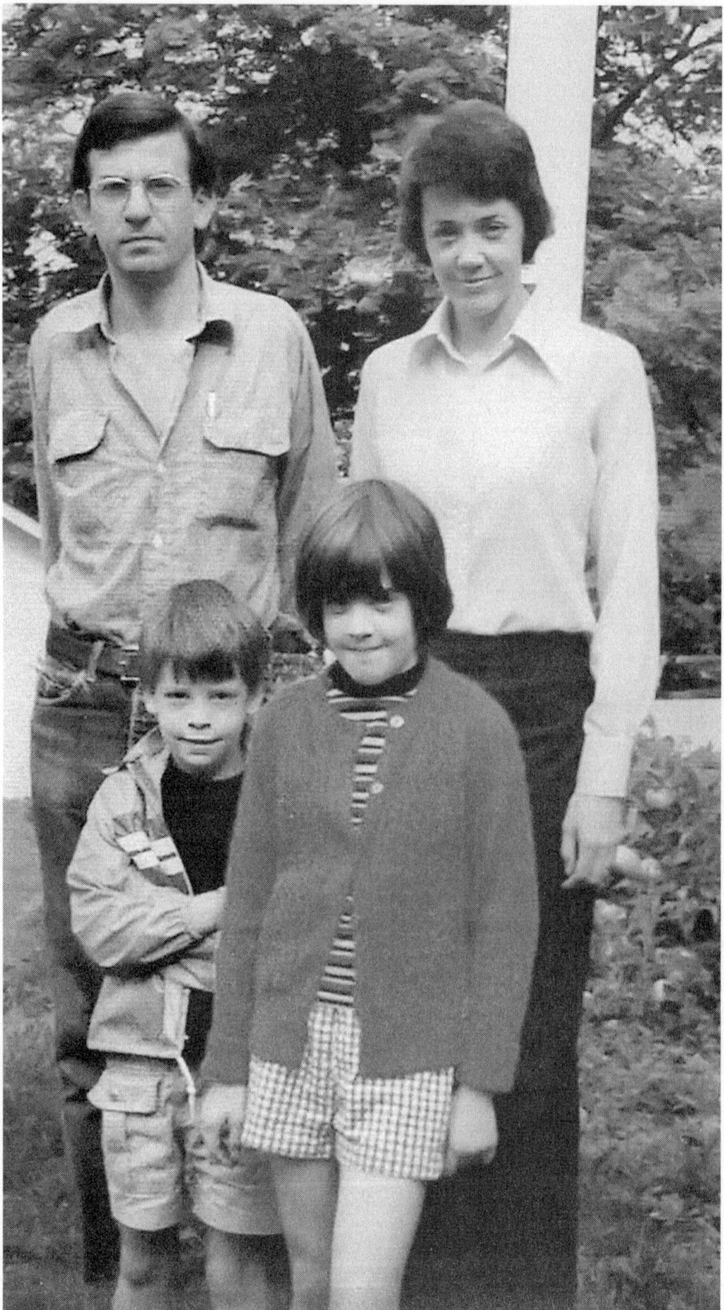

»Alles okay, Kumpel?«

Ich saß vornübergebeugt auf meinem Stuhl und nickte Chris zu, während ich weiterhin mein Gesicht in einem dreckigen Backstage-Handtuch verbarg und weinte. In der betretenen Stille unserer Garderobe war mein abgedämpftes Schniefen das einzige Geräusch. Alle anderen öffneten nur verschwitzt ihre Koffer, um sich nach dem dreistündigen Konzert, das wir gerade hinter uns hatten, endlich umzuziehen. Nach zwanzig gemeinsamen Jahren als Band war dies das erste Mal, dass Pat, Nate, Taylor, Chris und Rami sahen, wie ich, ihr furchtloser Bandleader, komplett zusammenbrach. Aber ich konnte es einfach nicht mehr zurückhalten, sondern musste es rauslassen. In einem kathartischen Moment schien jedes Gefühl, das ich in den letzten vierzig Jahren unterdrückt hatte, an die Oberfläche zu steigen, meine inneren Dämme zu durchbrechen und jetzt auf den Betonboden vor mir zu schwappen.

Es lag nicht daran, dass ich nur mit Krücken laufen konnte und trotzdem die anstrengende Tour fortsetzte, bei der ich jeden Abend auf einen Sessel gehievt und nach dem Konzert wie ein Bühnenrequisit wieder weggeräumt werden musste. Es lag auch nicht an den Schmerzen, die mir die scharfen Titanschrauben in meinen durchbohrten Knochen verursachten, was mich für immer an meine Verwundbarkeit und Zerbrechlichkeit erinnern wird. Und es lag auch nicht daran, dass ich diese starke Sehnsucht nach meiner Familie hatte, die mir immer, wenn wir wochenlang getrennt sind, das Herz bricht, verstärkt durch die Trennungsangst, die mir mein Vater hinterlassen hat.

Nein, es lag an etwas ganz anderem.

Nämlich an der Tatsache, dass ich soeben vor vierzigtausend Zuschauern eine ausverkaufte Show im Wrigley Field von Chicago gespielt hatte – direkt gegenüber vom Cubby Bear, dem winzigen Club, in dem ich mit dreizehn mein erstes Konzert erlebt hatte. Ein Konzert, das mich dazu inspirierte, mein Leben dem Rock 'n' Roll zu widmen.

Ich war schon in doppelt so großen Stadien aufgetreten, in denen ich Ozeane aus Fans in einen Refrain nach dem anderen dirigierte und wir uns stundenlang in verzückter Harmonie vereinigten. Also war es nicht die immense Größe der Location, die mich an diesem Abend in Tränen ausbrechen ließ. Grund dafür war vielmehr, dass das Wrigley Field nur einen Fußgängerüberweg von der schwach beleuchteten Eckkneipe entfernt liegt, in der einst verschlungene Körper zu Feedback und krachenden Drums getanzt hatten und in der ich damals meine Morgenröte erlebte. Jener Sommerabend im Jahr 1982, als mich meine Cousine Tracey zum Konzert von Naked Raygun mitnahm, war meine Taufe: In jenem Moment wurde ich mit der verzerrten Herrlichkeit der Musik übergossen. Von dem Tag an war ich ein anderer Mensch, erstarkt durch die Offenbarung, die ich erfuhr, als mein zarter Oberkörper gegen die Minibühne geschleudert wurde und ich die rohe Energie des Rock 'n' Roll von Angesicht zu Angesicht erlebte. Endlich hatte ich meine Nische, meinen Stamm, meine Berufung entdeckt.

Das war mein großes Erweckungserlebnis, und Träume blieben nicht länger Träume, sondern wurden zu meiner Wünschelrute. Ich war ein idealistischer Außenseiter, erstarkt durch die Kühnheit des Glaubens und die kompromisslose Entschlossenheit, es auf meine Art zu machen. Der Punkrock wurde mein Lehrer in einer Schule ohne Regeln, und seine Lektion bestand darin, dass man keine Lektionen braucht und jeder Mensch eine Stimme hat, die gehört werden muss, ganz egal wie sie klingt. Auf diesem Grundsatz habe ich ein ganzes Leben aufgebaut, und mit ewiger Überzeugung bin ich ihm seither blindlings gefolgt.

An jenem Abend betrat ich erstmals diesen Fußgängerüberweg, und von da an gab es kein Zurück mehr.

Als die Band jetzt nach und nach aus der Garderobe verschwand, blieb ich allein auf meinem Stuhl zurück und setzte langsam die Teile dieses lebenslangen Puzzles zusammen. Ich dachte an die langen Fahrten, die meine Mutter und ich in unserem alten 1976er Ford Maverick machten und bei denen wir gemeinsam die Songs im Mittelwellenradio mitsangen, wobei ich erstmals den Klang von zwei Stimmen erlebte, die gemeinsam eine Harmonie bilden. Ich dachte an die glorreiche Wucht von Edgar Winters Instrumentalnummer »Frankenstein«, meiner ersten Platte, die ich im Drugstore kaufte und auf dem Plattenspieler meiner Mutter (den sie aus der Schule mit nach Hause gebracht hatte) abspielte, bis die Nadel stumpf war. Ich dachte an die Silvertone-Gitarre, in deren Koffer ein Lautsprecher eingebaut war und mit der ich jeden Tag nach der Schule mein Beatles-Songbook durcharbeitete, wobei ich die Schönheit von Komposition und Arrangement kennenlernte. Und ich dachte an die alten Kissen, die ich anstelle eines Schlagzeugs auf den Boden legte und auf die ich zum Sound meiner liebsten Punkplatten eindrosch, bis mir die Hände bluteten.

Jede Träne eine weitere Erinnerung. Jede Erinnerung ein weiterer Schritt auf dem Fußgängerüberweg.

Vielleicht hatte meine Séance doch funktioniert. Es war dreißig Jahre her, dass ich da in meiner Garage vor den flackernden Kerzen meines Altars gekniet hatte und das Universum um seinen Segen anflehte. Vielleicht war das alles doch nur eine Frage der manifestierten Wünsche, also des Glaubens, dass alles möglich ist, wenn man sich ihm nur vollständig hingibt. Vielleicht war es die Kühnheit des Glaubens an mich selbst. Oder ich hatte *tatsächlich* meine Seele verkauft. All das war möglich, doch ich wusste, dass ich ohne die Epiphanie im Cubby Bear niemals gewagt hätte, es überhaupt zu versuchen.

Ich hätte nie die Chance ergriffen und diesen Anruf gemacht, um bei meiner liebsten Lokalband Scream vorzuspielen, was eine Kette von Ereignissen auslöste, die mein Leben für immer verändern sollten. Wäre ich nicht über diesen Flyer am Schwarzen Brett meines Musikgeschäfts gestolpert, hätte ich einen vollkommen anderen Weg eingeschlagen. Aber ich sah eine offene Tür vor mir, und statt weiter in der Bequemlichkeit meines Kinderzimmers zu bleiben, beschloss ich, diese Tür zu durchschreiten und ein Leben der Stabilität und Sicherheit hinter mir zu lassen. Trotz meiner Jugend war ich bereit, frei zu sein. Ich war bereit, alles auf diese brennende Leidenschaft zu setzen, die da in mir tobte, und verpflichtete mich, ihr alle Ehre zu machen. Mit siebzehn war die Musik mein Ratgeber, wenn ich Anleitung brauchte, mein Freund, wenn ich mich allein fühlte, mein Vater, wenn ich Liebe nötig hatte, mein Pfarrer, wenn mir die Hoffnung fehlte, und meine Partnerin, wenn ich Halt suchte. An dem Abend, als ich bei *Saturday Night Live* die B-52's in hyperaktivem Chaos ihre *mess around* tanzen sah, kam ich mit *etwas* in Verbindung und wusste, das ich niemals ein konventionelles Leben führen würde. Ich war nicht dafür bestimmt, in den verschlafenen Vorstadtstraßen von Springfield, Virginia, dahinzuschwinden und nur ein weiterer Trenchcoat an der Bushaltestelle zu werden. Ich war auf der Welt, um meine Piratenflagge zu hissen und all die wunderbaren Überspanntheiten des Lebens zu feiern. Ich musste aus der Norm ausbrechen.

Eine weitere Erinnerung, ein weiterer Schritt auf dem Fußgängerüberweg.

Mit dem Segen meiner Mutter durfte ich gehen. Mit ihrer endlosen Empathie und Erfahrung verstand sie, was ich vorhatte, und ließ mir die Freiheit, so weit zu wandern, wie ich wollte. Bald wurde das Leben eine Lektion im Überleben, und der harte Fußboden mein Zuhause, aber ich LEBTE. Und wenn es nichts zu essen gab, war meine Nahrung die Musik. Mit den Füßen auf dem Armaturenbrett sah ich, wie die Welt an der verdreckten Windschutzscheibe vorbeiflog, und lernte, mich der Unvorhersehbarkeit eines Lebens ohne Plan hinzugeben, dabei auf eine Landkarte ohne Richtungsangabe zu vertrauen und ihr zu folgen, wo immer sie mich auch hinführen würde. Ohne zu wissen, was mich hinter der nächsten Ecke erwartete, aber voller Vertrauen, dass die Musik mich am Leben erhalten würde, wenn alles kaputtging und ich von vorne anfangen müsste.

Und das musste ich tatsächlich.

Es kam mir wie gestern vor, dass ich diese langen Nächte auf der dreckigen Couch in Olympia, Washington, zugebracht hatte, in meinen Schlafsack eingepackt, Tausende Kilometer von daheim entfernt, während ich meinen nächsten Traum erwartete. Wieder mal war ich ein Fremder im Haus eines Fremden, aber das Klingeln in meinen Ohren, das ich von unserem Gelärme in der kleinen Scheune außerhalb der Stadt mitgebracht hatte, wiegte mich jeden Abend in den Schlaf und hielt mein Feuer am Lodern. Meine treue Wünschelrute hatte mich zu einer weiteren Quelle geführt, doch diese war so tief, dass sie irgendwann überlief und uns alle ertränkte. Ich war verloren und hatte kein Rettungsboot.

Ich hätte untergehen können. Ich hätte aufgeben können. Ich hätte heimgehen können. Aber Kapitulieren war noch nie Teil meiner DNA.

Als sich jetzt der Nebenraum mit der üblichen Parade aus After-Show-Gästen füllte, sammelte ich mich, um langsam zu ihnen rüberzugehen. Ich konnte ihre Stimmen hören und erkannte jede einzelne davon. Das waren die Stimmen der Menschen, die mich über all diese Jahre getragen hatten. Eine erweiterte Familie, die zu meinem neuen Stamm geworden war.

Ich betrat den Raum und sah Gus Brandt, der Drinks und Gläser herumreichte und wie immer alles gab, damit sich jeder in unserer chaotischen, kleinen Welt willkommen fühlte. Ob es um zerbrochene Gitarren oder gebrochene Gliedmaßen ging, Gus kümmerte sich seit Jahrzehnten um mich, war Therapeut, großer Bruder und Bodyguard zugleich. Er war mein Leuchtturm, wenn ich mir in einem Meer an Fremden verloren vorkam, und meine Zuflucht, wenn ich Schutz brauchte. Ihm konnte ich stets meine geheimsten Sorgen anvertrauen. Auch wenn er selbst kein Musiker war, liebte er Musik genauso wie ich oder sogar noch mehr, und ohne seine Schulter zum Anlehnen hätte ich es niemals zum nächsten Song, zur nächsten Stadt, zur nächsten Bühne geschafft. Er ist immer für mich da, und ich bin unendlich dankbar für seine Fürsorge.

Ich sah, wie Rami Jaffee, mein treuer Vertrauter, mit der Anmut und Beiläufigkeit eines Gypsy-Oberkellners durch den

Raum glitt und seinen Vibe des wahren Spaßbotschafters der Foo Fighters versprühte. Auch wenn er bei jedem Konzert in eine Ecke der Bühne verbannt war, hatte sich seine Aufnahme in die Band über die Jahre als unschätzbar wertvoll erwiesen, denn er führte eine Musikalität ein, durch die wir mit jedem Album eine höhere Stufe erreichten. Aber über sein musikalisches Können hinaus war auch seine Freundschaft ein ständiger Quell der Freude, eine willkommene Abwechslung von der *Und täglich grüßt das Murmeltier*-Monotonie des Tour-Alltags. Und immer, wenn sich abends der Vorhang schließt und das Publikum auf dem Heimweg ist, steigen Rami und ich in unseren gemeinsamen Tourbus und trinken, qualmen und tanzen, während wir über den Highway zu unserem nächsten Bestimmungsort düsen. Obwohl er erst zehn Jahre nach Gründung der Band dazugekommen ist, war er tief im Inneren vom ersten Tag an einer von uns, und ich bin wahnsinnig dankbar für seine Unterstützung.

Dann war da Chris Shiflett, der Mann, der unserer Band in Zeiten der allergrößten Not zu Hilfe eilte, als wir nämlich ohne Gitarristen dastanden und dringend musikalische Rettung benötigten. Obwohl wir uns schon zehn Jahre vor seinem schicksalsträchtigen Vorspiel (das einzige Mal, dass wir so etwas gemacht haben) bei einem Scream-Gig in Santa Barbara über den Weg gelaufen waren, hatten wir bis zu diesem Zeitpunkt zwei Parallelleben geführt; wir hatten beide mit Freunden in Punkbands gespielt und als einzigen richtigen Lohn nur die Musik und das Abenteuer bekommen. Noch bevor er überhaupt einen Ton gespielt hatte, wusste ich, dass er perfekt zu uns passte, einfach weil er jeden Moment in dieser Band extrem schätzen würde. Und für diese Dankbarkeit bin ich ihm sehr dankbar.

Quer durch den Raum schoss wie ein F5-Tornado der hyperaktiven Glückseligkeit Taylor Hawkins, mein Bruder von einer anderen Mutter, mein bester Freund, ein Mann, für den ich eine Kugel abfangen würde. Schon bei unserem ersten Treffen schlossen wir einen Bund fürs Leben, und mit jedem Tag, jedem Song, jedem gemeinsam gespielten Ton wuchsen wir noch enger zusammen. Ich scheue mich nicht vor der Feststellung, dass unsere Zufallsbegegnung eine Art Liebe auf den ersten Blick war, bei der eine musikalische »Zwillingsflamme« entzündet wurde, die bis zum heutigen Tag brennt. Gemeinsam wurden wir auf oder neben der Bühne zu einem unaufhaltsamen Duo, das ständig neue Abenteuer sucht. Wir waren fest füreinander bestimmt, und ich bin unendlich dankbar, dass wir uns in diesem Leben tatsächlich gefunden haben.

Dann war da noch Nate Mendel, meine Stimme der Vernunft, mein Barometer, der Mann, an den ich mich immer dann wenden konnte, wenn ich auf den Boden der Tatsachen zurückfinden musste. Ohne diese zufällige Begegnung bei meinem Thanksgiving-Essen im Jahr 1994, als wir vor einem Ouija-Brett saßen, um die Geister meines Spukhauses in Seattle zu kontaktieren, wären die heutigen Foo Fighters der Welt wohl vorenthalten geblieben. Wir hatten dieses Ding von Grund auf gemeinsam hochgezogen, unzählige Hindernisse überwunden und uns irgendwie trotzdem die Unversehrtheit bewahrt. Obwohl ich das nicht so oft ausspreche, spielt er in meinem Leben eine entscheidende Rolle, und ich wüsste nicht, was ich ohne ihn machen würde. Ich bin dankbar für seine Hingabe und Loyalität.

Und außerdem natürlich Pat Smear. Der Mann, der einst mein Punkrock-Held gewesen war und nicht nur zweimal mein Bandmitglied wurde, sondern sich zu einem verlässlichen

Anker in meinem Leben entwickelte. Von der Minute an, als er 1993 in den Proberaum von Nirvana gelatscht kam und der Band ein weiteres Jahr schenkte, war Pat immer bereit, mit mir durchs Feuer zu gehen, in guten wie in schlechten Zeiten. Bei den größten Herausforderungen meines Lebens war er präsent, und mit seiner Weisheit und seinem Witz schenkte er mir die Gewissheit, dass ich das alles packen würde. Dass WIR das alles packen würden. Von unserem ersten Treffen an hatte ich gehofft, Schulter an Schulter mit ihm durch die Welt zu gehen, und seither stehe ich glücklich und zufrieden in seinem Schatten. Jedes Mal, wenn ich auf der Bühne nach links schaue und die dicken Rauchwolken aus seinem Grinsen aufsteigen sehe, fühle ich mich sicher. Ich bin auf ewig dankbar für seine liebevolle und scharfsinnige Wesensart.

Jeder Einzelne von uns war zu einem surrenden Zahnrad im dröhnenden Uhrwerk unserer Band geworden, das nur tickt, weil jedes Rädchen sich perfekt ins andere einfügt und alles zusammen für eine synchrone Bewegung sorgt. Ohne dieses Ineinandergreifen würde unser Pendel stillstehen. Die Drehtür, die uns in den Anfangsjahren so gequält hatte, stand schon lange still, und aus uns war etwas für die Ewigkeit geworden. Wenn du mal drin bist, bleibst du das auch lebenslang. Die Stabilität und Sicherheit, die wir als Scheidungskinder und rebellierende Teenager gesucht hatten, fanden wir jetzt in einem Sperrfeuer aus verzerrten Gitarren und Bühnen im Lasergewitter. Wir waren eine Familie geworden.

Mit einem Glas Champagner in ihrer zarten Hand hielt am anderen Ende des Raums meine wunderschöne Frau Jordyn Hof, die Mutter meiner Kinder, die Königin meiner Welt, das Gewicht in meiner Waagschale, das den Zeiger am Tillen hindert. Als sich unsere Wege kreuzten, befürchtete ich gerade, für immer in der Vergangenheit leben zu müssen. Doch durch ihre Kraft und Klarheit wies sie mir den Weg in die Zukunft. Zusammen schufen wir die größte Errungenschaft meines Lebens, unsere gemeinsame Familie. Und je größer diese wurde, desto mehr nahm auch meine Liebe zum Leben zu. Mit jedem Kind, das zur Welt kam, wurde ich selbst wiedergeboren, und mit jedem Schritt, den es machte, verfolgte ich meine eigenen Schritte zurück. Violet, Harper und Ophelia schenkten mir mein Leben wieder, und ich kann gar nicht sagen, wie dankbar ich ihnen dafür bin. Meine Vaterschaft schob sich vor jeden Traum, jeden Wunsch und jeden Song, den ich je geschrieben hatte, und im Lauf der Jahre habe ich entdeckt, was Liebe wirklich bedeutet. Ich lebe nicht mehr nur für mich selbst, sondern für sie.

Doch in diesem Raum waren *die* Stimmen am lautesten, die man nicht hörte.

Eigentlich müsste auch Jimmy da sein, dachte ich. Er war der Erste, dem ich 1982 nach meiner Rückkehr aus Chicago die Naked-Raygun-Platte vorgespielt hatte, und in dem Moment, als wir die Nadel auf diese primitive Vinylscheibe setzten, brachen wir gemeinsam zu einer musikalischen Reise in die unorthodoxe Welt des Punkrock auf. Wir waren zwei Außenseiter in einem Meer der Konformität und erschufen mit unserer Musikbesessenheit unsere eigene Welt, unsere eigene Sprache, unser eigenes Universum. Ganz egal wie sehr ich gerade abdrehte, er verstand mich nicht nur, sondern fand auch meine Schrägheit genauso gut wie ich seine. Ich sah zu ihm auf wie zu dem älteren Bruder, den ich nie hatte, und so vieles von dem, was ich bin, verdanke ich dem, was Jimmy war. Wir waren unzertrennlich und haben immer alles miteinander geteilt, deshalb brach es mir fast das Herz, nicht auch *diesen*

Moment mit ihm teilen zu können. Aber tief in mir wusste ich, dass er sich über diesen Triumph gefreut hätte – schließlich war es unser gemeinsamer.

»Das wird nicht ewig anhalten«, hatte mein Vater einmal zu mir gesagt, und vielleicht wollte ich genau deshalb erreichen, dass es das trotzdem tat. Während unserer ganzen gemeinsamen Lebenszeit hatten wir Probleme, eine Verbindung herzustellen, aber sogar in seiner Abwesenheit wurde ich durch ihn geformt, im Guten wie im Schlechten. Irgendwann hatte ich meinen Groll ihm gegenüber überwunden und ihm auch sein elterliches Versagen verziehen, was unser Verhältnis entlastete und uns zu guten Freunden machte. Als sein Kind hatte ich die grundlegenden körperlichen Merkmale von ihm geerbt: Wir hatten die gleichen Hände, die gleichen Knie und die gleichen Arme. Und so wie es aussieht, wurde auch mein Talent, Klänge zu entziffern und nach dem Gehör Musik zu machen, durch seine gesegneten Gene an mich weitergereicht. Er ist es, dem ich für diese kostbare Gabe danken muss, und vermutlich merkte er das selbst, als ich erwachsen wurde. Ich wusste, dass er stolz auf mich gewesen wäre, und wünschte mir jetzt, er wäre noch am Leben und könnte diesen Kreis an meiner Seite schließen.

Und natürlich Kurt.

Wenn er nur gesehen hätte, wie viel Freude seine Musik in die Welt brachte, hätte er vielleicht seine eigene entdeckt. Mein Leben war durch ihn für immer verändert worden, und das hatte ich ihm zu Lebzeiten nie sagen können. Ich bedauere es sehr, ihm nie dafür gedankt zu haben, und mit diesem Bedauern muss ich wohl leben, bis wir irgendwie wieder vereint werden. Es vergeht kein Tag, an dem ich nicht an unsere gemeinsame Zeit denke, und wenn wir uns in meinen Träumen begegnen, erfüllt mich das immer mit einem Gefühl des Glücks und des Friedens, als würde er sich nur verstecken und auf seine Rückkehr warten.

Auch wenn diese Menschen nicht mehr bei uns sind, trage ich sie stets genauso in meinem Herzen, wie sie einst mich getragen haben, und es sind ihre Gesichter, die ich jeden Abend sehe, wenn die Saalbeleuchtung verlischt und mich der donnernde Applaus trifft. Er gebührt ihnen ebenso wie mir. Hätten sie nur ein wenig länger bleiben können, dachte ich, dann wären sie vielleicht auch bei dieser Feier dabei, einer weiteren Zusammenkunft lebenslanger Freunde, die durch viele gemeinsame Jahre fest miteinander verbunden sind.

Und in der Mitte all dessen befand sich die unbestrittene Matriarchin dieser erweiterten Familie, die Person, für die jeder der vierzigtausend schreienden Fans heute Abend »Happy Birthday« gesungen hatte: meine Mutter. Als sie da neben mir auf der Bühne stand, während das gesamte Stadion einen ohrenbetäubenden Chorgesang anstimmte, war ich zutiefst bewegt. Denn ich wusste, dass diese Frau, die unermüdlich geschuftet hatte, um ihre zwei Kinder großzuziehen – immer in Geldnot, mit mehreren Jobs von einem Gehaltszettel zum nächsten manövrierend –, und die als Lehrerin an einer staatlichen Schule ihr ganzes Leben dem Wohl anderer widmete, jetzt endlich die verdiente Anerkennung bekam. Ohne sie wäre *keiner* der Anwesenden hier. Sie hatte mir nicht nur einmal, sondern sogar zweimal das Leben geschenkt, indem sie es mir ermöglichte, derjenige zu werden, der ich sein wollte, und mich dadurch letztendlich meiner Bestimmung zugeführt. Durch ihren Glauben an mich gab sie mir den Mut und das Vertrauen, selbst an mich zu glauben. Durch ihre Leidenschaft und Überzeugung lehrte sie mich, ebenfalls mit Leidenschaft und Überzeugung zu leben. Und durch ihre bedingungslose Liebe zeigte sie mir, wie *ich* andere bedingungslos lieben konnte. Sie hätte aufgeben können. Sie hätte heimgehen können. Aber Kapitulieren war einfach nicht Teil ihrer DNA.

Sie war auf ewig meine Heldin und größte Inspiration: Alles hier verdankte ich ganz allein ihr.

Es hatte ein ganzes Leben lang gedauert, über diesen Fußgängerüberweg zu gehen, doch ich war dankbar für jeden einzelnen Schritt – nach wie vor der kleine Junge mit einer Gitarre und einem Traum. Denn ich vergesse immer noch, dass ich älter geworden bin. Mein Kopf und mein Herz scheinen mir weiterhin diesen üblen Streich zu spielen und mir ein Gefühl von Jugend vorzutäuschen, indem sie mich die Welt jeden Tag mit den idealistischen, durchtriebenen Augen eines rebellischen Kindes betrachten lassen, das ständig auf Abenteuer und Magie aus ist. Nach wie vor erfreue ich mich an den kleinen,

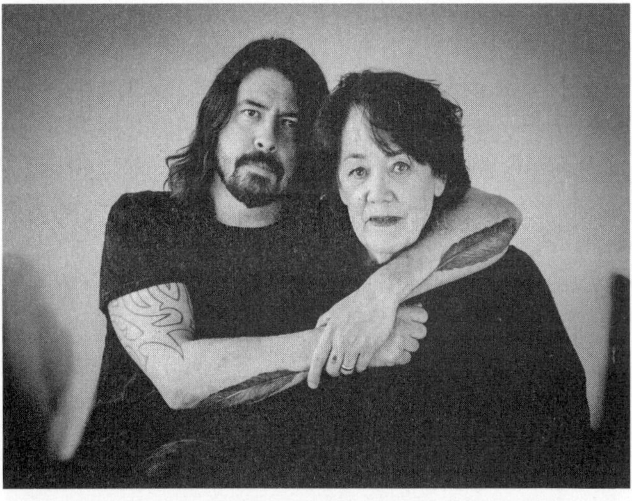

ganz einfachen Dingen. Und auch wenn die Falten und Narben mehr werden, trage ich sie doch mit einem gewissen Stolz: Sie dienen mir fast schon als Fährte, wie Brotkrumen, die hingeworfen wurden, um mich irgendwann dorthin zurückfinden zu lassen, wo ich angefangen habe.

Mit getrockneten Tränen humpelte ich auf meinen ramponierten Krücken in den Raum, wo ich mit einer gigantischen Gruppenumarmung begrüßt wurde. Der Kreis war geschlossen. Wir hatten den Fußgängerüberweg gemeinsam passiert, dankbar für das Leben, die Musik und die Menschen, die wir lieben.

UND NICHT ZULETZT FÜRS ÜBERLEBEN.

# DANKSAGUNG

Als im März 2020 die Welt ihre Türen schloss, war ich mit meiner größten Angst konfrontiert: nichts zu tun zu haben.

Als ruheloser, kreativer Geist, der ich bin, sorgte die Vorstellung, bis zur Wiedereröffnung der Stadien auf dem Sofa zu sitzen und schlechte Soaps anzuschauen, bei mir für eine Existenzkrise. Was war ich denn ohne Musik? Was war der Sinn meines Lebens, wenn ich kein Instrument in der Hand hielt? Gab es dann noch etwas anderes, als zweimal pro Woche für meine Kinder, die kritischsten aller Gastrotester, Spaghetti mit Fleischklößchen zu kochen? Ich musste mir schnell etwas einfallen lassen, aber keineswegs nur zum Zeitvertreib, sondern um aus dieser Unterbrechung meines anstrengenden Arbeitsalltags einen Nutzen zu ziehen.

Also beschloss ich, ein Buch zu schreiben.

Ich hatte noch nie die Zeit (und den Mut) gehabt, mich an ein derart ungeheures Unternehmen zu machen, aber jetzt legte ich mit meiner typischen Haltung los: *You fake it till you make it.* Ich war schließlich der Sohn von zwei hervorragenden Autoren. Wie schwer konnte das sein? *Das schaffe ich auch ohne Hilfe*, dachte ich.

Falscher hätte ich nicht liegen können.

Ohne die irren Leute bei Dey Street/HarperCollins hätte es dieses vierhundertsechzigseitige Monster niemals in eure Hände geschafft. Wer, bitte, würde einem Highschool-Abbrecher und Punkdrummer die Chance geben, ein Buch über

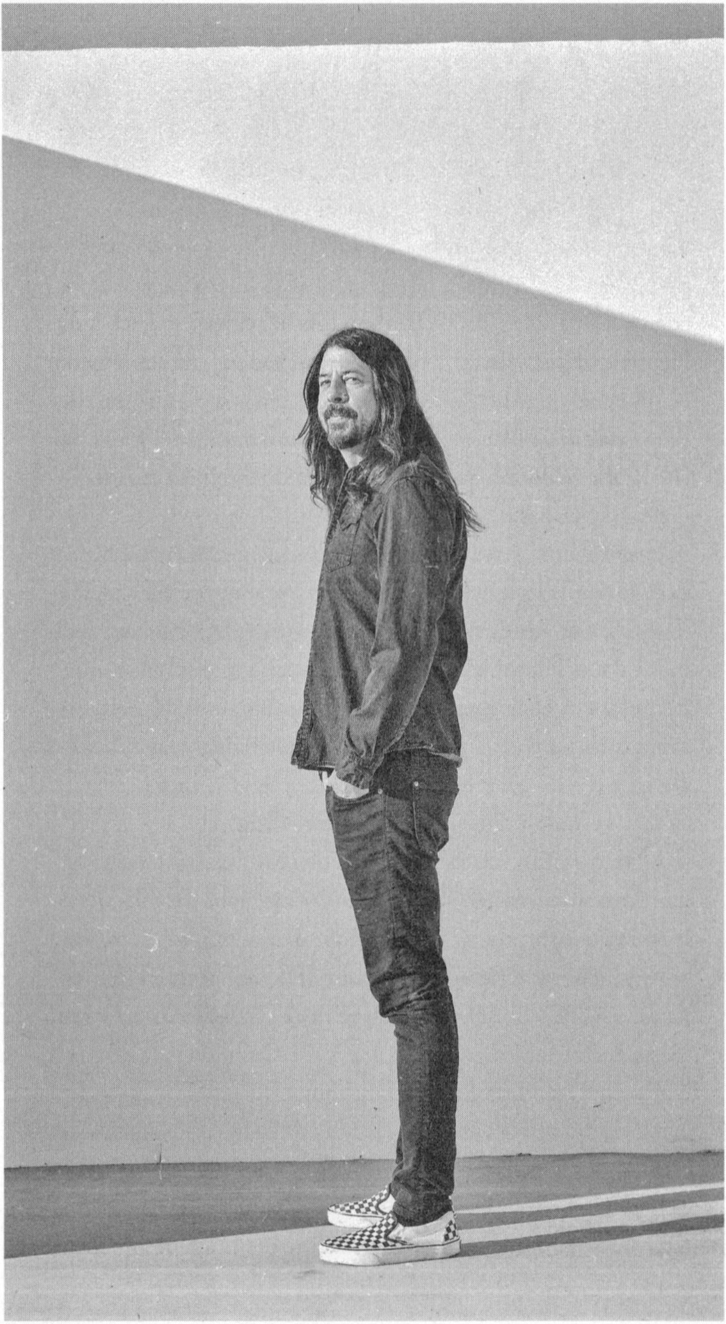

Corn Dogs und Motörhead zu schreiben? Ich sage es euch: die Verlegerin Liate Stehlik, die mir die Ehre zuteilwerden ließ, der Welt meine Geschichte erzählen zu können (zumindest ein Zehntel davon). Danke. Irgendwann erzähle ich auch noch den Rest. Dank auch an Jeanne Reina für die Covergestaltung und dafür, dass sie mein verkatertes Ich so königlich aussehen ließ. (Das nächste Mal treffen wir uns *vor* der Party.) An Ben Steinberg dafür, dass er zwischen den Runden in meiner Ecke war, genau wie Heidi Richter, Kendra Newton, Christine Edwards, Renata De Oliveira, Angela Boutin, Rachel Meyers und Pam Barricklow. Und an Peter Kispert für perfekte Grammatik und Rechtschreibung.

Aber wenn es eine Person gibt, durch die der Schreibprozess wirklich Spaß gemacht hat, dann ist das die unglaubliche Carrie Thornton. Schon bei unserer ersten Begegnung wusste ich, dass sie mich durch diesen Prozess leiten konnte, und das tat sie dann auch, bei jedem einzelnen Schritt. Unsere gemeinsame Liebe zur Musik, zu Virginia und zur idiotischen Goth-Kultur der Achtziger war eine göttliche Fügung, und ich hätte mir keine bessere Begleitung wünschen können, um all die schönsten und schlimmsten Tage meines Lebens zu durchschreiten. Das konnte ich nur mit dir machen, deshalb stehe ich auf ewig in deiner Schuld. Wir waren ein tolles Team, wurden aber auch zu echten Freunden, und wenn so etwas passiert, ist das Ganze nicht mehr Arbeit, sondern ein reines Vergnügen. Danke, Carrie: für deine Geduld, deine Weisheit und deine Fürsorge. Jetzt hast du mich an der Backe. (Hier eine Standing Ovation.)

Einmal drin, immer drin. Mein Manager John Silva kann ein Lied davon singen. Nach einunddreißig gemeinsamen Jahren ist es für mich unvorstellbar, dass seine mitgenommenen

Stimmbänder *nicht* tagtäglich aus meinem Telefonhörer kreischen. Ich würde auch nicht darauf verzichten wollen. John Cutcliffe (den ich noch nie habe kreischen hören) war ebenfalls von Anfang an dabei, und ich betrachte es als wahren Segen, drei abenteuerliche Jahrzehnte lang seine ultimative Coolness erlebt zu haben. Aber ohne die geniale Gerissenheit von Kristen Welsh, die liebevolle Nachdenklichkeit von Gaby Skolnek und die beständige Hingabe von Michael Meisel wäre ich heute nicht da, wo ich bin. Das gesamte Team von Silva Artist Management sollte zum Ritter geschlagen werden. Bitte an die Queen weitergeben.

Steve Martin (nein, ich meine nicht den Quatschkopf) sei für seine sechsundzwanzig Dienstjahre in der PR-Abteilung unseres Death Star gedankt – in der hiesigen Galaxie gibt es keinen Besseren. Schaut mal ins Ablagenetz eures Flugzeugsitzes. Wenn in der Zeitschrift der Airline ein Artikel über uns ist, steckt vermutlich Steve dahinter.

Eve Attermann von der Agentur WME: Danke, dass du mich in dieses neue Feld eingeführt hast. Ich bin sehr glücklich mit dem Ergebnis.

Der Erfolg meiner Band liegt für mich eindeutig daran, dass wir vor sechsundzwanzig Jahren unser eigenes Label Roswell Records gegründet und seither alles nach unseren eigenen Vorstellungen gemacht haben. Aber wenn es eine Person gibt, der ich für diese lebensrettende Maßnahme danken muss, dann ist das Jill Berliner, meine Anwältin seit siebenundzwanzig Jahren. Sie hat diese City auf Rock 'n' Roll erbaut.

Ohne die Musiker und Bands, mit denen ich über all die Jahre spielen durfte, wäre ich niemals der Musiker geworden, der ich heute bin. Von meinen frühen Punkbands Freak Baby, Mission Impossible und Dain Bramage über die Entdeckung der Welt mit meinen Brüdern von Scream bis zur musikalischen Weltrevolution mit Nirvana – jeder Einzelne davon hat mein Spiel geformt und meine Ohren geschärft. Ohne sie alle wäre es mir niemals möglich gewesen, mit Musiktitanen wie den Queens of the Stone Age und Them Crooked Vultures zu jammen, zwei Bands, die meine Liebe zur Musik wiederhergestellt haben und denen ich auf ewig dankbar bin. Genau wie jeder anderen Band, die ich zuvor geliebt habe …

Ohne meine treuen Foo Fighters wäre das alles bedeutungslos. Ihr habt mir die Musik zu mehr als nur Musik gemacht – durch euch ist sie mein Leben geworden. Und was für ein Leben wir da gestaltet haben! Danke, Jungs.

Auch an die tapferen Männer, die alles auf Band festgehalten haben: Barrett Jones, Butch Vig, Gil Norton, Nick Raskulinecz, Adam Kasper und Greg Kurstin. Ohne euch gäbe es zu diesem Buch keinen Soundtrack. Ihr habt uns alle reich beschenkt, indem ihr euer Können, eure Zuversicht und euren kreativen Input geteilt habt, wenn ich eine freundliche Räuberleiter über die Mauer gebraucht habe. Danke fürs Mitnehmen!

Im Lauf der Jahre habe ich an den seltsamsten Orten Inspiration gefunden, aber da ich mit so vielen großartigen Freunden gesegnet bin, kann ich mich zum Entfachen des Feuers auch einfach nur an sie wenden. Dank an Preston Hall für die Einrichtung meines Kellerstudios in Virginia, an Jim Rota und John Ramsay für ihre Unterstützung im Bereich Film und Fernsehen, an das gesamte Team im Studio 606 sowie an unsere Hammer-Roadies, die unermüdlich dafür sorgen, dass der Rock auch wirklich rockt. Nicht zu vergessen Russell Warby, Anton Brooks, Jeff Goldberg, Virginia Rand, Bryan Brown, Paola Kudacki, die Varlays, Katherine Dore, Joe Zymblosky,

Magda Wozinska, Ian Mackaye, Judy McGrath, Larry Hinkle, alle bei Sony/RCA, meine erweiterte Familie von D.C. bis ins San Fernando Valley … die Liste ist so lang, dass sie weitere vierhundertsechzig Seiten füllen würde.

Für Jimmy. Du fehlst mir, Mann.

Ohne meine wunderbare Familie hätte ich das alles garantiert nicht geschafft. Jordyn, Violet, Harper, Ophelia: Ihr erinnert mich tagtäglich daran, dass ich kein »Rockstar«, sondern nur der Vater dieser fantastischen Familie bin, die ich mehr als alles andere liebe. Ihr inspiriert mich. Und ja, es gibt ein Yin zu meinem musikalischen Yang, das den Namen Lisa Grohl trägt. Ohne die Plattensammlung meiner Schwester (Neil Young, Bowie, Tears for Fears, Squeeze etc.) hätte mein Leben allein aus Death Metal und Corpsepaint bestanden. Dieser Frau habt ihr zu verdanken, dass euch das erspart geblieben ist.

Ach ja, und … hey, Mom:

Danke. Für alles.

# BILDNACHWEIS

Ich möchte den zahlreichen Fotografen danken, die ihre Bilder für dieses Buch zur Verfügung gestellt haben. Die Fotos reichern es enorm an.

Jordyn Blum: S. 293, 294, 391, 408, 416
Danny Clinch: S. 254, 258, 283, 285, 287, 333, 366, 370, 387, 431
Privatarchiv Dave Grohl: S. 1, 12, 19, 32, 40, 46, 50, 69, 83, 92, 101, 104, 126, 146, 154, 168, 199, 218, 222, 230, 234, 302, 316, 342, 442
Privatarchiv Dave Grohl c/o Ruthless Records: S. 74
Privatarchiv Virginia Grohl: S. 98, 129, 130, 133, 134, 137, 141
Brantley Gutierrez: S. 394
Ross Halfin: S. 351
Kevin Mazur: S. 16
Mary McCartney: S. 311
Andreas Neumann: S. 455
Charles Peterson: S. 184, 194
John Silva/SAM: S. 236
Magdalena Wosinska: S. 2, 8, 298, 458

*Wie durch ein Wunder ist mein Gedächtnis noch ziemlich intakt. Seit der Kindheit habe ich mein Leben weniger in Monaten oder Jahren bemessen, eher in musikalischen Einheiten. Erinnerungen an bestimmte Ereignisse oder Orte sind bei mir an Songs, Alben oder Bands gekoppelt. Vom Mittelwellenradio der Siebziger bis zu jedem Mikro, vor dem ich gestanden habe, kann ich euch das Wer, Was, Wo und Wann verraten, anhand der ersten Töne jedes Songs, der je aus einem Lautsprecher in meine Seele gedrungen ist – oder aus meiner Seele in eure Lautsprecher. Manche Leute knüpfen ihre Erinnerungen an Geschmack, andere an einen bestimmten Anblick oder an Gerüche. Meine werden durch Musik wachgerufen, die wie ein unvollendetes Mixtape läuft. Ich war nie jemand, der »Sachen« sammelt. Aber ich sammle Momente. Darum sind die verschiedensten Teile meines Lebens immer präsent, blitzen vor meinen Augen auf, schießen mir in die Ohren. In diesem Buch habe ich ein paar solcher Momente eingefangen. Diese Erinnerungen stecken natürlich voller Musik. Und manchmal sind sie richtig laut.* ***Also: Regler nach rechts, bitte. Hört sie euch mit mir an.***

Dave Grohl liefert das ungeschliffene, ehrliche Porträt eines außergewöhnlichen Lebens. Von der Liebe zur Musik und seinen Mitmusikern über die tiefe Verbindung zu seiner Heimat Springfield, Virginia, bis zur Begeisterung für seine Töchter erzählt er seine Geschichten so, wie er Songs komponiert: direkt aus dem Herzen. Grohl schreibt von den Touren mit Scream, seinem Einstieg bei Nirvana und dem Ende der Band, aber auch von der Gründung der Foo Fighters, als sein Leben am Scheideweg stand, und wie er als Familienvater weltweit auftritt. Der *Storyteller* strotzt vor Leben, Humor und Grohls nüchternem Blick auf den Ruhm – der begnadete Musiker erweist sich als mitreißender Autor.

DAVE GROHL ist Musiker, Sänger, Regisseur und Songwriter. Er war Drummer bei Nirvana und gründete die Foo Fighters, wo er als Sänger und Gitarrist wirkt sowie das Gros der Texte schreibt.
foofighters.com
davegrohlstoryteller.com
/foofighters
@foofighters
foofighters
davestruestories